广视角·全方位·多品种

权威·前沿·原创

皮书系列为
"十二五"国家重点图书出版规划项目

深圳蓝皮书

BLUE BOOK OF SHENZHEN

深圳社会建设与发展报告（2014）

ANNUAL REPORT ON SOCIAL CONSTRUCATION AND DEVELOPMENT OF SHENZHEN (2014)

主　编／叶民辉　张骁儒
副主编／陈东平　赵洪宝　王世巍　黄发玉

社会科学文献出版社
SOCIAL SCIENCES ACADEMIC PRESS (CHINA)

图书在版编目(CIP)数据

深圳社会建设与发展报告.2014/叶民辉,张骁儒主编.
—北京:社会科学文献出版社,2014.7
(深圳蓝皮书)
ISBN 978-7-5097-6027-7

Ⅰ.①深… Ⅱ.①叶… ②张… Ⅲ.①社会发展-研究报告-深圳市-2014 Ⅳ.①D676.53

中国版本图书馆 CIP 数据核字(2014)第 098585 号

深圳蓝皮书
深圳社会建设与发展报告(2014)

主　　编 /	叶民辉　张骁儒
副 主 编 /	陈东平　赵洪宝　王世巍　黄发玉
出 版 人 /	谢寿光
出 版 者 /	社会科学文献出版社
地　　址 /	北京市西城区北三环中路甲29号院3号楼华龙大厦
邮政编码 /	100029
责任部门 /	皮书出版分社 (010) 59367127
电子信箱 /	pishubu@ssap.cn
项目统筹 /	张丽丽
责任编辑 /	高振华
责任校对 /	王拥军
责任印制 /	岳阳
经　　销 /	社会科学文献出版社市场营销中心 (010) 59367081　59367089
读者服务 /	读者服务中心 (010) 59367028
印　　装 /	北京季蜂印刷有限公司
开　　本 /	787mm×1092mm　1/16
印　　张 /	29
版　　次 /	2014年7月第1版
字　　数 /	469千字
印　　次 /	2014年7月第1次印刷
书　　号 /	ISBN 978-7-5097-6027-7
定　　价 /	89.00元

本书如有破损、缺页、装订错误,请与本社读者服务中心联系更换

▲ 版权所有　翻印必究

《深圳社会建设与发展报告（2014）》
编委会

主　编　叶民辉　张骁儒

副主编　陈东平　赵洪宝　王世巍　黄发玉

编　辑　谢志岢　何良俊　王增进　周　洁　倪晓锋
　　　　钭哲园

摘　要

2013年，深圳市大力推进社会建设，推进基本公共服务均等化，民生保障水平不断提升，社会事业全面发展。市、区两级财政对九类重点民生领域投入达1061亿元，比重提高2.6个百分点，居民人均可支配收入达44650元。市政府年初确定的111项民生实事基本完成。教育事业全面发展，教育质量进一步提升，教育体系更臻完善。基本公共卫生服务持续提升，医疗改革进一步深化。全年提供基本公共卫生服务1483.8万人次，实现市属公立医院管办分开，出台了《关于鼓励社会资本举办三级医院的若干规定》，宣传推广预约挂号，进一步改善医院就诊环境。全年新开工建设保障性住房1.7万套、竣工2.21万套、供应2.7万套，多层次住房保障体系进一步健全。交通出行不断优化，原特区外公交站点500米覆盖率达到91%，在全国率先发布公共交通服务指数指标体系。就业形势保持稳定，城镇居民登记失业率控制在2.35%的较低水平，"零就业家庭"动态归零。社会保障水平进一步提升，全市各险种参保总人数达到4470余万次，同比增长17.7%，各险种参保人数和医疗保险、失业保险参保人数位居全国大中城市前列，养老救助慈善事业取得新进展。文化惠民成效显著，市民文化权利得到进一步保障。

社会体制改革稳步推进，社会治理格局初步建立。探索推进基层社会治理体制改革，构建现代城市社区治理体系。制定了向社会组织购买服务和奖励的政策文件，编制了具备承接政府职能转移和购买服务资质的市级社会组织目录，公共服务供给方式日益多元化。户籍管理制度改革取得新进展，全面启动了人口管理"1+5"文件的修订工作，深圳户籍人口增至319万人。深入推进社会建设"风景林工程"和"织网工程"，"基层党建工作区域化、社区居民议事会、社区公益服务岗位开发、社区楼（栋）长制度"项目基本得到落实，社区服务中心项目已覆盖50%以上的社区。"织网工程"试点工作顺利展开，创建了以"一库一队伍两网两系统"为架构的"织网工程"新模式。继续深化社会组织改革，加快社会组织培育，强化社会组织综合监管，引导社会组织参与社会管理和公共服务，促进新的社会治理结构的形成。

社会管理创新不断深化，公共秩序和谐稳定。构建社会治安立体防控体系，加强流动人口和出租屋管理，加强特殊人群服务管理，社会治安持续好转。加大腐败查办力度，"廉洁城市"建设成效显著。食品药品安全、交通安全、生产安全管理得到加强，公共安全保障机制不断健全。推进网络舆情应对综合业务平台建设，加强网络虚拟社会管理，抓好网络舆情应对工作。

深圳社会建设工作仍存在一些薄弱环节。如民生需求与供给矛盾依然突出、完善社会治理体制机制工作任务艰巨、点上创新丰富与面上推广不足并存、干部队伍的能力素质还需要进一步提高等。2014年，深圳市应全面贯彻党的十八大、十八届三中全会精神，按照中央和省、市决策部署，把改革创新贯穿于社会建设各个领域，紧紧围绕积极改善民生、提升公共服务、加快社会治理现代化主题，使发展成果更多、更公平地惠及全体市民，最大限度地激发社会活力，为深圳实现"三个定位、两个率先"目标和加快推进社会主义"市场化、法治化、国际化"城市建设提供重要的社会支撑。

Abstract

Shenzhen made great efforts to achieve vigorous progress in social programs in 2013. Shenzhen pursed to accelerate the development of social programs, promote the equalization of basic public services and people's wellbeing.

The municipal and district fiscal input on the nine main people's livelihood areas reached 106.1 billion yuan, an increase of 2.6% over the previous year. The per capita disposable income of residents amounted to 44.65 thousand yuan. The municipal government basically completed the 111 people's wellbeing programs that set at the beginning of Year 2013. Education developed vigorously with its quality kept improving and its system became better. Basic public health services were improved and the medical and health care system reform was deepened as well. The number of basic public health services reached 14.838 million. Shenzhen accomplished the management-ownership division of city-level public hospitals, carried out *Some Regulations on Encouraging Non-governmental Funds to Establish Grade-III Hospitals*. Pursued to promote doctor-appointment service, took further steps to improve the consultation environment. Construction of 17 thousand government-subsidized housing units was started, 22.1 thousand such housing units were basically completed, and 27 thousand such housing units were provided to the market. Multilevel housing security system was further sounded. Public transport system was continued improve, while the 500 - meter - bus - stop coverage of former rural areas reached 91%. Shenzhen was the first city that released a Public Transport Service Index Scale. The employment situation was stable with a 2.35% urban residents unemployment registration rate, and the rate of "none-employment" family was dynamic zero. Social security level improved. The number of residents attend diversified insurance schemes amounted to 44.7 million, increased by 17.7%, which together with the number of health insurance and that of unemployment insurance ranked in the first group among large and medium sized cities in China. Old-age, social assistance and charities made new progress. The effects of Cultural benefit were significant and resident's cultural rights were ensured.

Purse to promote social system reform steadily, social governance basically established. Made exploration on carrying out social governance reform in the grass-root level, developed modern urban community governance system. Formulated encouraging policies on government procurement of services from social organizations, listed a city-level social organizations that had such qualifications and can take over the transferred government function. Diversified public services were provided. Household registration system reform made important progress. Fully started the amendment to the Population Management "1 + 5" Policy, while the population of Shenzhen residents rose to 3.19 million. Advancing the "*fengjinglin*" project, a demonstration project of social program, and social network project, while the regionalization of the grassroots party buildup, community council, community public service post, and community building-master system were basically implemented. So far, over 50% community had their own community service centers. The trial work of social network project carried out smoothly, developed a new model of "one 库 one team two networks two systems" framework. Continued to deepen the social organization reform, accelerated foster of social organization, strengthened comprehensive monitoring on social organization, guided social organization participated in social governance and public services, promoted the form of new social governance structure.

Continued to deepen the social management innovation, public security maintained harmonious and stable. Established three-dimensional crime prevention and control system. Strengthened floating population and rental house management, strengthened special groups of residents service management, social public security continued to become better. Enhanced the strength of corruption investigation while effectively put forward the clean government program. Safety management in food and drug, transport, and work place were strengthened, public security mechanism continued to become sound. Promoted the construction of comprehensive business platform for internet public sentiment response, strengthened the internet virtual society management and internet sentiment response.

Shenzhen is fully aware of the problems and challenges faced in its social programs: the considerable tension between the demand and supply of the people's livelihood, the improvement of social governance system and mechanism, the coexistence of selected spots innovation and the inadequate entire areas promotion, the performance of its civil servants. Shenzhen should thoroughly implement the spirit of the 18th Party Congress and the 3rd Plenary Sessions of the 18th CPC Central Committee; in accordance with the central and local governments' guidelines, forge ahead with reform and innovation in all areas of social development; target to improve people's livelihood, enhance public services, accelerate modernization of the social governance, promote fairness and justice to enable everyone to share the fruits of reform and development. Stimulate social vigorous to the utmost, provid' significant social support to implement "three positioning and two leading" target an. Shenzhen's way to socialist "marketization, legalization and internationalization.

目录

BⅠ 总报告

B.1 2013~2014年深圳市社会建设形势分析与展望 …………叶民辉 / 001
    一 2013年深圳市社会建设工作回顾……………………………… / 002
    二 深圳市社会建设工作存在的问题与形势分析………………… / 016
    三 2014年深圳市社会建设工作建议……………………………… / 018

BⅡ 基本公共服务篇

B.2 推进深圳基本公共服务中长期规划研究
    …………………………………… 彭鸿林 曾坚朋 周 洁 / 025
B.3 深圳市基本公共服务体系与服务能力现代化建设研究
    ——基本公共服务管理平台建设的实践与思考 ………陈东平 / 040
B.4 深圳市教育综合改革回顾与展望 …… 深圳市教育局政策法规处 / 053
B.5 深圳市公共就业服务均等化实现路径研究 …… 高祖明 周宽山 / 066
B.6 加快发展深圳市人力资源服务业的研究报告 ……………王金根 / 083
B.7 深圳市社区健康服务中心发展研究
    …………………………………… 中共深圳市委卫生工作委员会 / 101
B.8 深圳市公共文体服务：现状、问题与改革 ………………黄士芳 / 114
B.9 深圳市构建多层次住房保障体系的探索 …………………曹 志 / 126
B.10 "十二五"以来深圳市残疾人事业发展回顾与展望 ……何义林 / 135

001

BⅢ 社会管理篇

B.11 2013年深圳市社会管理创新综述 …………… 赵文三 王树章 / 147

B.12 2010~2013年深圳市构建社会治安立体防控体系发展
状况及展望 …………………………………………… 张岩松 / 155

B.13 深圳市人口形势分析 ……………………………………… 王世巍 / 166

B.14 光明新区流动人口现状与出租屋分类管理创新
………… 邓艳东 黄虎城 林远卓 魏有东 郑建文 / 172

B.15 坪山新区社会建设"织网工程"的探索与实践 ………… 孙艳琼 / 182

B.16 龙华新区社会建设的若干改革探索
……………………………… 李昆刚 蒋春忠 胡 平 / 197

B.17 大鹏新区社会建设的现状、问题与对策 ………………… 冷和明 / 205

BⅣ 社区建设篇

B.18 深圳社区建设十年回顾与前瞻
………………… 谢志岿 倪晓锋 寇建岭 孙泽建 / 221

B.19 深圳市创新社区治理格局的思考与展望 ………………… 梁 珂 / 236

B.20 南山区"一核多元"社区治理模式探索 ………………… 林电锋 / 251

B.21 盐田区促进社区融合的探索与创新 ……………………… 陈扬波 / 266

B.22 宝安区社区建设问题与对策研究
……………………………… 深圳市宝安区社会工作委员会 / 277

B.23 龙岗区社区服务中心长效运营机制探索 ………………… 赵 雄 / 290

BⅤ 社会组织篇

B.24 深圳构建现代社会组织体制的实践创新 ………… 凌 冲 罗思颖 / 305

B.25 关于专业社工队伍建设的实践探索与思考
……………………………………………… 李汉宗 潘 丽 / 317

B.26 深圳社会工作服务机构监控体系研究报告
.... 余智晟　骆　冰　王小刚　等 / 330

B.27 深圳工会推进群众化、民主化建设的实践与思考 .... 王同信 / 340

B.28 深圳市志愿服务发展的现状与展望 .... 黄晓鹏 / 357

B.29 发挥妇联在创新社会治理中作用的探索 .... 马　宏 / 368

BⅥ 专题研究篇

B.30 外来务工人员市民化问题研究
.... 陈东平　王蒲生　何良俊　于江莲　蔡文慧 / 379

B.31 地方社会信用体系建设存在的问题与解决路径：以深圳为例
.... 李朝晖　李朝星 / 405

B.32 深圳市社会质量发展调研报告 .... 王小刚　林　卡　等 / 416

B.33 深圳市电梯安全监管方式改革探索 .... 廖远飞 / 431

皮书数据库阅读使用指南

CONTENTS

B I General Report

B.1 Social Programs Situation and Forecast (2013-2014)　　　*Ye Minhui* / 001
　　1. Review on Social Programs in Year 2013　　　/ 002
　　2. Problems and Situation　　　/ 016
　　3. Suggestions　　　/ 018

B II Basic Public Services

B.2 Study on Promoting Medium and Long Term Plan for
　　Basic Public Services　　　*Peng Honglin, Zeng Jianpeng and Zhou Jie* / 025

B.3 Study on Modernization Construction of Basic Public Service System
　　and Capability of Shenzhen Metropolitan　　　*Chen Dongping* / 040

B.4 Review on Education Reform and Outlook
　　　　　　　　　　　　　　　　Bureau of Education of Shenzhen / 053

B.5 Study on Path to Equitable Public Employment Service
　　　　　　　　　　　　　　　　Gao Zuming, Zhou Kuanshan / 066

B.6 Report on Accelerating Human Resource Service Industry　　*Wang Jin'gen* / 083

B.7 Study on the Development of the Community Health Service Center
　　　Project Team of Shenzhen Health, Population and Family Planning Commission / 101

CONTENTS

B.8 Public Cultural and Sports Services: Situation, Problems and Reform
Huang Shifang / 114

B.9 Explorations on Establishing Multi-level Housing Security System
Cao Zhi / 126

B.10 Review on Disabled-People Program Since the Twelfth
Five-year Plan and Outlook *He Yilin* / 135

B III Social Management

B.11 General Report on Social Management Innovation in Shenzhen
Zhao Wensan, Wang Shuzhang / 147

B.12 Development in Framing Three-dimensional Crime Prevention and
Control System (2010-2013) and Prospect *Zhang Yansong* / 155

B.13 Analysis of the Situation of Shenzhen's Population *Wang Shiwei* / 166

B.14 Floating Population Situation and Classified Management Innovation of
Rental House in Guangming District
Deng Yandong, Huang Hucheng, Lin Yuanzhuo, Wei Youdong and Zheng Jianwen / 172

B.15 Exploration and Practice of the Social Network Project in
Pingshan District *Sun Yanqiong* / 182

B.16 Exploratory Reforms of Social Building in Longhua District
Li Kungang, Jiang Chunzhong and Hu Ping / 197

B.17 Situation, Problems and Strategies of Social Building in
Dapeng District *Leng Heming* / 205

B IV Community Building

B.18 Review and Prospect on Community Building in Shenzhen for the
Past Ten Years *Xie Zhikui, Ni Xiaofeng, Kou Jianling and Sun Zejian* / 221

B.19 Reflection and Prospect on Innovating Community Governance in
Shenzhen　　　　　　　　　　　　　　　　　　*Liang Ke* / 236

B.20 Explorations on "One Core Multi Parts" Community Governance
Model in Nanshan District　　　　　　　　　*Lin Dianfeng* / 251

B.21 Exploration and Innovation on Promoting Community Integration in
Yantian District　　　　　　　　　　　　　　*Chen Yangbo* / 266

B.22 Problems and Strategy Study on Community Programs in
Baoan District　　　*Shenzhen Baoan District Social Work Committee* / 277

B.23 Exploration on Long-term Running Mechanism of
Community Service Center in Longgang District　　*Zhao Xiong* / 290

B V Social Organization

B.24 Practical Innovation of Establishing Modern Social Organization
System in Shenzhen　　　　　　　　*Ling Chong, Luo Siying* / 305

B.25 Exploration and Thinking on Practice on the Construction of Social
Work Team　　　　　　　　　　　　　　*Li Hanzong, Pan Li* / 317

B.26 Report on Social Work Service Organization Oversight System in
Shenzhen　　　　　*Yu Zhisheng, Luo Bing and Wang Xiaogang etc.* / 330

B.27 Practice and Reflection on Labor's Union in Promoting Popularization
and Democracy　　　　　　　　　　　　　*Wang Tongxin* / 340

B.28 Situation and Outlook of Volunteer Service in Shenzhen
　　　　　　　　　　　　　　　　　　　　Huang Xiaopeng / 357

B.29 Exploration on the Role of Women's Federation in
Innovating Social Governance　　　　　　　　　　*Ma Hong* / 368

CONTENTS

B VI Special Reports

B.30 Study on the Citizenship of Migrant Labor Worker
    Cheng Dongping, Wang Pusheng, He Liangjun, Yu Jianglian and Cai Wenhui / 379

B.31 Problems and Path to Local Social Credit System: the
   Case of Shenzhen   *Li Chaohui, Li Chaoxing* / 405

B.32 Shenzhen Social Quality Development Report
                Wang Xiaogang, Lin Ka etc. / 416

B.33 Exploration of Lift Safety Monitoring Reform in Shenzhen
                   Liao Yuanfei / 431

总 报 告

General Report

B.1
2013~2014年深圳市社会建设形势分析与展望

叶民辉[*]

摘　要： 2013年，深圳市社会建设取得新的进展，全市基本公共服务体系进一步完善，社会体制改革进一步深化，社会形势总体平稳和谐。同时也存在经济社会发展不平衡、不协调，城市人口规模大、结构不合理，教育、医疗、文化等领域资源与群众的需求还有较大差距及制约社会发展的体制机制障碍仍然较多等问题。2014年，深圳应全面贯彻党的十八大、十八届三中全会精神，以"三个定位，两个率先"为目标，把改革创新贯穿于社会领域的各个环节，以改善民生和构建现代社会治理体系为主题，进一步深化社会体制改革，推进基本公共服务体系建设，

---

[*] 叶民辉，深圳市社会工作委员会。

最大限度地激发社会活力，使发展成果更多、更公平地惠及全体市民，加快构建"民生幸福城市"。

关键词：

深圳　社会建设　形势分析　展望

一　2013年深圳市社会建设工作回顾

（一）民生保障水平不断提升，社会事业全面发展

市、区两级财政对九类重点民生领域投入达1061亿元，比重提高2.6个百分点，居民人均可支配收入达44650元。市政府年初确定的111项民生实事已完成109项，还有2项正加快推进。

1. 教育事业蓬勃发展

全年新增幼儿园70所，新增幼儿园学位2万个，建成500所普惠性幼儿园，发放儿童健康成长补贴3.22亿元，惠及21.5万儿童，广覆盖、保基本的普惠性学前教育公共服务体系初步形成。新改扩建18所公办中小学，新增中小学学位2.04万个。建立学生资助体系，全年投入2.1亿元，资助17.1万学生。落实民办学校义务教育学位补贴、教师长期从教津贴和优质办学奖励资助等三项政策，共计投入5.8亿元，惠及97.7%的民办学校、6.48万名学生和1.38万名教师。推动首批获得创建特色学校资格的53所中小学进行考评，启动第二批31所特色学校创建工作。港中大（深圳）"去筹"工作通过教育部专家组考核，有望在2014年开始招生；南科大启用新校园，深圳大学7个专业首次列入一本招生，高等研究院、学府医院、西丽校区建设启动。出台促进校企合作意见和校外实训基地认定管理办法，认定15个校外公共实训基地，2所职校建设方案和任务书通过教育部评审，2所职校通过省级验收。深圳大学与深圳职业技术学院联合招收应用型本科生300人，初中高技能人才培养体系初步贯通。颁布实施《关于鼓励社会捐赠促进高等学校发展的意见》，出台教育国际化行动计划，开展国际课程试点，深港签署深圳学校港籍学生班合作协

议,港人子弟校(班)招生扩大至"双非"儿童,新增12对深港、深澳姊妹学校。

2. 医疗卫生事业全面发展

基本公共卫生服务持续提升。2013年共提供基本公共卫生服务达1483.8万人次,较2012年增长19.6%。实现市属公立医院管办分开,挂牌成立市医管中心;有效防控人感染H7N9禽流感,实现全市甲类传染病零报告;妇幼保健保持良好水平,全市全人口活产数为207740人,比上年同期下降2.77%,孕产妇死亡率为5.32/10万,比上年下降了33.42%;探索实施药品、通用医疗设备、低值通用型医用耗材集团化集中采购;卫生重大项目建设进展顺利,新安医院、宝荷医院已顺利移交,大鹏新区人民医院启动前期工作,新明医院动工兴建,北大深圳医院、第二人民医院住院大楼工程、香港大学深圳医院后续工程加快推进,儿童医院住院大楼投入使用;出台《关于鼓励社会资本举办三级医院的若干规定》,深圳非政府办医疗机构达2312家,占医疗机构总数(含社康中心)的77.5%,所占比重比上年增加3.2个百分点,全市非政府办医疗机构门诊和住院患者量分别占23.49%和16%,占比居全国前列;深化社康中心标准化建设,创建了7家国家级、21家省级、75家市级示范社康中心;推行家庭医生和家庭病床服务制,全市共有549家社康中心、2024名家庭医生为社区居民提供家庭医生服务;中医药事业快速发展,通过"千人培训"计划,向社区培训输送大量中医药人才,全面加强中医"名院、名科、名医"建设;《深圳经济特区人口与计划生育条例》出台实施,优生健康惠民工程全力推进,流动人口计划生育工作进一步加强;切实提升医疗行业群众满意度,宣传推广预约挂号,进一步改善医院就诊环境。

3. 住房保障进一步完善

新开工建设保障性住房1.7万套、竣工2.21万套、供应2.7万套,建立安居型商品房、公共租赁住房轮候机制,初步实现"以需定建、诚信申报、轮候分配"。建成政府直管、业主代管、企业托管"三位一体"保障房社会化管理模式,对骗购、骗租、骗补行为依法严肃查处。住房公积金个人累计开户数达678万人,稳居全国第三,累计归集资金达761亿元,居全国第四。累计发放贷款超过1.96万笔,贷款额91.51亿元。安排人才安居货币补贴10亿元，人才住房和补贴惠及约20万人。全面完成30个"智慧社区"建设试点工作、125个绿色物业管理项目试点工作，物业管理进社区达98.1%。全国物业服务企业200强，深圳市企业占39家。全市新建市政中压燃气管道205公里，其中，原特区外新建市政中压燃气管道183公里。全市燃气管道长度达到4000公里。燃气管网覆盖率65%，原特区外燃气管网覆盖率52%。

4. 交通出行不断优化

全市交通建设完成总投资254.11亿元。深圳机场新航站楼启用，深圳迈进"新航站楼+双跑道"的大空港时代。广深沿江高速、博深高速、清平高速二期、梅观高速北段扩建工程等重大项目顺利建成通车。广深高速鹤洲立交、迭福立交、平安观光立交等17个项目建成。坪盐通道、丹梓西路等12个项目开工建设。新彩通道、南坪二期、坂澜大道等19个项目加快建设。坂银通道、南坪三期等项目前期顺利推进，进一步完善了城市路网体系。打通33条断头路，完成80个片区综合交通改善。厦深铁路开通运营，地铁7号、9号、11号线全面开工建设，龙华现代有轨电车试验线开工建设，坪山站交通枢纽投入运营。优化调整公交线路168条，成功实施华强北、车公庙等33处公交疏解，常规公交日均客运量达603万人次，建成新一代公交候车亭794座，原特区外公交站点500米覆盖率达到91%。新增优化公交专用道102公里，全市公交专用道整体规模达752.1公里。出台《加快深圳市公共自行车交通发展若干意见》，组织投放公共自行车12700辆。投放无障碍出租车100台，为特殊人群提供出租出行。在全国率先发布公共交通服务指数指标体系，动态监测并公布全市公共交通服务水平。

5. 就业形势保持稳定

新增就业人数超过8万人，促进43000多名失业人员再就业，帮扶就业困难人员就业26000多人，扶持自主创业超过10000人。城镇居民登记失业率控制在2.35%的较低水平，"零就业家庭"动态归零。发布《关于进一步完善就业援助政策的通知》，规范了就业困难人员认定事项，出台灵活就业补贴办法。将失业登记和失业保险金申领融入基层公共就业服务平台，实现"一站式"办理。开展"南粤春暖"行动，全年共举办679场免费招聘会活动，进场企业总计超过38000余家，提供岗位89.9万个。开展高校毕业生、就业困难人员就业援助活动，高校毕业生就业率达 92.3%。

6. 社会保障更加完备

社保基金收支分别增长 22.7%、21.7%。全市各险种参保总人数达到 4470 余万次，同比增长 17.7%，各险种参保人数和医疗保险、失业保险参保人数位居全国大中城市前列。最低工资标准、最低生活保障标准进一步提高，城镇居民参加医疗保险，财政补贴由 240 元提高至 282 元，均居全国领先水平。出台《深圳经济特区养老保险条例实施细则》、《深圳市社会医疗保险办法》、《深圳市失业保险浮动费率管理暂行办法》等政府规章，社会保障体系更加完善，深圳市成为全国非户籍参保人数比例最高、保障力度最大的城市。

7. 养老救助慈善事业取得新进展

出台《加快老龄服务事业和产业发展的意见》以及《养老设施专项规划》、《城市无障碍改造规划》，全市共建成社区星光老年之家 916 个、老年人日间照料中心 20 家，新增养老床位 766 张。市养老护理院、社会福利中心新址项目开工建设。"深圳市出台老龄服务事业和产业'1 + 2'文件"入选 2013 年全国"十大老龄新闻"评选结果，深圳已申报创建国家养老服务业综合改革试验区。出台《深圳经济特区社会救助条例》，建立低收入群体救助动态调整机制；加强流浪乞讨人员救助服务管理，2013 年以来共救助 3 万余人次，市救助站被民政部评为一级站；连续 6 次开展"爱心福彩——资助来深建设者春节返乡"活动，资助 3024 名来深建设者回家过年；连续 5 次获"全国双拥模范城"称号、连续 7 次获"全省双拥模范城"称号，6 个行政区第二次全部获"省双拥模范区"称号。为雅安地震灾区募集捐赠救灾资金 3.88 亿元、物资价值 2473 万元；免费提供基本殡葬服务共 6697 人次 884 万元。成功举办第二届中国公益慈善项目交流展示会，连续 2 次获评全国七星级慈善城市。

8. 文化惠民成效显著

当代艺术馆与城市规划展览馆工程加快推进，深圳书城宝安城动工建设。全市公共图书馆馆藏总量超过 2823 万册，年借阅 1072 万册次，深圳获联合国教科文组织授予的"全球全民阅读典范城市"称号。出台《深圳市公共文化服务体系建设规划（2013～2015）》和《基层公共文化服务规定》，落实"三馆一站"免费开放，公共文化服务体系更加健全，福田区入选创建国家公共文化服务体系示范区。举办读书月、外来青工文体节等各类文化活动1.5万场，深受市民好评。

（二）基本公共服务体系逐步完善，公共资源配置趋向均衡

按照保基本、强基础、特区一体化的要求，以"来了就是深圳人"的理念为指引，以"同城人、同待遇"为努力方向，进一步推进基本公共服务体系建设，促进基本公共服务均等化发展，使改革发展成果更多、更公平地惠及全体市民。

1. 掌握全市基本公共服务基本情况

按照国务院《国家基本公共服务体系"十二五"规划》明确的基本公共服务标准，经过对近年来深圳基本公共服务保障水平和均等化程度的全面梳理，基本摸清全市基本公共服务的"家底"。目前，涉及深圳地方事权的9个大项、65个小项基本公共服务已全部实施，此外深圳还自行实施了9项基本公共服务。从服务标准上看，深圳已经建立起较为完善的基本公共服务体系，绝大多数服务项目已经提前达到了国家2015年标准。在保障总体水平上，深圳已经位居全国前列。但是，从基本公共服务的覆盖群体和覆盖水平上看，覆盖实有人口的有38项，占58%；覆盖深圳户籍人口的有18项，占28%；覆盖深圳户籍人口以及特定人群的有9项，占14%。

2. 公共服务均等化稳步推进

2013年，深圳市社工委会同市发改委、财政委等部门，研究制订了《深圳市推进基本公共服务均等化行动计划》，以项目库的形式，明确了基本公共服务的内容、标准、服务对象、支出责任以及责任单位，有计划地降低基本公共服务不均等化程度。预计到2015年，深圳市基本公共服务项目数达到76项，初步形成较为健全的基本公共服务体系。

3. 公共服务区域发展逐步均衡

在市发改委、市社工委的协调下，将推进基本公共服务区域均衡发展纳入《深圳经济特区一体化三年实施计划（2013~2015）》，着力加大对原特区外地区基础设施、环境保护、基本公共服务等建设投资力度，梳理100多项重大民生建设项目并予以政策倾斜。

（三）社会体制改革稳步推进，社会治理格局初步建立

1. 社区治理体制改革实现破题

通过基层社区服务管理体制专题调研，系统总结福田区"一站两委三平台"以及南山区"一平台两中心"等不同的社区治理模式，探索在推进基层社会治理体制改革中的社区治理机制，构建现代城市社区治理体系。

2. 公共服务供给方式日益多元化

市编办制订了《关于清理政府部门职能事项的工作方案》，共梳理出30个部门994项职能事项，并形成第一批《市级转变政府职能事项目录》；制定了向社会组织购买服务和奖励的政策文件；编制了具备承接政府职能转移和购买服务资质的市级社会组织目录；完成对284家市级社会组织报送的申报材料进行资质审核。

3. 户籍管理制度改革有新进展

完成深圳人口发展战略课题研究，对全市户籍制度改革实施方案财政成本进行了详细核算，全面启动了人口管理"1+5"文件的修订工作。颁布实施《深圳市计生条例》，明确超生处罚满5年可申请市外迁入，突破了"超生不予迁入"的制度限制。目前，深圳户籍人口增至319万人。

（四）"两大工程"深入推进，社会管理效能进一步提升

1. 深化"风景林工程"建设，鼓励基层"微创新"

2012年初，深圳立足于增强社区服务功能，推出了社会建设"风景林工程"，将各区、各有关部门社会建设中适用于服务社区居民的好经验、好做法筛选出来，分类设定标准，以"工程化"、"项目化"的方式推进，推广到各社区，形成具有以关注人为重点的城市新功能。2013年，"风景林工程"继续选取了"基层党建工作区域化、社区服务中心建设、社区居民议事会、社区公益服务岗位开发、社区楼（栋）长制度"作为"第一批盆景"。推广以来，基层党组织在社区服务中的引领和组织作用更加凸显，社区服务供给方式更趋多元，来深建设者在社区建设中的参与权、表达权、监督权得到充分保障，对社区服务的满意度明显提高。目前，基层党建工作区域化项目，已在符合条件

的629个社区中100%建立了社区综合党委（党总支），均实现了公推直选，选聘"兼职委员"1065名；社区服务中心项目，完成招标和投入运行383家，已覆盖50%以上的社区；社区居民议事会项目，共组建了社区居民议事会744个，基本实现全覆盖；社区公益服务项目，已经在有需求的464个居委会100%开发了工作岗位，参与服务人数达3130人；楼（栋）长项目，共为18万余栋城中村自建房配备楼长14.4万人、商品房楼（栋）长1.7万人，基本实现了城中村出租屋楼宇"门禁＋视频"系统安装全覆盖。

2. 深入实施"织网工程"，开展信息惠民

社会建设"织网工程"就是把各部门服务、管理的信息资源编织起来，形成服务管理信息的"蓄水池"，实现信息资源的跨区域、跨层级、跨部门的互联互通、融合共享，并以此为基础，通过进一步开发民生服务和社会管理领域的各种应用，再造为市民群众服务的工作流程，全面提升公共服务保障能力，提高城市精细化管理水平。2013年以来，"织网工程"团队通过在坪山新区和龙岗区南湾街道试点，创建了以"一库一队伍两网两系统"为架构的"织网工程"新模式（即公共信息资源库、网格信息员队伍、社会管理工作网、社区家园网、社区综合信息采集系统、决策分析支持系统），并在统筹协调、信息化建设、网格划分、网格信息员队伍组建4个方面取得了阶段性成效。11月5日，全市召开社会建设"织网工程"工作会议，出台了市委、市政府《关于全面推进社会建设"织网工程"的实施方案（试行）》，将"织网工程"建设在全市铺开。11月12～13日，全国政务信息共享建设工作研讨会暨信息惠民国家示范市建设工作研讨会在深圳召开。"织网工程"应用作为会议重要内容作了专题汇报及展示，受到了国家发改委、中编办、信息产业部等七部委高度肯定，并顺利通过国家信息化专家组评审，将深圳列为信息惠民国家示范城市，在全国推广"织网工程"的做法和经验。

（五）社会组织改革发展取得新进展，有效激发了社会活力

深圳特区市场经济发育早、社会组织发展较为超前，社会组织改革发展的任务较重。2013年，深圳继续深化社会组织改革，强化社会组织综合监管，引导社会组织参与社会管理和公共服务，促进新的社会治理结构的形成。

1. 登记管理体制改革不断深化

继续推进社会组织登记管理体制等9项改革，直接登记的范围进一步扩大到8类社会组织。截至12月底，全市共有社会组织7583家，专业社工达5900多人。

2. 社区社会组织培育加快

研究制定《深圳市社区社会组织管理与促进办法》，加快构建社会组织孵化器集群，重点培育街道、社区社会组织发展；探索建立社区慈善基金会，作为社区基层自治组织的有益补充。

3. 综合监管体系逐步建立

建立政府行政监管、社会公众监督、社会组织自律"三位一体"的综合监管体系。加强对境外非政府组织在深活动的管理；建立了联合执法机制，对近200宗社会组织违规违法事件进行了查处；建立了社会组织综合评估机制，开展了两批次共93家社会组织评估；建立了社会组织信息公开平台，接受舆论和公众监督。

4. 群团组织枢纽作用凸显

以"深圳市服务职工社会组织联合会"、"深圳市妇女社会组织基地"和"深圳市青年社会组织总部"等为主要平台，将群团组织打造成"枢纽型"社会组织，孵化、培育、凝聚和带动数百家相关社会组织健康发展。

5. 志愿者之城建设加强

印发《关于推动志愿服务社区化的意见》，在全市建成93个社区U站、31家青春家园社区服务"专柜"、575个志愿服务固定服务点。通过打造U站服务体系不断壮大志愿者服务队伍，全市注册志愿者达90.2万人，志愿者占常住人口的比例达8.5%。

（六）社会管理创新不断深化，公共秩序和谐稳定

1. "平安深圳"创建活动深入推进

构建社会治安立体防控体系，加大对故意杀人、"两抢一盗"、涉黑等严重刑事犯罪的打击力度，实现了社会治安持续好转。全年全市接报110刑事治安总警情同比下降9.38%，其中严重暴力、"两抢"警情分别下降21.1%、

40.8%；法院系统受理一审刑事案件16497件，同比下降11.94%；检察系统共批捕犯罪嫌疑人16519人，起诉16143人。

2．"廉洁城市"建设成效显著

认真查办征地拆迁、社会保障、医疗卫生、生态环境等社会建设领域职务犯罪53件74人；推进行贿犯罪档案查询机制建设，检察机关向社会提供行贿查询56016次，较上年同期增长近20倍。

3．食品药品安全管理加强

召开"惩治危害食品安全犯罪加强民生司法保障工作座谈会"；开展打击非法添加非食用物质和滥用食品添加剂、"地沟油"、"私宰肉"等违法活动；抽检食品及相关产品近3万次，合格率95%。建立"一体两翼"药品安全社会管理新模式；建立药品安全企业信用档案，健全企业网上公示、"黑名单"和违法行为曝光制度；创建260个药品安全示范社区。

4．交通安全秩序有效改善

组织《深圳经济特区交通安全管理条例》和《深圳经济特区交通安全处罚条例》执法检查，开展"禁摩限电"、"猎虎"、"闪电"、"天眼"统一行动，倡导绿色出行。全年全市交通事故起数和致死人数分别同比下降21.0%、9.2%。

5．公共安全保障机制不断健全

完成自然灾害、事故灾难、公共卫生、社会安全四类公共安全评估报告，编制《深圳市公共安全白皮书》；将消防行政许可和行政处罚纳入市电子监察系统，接受监察监督；运用物联网新技术将全市危爆从业单位的储存、销售、使用、运输、处置等过程全程电子化管理。

6．流动人口和出租屋管理加强

全市累计登记流动人口约1333万人、房屋编码63.7万栋1046.7万套间，排查通报各类问题隐患28.98万宗，办理合同备案51.4万份，代征租赁税4.8亿元，查处违法租赁案件1467宗。

7．特殊人群服务管理加强

建立了针对精神病人管理的公安与卫生部门三级协作机制；救助流浪乞讨人员和未成年人近7000余次；强化了对吸毒人员的管理。

8. 网络虚拟社会管理加强

推进网络舆情应对综合业务平台建设，不断提高政务信息发布质量，充分发挥政务微博监督作用，抓好深圳新闻网等各单位门户网站的正面宣传，抓好网络舆情应对工作。

（七）社会建设保障进一步加强，社会正能量更加凝聚

突出抓好社会协同、群众参与这个主基调，发动社会各界担纲社会建设的主角。

1. 法治保障和政治协商工作加强

市人大常委会完成《房屋租赁条例》、《救助保护条例》等立法工作。行业协会、集体协商、控制吸烟、特种设备安全和居住证等方面的立法工作稳步推进。市政协多次召开社会建设、民生领域专题通报会，提出推进社会建设方面的提案近300件，组织200多名四级政协委员对全市"风景林工程"推进情况进行了专题视察。

2. 社会信用体系建设加强

制定印发了《深圳社会信用体系建设发展规划（2013~2020）》、《2013年度社会信用体系建设重点工作责任一览表》，出台了《深圳市食品安全信用管理办法》，建立了食品安全"黑名单"制度，开展了"2013年度诚信守法示范企业"创建活动。

3. 企业社会主体责任加强

开展企业社会责任标准研究，编制企业社会责任指标体系。组织第三方机构对巴士集团、地铁集团、水务集团、燃气集团等公共服务行业进行了用户总体满意度调查，满意率为96.08%。

4. 城市文明建设加强

认真组织城市文明提升行动，广泛开展"中国梦"主题宣传，组织2000多项关爱活动，建立300多个社区道德讲堂。

5. 公众参与积极性加强

组织开展"七彩年华未成年人道德教育活动季"、"深圳读书月"、"社区邻里节"、"扶贫济困日"、"@深圳在一起"线下网民活动等内容丰富的群众

性活动；创造性策划组织了"南粤幸福活动周"，全市共开展文体娱乐、关爱互助、法律服务、公益志愿、就业培训、和谐家庭等32个大项3000多场次的活动；组织开展全市"2013年民生实事项目市民体验"活动，共遴选出30余项体验项目，部分"两代表一委员"和数百万市民群众积极参与，取得了良好社会效果。

（八）各区社会建设力度空前，各项工作亮点纷呈

各区对社会建设工作的认识进一步提高，投入进一步加大，政策进一步倾斜，呈现各有特色、亮点纷呈的良好局面。

1. 福田区社会建设探索与创新

福田区创新开展民生服务，探索政府与社会力量合作创办老人日间照料中心；扩大"先诊疗后结算"范围，人均节省诊疗时间20~30分钟。积极推动政府公共服务职能转移，出台《加大政府公共服务转移和购买服务力度的工作方案》。深入推进社会管理法治行动和社会成员"大融入"行动，提升流动人口服务管理效率，促进外来人口融入深圳，其中出租屋敬告式执法项目已在全市推广。创建"人民调解福田模式"，该项目已获批全国社科基金后期资助项目立项，福保街道人民调解委员会被国家司法部授予"全国模范人民调解委员会"。积极开展"大爱福田"涉罪未成年人法治帮教活动，建立多元帮教机制，引导涉罪未成年人顺利回归社会。探索"一站两委三平台"的社区治理模式，调整社区工作站的职能定位，强化社区综合党委的核心领导作用，回归社区居委会的自治功能，进一步提升社区治理水平，增强社区发展活力。建设社会组织总部基地，成功打造社会组织培育扶持、政府职能转移对接和社会创新发展探索的综合平台。

2. 罗湖区社会建设探索与创新

罗湖区创新设立社会建设和民生创新项目专项资金，每年投入5000万元，引导社会力量参与社会建设与民生事业。打造"大爱罗湖"公益平台，发动爱心人士、爱心企业、公益机构结对帮扶辖区困难家庭。目前，共发动1302个单位和个人，结对帮扶1030户困难家庭和165名困难学生，帮扶资金达1100万元。同时，开通"大爱罗湖"网站，公开慈善募捐和救助款项经费支

出情况，实现"阳光慈善"。启动党政社群社区共治试点工作，安排400万元专项资金，探索街道组织社区居民自主决定民生项目并监督执行，获评"全国社区治理和服务创新试验区"。实行社区楼长直选，利用"罗伯特议事规则"评议社区事务，实现居民"自我管理、自我服务、自我监督"，获评《南方都市报》"深圳出彩"十大事件。建设草根NGO同行工作室，大力孵化、培育公益性社会组织，促进社区社会组织发展。

3. 南山区社会建设探索与创新

南山区创新推出"宜居南山社会管理与服务系统工程"，包含"一核多元"区域化党建、"一格三员"网格化管理、"宜居出租屋"、社区服务中心、社会组织孵化基地、"96881"民生服务热线、和谐企业工作室、四级联通综合信息平台等8个大项目，围绕系统性、整体性和精细化要求，构建以人为本的社会服务管理体系。同时，以改革创新精神出台了全国首个地方性社会建设标准体系，发布和谐社会建设发展指数，编撰并出版国内首部《中国社会建设大辞典》，积极探索"一核多元"的社区治理体系和"一平台两中心"的新型社区服务模式，有效提升了基层治理手段和治理能力的现代化，形成了涵盖区域党建、基层民主、社会管理、公共服务、社区文化、社会主体和宜居生态"七位一体"的社会建设"南山模式"。

4. 盐田区社会建设探索与创新

盐田区率先建立考核指标体系，出台了《盐田区社会工作绩效考核办法（试行）》和"幸福盐田指标体系"，定期发布《社会建设与发展公报》。实施了"完善社会组织培育和规范发展机制"项目，设立全市首个区级社会组织专项资金。率先探索志愿服务"岗位化"，创造"善行银行"志愿服务运行新模式，入选《南方日报》"2013深圳改革榜单"。积极推进社会建设"织网工程"，率先完成"社会管理工作网信息系统"升级改造，实现"社区家园网"的全覆盖，被市综治办定为全市"社会管理工作网"升级改造试点区。依托省社会创新试点项目永安社区外来人员服务管理项目，探索外来人口服务管理"公共服务均等化、服务管理一体化、居民自治制度化、社区融合无缝化"模式，取得突出成效。组织"盐田议政厅"活动，制定为民办事征询民意制度，在政民互动上有新探索。在2012年"建设幸福广东工作评价"测评中，盐田区综合指数得分连续两年位列全市第一。

5. 宝安区社会建设探索与创新

宝安区公共服务水平持续提升，全区财政用于民生投入119.1亿元（增长16%），其中教育事业投入32亿元，新增学位1.1万个。为动态掌握全区基本公共服务"底数"，宝安按季编印《宝安区公共服务情况统计》，同时对区有关单位社会建设具体工作开展过程监理，书面提出《社会建议书》。注重发挥工青妇等体制内群团组织、培育、发展、引导社会组织的枢纽作用，规划完善区、街工会职工服务中心，成立青年社会组织服务中心、妇女社会组织实践基地。积极构建"多元共治"格局，创新"社区建设宝民模式"、"马鞍山小区自主管理模式"、"和安小区多元共治模式"、"楼管员之家"及"黄峰岭工业园"等，项目规模集聚效应不断显现。继续完善海裕社区省社会创新项目建设，指导社区利用社工机构与社会组织"双社互补"、社工与义工"双工联动"、物业管理与业委会"双业联动"的机制开展社会服务活动。

6. 龙岗区社会建设探索与创新

龙岗区积极完善基本公共服务体系，完成《龙岗区公共服务质量评估》，研究出台了《龙岗区推进基本公共服务均等化三年行动计划》；探索开展社会领域投融资体制改革，制定了《龙岗区鼓励、扩大社会资本投资公共服务总体实施规划》。在每个街道建立和谐劳动关系社工综合服务站，鼓励企业开展社会工作。建成全省首家区级信用信息平台和龙岗诚信网，全年征集信用信息182万条，曝光失信企业信息1571条。成立全国首家县（区）级保安协会，选取不同社区探索创建平安促进会、平安创建联合会、楼（栋）长服务站和楼（栋）长联合会，推动居民自治。落实扶持资金200万元，开展社会组织"十佳案例"评选。整合和吸纳社区资源，建立社区社会组织公共空间（孵化基地）和社区基金（圆梦基金），获国家民政部领导高度肯定。

7. 光明新区社会建设探索与创新

光明新区以"五个一"工程（一个文体广场、一个休闲公园、一条景观道路、一个服务中心、一个家园网）为重点，打造"幸福社区"模式，完善社区功能。制定了《进一步深化出租屋楼长制工作的意见》，在全市首创"楼长学校"，由公安、消防、出租屋综管等部门联合组建楼长培训讲师团对楼长

2013～2014年深圳市社会建设形势分析与展望

进行培训，累计培训楼长10324人次。创建了新区、办事处、社区三级"和谐议事厅"，进一步完善人民调解、行政调解、司法调解联动的"大调解"工作体系，调解成功率达97.52%。组建"法治副校长"队伍，在辖区中小学校开展法制宣传，提高广大青少年学生的法制意识和公共安全意识。

8. 坪山新区社会建设探索与创新

坪山新区顺利完成社会建设"织网工程"试点工作，依托信息化、网格化手段，成功搭建"一库一队伍两网两系统"工作构架，有效提升社会服务管理水平，得到市委、市政府和国家发改委等各级领导的肯定。创新推出"青工驿站"——来深建设者关怀计划、"孕妈咪驿站"、户籍青年转型提质计划等12个"风景林新盆景"项目，较好地改变了基层社区服务内容单一、服务水平不高的现状。出台了《坪山新区社工人才扶持暂行办法》，进一步加大对社会工作人才的政策扶持。成功举办"幸福坪山"系列活动，广泛惠及辖区实有人口，进一步增强了外来人员的文化归属感。

9. 龙华新区社会建设探索与创新

龙华新区将公共财政预算支出的80%用于改善民生，全面提升基本公共服务的硬件、软件环境。编制了《社会建设规划（2013～2020年）》，明确了"活力新区"、"和谐家园"、"幸福龙华"社会建设总目标。制订了《社会建设三年重点工作计划（2013～2015年）》，部署并实施了基本公共服务提升、和谐社区建设、社会组织孵化等"六大工程"。创办"活力龙华"社会大讲堂，增进社会建设共识。探索社会融合龙华模式，增强外来务工人员归属感和家园意识。成立社会组织孵化服务中心，社会组织总数年增长达33%。鼓励街道、社区开展"微创新"，涌现"青工活力第三个8小时"、深圳北站综合管理服务"4S站"、"社区人俱乐部"、清湖社区学堂、"阳光家园"等一批社会建设创新试点项目。

10. 大鹏新区社会建设探索与创新

大鹏新区针对原村民收入低问题，大力实施民生工程，注重富民、惠民、利民，以政府为主导的园区升级改造模式，推动社区股份公司实现转型升级，带动居民受益。制订《"大鹏展翅"就业创业工作计划》，带动就业、创业工作；探索"民办公助"经营模式，实现社会化养老运作。着眼项目创新，打造新盆景,深化4点半学校创新试点,开展东涌社区"社区营造"模式探索,创新古村落、沙滩管理新模式。创新景区管理机制,围绕东涌、西涌等重点景区,深入开展十大片区环境综合整治,重点对市政设施、园林绿化及水环境治理等方面进行完善提升。

二 深圳市社会建设工作存在的问题与形势分析

一年来,深圳市社会建设工作虽然取得了一定成绩,但与十八大、十八届三中全会的要求相比,与市民群众的期望相比,还存在一定的差距和一些薄弱环节。随着全面深化改革各项工作的深入推进,深圳社会建设工作也面临着新的机遇和挑战。

(一)发展机遇

1. 从国家宏观政策的取向来看,社会建设越来越成为各级党委、政府的工作重点

尤其是将社会建设纳入"五位一体"的中国特色社会主义总布局以来,从中央到地方,对社会建设工作的重视程度和投入力度空前加大。党的十八大提出"在改善民生和创新管理中加强社会建设",十八届三中全会进一步强调,要"推进社会事业改革创新"、"创新社会治理体制"。随着各项改革任务的不断深化,推进社会领域改革、进一步加强社会建设,已经获得了广泛共识。我们认为,新时期社会矛盾和社会问题凸显的重要原因,就在于社会体制机制革新没有跟上经济发展和社会变迁的步伐。因此,应牢牢把握中央、省、市党委、政府深化改革的历史机遇,围绕社会领域的难点、热点问题,深入研究,探索建立一个与社会主义市场经济体制相适应的社会体制,优化社会发展的制度环境,促进社会和谐共融。

2. 从深圳经济社会发展的阶段性特征来看,社会建设工作在新的历史时期必须摆在与经济建设同等重要的位置

过去30多年,我们首先要"做大蛋糕",解决人民群众的生存权问题,所以把经济建设放在优先发展的战略地位。进入新的历史时期,必须在"做大蛋糕"的同时,更加注重切好"蛋糕",满足人民群众的发展权,解决权利公平、机会公平、过程公平和结果公平的问题。习近平总书记在视察深圳时,赋予了深圳经济特区"三个定位、两个率先"的新使命。深圳不仅要带头加快转变经济发展方式,而且要在社会建设方面发挥示范引领作用,从经济发展先锋到社会建设前沿,从注重经济高速度到社会和谐度,率先实现科学发展和社会和谐。从世界城市发展规律看,深圳作为人均GDP超过1万美元的城市,已经到了以社会建设为重要动力,促进经济转型、推动城市全面发展、提升现代化国际化水平的新阶段。因此,必须深刻认识社会建设的重要性和紧迫性,把加强社会建设作为党委、政府的重要任务,牢牢把握以人为本这个核心,努力满足人民群众的新要求、新期待,走出一条以民生为导向的发展新路,推动经济社会全面协调可持续发展。

3. 从深圳社会力量发育状况以及市民的素质与意识来看,深圳的社会建设具备良好的基础

一方面,深圳经济特区市场经济发育早、社会力量相对活跃,再加上深圳市民政部门在全国率先推动社会组织登记管理体制改革,积极引导社会组织参与社会管理和公共服务,为社会组织的健康发展提供了充足的空间和养分,社会组织逐渐成为社会建设的重要主体之一。另一方面,深圳靠近香港、澳门,得风气之先,公众也对城市管理理念、管理模式有比较高的期望和要求,人民群众对公共服务需求大、对社会管理参与热情高。特别是深圳作为一座年轻人的城市,也是一座"爱心之城"、"志愿者之城"。公民通过志愿服务参与公共事业、服务社会需求、承担社会责任,自发地动员各方力量,为社会建设共建共享创造了一个良性循环的环境。

(二)问题与挑战

同时,我们应该清醒地认识到,深圳社会建设工作还存在一些薄弱环节。

1. 民生需求与供给矛盾依然突出

深圳人口结构严重倒挂,实际管理人口规模庞大,市民群众的民生需求总量巨大,基本公共服务均等化的压力、财政投入的压力依然比较大。

2. 完善社会治理体制机制工作任务艰巨

深圳社会治理体制滞后于市场经济体制，面临社会矛盾高发、多发等突出问题。通过改革创新建立现代社会治理体制，以适应市场经济的需要，还有大量工作要做。

3. 点上创新丰富与面上推广不足并存

深圳市各职能部门、各区有很多点上的改革创新举措在全国全省领先，为全国全省创造了很多成功的试点经验，但在面上的总结、提炼、宣传、推广方面还比较欠缺。

4. 干部队伍的能力素质还需要进一步提高

对很多干部来说，社会建设还是新鲜事物，创造性推进工作的有效办法还不多，容易满足于传统的工作经验和做法等。

三 2014年深圳市社会建设工作建议

2014年，深圳市应全面贯彻党的十八大、十八届三中全会精神，按照中央和省、市决策部署，把改革创新贯穿于社会各个领域、各个环节，紧紧围绕积极改善民生和加快社会治理现代化的主题，更加坚持统筹谋划、更加坚持问题导向、更加坚持制度安排，使发展成果更多、更公平地惠及全体市民，最大限度地激发社会活力，为深圳实现"三个定位、两个率先"目标和加快推进社会主义"市场化、法治化、国际化"城市建设提供重要的社会支撑。

在开展社会建设实践工作时，应坚持以下基本原则：一是坚持突出重点与兼顾全面相结合，既要特区一体、统筹兼顾、整体布局、全面规划，又要针对当前深圳社会建设中的突出问题和矛盾，有重点地加以推进。二是坚持着眼长远与立足当前相结合，既要把社会建设作为一项长期任务，创建长久实施的体制、机制和制度，又要立足阶段性特点，从当前实际出发，量力而行，尽力而为，循序渐进，保持政策的可持续性。三是坚持改革创新与稳妥推进相结合，既要尊重基层首创精神，鼓励大胆探索，用创新思维和办法解决社会建设中存在的问题，又要把握体制改革、公共政策调整对群体利益的影响以及出台时机和群众可接受程度。四是坚持党的领导与依法治理、社会参与相结合，既要发挥党的领导核心作用，坚持党的宗旨，把握社会建设方向，又要在民主法制框架下，发挥人大、政协以及工会、共青团、妇联等群众团体和社会组织的作用，尊重群众主体地位，扩大基层民主，合力推进社会建设。

（一）着力完善基本公共服务体系

1. 统筹推进社会事业改革创新

贯彻落实市委《关于全面深化改革的实施意见》和《深圳市2014年改革计划》，协调推动建立公办学校标准化建设制度和校长教师交流轮岗长效机制、健全最低工资和工资支付保障机制、医疗体制综合改革、深化食品药品监管体制改革等社会事业年度改革项目，确保改革取得实效。关注社会领域改革热点，选择公益慈善、养老服务体制改革等事关市民群众切身利益的改革项目，率先探索突破，形成示范效应。跟踪评估社会事业改革项目的绩效，及时发现并协调解决改革进程中的问题，切实让发展成果更多、更公平地惠及全体市民。

2. 推进基本公共服务均等化

抓好《深圳市推进基本公共服务行动计划》的分解落实，建立健全基本公共服务标准、项目、覆盖群体等正常增长机制，不断扩大基本公共服务覆盖范围，加快来深建设者的市民化进程。深入实施特区一体化"新三年计划"，继续加大原特区外交通、医疗、教育等基础设施的建设力度，着力提升原特区外基本公共服务保障水平。按照"群众最关心、操作性强、当年可见效"的思路统筹抓好年度民生实事项目，及时协调解决项目推进中的问题，进一步缓解民生困难，提升市民生活质量。

3. 创新基本公共服务供给方式

强化市区政府在保障基本公共服务方面的主体责任，优化财政支出结构，加快构建以基本公共服务均等化为导向的财政投入及保障机制。放宽基本公共服务投资的准入限制，鼓励社会力量参与教育、医疗、文化、养老等社会事业建设。完善政府向社会力量购买服务制度，研究制定具体办法，强化购买服务项目的绩效评估，形成与经济社会发展相适应、科学高效的公共服务资源配置和供给体系。

（二）创新城市社会治理体制

1. 推进基层社会治理体制改革

争取国家和省支持，适当调整区级行政区划设置，优化街道和社区设置，加大人、财、物向社区倾斜力度，逐步将宏观协调和监管职能上移至市、区（新区）部门，将部分社会管理和公共服务等微观职能下移至街道或社区。按照"两个80%"的目标，完成新一届社区党组织、居委会换届，强化基层党组织的核心领导地位。理顺社区服务管理主体关系，支持和完善基层群众自治制度，明确社区综合党委、社区工作站、社区居委会、社区业委会、物业管理公司等职责。创新社区居委会发挥自我服务、自我管理作用的有效机制，有序吸纳非户籍常住居民参与居委会选举和社区自治。试点推进基层治理模式改革，总结推广"一平台两中心"、"一站两委三平台"等社区服务管理新模式。深化农城化股份合作公司改革，进一步建立现代企业制度。

2. 创新社会综合治理机制

完善平安深圳建设体系，积极推进治保主任、爱民固边、猫眼工程、高层楼宇"二+5"模式、"宜居出租屋"等项目，扎实开展平安细胞创建活动，有效扩大平安细胞覆盖范围。加强特殊人群服务管理，落实"三个一"（一人一档、一人一策、一人一帮扶小组）机制。发挥工作网作用，推广三方联动机制，推动实现社区矫正人员、易肇事肇祸精神障碍患者等人群落地服务管理。做好劳教制度废除后社区矫正制度的衔接工作。完善初信初访办理机制，实行网上（电、邮）信访受理、信访代理制度。推行涉法涉诉信访与普通信访相分离，加大对违法信访行为的惩处力度。进一步完善网络舆情应对综合业务平台建设，有效打击各类网络犯罪活动。出台企业社会责任评价标准，发布深圳企业社会责任指数，推进企业社会责任建设。

3. 完善全市网络舆情快速响应和联动工作机制

加快推进市网络舆情应对统一指挥平台建设，建立和完善互联网内容管理基础数据库，健全基础管理、内容管理、行业管理以及网络违法犯罪防范和打击等工作联动机制。健全网络突发事件处置机制，形成正面引导和依法管理相结合的网络舆论工作格局。全面提升对涉深舆情监控和统一指挥能力，全面加强重大舆情和突发事件的快速响应和联动水平。

4. 健全公共安全保障体系

探索成立公共应急服务管理中心，统一受理市民对城市管理、公共服务领域内的求助、投诉、咨询、应急、举报等事项。健全"党政同责、一岗双责、齐抓共管"的安全生产责任体系，推进隐患排查治理体系建设，完善预防为主的长效机制。加强基层安全监管力量建设，加强"末梢"管理，强化日常监管执法。加强公共卫生事件和群体性事件预警防控，提高应对和处置能力。严格交通安全监管和执法，提升科技化、信息化管理水平，完善交通安全管理制度和设施，降低交通事故发生率。试点物流寄递实名制，建立物联网新技术全程电子化管理危爆从业单位、电梯等特种安全设备新机制。

（三）深入推进社会建设"风景林工程"和"织网工程"

1. 深化社会建设"风景林工程"

出台完善提升第一批"风景林工程"建设项目功能的具体举措，加大推进力度，强化督导检查，确保按标准和进度完成建设任务。"基层党建工作区域化"项目重点要选准、配强社区综合党委班子，研究出台《进一步加强社区综合党委工作的指导意见》，总结推广"社区第一书记"制度，实施"千名大学生进社区"计划；"社区服务中心"项目要实现新增150家目标；"社区居民议事会"项目要扩大非户籍居民参与面，真正落实社区公共事务议事制度；"社区公益服务"项目要建立岗位开发常态化机制和资金使用监督监管机制；"楼（栋）长"项目要统筹设计运行机制，并引导参与社区议事等。实施"风景林工程"新"盆景"项目培育计划，及时挖掘、总结、提炼基层社会建设先进经验，调动社区单位、企业和社区居民参与社区共治、自治。认真遴选"风景林工程"第二批建设项目，出台实施方案和具体标准并在全市推广。巩固省级社会创新试点项目建设成果，设立深圳市社会领域改革创新项目库，开展项目库建设和探索建立奖励资助机制。

2. 全面推进社会建设"织网工程"

各区（新区）按照《关于全面推进社会建设"织网工程"的实施方案（试行）》的要求，全面推进"织网工程"实施。通过实现商事登记及许可审批、社会信用、市场监管、网上办事大厅等信息系统与"织网工程"互联互通，完善市公共信息资源库，建立以决策分析支持系统为核心的大数据管理平台，推进全市政务大数据中心建设。完善覆盖区、街道、社区三级"织网工程"综合信息系统，统一基层社会服务管理信息采集，统一基层社会服务管理事项受理，统一基层社会服务管理事件分拨。建立以信息资源共享为核心的政务协同工作机制，优先在教育、卫生、住房保障、积分入户等领域实现跨部门业务协同应用。完善信息化政策支持和法治保障，在信息采集、信息安全、数据共享、数据开放等领域加强立法工作。实施信息惠民工程，启动基本公共服务管理与评估信息系统建设，推进社保、医疗、教育、养老、就业、公共安全、食品药品安全、社区服务、家庭服务等领域信息化与民生应用的深度融合，进一步发挥信息化对保障和改善民生的支撑性和带动性作用。探索统一全市公共服务热线电话和电子公共服务门户网站，建立市民主页和企业主页，试点向社会开放政务数据。

（四）构建现代社会组织体制

1. 大力培育、发展社会组织

深化社会组织登记制度改革，大力培育和发展行业协会商会类、科技类、公益慈善类、社区服务类社会组织。研究制定《深圳市社区社会组织管理与促进办法》，充分发挥社区社会组织参与社区服务管理、提升居民自组织和再组织水平的作用。加快出台《深圳市社区基金会培育发展工作暂行办法》，推动社区基金会跨越发展，筹集更多的社会资源开展社区互助救济，解决社区公共问题，改善社区公共福利，促进居民自治。以市、区社会组织孵化器和群团组织的社会组织孵化中心为依托，构建市、区（新区）、街道、社会等多方联动的社会组织孵化器集群。探索在前海开展国际经济类社会组织落地试点，助推前海发展现代服务业。

2. 着力规范管理社会组织

制定《社会组织综合监管指导意见》，明确政府各部门在落实社会组织综合监管方面的职责和分工，依法确保社会组织规范运作。建立健全社会组织退出机制，引导活动不正常、运作能力弱、社会认可度低的社会组织有序退出。

加强境外非政府组织在深活动的管理,制定《境外社会团体代表机构备案管理试点的办法》,规范相关机构和个人与境外非政府组织的合作。加强社会组织党建和群团工作,推进实施"两新组织"党建工作的"双引领双促进"工程。推进社会组织依法自治,完善社会组织法人治理结构,健全内部规章和自律机制。引导建立行业协会治理机制,贯彻实施新出台的《深圳经济特区行业协会条例》,规范行业协会的组织和行为,充分发挥行业协会在经济社会发展中的作用。加快推动社会组织管理信息平台建设,完善社会组织信息公开和公众监督机制。引入独立的社会第三方咨询评价机构,全面开展社会组织等级评估。

3. 推动社会组织在社会管理和服务中发挥作用

编制出台政府转移职能、购买服务以及具备承接资质条件的社会组织等"三个目录",将适合由社会组织提供的公共服务和解决的事项,交由社会组织承担。主动发掘基层治理的服务需求,培育新的公共服务项目,鼓励和引导社会组织承接。充分发挥社会组织作为协商民主重要参与方的作用,在党代表、人大代表、政协委员中增加社会组织代表比例,鼓励社会组织代表参政、议政,反映问题诉求。鼓励和支持社会组织相关服务业发展,支持社会组织在促进产业升级、规范市场秩序、提供公共服务等方面发挥更大作用。

(五)完善社会建设综合保障和各方参与机制

1. 创新社会建设法治保障工作机制

加强社会建设领域立法调研,加快居住证、社会救助、诚信建设和学校安全管理等社会领域立法。进一步加大社会领域法规规章"立、改、废"工作力度,注重法规规章的配套衔接。加强社会领域行政执法,抓好民生重点领域和重点工作有关法规规章的落实和执行,实行执法工作的标准化管理。加强社会建设司法保障,严厉打击各种危害社会治安秩序和民生领域的各类违法犯罪,健全社会建设领域"两法衔接"机制,拓展法律服务领域。加强社会领域法制宣传,继续开展"法治惠民"、公民法律大讲堂、法制宣传进社区等法治文化创建活动。进一步弘扬社会主义法治精神,引导法治文化产品创作和推广,实施公民法律素养提升资助计划,培育"学法、知法、守法、用法"的法治文化。

2. 推进社会建设宣传工作

进一步加强社会建设宣传工作的总体策划和逐步推进，积极营造有利于社会建设工作共建共享的良好氛围。加强社会主义核心价值观教育，加强人文关怀和社会安抚，培育市民群众家园意识，营造加快社会发展的良好文明环境。积极回应广大人民群众关注的社会建设热点、难点问题，切实提高广大市民群众对社会建设工作的知晓率和满意度。建立健全社会建设信息互动平台，提升"直通车"、"民心桥"等平台建设质量，探索利用现代传播技术创新市民群众参与社会建设的沟通平台。鼓励引导市民群众为社会建设积极出谋献策。搭建与社会各界人士的联系沟通平台，广泛吸收专业人士的工作意见和建议。

3. 创新群团组织参与社会建设工作机制

围绕履行基本职能，充分发挥传统群团组织在本系统的桥梁纽带和再组织作用。创新工青妇文残科等群团组织参与社会建设工作机制，不断提高覆盖面和影响力。支持工青妇文残科等群团组织延伸服务触角，引导工青妇的职工之家、社区U站、阳光系列等服务项目化，落地在社区。动员群团组织各类群体，积极开展与民生密切相关的各类志愿者服务活动。鼓励群团组织承接政府公共服务项目，完善服务方式，多渠道参与社会服务。

4. 加快推进社会工作人才队伍建设

探索建立基层社区工作者专门职业门类，建立相应招考、晋升、定级、使用等制度，优化基层服务管理人力资源体系。修订相关文件，进一步完善专业社工人才培养、评定、使用、晋升以及政府购买专业社工人才服务等制度安排。加强专业社工队伍的教育培训和职业指导，着力提升专业社工的职业素养和业务能力。引导社区各类工作人员通过学习考试，取得专业社工资格，提升服务管理能力。切实将专业社工人才纳入全市人才体系，落实有关职业资助、住房保障、岗位激励等政策。

基本公共服务篇

Basic Public Services

. 2

推进深圳基本公共服务中长期规划研究

彭鸿林　曾坚朋　周　洁*

摘　要： 改革开放30多年来，深圳经济特区经济飞速发展，可支配财力持续增强，居民收入水平、消费水平稳步提高；与此同时，公共教育、医疗卫生、社会保障、就业服务等基本公共服务发展却相对滞后。突出表现在基本公共服务体系建设缺乏系统设计、基本公共服务总供给规模总体不足、供给结构不尽合理，多元化供给机制仍不完善等方面。要加快推进基本公共服务均等化，应充分借鉴国内外先进经验，科学制定基本公共服务中长期规划，从完善公共服务体系、推进社会事业发展、深化户籍制度改革、创新公共服务供给方式、促进基本公共服务全覆盖、一

---

* 彭鸿林、曾坚朋，深圳市发展和改革委员会；周洁，深圳市社会工作委员会。

体化等方面着力,不断提升基本公共服务保障水平和均等化程度。

关键词: 深圳 基本公共服务 均等化 中长期规划

一 深圳市基本公共服务均等化现状研究

近年来,深圳市委、市政府高度重视基本公共服务均等化问题,提出了"来了就是深圳人"的理念,以特区一体化建设和推行居住证制度为抓手,着力完善基本公共服务体系,在提升基本公共服务保障水平和均等化程度等方面取得了一定成绩。

按照《国家基本公共服务体系"十二五"规划》明确的基本公共服务标准,涉及深圳地方事权的服务共9个大项、65个小项已全部实施,此外深圳还自行实施了9项基本公共服务(见表1)。

表1 深圳基本公共服务项目情况

领域	服务项目
基本公共教育服务（6项）	义务教育免费、中等职业教育免费、中等职业教育国家助学金、普通高中国家助学金、学前教育资助、在园儿童健康成长补贴（自选项目）
劳动就业公共服务（7项）	就业服务和管理、创业服务、就业援助、职业技能培训和技能鉴定、劳动关系协调、劳动保障监察、劳动人事争议调解仲裁
社会保险服务（8项）	职工基本养老保险、城镇居民社会养老保险、高龄老人津贴（自选项目）、职工基本医疗保险、城镇居民基本医疗保险、失业保险、工伤保险、生育保险
基本社会服务（11项）	最低生活保障、自然灾害救助、医疗救助、流浪乞讨人员生活救助、流浪未成年人救助保护、孤独养育保障、殡葬补贴、基本养老服务补贴、优待抚恤、重点优抚对象集中供养、退役军人安置
基本医疗卫生服务（11项）	居民健康档案、健康教育、预防接种、传染病防治、儿童保健、孕产妇保健、老年人保健、慢性病管理、重性精神疾病管理、卫生监督协管、基本药物制度

续表

领域	服务项目
人口和计划生育基本服务(8项)	药品安全保障、育龄人群技术指导咨询、临床医疗服务、再生育技术服务、宣传服务、独生子女父母奖励、计划生育家庭特别扶助、计划生育家庭奖励扶助（自选项目）
基本住房保障服务（2项）	廉租住房、公共租赁住房
公共文化体育服务（7项）	公共文化场馆开放、公益性流动文化服务、应急广播、公共阅读服务、文化遗产展示门票减免、体育场馆开放、全民健身服务
残疾人基本公共服务（14项）	社会保险保费补贴、基本医疗保障医疗康复项目、义务教育阶段特殊教育、残疾人教育资助、残疾儿童抢救性康复、残疾人就业服务、残疾人文化服务、残疾人体育健身服务、残疾人特殊困难救济补助（自选项目）、残疾人免费乘坐公交（自选项目）、肢体残疾人居家无障碍改造服务（自选项目）、精神残疾人服药补贴（自选项目）、残疾人住房保障优惠（自选项目）、残疾人辅助器具补贴（自选项目）

在基本公共服务均等化推进方面，也采取了一系列有力措施。如在公共教育领域，重点解决来深建设者子女义务教育阶段入学难问题；在医疗卫生领域，重点降低实有人口基本医疗费用，普及基本公共卫生服务；在文化体育领域，大力推进文化惠民工程，实施全民健身计划，提升城市软实力；在公共交通领域，着力打造民生公交，降低市民的出行成本；在生活保障领域，加大资源投入力度，重点向非户籍困难群体倾斜，保障"底线民生"；在住房保障领域，逐步扩大保障范围，构建"分层次、多渠道、广覆盖"的住房保障体系；在就业保障领域，延伸公共就业服务，实现各类劳动者和谐就业。

从基本公共服务的覆盖群体和覆盖水平上看，截至2013年末，国家规定的65项基本公共服务，深圳实现户籍与非户籍人口均等化的项目有40项，占全部项目的62%，未实现全市常住人口全覆盖的项目有25项，占全部项目的38%（见图1和表2）。

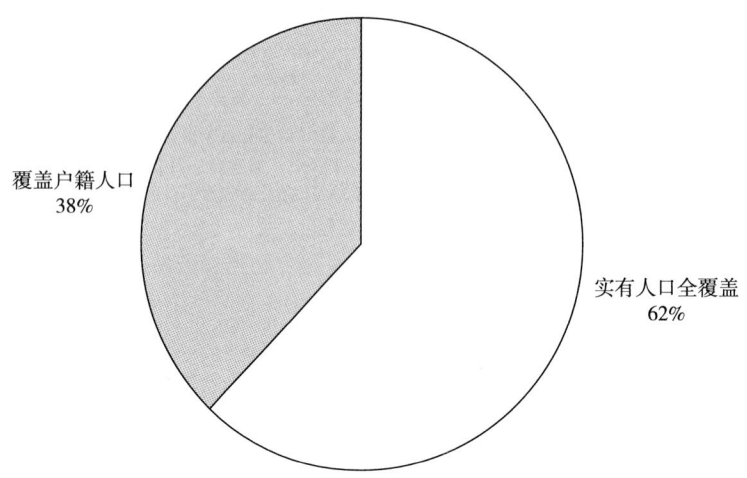

图1 深圳基本公共服务覆盖结构

表2 深圳未实现全覆盖的基本公共服务项目

序号	领域	服务项目
1	基本公共教育服务	义务教育免费
2		中等职业教育免费
3		中等职业教育国家助学金
4		普通高中国家助学金
5		学前教育资助
6	劳动就业公共服务	创业服务
7		就业服务和管理
8	社会保险服务	城镇居民社会养老保险
9		城镇居民基本医疗保险
10	基本社会服务	最低生活保障
11		医疗救助
12		孤儿养育保障
13		基本养老服务补贴
14		优待抚恤
15		重点优抚对象集中供养
16		退役军人安置
17	人口和计划生育基本服务	独生子女父母奖励
18		计划生育家庭特别扶助
19	基本住房保障服务	廉租住房
20		公共租赁住房

续表

序号	领域	服务项目
21	残疾人基本公共服务	社会保险保费补贴
22		基本医疗保障医疗康复项目
23		义务教育阶段特殊教育
24		残疾人教育资助
25		残疾少年儿童康复

从基本公共服务的服务标准上看，深圳已经建立较为完善的基本公共服务体系，在绝大多数服务项目上已经提前达到了 2015 年国家标准。在基本公共服务保障总体水平上，深圳已经位居全国前列。"十二五"期间，深圳将进一步提高服务保障水平（见表3）。

表3　深圳基本公共服务项目覆盖水平及 2015 年目标

领域	服务项目	覆盖水平	2015 年目标
基本公共教育服务	义务教育免费	目标人群覆盖率100%，九年义务教育巩固率达到99%	目标人群覆盖率100%，九年义务教育巩固率达到99%以上
	中等职业教育免费	在保障目标人群覆盖率100%的基础上，扩大了中等职业教育免费范围。	目标人群覆盖率100%
	中等职业教育国家助学金	目标人群覆盖率100%	目标人群覆盖率100%
	普通高中国家助学金	目标人群覆盖率100%，资助人数按全市普通高中在校生数最高不超过10%确定	目标人群覆盖率100%
	学前教育资助	目标人群覆盖率100%，常住人口3~6岁儿童毛入园率达到91%	目标人群覆盖率100%，常住人口3~6岁儿童毛入园率达到95%以上
劳动就业公共服务	就业服务和管理	政策目标人群覆盖率达100%	及时足额发放补贴，就业困难人员就业率达85%以上。
	创业服务	为10余万人提供了包括创业讲座、创业意识培训、创业技能培训等全方位、多层次的创业培训	继续开展多形式的公共创业服务，积极为广大有创业意愿和创业能力的劳动者提供全方位、一条龙的创业服务。
	就业援助	零就业家庭动态归零，就业困难人员就业率达85%以上。困难人员奖励补贴的覆盖率100%	零就业家庭动态归零，就业困难人员就业率达85%以上。

续表

领域	服务项目	覆盖水平	2015年目标
劳动就业公共服务	职业技能培训和技能鉴定	2011年为82万名来深建设者发放职业培训补贴8887万人,为11853名来深建设者发放技能鉴定补贴298万元	努力实现"培训一人,就业一人"和"就业一人,培训一人"的目标。
	劳动关系协调	企业劳动合同签订率为91%,集体合同签订率为52%	企业劳动合同签订率达到95%,集体合同签订率达到80%
	劳动保障监察	深圳监察案件结案率达到96%	深圳监察案件结案率达到97%
	劳动人事争议调解仲裁	深圳法定审限内结案率为98%;全市各类调解组织的调解率为80.4%	法定审限内结案率达到92%
社会保险服务	职工基本养老保险	参保人数751.72万人	—
	城镇居民社会养老保险	已从2012年7月1日开始实施	—
	职工基本医疗保险	参保人数751.72万人	—
	城镇居民基本医疗保险	已从2012年7月1日开始实施	实现国家规定的最高支付限额为我市职工年平均工资的8倍左右,非从业居民补助标准不低于360元每人
	失业保险	参保人数300.13万人	—
	工伤保险	参保人数946.65万人	—
	生育保险	参保人数458.69万人	实现国家规定的计发生育津贴
基本社会服务	最低生活保障	目标人群覆盖率100%	建立我市低保标准动态调整机制,原则上1年调整一次
	自然灾害救助	目标人群覆盖率100%	根据我市实际情况确定灾害救助标准,争取出台《自然灾害生活救助资金办法》
	医疗救助	目标人群覆盖率98%	建立一站式医疗救助体系;建立起重特大病医疗救助制度
	流浪乞讨人员生活救助	目标人群覆盖率100%	对符合救助政策的人员100%提供救助
	流浪未成年人救助保护	目标人群覆盖率100%	力争街头基本无流浪未成年人
	孤独养育保障	覆盖率100%,新增孤儿养育床位500张	进一步拓展儿童福利保障范围,逐步将事实无人抚养儿童、患重病和罕见病等各类困境儿童纳入保障范围

续表

领域	服务项目	覆盖水平	2015年目标
基本社会服务	殡葬补贴	火化率已连续14年保持100%	—
	基本养老服务补贴	目标人群覆盖率95%以上	—
	优待抚恤	目标人群覆盖率100%	提高优抚对象抚恤补助标准
	重点优抚对象集中供养	目标人群覆盖率100%	提高优抚对象抚恤补助标准
	退役军人安置	目标人群覆盖率100%	会同市财委研究建立以上年度在岗职工平均工资水平为基础的动态补助调整机制的可行性
基本医疗卫生服务	居民健康档案	规范化电子建档率达到80%以上	规范化电子建档率达到90%以上
	健康教育	城乡居民具备健康素养的人数达到总人数10%	城乡居民具备健康素养的人数达到总人数20%
	预防接种	以街道(乡镇)为单位徒有虚名儿童免疫规划疫苗接种率达到90%以上	以街道(乡镇)为单位适龄儿童免疫规划疫苗接种率达到90%以上
	传染病防治	传染病报告率和报告及时率达到100%;突发公共卫生事件相关信息报告率达到100%	传染病报告率和报告及时率达到100%;突发公共卫生事件相关信息报告率达到100%
	儿童保健	儿童系统管理率达88%以上	儿童系统管理率达90%以上
	孕产妇保健	孕产妇系统管理率达到82%以上	孕产妇系统管理率达到85%以上
	老年人保健	老年居民健康管理率达到60%	老年居民健康管理率达到70%
	慢性病管理	高血压和糖尿病患者规范化管理率达到40%以上	高血压和糖尿病患者规范化管理率达到50%以上
	重性精神疾病管理	重性精神疾病患者管理率达到70%	重性精神疾病患者管理率达到80%
	卫生监督协管	在全市8个行政区各选2个社区健康服务中心(站)和2家学校开展学校卫生协管服务试点工作	到2015年,在全市范围内开展卫生监督协管服务项目,目标人群覆盖率达到100%
	基本药物制度	覆盖所有政府办基层医疗卫生机构	覆盖所有基层医疗卫生机构

续表

领域	服务项目	覆盖水平	2015年目标
人口和计划生育基本服务	药品安全保障	药品出厂检验合格率达到100%	深圳制造药品100%符合国家质量标准要求,全市药品安全抽样合格率达96%以上,无重大药品安全事件发生,将深圳打造成为全国药品安全示范市
	育龄人群技术指导咨询	本地常住人口目标人群覆盖率100%,流动人口目标人群覆盖率达到85%	本地常住人口目标人群覆盖率100%,流动人口目标人群覆盖率达到85%
	临床医疗服务	避孕节育免费服务目标人群覆盖率100%	避孕节育免费服务目标人群覆盖率100%
	再生育技术服务	目标人群覆盖率100%	目标人群覆盖率100%
	宣传服务	社区覆盖率达到98%	一是整合卫生人口计生系统健康教育资源,拓展宣教平台,构建卫生人口计生宣传大格局,推进新型家庭人口文化建设。二是整合社区健康服务中心、社区生育文化中心资源,构建集医疗、卫生、计生等功能的社区一体化服务模式,建立为居民提供综合性健康管理服务的"社区卫生计生服务网"
	独生子女父母奖励	政府承担的已覆盖,单位承担的无覆盖率统计数据	出台《深圳经济特区人口与计划生育条例》设定处罚或规定由政府承担
	计划生育家庭特别扶助	目标人群覆盖率100%	目标人群覆盖率100%
基本住房保障服务	廉租住房	早在2005年,已对本市户籍低保住房困难家庭实现应保尽保	继续实现本市户籍低保住房困难家庭实现应保尽保
	公共租赁住房	截至2010年末,已安排建设10.5万套公共租赁住房	"十二五"规划期间,拟安排建设筹集公共租赁住房6.4万套
公共文化体育服务	公共文化场馆开放	全市图书馆、文化场馆、公益美术馆、市群众艺术馆等实现全年全免费开放,基本服务项目全部免费;除3家文物建筑类博物馆外,其余13家公立博物馆全部免费对外开放;另有7家私立博物馆已建成全面免费对外开放	2012年底前全部实现市、区、街道、社区公益性美术馆、图书馆、文化馆(站)免费开放,至2015年,形成高效能的免费开放服务体系;出台《深圳市私立博物馆扶持办法》,扶持私立博物馆发展

续表

领域	服务项目	覆盖水平	2015年目标
公共文化体育服务	公益性流动文化服务	建立了由市群众艺术馆为龙头,各区级文化馆、街道文化站、社区文化工作室的四级文化网络。市本级每年招标采购流动文艺演出、展览、讲座等共280余场次,深入到各社区、厂区巡演。各区、各街道还自行举办数量更多的流动演出,确保公益文艺演出场次基本满足市民需求	继续完善市、区、街道、社区四级文化网络,深入到各社区、厂区巡演;申请专项经费,组织全市放映单位开展爱国影片放映活动,保障每年完成中小学生观看4部爱国影片的目标
	应急广播	已形成以广电集团本部为核心、主备完善的广播体系。但在遭遇突发事件和特大灾害时,并无完善的机动应急广播技术体系和异地灾备系统	完成项目论证,保障项目建设经费,初步建立起机动、快速、有效的应急广播技术体系
	公共阅读服务	已在宝安区沙井社区时行试点,建立公共电子阅报栏30座。力争在2013年底前全市建成1500座	在前期试点基础上,2012~2013年建成"市民信息岛"的电子阅报栏1500座、2013~2014年完成5000座、2014~2016年底完成10000座
	文化遗产展示门票减免	目标人群覆盖率100%	不断推进我市重点文物保护工程进展,文物建筑修缮后向公众开放参观
	体育场馆开放	—	市、区公共体育场馆固定时间免费优惠向市长开放、开放时间至少两小时。在全民健身日免费开放、11月1日免费开放,国家法定节假日和全民健身月适当延长开放时间
	全民健身服务	经常参加体育锻炼人数比率达到48%	全民健身场地设施、活动、组织和服务四大网络在全市基本实现全覆盖。经常参加体育锻炼人数比率超过48%,国民体质监测合格率保持在90%左右,每万人拥有社会体育指导员人数达到15人

续表

领域	服务项目	覆盖水平	2015年目标
残疾人基本公共服务	社会保险保费补贴	目标人群覆盖率100%	目标人群覆盖率100%
	基本医疗保障医疗康复项目	目标人群覆盖率100%	目标人群覆盖率100%
	义务教育阶段特殊教育	目标人群覆盖率90%	目标人群覆盖率95%
	残疾人教育资助	截至2011年底我市教育资助对符合政策的残疾生资助覆盖面是100%	—
	残疾儿童抢救性康复	已完成2700人(次)左右的六类残疾儿童的康复教育服务；抢救性康复辅具服务覆盖率为100%	实现残疾儿童的康复教育服务全覆盖；基本辅具免费配送率达100%，特殊辅具配送率达90%
	残疾人就业服务	各项残疾人就业援助的扶持措施基本实现全覆盖，2011年新增就业残疾人达565名，稳岗率为90%以上，完成了省残联下达新增400名残疾人就业任务目标	就业年龄段、有就业需求的残疾人稳定在90%以上，残疾人就业培训率达95%以上
	残疾人文化服务	市级公共图书馆设立盲人阅览室，配置盲文图书及有关阅读设备；市级电视台普遍开办手语节目；影视剧和电视节目加配字幕	市区两级公共图书馆设立盲人阅览室，配置盲文图书及有关阅读设备；市级电视台普遍开办手语节目；影视剧和电视节目加配字幕
	残疾人体育健身服务	竞技训练和群众体育健身相结合，在重视群众体育健身的基础上开展好我市残疾人体育竞技项目的训练工作，全市有8个残疾人体育训练基地	全市已建立8个残疾人体育训练基地；按要求在各区建立1残疾人体育健身示范点，共计10个，合计全市有残疾人体育健身示范点18个

二 深圳市基本公共服务均等化存在的主要问题

总体来看，深圳在构建和完善基本公共服务体系，特别是推进基本公共服务均等化方面取得了一定成效，但仍然存在一些亟待解决的问题，突出表现在以下几个方面。

（一）基本公共服务体系建设缺乏整体设计

长期以来，学界关于基本公共服务的内涵和范围界定并不一致，并且在实践操作中，基本公共服务的内容和覆盖范围也是因时而异、因地而异的。作为深圳市政府的服务民生的一项基本职能，基本公共服务根据业务分工，散落在政府各个职能部门，与政府部门提供的其他公共服务一并实施，分散运作、各自为政，缺乏统一的制度安排和系统设计。调研发现，各部门在基本公共服务的定义、内容、边界与服务标准上还存在着模糊认识，一定程度上影响了基本公共服务体系的建设和服务效能的提升。虽然2011年市政府发布了《深圳市社会事业发展"十二五"规划》，但从推进社会事业发展的角度出发，开展基本公共服务均等化工作，与构建基本公共服务体系、推进基本公共服务均等化的目标和要求还存在着很大差距。

（二）基本公共服务总供给规模仍显不足

2012年，深圳市常住人口约1055万人，实际管理服务人口超过1500万人，人口密度全国第一，远超北京、上海等城市，人口总量已趋于城市承载极限，基本公共服务总供给仍显不足，主要指标的人均水平不仅与北京、上海、广州等国内主要城市相比差距明显，部分指标甚至低于全国平均水平。如2011年，深圳市每千人拥有病床数仅2.56张，低于全国2011年3.56张的平均水平，还不到北京、上海、广州的一半；每千人拥有医生数2.19人，远低于北京、上海、广州。与香港、新加坡等世界先进国家和地区相比差距更加明显，如香港、新加坡对医疗卫生的投入长期占GDP的3%至5%，教育支出占GDP的5%以上，而深圳市2012年卫生、教育支出分别仅占GDP的0.6%和1.2%。

（三）基本公共服务供给结构仍不合理

一方面，原特区外公共服务基础设施规划、建设标准和设施配置水平滞后的状况仍未彻底改观。例如，2012年，原特区外公办基础教育千人学位数43个，相当于原特区内的一半，龙岗区甚至还不到一半；原特区外每千人拥有病床数2.0张,每千人拥有执业医师数1.3人,均仅为原特区内的一半;原特区外城市污水收集率和处理率只有64%,远低于原特区内的90%。另一方面,与深圳市独特的人口倒挂结构相关联,受各种原因限制,部分基本公共服务项目(如义务教育免费、保障房等)短期内无法覆盖到所有的常住人口或实有人口,户籍人口和外来人口享受的基本公共服务仍存在一定的差异。

(四)基本公共服务多元化供给机制仍不完善

当前,深圳市部分社会事业行业垄断、管办不分、过分依赖政府资金的现象尚未根本转变,相关政策的"玻璃门"、"弹簧门"现象仍普遍存在,公共服务供给尚不能满足居民多元化需求。社会事业管理体制改革仅在医院及高校后勤社会化、文化事业单位转制等个别领域取得成效,整体上尚处于攻坚阶段。如民办医疗,2012年,深圳市非公立医疗机构数占全市总数的80%,但从业人员数、床位数、门诊量和住院量仅占全市的约30%、22%、22%和17%,可见民办医疗机构提供公共医疗服务的潜力尚未充分发挥。

三 推进基本公共服务均等化的目标与策略

(一)深圳市基本公共服务均等化的中长期目标

未来5至10年,我们应将推进基本公共服务均等化作为政府重要任务之一,按照"统筹兼顾、重点突破,尽力而为、量力而行"的要求,从实际出发,按照"两步走"的策略,加快建立具有深圳特色的基本公共服务体系,努力使全体实有人口都享受到水平大致相当的基本公共服务。在制定基本公共服务中长期规划时,应明确以"两步走"目标。

第一步,从现在起至2015年,着力提升深圳市基本公共服务项目标准,进一步扩大服务人群的覆盖面,建立健全基本公共服务标准、项目、覆盖群体等的正常增长机制,使基本公共服务体系和社会保障体系更加完善,初步建立流动人口基本公共服务制度,逐步推进基本公共服务由户籍人口向常住人口扩展,保障符合条件的外来人口与本地居民平等享有基本公共服务。

第二步,从 2015~2020 年,基本建成覆盖全市、功能完善、分布合理、水平适度的基本公共服务体系,实现不同区域和不同社会群体间基本公共服务制度的统一、标准的一致和水平的均衡,率先建立基本公共服务多元化供给机制,基本公共服务水平在国内位居前列,在国际上达到中等发达国家水平,民生幸福城市基本建成。①

(二)推进深圳市基本公共服务均等化的主要策略

1. 制定基本公共服务均等化中长期规划,建立普惠型基本公共服务体系

基本公共服务体系建设是一项复杂的系统工程,应广泛征求民意,集中多方力量和智慧共同推进。当前时期应尽快制定和实施《深圳市推进基本公共服务均等化行动计划(2014~2015 年)》,并结合未来《深圳市社会经济发展"十三五"规划》,研究制定《深圳市推进基本公共服务均等化"十三五"规划》,使之与经济社会发展总体规划相衔接,与和谐社会建设的综合考评体系相衔接,有步骤、分阶段、抓重点地推进。在制定和实施基本公共服务体系建设中长期规划时,应重点关注四个方面问题:一是内容与体系的问题,对基本公共服务体系的范围和内容做出明确的界定;二是供给标准问题,应明确可操作的基本公共服务最低标准,使基本公共服务覆盖到全市常住人口,并明确基本公共服务均等化的实施步骤和保障措施;三是项目服务动态增长的问题,应根据经济社会发展水平和市民群众的需要,稳步扩展基本公共服务项目库,提升项目服务标准和覆盖面,逐步实现基本公共服务常住人口全覆盖;四是考核评估问题,对基本公共服务均等化供给政策开展监督评议,对落实情况和效果建立指标体系,提出可监督、可考核的方式和依据。

2. 强化公共服务型政府建设,推进各项社会事业改革发展

转变政府职能,建设服务型政府是推进基本公共服务均等化的必然要求,而政府职能转变的重中之重在于强化以保障和改善民生为重点的公共服务供给职能。这就要求政府要正确处理好与市场、社会的关系,实现由"经济建设型"向"公共服务型"转变,切实承担起基本公共服务均等化供给的责任,

---

① 《广东省基本公共服务均等化规划纲要(2009~2020 年)》。

提高社会公众满意度。当前和今后一段时间，应重点推进直接关乎民生的教育、就业、收入分配、社会保障、医疗卫生等领域的基本公共服务供给。尤其是进一步深化教育领域综合改革，健全促进就业创业体制机制，推进收入分配制度改革，建立更加公平、可持续的社会保障制度，深化医疗卫生体制改革，通过社会事业的进步促进改善民生福祉，构建民生幸福城市。

3. 深化户籍制度改革，逐步实现基本公共服务对常住人口全覆盖

根据《中共中央关于全面深化改革若干重大问题的决定》，要"推进农业转移人口市民化，逐步把符合条件的农业转移人口转为城镇居民"，同时要"严格控制特大城市人口规模"。深圳的地域面积不到2000平方公里，各种资源比较缺乏，有限的地域面积和资源禀赋决定了城市的人口总量不能无限扩大，也决定了深圳市的户籍制度改革必须积极稳妥地进行。广大来深建设者之所以看重户籍，最主要的原因是户籍附带了等各种基本公共服务及福利。在这样的背景下，深圳应继续探索前行，践行"来了就是深圳人"的理念，审慎地深化户籍制度改革。一要通过落实人才入户、积分入户等政策措施，科学设定入户门槛；二要继续实施产业、人口、城市空间三方联动调控，促进城市空间与人口结构优化，稳步增加户籍人口比重；三要通过拓展居住证的服务功能，增加居住证的含金量，逐步淡化户籍与非户籍人口在享受基本公共服务方面的保障差异，推动群体与群体之间、群体和城市之间的融合。

4. 创新公共服务提供方式，建立基本公共服务多元化供给机制

政府是基本公共服务供给的重要主体，但并不是唯一的主体。实际上，在推进基本公共服务均等化过程中，尽管政府需要发挥主导作用，并承担"托底"之责，但这并不排斥社会力量参与提供公共服务。相反，如果能够为社会力量参与社会事务创造良好的平台和渠道，充分调动其的积极性，将有利于大大提高基本公共服务的质量和效率。因此，要加快转变政府职能，探索开展政府购买公共服务，对可由社会组织承接的事项，通过项目补贴、项目购买、项目奖励等多种形式，实现购买服务，逐步实现公共服务专业化、市场化、社会化。同时，要做好相关制度设计，放宽基本公共服务投资的准入限制，通过合约出租、招标采购、政府参股、特许经营等多种形式，创新公共服务供给的社会参与机制，充分吸引和撬动民间资本参与经营性基本公共服务项目建设与运营，改善城市公共服务基础设施薄弱环节，努力营造政府与社会的良性互动的良好氛围。

5. 加大原特区外基础设施建设力度，推动区域间基本公共服务均衡发展

深圳自建市起，长期实施"一市两法"及特区内税收优惠政策，特区内外有别的发展路径在推促特区内高速发展的同时，也导致市域发展的空间格局失衡：深圳各区在经济发展质量、公共基础设施、社会管理水平上存在很大差距，原特区外严重滞后，形成了原特区内外的"二元结构"。随着特区一体化的推进，促进形成全市统一的基本公共服务水平和服务能力势在必行。我们要正视原特区内外基本公共服务的差异，在资源投入、基础设施建设等方面重点向原特区外倾斜，缩小原特区内外基本公共服务的差距。当前和今后一段时间，应重点加大原特区外基本公共服务投入力度，特别是加强交通、教育、医疗、文化等基本公共服务硬件建设，提升原特区外基本公共服务保障水平。

6. 充分运用信息化手段，优化基本公共服务资源空间配置

深圳已获批成为创建政务信息共享国家示范市，要求深圳建成以实有人口、法人、房屋等公共基础信息资源库为核心的政务大数据中心，为城市管理和社会建设提供决策参考信息。目前，深圳市正在开展的社会建设"织网工程"，很好地落实了这一要求，打通各有关部门的"信息壁垒"，将人口、就业、医保、教育、医疗工商等相关信息全面整合到公共基础信息资源库，形成互联互通的信息通道，为实有人口的服务管理提供了便利。下一步，要进一步探索基于政务大数据库的循"数"管理，基于可视化地图上人口与公共服务软硬件资源配置情况，充分挖掘分析基本公共服务"刚需"构成和分布，预测未来一段时间居民公共服务需求的变化趋势，有针对性的引导基本公共服务资源优化配置，提升公共财政投入效能。同时，还应基于"织网工程"大数据库，积极开发民生服务领域的各种应用，开通统一电子政务公共服务门户，推出基本公共服务目录，促进居民可及可享，提高城市精细化管理水平。

B.3

深圳市基本公共服务体系与服务能力现代化建设研究

——基本公共服务管理平台建设的实践与思考

陈东平*

摘　要： 传统上，基本公共服务分由政府多个部门履行保障，缺乏统筹规划；各职能部门在政策制定过程中缺乏有效的辅助决策工具，对基本公共服务过程和质量缺乏社会监督，对扩大基本公共服务范围和新增项目也缺乏跨部门的评估及法定流程等。针对以上问题，深圳积极研究构建基本公共服务管理平台，以"大数据"理念为指引，以信息手段为依托，通过数据共享、信息挖掘、资源引导、过程管理、互动评价等功能，进一步完善基本公共服务体系，提升服务能力，实现对公共服务资源的优化配置，有效促进公共服务领域的多元共治，从而推进基本公共服务体系与服务能力的现代化。

关键词： 深圳　基本公共服务管理平台　现代化　实践探索

党的十八届三中全会明确提出，"全面深化改革的总目标是完善和发展中国特色社会主义制度，推进国家治理体系和治理能力现代化"。"国家治理体系和治理能力现代化"是全新的政治理念，是继"四个现代化"后中国共产

---

* 陈东平，深圳市社会工作委员会。

党提出的又一个"现代化"战略目标。在改革转型不断深化的背景下,现有政府主导的发展模式难以持续,消极管控的维稳模式遭遇困境,实现可持续发展和可持续稳定需要国家治理模式的转变。基于此,党和国家做出了推进"国家治理体系和治理能力现代化"的重大决策,在决策的指导下必将掀起新一轮的经济和政治领域,尤其是社会治理领域改革的新浪潮。深圳市的社会建设工作也必须以此为指导,顺应大数据时代的要求,积极构建公共服务管理平台,努力以现代化的手段,推进基本公共服务体系与服务能力的现代化,并以此促进治理体系和能力的现代化,更加充分地体现社会治理过程中民主化、法制化和科学化的特征。

一 以信息化手段实现基本公共服务体系与服务能力现代化的重要意义

党的十八大报告首次提出到2020年要总体实现基本公共服务均等化的目标。在《国家基本公共服务体系"十二五"规划》（以下简称《国家规划》）正式出台前,学界对基本公共服务的内容和边界没有形成统一定论,各地政府提供的基本公共服务也不尽相同。2012年7月,《国家规划》第一次明确了基本公共服务包括了基本公共教育、劳动就业服务、社会保险、基本社会服务、基本医疗卫生、人口和计划生育、基本住房保障、公共文化体育和残疾人基本公共服务等九大领域共八十个项目。《国家规划》也首次提出基本公共服务要重视"人"的均等。笔者认为,不仅要重视"人"的均等,也要重视"区域"的均衡和不同"领域"基本公共服务的均匀发展。要实现这一目标,就应以"人"为核心,从时间上、空间上把握基本公共服务的供应与需求的特征和趋势；从资源配置上把握不同领域基本公共服务覆盖的深度和广度,及时根据可支配、可持续财力,按需准确配置和调整人力、财力、物力等资源对基本公共服务的投入。

传统上,基本公共服务分由政府多个部门履行保障,缺乏统一的协调机构对整体基本公共服务进行统筹规划；各项基本公共服务散落于职能部门的日常履职之中,没有形成标准化的路径和规范；各职能部门在政策制定、规划过程中缺乏有效的辅助科学决策的支撑工具；政府对基本公共服务的绩效也缺乏统一的考核，对扩大基本公共服务范围和新增项目也缺乏跨部门的科学评估和法定流程。

要落实李克强同志提出的"保基本、兜底线、促公平"的指示，要加快形成政府主导、覆盖城乡、可持续的基本公共服务体系，要求我们在基本公共服务体系和能力建设上加快实现现代化。特别是要充分利用现代信息技术手段，推动基本公共服务项目的精细化、个性化和便利化，深化相关体制机制改革，不断完善基本公共服务体系，创新供给手段，提升保障水平。

在这样的认识下，笔者建议构建深圳市公共服务管理平台，整合政府资源，形成比较健全的基本公共服务体系，开创基本公共服务新局面。公共服务管理平台是以信息化手段为依托，以大数据理念为引领，以丰富的内外部数据资源为基础，通过数据挖掘和处理分析等技术，为深圳市基本公共服务的决策、规划和管理提供智能分析、评价和比对的信息化工程。推进这一信息化工程建设，对实现深圳市基本公共服务均等化和提升社会治理能力具有重要意义。

（一）针对基本公共服务范围广、内容多的特点，通过基本公共服务管理平台实现宏观统筹

从统筹协调社会建设角度考虑，《国家规划》的范围主要涉及公共教育、劳动就业、社会保险、社会服务、医疗卫生、人口和计划生育、住房保障、文化体育、残疾人服务等九个方面。整个基本公共服务体系的规划、建设、评估等工作涉及发改、财政、民政、人力资源社会保障、卫生、教育、文体旅游、住房建设、食品药品等十几个业务部门，以及区、街道等政府部门。要统筹协调、管理监督好众多涉及基本公共服务的业务部门，必须对传统的政府管理模式进行调整优化。从顶层设计的角度考虑，需要根据深圳实际，对基本公共服务体系建设进行统筹规划，落实《国家规划》。从各业务部门的角度出发，需要立足业务特色，对相关公共服务内容做出精准规划，创新供给手段，优化服务流程，提高服务质量。

（二）针对基本公共服务覆盖广、类型多的特点，通过基本公共服务管理平台实现资源优化配置

按照《国家规划》的要求，基本公共服务体系覆盖行政区划范围内的全部居民。深圳的服务对象包括户籍人口和常住人口，超越了传统以户籍为基础的基本公共服务配置惯例。部分基本公共服务没有完全基于人口分布的特征进行精准规划，导致资源配置管理与现实需求存在一定的差距，主要体现在两个方面。一方面公共服务配置资源与人口结构（如年龄结构、性别结构等）不相符。以社康中心医疗设施配置为例，当某个社区的老龄化比较严重的时候，没有直观的信息化系统来反映这类问题，资源规划者（卫生部门）无法根据需求配备相适应的医疗条件。另一方面，公共资源的配置对人口变化趋势缺乏考虑。传统上，习惯从户籍人口考虑，人口变量小，资源配置简单。因此，要构建公共服务现代化体系，就必须结合先进的人口变动预测模型对社会需求进行精准预判，做好基本公共服务资源的统筹规划和配置。

（三）针对基本公共服务对象广、需求多的特点，通过基本公共服务管理平台促进决策的民主性、科学性

在财力可持续支撑的前提下，深圳在满足《国家规划》的"规定动作"的基础上，持续增加"自选动作"，适当扩大和提升基本公共服务的范围，提高保障的标准，让深圳改革开放的成果更多地惠及广大市民。在新增基本公共服务项目时，"是不是市民的真正需要"、"会不会形成福利洼地"、"未来需要投入多少资金"、"投入资金的使用效率如何"成了政策制定者最关注的四大问题。

传统公共服务政策制定过程中，需求方（市民）和政策制定者（政府）之间信息严重不对称。政策制定者没有及时动态地提取、归纳市民需求的有效手段，很难从契合区域特点的市民实际需求角度来规划公共服务，难以形成真正贴合市民需求的公共服务政策。深圳构建基本公共服务管理平台就是要充分利用迅猛发展的移动互联网、舆情搜集、大数据技术，通过信息化手段更好、更快地搜集社情民意，避免"需求失准"；通过信息化手段横向比对国内外相

应的公共服务项目提供情况，避免形成"福利洼地"；通过数据库和人口预测模型，找准服务惠及人群，明确未来的财政投入，在此基础上形成政策草案，并在决策、执行、评估等过程中引入社会多元主体参与，更好地促进公共服务政策的科学和民主，进一步提高公共财政投入的使用效率。

（四）针对基本公共服务涉及面广、体系复杂的特点，通过基本公共服务管理平台实现效果评估

由于《国家规划》发布前，缺乏统一的标准，各地政府对基本公共服务的供给也缺乏规范性的要求，对基本公共服务的绩效缺乏评估。现有的评价体系更多的是自我评价和台账检查，缺乏第三方评估和对市民感受度的评价。构建公共服务管理平台，吸引社会组织和市民的全程参与，以社会的实际需求为导向，以市民的感受为评价标准，完善公共服务政策的制定实施和绩效评估，使得公共服务体系形成正向循环，构建完整的公共服务生态圈。这将有利于政府加强基本公共服务的统筹规划，有利于加强对业务部门提供服务过程的监督，有利于对公共服务绩效的科学评估。

二 构建公共服务管理平台，推进基本公共服务体系与服务能力现代化的可行性

（一）决策层高度重视

深圳市委、市政府敏锐把握社会建设新契机，提出了以信息共享为特征、以多元共治为核心的社会建设"织网工程"和"风景林工程"，将"织网工程"放在"事关全市社会建设工作全局的基础性工程，事关全市民生保障改善的实践性工程，事关全市社会服务管理创新的奠基性工程"的战略高度予以强力推进。成立了以市委书记王荣、市长许勤为组长，市委副书记、社工委主任戴北方为副组长，各职能局主要负责人为成员的领导小组，负责统筹推进此项工作。2012年8月，经市委常委会审议通过，出台了《深圳市社会建设"织网工程"综合信息系统建设工作方案》等"织网工程"1+3文件。2013

年4月,在坪山新区开展区一级综合试点工作。2013年12月16日,又出台了"织网工程"第二份纲领性文件《中共深圳市委办公厅、深圳市人民政府办公厅〈关于全面推进社会建设"织网工程"的实施方案(试行)〉的通知》。决策层的高度重视为公共服务管理平台建设提供了坚实基础和良好契机。

(二)国家相关部委充分认可并大力推广

2013年8月,深圳市正式向国家发改委提出创建政务信息共享国家示范市的申请。《深圳市创建政务信息共享国家示范市的工作方案》得到国家发改委等中央七部委的肯定和好评。9月23日,深圳市召开社会建设"织网工程"总体建设方案专家评审会,国家发改委等有关部门的信息化专家组莅深审议并通过了总体方案,提出希望深圳市加快推进"织网工程"建设,为国家推进政务信息共享提供样板、探索经验的意见。2013年11月14号,国家发展改革委、中编办、工信部、审计署、国家标准委会等五部委联合发文授予深圳市"政务信息共享国家示范城市"称号。通过政务信息共享国家示范城市建设,深圳市将以服务市民为中心,大力推进跨部门数据共享和业务协同,推动政府管理方式和服务模式创新,探索利用信息化手段解决城市服务和管理所面临的问题,大幅提升深圳社会管理和公共服务水平,为实现"智慧深圳"作更深入的探索。

(三)具备充分的硬件条件和实践的机制保障

长期以来,深圳各职能部门在公共服务领域开展了卓有成效的工作。但是,由于各部门之间数据交换渠道、机制不通畅,各部门在日常工作中获得的数据只能片面的、静态的、从某一个维度来反映其服务管理内容的社会状况,形成各自的"信息孤岛",无法形成党委、政府决策时的全局数据支撑能力,使党委、政府无法对公共服务、公共管理工作提出更具针对性和更具多元共治的目标与任务。因此,建立一套全面的、动态的公共服务应用系统成为当务之急。深圳市"织网工程"已在全市建成统一的公共信息资源库,可以方便地调用经过清洗比对,关联社保、教育、就业等业务信息的实有人口、法人、房屋、城市部件等公共基础信息及通过市政务信息资源交换平台共享各职能部门的其他业务信息，具备了构建统一的、全局的决策支撑数据的基础。同时，已经建成的横到边、纵到底、全覆盖的网格信息员队伍，能够保障决策部门及时了解市民的需求和实现精准化、个性化服务管理工作。就已有的信息化条件来看，深圳已经具备良好的技术支撑和实践经验，为下一步基本公共服务管理平台的推出奠定了良好的基础。

三 基本公共服务管理平台的目标、框架和内容

（一）建设目标

以强大的全市公共信息资源库为基础，通过网格化管理和信息共享会集社情民意，依托大数据分析手段，为全市基本公共服务提供一个统一的信息化管理平台，提升深圳市基本公共服务的统筹规划、资源配置、精准服务、绩效评估的能力，实现基本公共服务的"对标准、察民意、明资源、达平衡"的目标。

"对标准"，一是对照国家、广东省制定的基本公共服务标准，比对落实情况，确保"规定动作"的高质量完成；二是对照国内重要省市基本公共服务实际情况，参考发达国家和地区基本公共服务保障情况，进行横向对比，发现进步空间，避免形成"福利洼地"。

"察民意"，一要重视服务对象对基本公共服务保障的评价，促进基本公共服务能力和水平的提升；二要梳理市民对基本公共服务保障范围的意见和建议，在财政可持续支撑的前提下，通过法定流程，增加和扩大民意诉求强烈的基本公共服务项目和范围。

"明资源"，一要对深圳市的基本公共服务资源（包括设施设备、人员组织、资金预算、技能资质等）做到底数清、情况明；二要根据基本公共服务资源的总量和结构情况，做到及时动态优化的资源配置，最大限度地满足市民对基本公共服务的要求，在满足群体需求的前提下，逐步开展个性化服务。

"达平衡"，一是通过对标准、需求和资源的总体把握，实现标准、需求、资源之间的平衡，二是从规划、投入的角度，尽量实现基本公共服务"人"的均等化、"区域"的均衡化和"领域"的均匀化。

（二）平台框架

深圳市基本公共服务管理平台按照整体规划、需求导向、数据共享、兼容开放的理念，通过云计算及大数据技术，为全市涉及基本公共服务的相关部门建立一个统一的信息化服务管理平台。平台以数据支撑层、功能支撑层、应用集成层、应用主题层为主要框架。

数据支撑层是平台所需要的数据基础，主要包括全市以人口、法人、房屋和城市部件三大公共基础信息库和相关业务主题库为主的公共信息资源库、各基本公共服务业务部门业务系统数据、全市政务热线电话数据、市民评价数据、网络舆情数据以及其他国内外相关公共服务统计数据等。

功能支撑层提供针对公共服务管理的技术手段，包括服务资源规划、政策管理及服务规则管理、服务监管效果评价、主动服务实施机制、舆情分析方法、服务需求预测、大数据分析方法等。

应用集成层为应用主题层提供开放接口，提供开发、发布、运营接口。另外，应用集成层是平台对外开放数据资源和服务能力的统一开放接口，接口管理是为应用接口提供认证鉴权、运行保障、业务抽象支持，接入标准是为接入平台的用户提供开发的接入规范和安全规范。

应用主题层面向基本公共服务决策者、规划者、执行者和被服务者四类角色，提供全方位的基础公共服务管理功能和决策支持功能。决策者根据平台提供的全局性资源和供需关系，对规划者提出的资源配置方案形成决策；规划者根据本部门掌握的资源情况和社会需求，提出服务配置、服务供给的规划方案；执行者根据资源配置方案，优化服务流程，注重受众体验，创新供给手段，提升服务能力；被服务者反馈服务结果，评价服务质量，提出改进意见，表达诉求期望。

（三）平台功能

1. 可以发挥好保障公共服务资源配置合理性的作用

通过数据反映的现实情况，采取精准规划的措施，调整和创新公共资源配置方案，实现公共资源的公平、合理配置。在公正视角下配置公共资源，优先保证公共资源分配和享受的机会平等；通过各种制度安排，关注社会弱势群体权益，解决社会基本公共服务不同领域资源的合理分配问题。基于"织网工程"公共信息基础资源库，构建"人口数据一张图"，及时准确掌握公共服务相关的各种基础信息；结合基本公共服务各项政策要求，运用信息化手段评估公共服务资源配置的合理性，坚持以人为本、机会公平的原则，合理规划公共服务，提高人民群众的满意度、幸福感。

2. 可以发挥好凝聚政府和市民共识的作用

以"交互式"对话为特点，以市民评议公共服务为特色，打造充分收集和动态掌握市民需求、反馈数据、畅通民意渠道、凝聚广泛共识的公共服务管理平台。通过平台提供的需求分析工具、对象提取工具、指标对比工具、精准预算工具，实现数据类型、数据变化的系统整理和科学分析，将信息化技术与政府公共服务融合，改变政府部门传统路径依赖习惯，创新工作方式，通过舆情收集提炼和发掘市民共性需求，结合区域特点和人口结构，制定和提供有针对性的公共服务政策和项目。

3. 可以发挥好监管和评估的作用

建立统一的公共服务管理平台，有利于对分散于不同部门的基本公共服务进行过程监管和绩效考核。建立多元的衡量指标，通过"公共服务一张图"的直观展示方式，对基本公共服务的投入、产出以及提供过程等要素进行监管与评估，构建科学管理和群众满意度评价相结合的考评机制。考评机制必须以多元共治为理念，建立科学规范的标准体系，确保评估过程的公开透明。

一是评估主体多元化。鼓励各多元主体积极提出对基本公共服务的建议，参与对公共服务提供过程的监管，参加对基本公共服务绩效考核有关工作，充分发挥多元评估主体对促进政府改善公共服务职能的积极作用。

二是评估标准科学规范。基本公共服务的评估指标体系设计应包括以下几个方面：服务规划水平、服务效率、服务满意度、服务主体自身管理水平、服务主体对社会需求的响应能力、服务硬件设施水平等。针对服务提供主体的不同性质制定独立的评估体系。

三是评估过程公开透明。建立清晰的工作流程，明确具体的工作职责，严格问责制度，强化绩效考核。对服务内容和方式实行社会公开承诺，对业务履行过程实行电子监管，对服务成效引入群众满意度测评，扩大公众在公共服务中的知情权、参与权和监督权。

（四）建设内容

依据《深圳市推进基本公共服务均等化行动计划（2014~2015）》所规划的九大领域八十个项目的基本公共服务，根据平台的四个角色定位，提供各式技术工具，针对深圳市人口特点与分布，构建整体规划、资源配置、供给手段、多元评价的服务体系。

1. 平台的四种角色

决策者指深圳市委和市政府有关领导、市社会工作委员会、市发展和改革委员会、市财政委员会等部门；服务规划者是指九大基本公共服务相关管理规划部门，包括市教育局、市人力资源社会保障局、市民政局、市卫生和计生委、市住房建设局、市文体旅游局等；服务提供者是指具体提供九大基本公共服务相关的职能部门或委托的社会组织；服务对象是指深圳市民。针对每个角色的主要建设内容下面进行具体说明。

一是为决策者提供全局性需求数据、资源数据和国内外参考数据，为决策者评估和决策资源配置方案提供支撑；为决策者提供服务过程和服务质量的监管考评体系。建立综合分析、管理、评价、对比所需要的基本公共服务管理与评估系统，实现公共服务资源配置、公共服务资源评估、公共服务预算、公共服务对比等，实现让深圳市各级主管部门全面了解其负责领域的公共服务资源和民生需求。满足决策者基于深圳公共服务九大领域的需求、政府供给能力测算基础、根据多维数据分析、对比能力以及趋势预测等前提下，实现建设资金统筹、区域规划调整、人口布局调整和服务供应与储备能力之间的宏观规划和资源配置决策。

二是为规划者定制依据人口特征与分布等的专项服务分析，提供规划、评价、对比所需的专题服务，使其能够基于公众需求以及政府财政保障能力，结合国内外同等规模城市服务内容，及时准确地对基本公共服务进行规划和调整。

三是为执行者提供应用支撑。提供基于大数据分析的各种应用工具，使其准确掌握服务对象需求,有针对性地开展工作,提高主动服务能力;使其优化资源配置,改善服务流程,注重受众体验,创新供给手段,提升服务能力,避免公共服务资源浪费。

四是为被服务者畅通民意表达渠道,引导其反馈服务结果,评价服务质量,提出改进意见,表达诉求期望,成为基本公共服务绩效评估的多元主体之一,保障被服务者的知情权、参与权、监督权、表达权。平台将逐步实现为市民提供个性化服务,建立市民个人网页,集成并推送个性化政府基本公共服务内容,实现被服务者与服务主体的良性互动。

2. 平台主要工具

平台通过提供"两图四工具",支撑上述四类用户角色的使用。"两图"指"人口数据一张图"和"公共服务一张图",以"让数据说话"的方式,直观反映基本公共服务规划及运行情况。"四工具"指需求分析工具、对象提取工具、指标对比工具、精准预算工具,围绕政策制定者所关心的"是不是市民的真正需要"、"会不会形成福利洼地"、"未来需要投入多少资金"以及"资金的使用效率"四大问题,提供科学辅助的工具。

人口数据一张图是全市人口统计分析的可视化呈现图,能从不同维度对全市人口进行动态实时统计展示,让平台用户及时利用人口情况规划和调整公共服务范围和项目。

公共服务一张图是深圳市基本公共服务九大类八十项服务的整体情况监控图,从规划的角度来看,可以对服务对象总量、服务覆盖水平和资金投入情况等进行宏观把握,从操作运行的角度来看,可以对服务手段合理性、服务便民程度进行监管,从市民感受角度来看,可以对不同领域的基本公共服务保障情况进行满意度评估。

需求分析工具是通过网络需求分析和电话、问卷等方式挖掘收集市民公共服务需求的工具。该工具通过市民在互联网上的数字化足迹和诉求表达,对市民深层次的民生需求进行归纳提炼,聚焦民生热点,为决策者和规划者提供真实的社会民意诉求。

对象提取工具是辅助用户精准找到基本公共服务对象、锁定服务内容的工具。根据需求分布特征,提出多维解决方案,在满足基本公共服务均等化的前提下，逐步实现个性化、定制化服务。

指标对比工具是横向对照、纵向比较的对比工具。该工具通过对全球以及国内重要城市的各项基本公共服务官方指标或专业统计数据进行分析，以可视化的方式对各地标准、现状等进行对比，评估本市与比较对象的基本公共服务保障水平，使决策者在政策制定中，既要确保改革开放的成果惠及全体市民，又要避免在公共服务政策制定中形成"福利洼地"。

精准预算工具是通过对深圳人口的历史变迁进行深入挖掘，既对目前需要进行基本公共服务保障人群的统计，也对短期人口可能发生变化的趋势进行研判，有针对性地提出精准服务范围和财政投入预算的工具。对每项基本公共服务需求的人群范围及投入开支作精准要求，将有效解决以往粗放型财政投入预算不准确、财政经费使用效率不高的问题。

四 以公共服务管理平台建设促进基本公共服务体系和能力现代化的几点思考

通过公共服务管理平台的建设和运作，促进深圳市基本公共服务体系更趋完善，提升深圳市保障基本公共服务的能力水平，加快推进基本公共服务实现人的均等化、区域的均衡化和不同领域基本公共服务的均匀化，应注意以下几点。

（一）以全新的理念来统筹公共服务

由于"基本公共服务分由政府多个部门履行保障，缺乏统一的协调机构对整体基本公共服务进行统筹规划"，目前也不可能在体制上重构一个包含各种服务内容在内的新的基本公共服务部门，在不整合部门的前提下，把各项基本公共服务整合在一个统一的业务平台上，实现对基本公共服务的宏观统筹、中观资源配置和微观的业务调整，具有十分深远的现实意义。第一，完善了公共服务体系完整性，提高了响应人民群众不断增长的基本公共服务需求的能力；第二，实现了对资源的全局性优化配置；第三，强化了业务部门的服务能力；第四，体现了在基本公共服务领域的多元共治；第五，扩大了市民在基本公共服务决策时的话语权。在这个平台上，还可形成规范的服务路径和统一的绩效评估。

（二）实现精确的基本公共服务需求趋势预判

基于人口资源库和其他业务补充数据的公共服务管理平台，根据深圳十年来的真实人口变迁数据，对人口的变化进行合理的大数据分析是平台建设的重要内容。平台的大数据技术，结合人口趋势预判模型，深入挖掘各类服务对象现有的数量及所需的投入，根据实有人口发展趋势预测未来一段时间内的基本公共服务需求，提高政府应对社会需求的能力，改善政府在基本公共服务领域的财政预算的准确性和预见性，从而提高政府公共服务资源配置能力和基本公共服务政策的决策能力。

（三）以多元共治的理念开展基本公共服务

基本公共服务体系的完善和服务能力的提升有利于以多元共治的理念来推动基本公共服务的保障水平。政府的统筹规划和部门的资源配置、社会组织的积极介入、市民的积极参与，将在一个统一的服务平台上展现出新体系的优势和多元共治的效果。在基本公共服务领域，将不会出现以往政府和社会相互脱节的局面。

各职能业务部门可以在新的平台上，创新服务模式，改善服务效果，借力社会组织，为全体市民提供优质高效的服务，为社会组织提供参与社会公共事务空间，为市民提供表达诉求的渠道。

建设公共服务管理平台是笔者在以多元共治为理念、以提高治理体系和治理能力现代化为核心的深化改革思考中提出来的一个新思路、新探索。期望在移动互联网的时代里，我们能秉承移动互联网的精髓思想："专注、快速、极致、口碑"，迅速构建起以人为本、以需求为导向的公共服务管理平台。

B.4
深圳市教育综合改革回顾与展望

深圳市教育局政策法规处

摘　要： 近年来，深圳大力推进教育改革，在统筹推进特区教育一体化、解决来深务工人员子女上学、促进公民办教育协调发展、推进高等教育改革创新、规划和管理职业教育体系、探索学前教育公益普惠优质发展、推进教师管理体制机制创新方面取得了新进展。下一步，深圳应重点在完善教育治理体系、提升教育基本公共服务均等化水平、破解教育质量观念和体制难题、招生考试评价制度改革、提升教育软实力、增强深圳教育综合实力、促进民办教育大发展等方面进一步深化改革。

关键词： 深圳　教育　综合改革　回顾　展望

推进教育领域综合改革，争创国家教育综合改革示范区，是深圳教育的主旋律。2009年，国务院批准实施《珠江三角洲地区改革发展规划纲要》和《深圳市综合配套改革总体方案》，首次提出深圳要"争创国家教育综合改革示范区"的改革目标。2010年，深圳市委、市政府召开全市教育工作会议，出台了《关于推进教育改革发展率先实现教育现代化的决定》，明确提出"到2020年建成国家教育综合改革示范区"的战略目标。2011年，市委、市政府颁布了《深圳市中长期教育改革和发展规划纲要（2011～2020年）》，对"2020年建成国家教育综合改革示范区"做出规划部署。同年，深圳市获国务院批准实施省级政府教育统筹综合改革等三项试点。2012年，市委教育工委、市教育局进一步明确"打造教育的深圳质量，做全国教育改革发展的领跑者"

的工作目标。2013年，深圳市被教育部确定为"国家中小学教育质量综合评价改革试验区"，承担的三项国家教改试点被省政府向教育部推荐为试点转示范项目。目前，深圳市正在贯彻落实党的十八届三中全会和《中共中央关于全面深化改革若干重大问题的决定》精神，以改革为动力，向改革要未来，进一步深化教育综合改革。

一 推进教育综合改革的探索与突破

近年来，深圳市贯彻落实国家、省中长期教育改革和发展规划纲要，继续发挥"窗口"和"试验田"作用，先行先试、敢闯敢干，大力推进教育领域综合改革，为全国、全省教育改革发展创造新经验、做出新贡献。深圳市先后荣获"全球全民阅读典范城市"、"全国未成年人思想道德建设先进城市"、"广东省推进教育现代化先进市"等称号。深圳市教育局先后荣获"全国第二届改革创新特别奖"、"全国第三届地方教育制度创新优秀奖"、"广东省五五法制宣传教育先进集体"等称号。深圳市政府教育督导室也荣获"全国教育督导先进集体"称号。2012年底，在全省率先通过"广东省推进教育现代化先进市"督导验收，督导验收组高度评价说："深圳教育充满生机与活力，教育现代化元素丰富、特征明显，走出了一条教育现代化与城市现代化协调发展的教育改革创新之路，为全省加快推进教育现代化提供了宝贵经验。"

（一）统筹做好教育改革发展顶层设计

2010~2020年是深圳加快转变经济发展方式，实现从"深圳速度"向"深圳质量"跨越的关键时期；也是深圳推进教育领域综合改革，破解观念与体制难题，争创国家教育综合改革示范区的关键时期。2010年9月，深圳市委、市政府统筹做好教育改革发展顶层设计，出台了《关于推进教育改革发展率先实现教育现代化的决定》（以下简称《决定》）。

《决定》对2010~2020年深圳教育改革发展做出了明确规定：国家、省中长期教育改革和发展规划纲要做出的部署要率先推进，符合国际惯例和未来发展方向的要积极探索，各项改革要科学规划、系统设计、整体实施。在高等教育、职业教育、中小学教育、学前教育、终身教育等五大领域和体制机制、开放合作、资源保障、教师队伍建设、组织领导等五个方面全面推进教育改革，重点抓好"六化"（教育国际化、多元化、均衡化、优质化、全民化、信息化），力争在重要领域和关键环节取得新突破，为国家教育改革发展创造新经验。①

2011年以来，市委、市政府又先后制定《深圳市中长期教育改革和发展规划纲要（2011～2020年）》、《深圳市教育发展"十二五"规划》，以及《学前教育发展行动计划》、《中等职业技术教育改革和发展行动计划》、《教育国际化行动计划》和《加强教师队伍建设的意见》等一系列配套文件，还围绕承担的3项国家教育体制改革试点任务，研究部署全市10项改革和发展实验项目，在管理体制、办学体制、育人模式等方面先行先试。

由于顶层设计明确了教育改革的目标任务和措施路径，一些基础问题、积累问题、瓶颈问题以及观念与制度难题的解决取得突破，较好地解决了全国最大移民城市、最大规模非户籍人口子女受教育问题，高等教育改革创新也取得显著成效。深圳的做法和经验得到国家教改办的充分肯定，先后在2012年、2013年编印的《教育体制改革简报》和出版的教育改革丛书中予以专题介绍。深圳市教育局在教育部《教育规划纲要》实施一周年座谈会上也做了典型发言。

（二）统筹推进特区教育一体化

深圳经济特区成立以来，长期处于"一关分内外"的状态，原特区外的宝安、龙岗2个行政区，以及后来成立的光明、坪山、龙华、大鹏4个新区，由于体制等原因与原特区内的教育发展水平存在较大的差距。2010年7月，深圳经济特区范围扩大到全市，以此为契机，深圳统筹推进特区教育一体化，建立了教育均衡优质发展的长效机制，实现了基础教育发展水平整体提升。

---

① 中共深圳市委、深圳市人民政府：《关于推进教育改革发展率先实现教育现代化的决定》（深发〔2010〕10号）。

一是用法制手段统筹促进教育公平，实现"法治一体"和"规划一体"。2012年，出台《深圳经济特区社会建设促进条例》，专列"公共教育"章节，完成对特区法规和较大市立法的清理工作，实现各项教育法规适用于全市范围。目前正在开展《深圳市学校安全管理条例》修订工作及《深圳经济特区教育督导条例》等法规修订调研工作。同时，把原特区外教育用地规划纳入全市城市空间专项规划，中小学校建设向原特区外倾斜，2010年以来新建中小学校80%位于原特区外。

二是推行全市中小学校建设"三个标准"，提高教育资源均衡配置水平。2011年1月，市政府出台《关于优化深圳市义务教育财政投入结构的意见》。2013年，全市义务教育阶段公办学校除人员经费以外的日常运行费用，实行统一的生均拨款制度。全市还实行了《深圳市义务教育规范化学校设备设施配置标准》和《深圳市普通高中学校设备设施配置标准（试行）》。

三是加强原特区外薄弱学校信息化基础设施建设，以信息化手段实现更高层次的教育均衡化。2010年，市政府安排1.7亿元资金用于原特区外96所小学改造，加强薄弱学校的信息化基础设施建设。2011年，建成全国第一个接入国家第二代互联网——IPv6实验网的基础教育城域网。借助多媒体、网络等信息技术条件，积极推广个别化教学、小组协作学习、远程实时交互多媒体教学、在线学习讨论等新型教育教学模式。同时，将信息技术应用于全市中小学招生管理、学籍管理、学校课程管理等多个方面。

四是大力开展"百校扶百校"行动，提升义务教育阶段学校的整体办学水平。从2010年起，安排1.33亿元，启动为期3年的"百校扶百校"行动，在全市挑选101所优质学校对原特区外101所相对薄弱学校进行"一对一"帮扶，提高薄弱学校领导的管理水平和教师的教育教学水平。实施全国教育科学"十二五"规划课题——《构建发达城市义务教育阶段办学水平评估体系研究》，对全市义务教育阶段学校开展办学水平评估，加强对学校的办学诊断、发展指导与质量监控。

（三）统筹解决来深建设者子女上学问题

深圳市对来深建设者子女义务教育，坚持"四个统一"，即统一学位申请、统一免费管理、统一学籍管理、统一教育管理。网上申请免试就近入学，学校招生计划、招生地段、招生条件、招生结果均面向社会公开。2013年3月，在市教育局的统筹指导下，全市各区试行"积分入学办法"，进一步淡化户籍因素对学位分配的影响。

目前，深圳义务教育阶段70%以上的学位、公办学校55%以上的学位提供给了来深建设者子女，符合入学条件者大部分入读公办学校。高中阶段学校也向来深建设者子女开放，高中阶段在校生中非深圳户籍学生占46.1%，其中普通高中在校生中非深户籍学生比例为31.3%。

深圳还在国家规定免交学费、杂费的基础上，免收课本费（含部分练习本费）；免费对象从本省户籍扩大到省外内地户籍学生；对符合就读条件、在民办学校就读的学生实行与公办学校相同标准的免费补助。

（四）统筹促进公民办教育协调发展

健全民办教育参与公共服务保障机制，建立公共财政投入民办教育长效机制。2011年确定城市教育费附加的约15%专项扶持民办教育，设立民办教育发展专项资金；2012年出台了民办学校学位补贴、教师长期从教津贴、优质规范办学奖励等3项公共普惠政策，当年财政投入5.3亿元，惠及193所民办学校、6万多名师生，其中，对符合条件的民办学校学生，小学生给予每人每年5000元、初中生6000元学位补贴。

目前，深圳市没有公办名校"翻牌"民办校，没有"无证"民办校和农民工子弟学校，全市84%的民办中小学成为等级学校，90%的义务教育阶段民办学校通过省义务教育规范化学校验收。举办者投入持续增长、教师队伍稳定性增强，民办学校形成多元办学格局，民办教育进入提供学位与扩大教育选择并重的新阶段。2012年有民办学校获深圳市"市长质量奖鼓励奖"，成为全市率先获奖的公共服务类组织。

（五）统筹推进高等教育改革创新

一是创新体制机制建设南方科技大学，并强力推进特色学院建设。深圳市按照国家"落实高校办学自主权，推行管办分离"的要求，以政府规章形式颁布实施《南方科技大学管理暂行办法》，又研究制定《南方科技大学理事会章程》和《南方科技大学章程》，在全国首开专门针对特定高校的立法先河，率先探索现代大学制度。2012年，南方科技大学正式建立招生。同时，深圳市又采用新体制机制筹建香港中文大学（深圳），并强力推进特色学院建设。2013年，出台《关于加快特色学院建设发展的意见》，对特色学院建设给予经费、用地支持，推动高校、科研院所和企业强强联合，目前已有深圳华大基因学院、深圳先进技术学院等6所特色学院挂牌成立。2012年，时任广东省委书记的中共中央政治局委员汪洋做出批示："深圳在高等教育改革创新中不懈努力，成效明显，值得珠三角核心城市学习。"

二是深化深圳大学内部管理体制改革，同时发挥市校合作优势办好深圳大学城。深圳大学重点推进人事分配制度改革，教职员工全员签约聘任、分类管理，行政人员脱钩行政级别，建立起学术主导的内部管理体制和高端人才引进、培养机制。大学城大力优化管理体制，着力抓好"4+1"平台（开放实验室服务平台、信息网络平台、图书资料平台、后勤服务平台和校园文化平台）建设，为各研究生院发展提供更优环境和服务支持。各研究生院充分利用清华、北大、哈工大校本部优势，承担多个"863"、"973"、自然科学基金、社会科学基金等国家级项目，已成为广东省乃至全国高等教育科技创新示范基地和产学研结合典范区。

（六）统筹规划和管理职业教育体系

2010年以来，深圳市组建了2个由政府统筹、以职业院校为主体、行业企业参与的职教集团，多途径实施学校与企业、学校与行业、普通高校与高职院校、中职学校与电大及高职院校、中职学校与国外高校"五联办学"，促进院校、企业之间紧密合作及资源共享。其中，市第一职业教育集团已与新西兰5所院校开展合作办学。高职教育紧密结合产业发展，深圳职业技术学院成为全国高职院校的领头羊，深圳信息职业技术学院成为国家骨干高职院校，中职教育"宝安模式"产生全国影响。

深圳市开展中高职5年制（3+2）对口招生及高职院校对口自主招生试点，扩大"中职—电大直通车"试点学校范围。2012年，深职院获准与深大联合招收应用型本科生，中职、高职和本科教育衔接贯通的职业教育体系取得重大突破。对深圳产业发展急需的10个紧缺专业实行免费教育。全市22所中职学校，其中国家级重点7所、省级重点4所，中央财政支持建设的国家级实训基地30个，中职毕业生就业率长期保持在98.5%左右。

（七）统筹探索学前教育公益普惠优质发展

深圳是我国最早的经济特区和最大的移民城市，改革开放和市场化程度较高，人口长期大幅增长，非本地户籍人口占全市人口总量超七成，全市现有95%的幼儿园为民办园。针对这一现状，深圳市立足实际，坚持学前教育公益、普惠、优质发展方向，在政策设计中淡化幼儿园公、民办界限和在园儿童户籍界限，探索构建广覆盖、保基本、高质量的学前教育公共服务体系。2013年，教育部给予深圳学前教育奖励经费2.1亿元。《中国教育报》专题采访报道深圳学前教育公益普惠发展的探索与经验。

坚持走学前教育与经济社会发展相适应之路。满足大规模、多样化幼儿园学位需求是深圳学前教育发展的首要任务。深圳要求新建住宅小区需同步配套建设幼儿园，建成后将产权移交给政府，同时充分调动社会力量办学的积极性、主动性和创造性。近3年，学前教育规模扩张和质量提升并举，每年平均增加近100所幼儿园、3万名在园儿童和4500名教职工，服务对象覆盖不同户籍人口，较好地满足了3～6岁适龄儿童的入园需求。

坚持走政府主导学前教育的公益普惠发展之路。深圳将学前教育发展纳入社会基本公共服务体系，整体规划和实施，持续加大财政投入，2015年学前教育财政投入将达到财政性教育经费的5%以上；对普惠性幼儿园提供奖励性补助，发放保教人员长期从教津贴和在园儿童健康成长补贴，有效调控民办园收费，提高待遇稳定队伍，分担家长学前教育成本；通过民办园自愿转型、政府产权园普惠办学等途径，快速构建和扩充以普惠性幼儿园为主体，广覆盖、保基本、高质量的学前教育公共服务体系，目前全市普惠性幼儿园的社区覆盖率已超过50%。

坚持走学前教育多元办学和规范、优质、特色发展之路。持续探索灵活多样的办学体制，鼓励集团化办园和特色办学，鼓励与港澳地区及国际交流合作。在全省率先实施幼儿园规范化建设工程。实施幼儿园骨干教师继续教育财政资助制度。加强培训和教研指导,防止和纠正"小学化"倾向。建立优质办学奖励机制,充分发挥优质幼儿园示范带头作用。①

(八)统筹推进教师管理体制机制创新

一是推进教师管理体制机制改革试点工作。形成深圳市教师管理体制机制改革创新工作联席会议机制,在教师招聘、编制和职称管理、师资均衡配置、校长选拔任用、教师评价激励机制等方面15个项目开展试点。

二是改进教师招聘制度。实施《深圳市公开招考中小学教师适岗考核工作指引(试行)》(深人社发〔2012〕209号),对通过笔试、面试的考生进行三个月的教学适岗考核,考察考生的职业品质、心理素质、履职能力及教育教学实绩等内容,合格的办理聘任手续。开展教师专业评价题库建设,在教师资格认定、教师公开招考等考试评价中使用。

三是引进与培养并重,推进基础教育高层次人才引进专项工作。推动实施"深圳市名校长名教师引进计划",争取政府各相关部门对教育高层次人才引进在人才奖励、住房保障和职务聘任等方面予以政策倾斜。

教育要发展,根本靠改革,这是深圳教育改革发展的基本经验。深圳市在教育综合改革实践中探索出一些符合实际的典型经验:一是以教育综合改革为动力,抓住深圳是全国承担省级政府教育统筹综合改革试点的唯一副省级城市和计划单列市的机遇,凝聚合力,大力创新,寻求突破;二是以教育法律法规为依据,抓住特区一体化建设机遇,努力提高教育公共服务均等化水平;三是以制度创新为保障,优化教育改革环境、固化改革成果;四是以多元体制办学为特色,凝聚办学合力、增强办学活力、丰富办学特色;五是以科学民主决策为前提,制定教育政策重视面向社会反复征求意见并进行政策解读,争取社会对具体改革措施的理解与支持,有效防控改革风险。

---

① 刘华蓉:《深圳:用创新和改革为学前教育公共服务求解——学前教育公共服务的深圳路径》,《中国教育报》2014年1月19日,第1版。

二 深化教育综合改革的思考与前瞻

当前,深圳教育改革已经进入"深水区",越是向内涵深入,解决深层次矛盾的难度也就越大。今天的深圳,基础教育总体水平居于全省领先地位,但优质学位仍然供给不足,学生课业负担依然偏重、体质堪忧,教师队伍建设还有待进一步加强;高等教育、职业教育、终身教育发展较快,但是高等学校的数量与质量还满足不了市民需求,高素质技能人才仍然缺口较大,城市人口素质还整体偏低;此外,政府、学校、社会之间新型关系还有待建构。所有这些问题的解决,都需要深圳市拿出足够的勇气、智慧和力量。党的十八届三中全会为深圳市进一步深化教育领域综合改革指明了方向、策略和思路。

(一)深入推进教育综合改革的基本策略

进一步坚定以改革求发展的信念。深化教育领域综合改革,既要防止过度依靠现时需求直接推动改革,忽视教育综合改革的战略规划性,又要防止把"拼盘式"改革等同为综合改革,忽视教育综合改革的整体统筹性。必须以广大市民根本利益为依归,紧紧抓住深圳产业转型升级和现代化国际化城市建设的机遇,深化改革,攻坚克难,才能开创深圳教育改革发展新局面,实现"到2020年建成国家教育综合改革示范区"的战略目标。

进一步加强综合改革统筹力度。为了保障教育综合改革工作深入推进,取得更大成效,要进一步加强对教育综合改革工作的组织领导,增强改革的自觉性、前瞻性、系统性、整体性和协同性。一是加强统筹协调。成立市教育综合改革工作领导小组,实行例会制度,完善综合改革顶层设计,协调出台教育综合改革系列配套文件,完善教育改革政策环境,解决教育改革发展重点、难点问题,强化横向统筹;抓住国家简政放权,全面深化改革的机遇,主动争取上级政府的更大支持,强化纵向统筹;加快实现从市、区两级办学,市、区、街道三级管理,向市、区两级办学和分级负责管理体制转变,强化市区统筹。二是加强系统规划和咨询督导。邀请教育专家、管理专家、社会人士等方面代表,成立改革与决策专家咨询委员会,委托专家咨询委员会和社会组织,对改革方案、改革政策、改革绩效等进行评价,并提出咨询意见。三是加强基层改革,鼓励学校创新。进一步调动区、校两级改革积极性,及时总结和推广先进经验,做到自上而下的改革与自下而上的改革相结合,顶层设计与基层创新相结合,优化基层改革创新的政策环境,建立改革发展激励机制。

(二)深入推进教育综合改革的思路建议

要牢牢把握立德树人这一根本,以促进教育公平、提高教育质量为主线,改进教育管理方式,激发学校办学活力,使各级各类教育改革活力竞相迸发,综合改革效益整体体现,教育改革发展成果人民共享。

1. 破解教育治理难题,以完善教育治理体系为主导,不断提升教育治理现代化水平

以构建政府、学校、社会新型关系为核心,以推进管办评分离为基本要求,以转变政府职能为突破口,建立系统完备、科学规范、运行有效的制度体系,形成政府宏观管理、学校自主办学、社会广泛参与、多元主体民主共治的格局,不断完善优化教育治理体系,提升教育治理现代化水平。[①] 一是加强学校治理。研究制定深入推进现代学校制度、家长委员会和学校章程建设等系列配套制度,促进开放办学、开门办学,形成全社会支持教育发展的合力。二是转变管理方式。成立深圳市教育事务服务中心,将面向教师、学生和家长的服务事项集中办理,同时指导和管理全市中小学校综合服务窗口建设。三是提高教育科学决策水平。建立教育咨询委员会,完善重大教育决策专家咨询制度和听证制度。四是建立教育满意度评价指标体系,引入第三方评价,定期组织家长、学生、市民对教师、学校和教育行政部门开展满意度测评,测评结果定期向社会发布。

2. 破解学位供需矛盾,以基础教育优质均衡特色发展为基石,提升教育基本公共服务均等化水平

以普惠公益发展为原则,全面促进基础教育从硬件到软件的优质均衡特色

---

① 袁贵仁:《深化教育领域综合改革,加快推进教育治理体系和治理能力现代化——在2014年全国教育工作会议上的讲话》,2014年1月15日。

发展。一是大力实施基础教育工程。各级政府担负好义务教育发展的主要职责，统筹协调，加快推进，进一步加强和改进人口管理服务，并适时调整人口政策，明确教育公共服务边界，千方百计地增加学位供给。二是探索义务教育学区制管理、集团化办学、委托管理、校长教师轮岗交流等多种办学体制机制和管理模式改革，扩大优质教育资源辐射力、影响力。三是加快建立健全高中阶段学校特色发展配套政策，促进民办教育更好地发挥在选择优质性教育服务方面的作用，多途径为优化公共教育服务创造条件。

3. 破解教育质量观念和体制难题，以招生考试评价制度改革为引领，落实好立德树人根本任务

抓住这个"牵一发而动全身"改革重点，突出"为了每一位学生健康成长"的核心理念，以"办好家门口的每一所学校"为目标，将学生综合素养提升、中小学课程改革、教育质量综合评价与招生考试改革结合起来，发挥学校、家庭和社会的联动作用，促进深圳教育更好地落实立德树人根本任务。一是出台《关于进一步提升中小学生综合素养的指导意见》，构建配套课程改革体系，实施学生、学校和区域三级阳光评价体系，发布学生、学校和区域"阳光指数"，推动国家教育质量综合评价改革实验区建设。二是强化教育督导，实施挂牌督学责任区制度，修订《深圳经济特区教育督导条例》。三是落实国家关于高考、外语一年多考、高中学业水平考试等制度改革要求，逐步实现高中招生指标80%分配给初中学校，其余指标允许高中学校自主招生，摆脱应试教育的不良影响。四是完善来深建设者随迁子女义务教育积分入学办法，做好随迁子女异地中高考配套工作。五是扩大中小学幼儿园卓越绩效管理试点范围，以现代管理手段促进学校办学水平和质量提升。

4. 破解教师适用性与发展性瓶颈，以教师队伍建设为核心竞争力，提升教育软实力

加强教师队伍建设不仅是提升教育质量的关键，更事关深圳长远发展。要把加强教师队伍建设作为教育事业发展最重要的基础工作来抓，全面提升教师队伍质量，为深圳市率先实现教育现代化、建设高水平学习型城市和人才资源强市提供坚实保障。一是实施教师队伍质量提升工程。引进与培养并重，建立师德档案，加强教师职业能力建设，集聚教育高层次人才。二是改进教师招聘制度。以用为本，规范准入，满足学校课程改革需要和用人需求，实现基础教育师资来源多元化，加强职业教育"双师型"队伍建设。三是改革校长选拔任用机制。建立健全开放式的后备校长培养选拔制度。推行校长职级制，加大校长交流任职力度。完善校长监督机制。四是完善教师管理与评价激励机制。构建事业激励、感情激励、合理待遇激励相结合的教师评价激励机制。建立以德为首、注重能力、业绩优先的教师专业发展考核评价制度。

5. 破解高等教育资源不足短板，以高等教育创新高水平发展为特色，增强深圳教育综合实力

高等教育是深圳教育综合实力的重要体现，也是深化教育领域综合改革、推动经济社会发展和城市自主创新的重要支撑。高等教育可能成为深圳教育的最大特色，要适应深圳建设现代化、国际化先进城市发展的需要，建立动态调整、不断完善的高等教育体系和结构，加大教育资源统筹力度，教育资源配置向高等教育的短板倾斜，并以创新发展的新举措实现规模扩张和质量并举。一是全力以赴发展特色学院。建设特色学院集中校园，重点推进华大基因学院、光启新材料学院、服装设计特色学院、太空科技特色学院建设，加快引进境外名校合作举办特色学院。二是盘活现有资源，丰富高校种类。抓住广东省正致力打造高等教育强省，增加本科院校数量的机会，加快推进哈工大深圳研究生院启动本科教育工作，创造条件建设深圳城市学院，并探索将深圳体育学校、艺术学校升格建设为深圳体育学院、深圳艺术学院，依托广播电视大学建设深圳开放大学，构建更加完备的高等教育体系。三是按照打造现代职业教育体系的要求，尽快筹建深圳理工学院，满足产业转型升级对不同层次应用型人才的需求。四是加快南方科技大学、香港中文大学（深圳）建设步伐，通过改革提升高等教育发展质量和综合实力。

6. 破解社会资本进入体制障碍，以促进民办教育大发展为增长点，满足市民对教育的选择需求

鼓励发展有特色、办学模式灵活的民办幼儿园；加强监管义务教育阶段民办学校，鼓励引导民办小学和初中办出精品、特色；鼓励社会资金投入参与举办有特色、可选择的民办高中，有序发展多层次、有特色的民办教育，为市民提供多元教育选择。一是尽快出台《市委市政府关于推进民办教育综合改革和优质特色发展的意见》，在民办学校分类管理、收费定价、教师待遇、用地支持等方面给予配套扶持政策，突破现行政策障碍。二是多渠道吸引社会资本进入教育领域，营造不同办学主体公平竞争环境，有序发展多层次、有特色的民办教育，鼓励社会资金尤其是公益慈善基金等投入教育，举办非营利性学校为主的义务教育阶段学校，鼓励社会资金投入参与举办有特色、可选择的民办高中。三是鼓励优质民办教育机构集团化发展，鼓励优质民办学校与国外知名教育机构开展多种形式的合作办学，促进民办教育优质化、特色化发展。

B.5 深圳市公共就业服务均等化实现路径研究

高祖明　周宽山*

摘　要：
就业是民生之本，实现公共就业服务均等化是促进就业的有效途径。本文在对发达国家公共服务均等化提供模式、国内部分城市公共就业服务均等化经验进行比较研究的基础上，分析深圳市公共就业服务的基本现状，指出存在的问题，并尝试提出一些符合深圳实际的、可以逐步推进实现公共就业均等化的路径和措施。

关键词：
深圳　就业　公共服务　均等化

十八大报告指出，到2020年，人民生活水平将全面提高，基本公共服务均等化总体实现。十八届三中全会提出，围绕更好地保障和改善民生、促进社会公平正义，深化社会体制改革，改革收入分配制度，促进共同富裕，推进社会领域制度创新，推进基本公共服务均等化，加快形成科学有效的社会治理体制，确保社会既充满活力又和谐有序。2009年12月，《广东省基本公共服务均等化规划纲要（2009～2020年）》（粤府〔2009〕153号）清晰界定了基本公共服务均等化的内涵和范围，明确了推进基本公共服务均等化的指导思想、发展目标、实施路径和保障机制。

深圳作为移民城市，人口倒挂现象非常严重，截至2012年末，户籍人口287.62万人，异地务工人员超过800万人。目前，针对异地务工人员，基本

---

* 高祖明、周宽山，深圳市人力资源和社会保障局。

提供"四免"公共服务,即免费职业指导、职业介绍、政策咨询、就业信息服务。2013年1月1日,《深圳经济特区失业保险若干规定》施行,《规定》将全市异地务工人员纳入失业保险参保范围,依法为符合条件的异地务工人员办理失业登记、核发失业保险和提供基本的公共就业服务。从长远来看,推进异地务工人员公共就业服务均等化,势在必行。

一 公共就业服务均等化的概念

(一)公共服务的概念

公共服务是21世纪公共行政和政府改革的核心理念,不同学者从不同的视角和不同的学科出发对其进行了界定。江明融认为,公共服务是与公共产品相同的概念。① 陈昌盛、蔡跃洲认为,所谓公共服务是指建立在一定社会共识基础上,一国全体公民不论其种族、收入和地位差距如何,都应公平、普遍享有的服务。从范围上看,公共服务不仅包括通常所说的公共产品,而且也包括那些市场供应不足的产品和服务。②

公共服务是指建立在一定社会共识基础上,根据一国经济社会发展阶段和总体水平,为维持本国经济社会的稳定、基本的社会正义和凝聚力,保护个人最基本的生存权和发展权,为实现人的全面发展所需要的基本社会条件。基本公共服务是直接与民生问题密切相关的公共服务,包括三个基本点:一是保障人类的基本生存权(或生存的基本需要),为了实现这个目标,需要政府及社会为每个人提供基本就业保障、基本养老保障、基本生活保障等;二是满足基本尊严(或体面)和基本能力的需要,需要政府及社会为每个人提供基本的教育和文化服务;三是满足基本健康的需要,需要政府及社会为每个人提供基本的健康保障。随着经济的发展和人民生活的水平的提高,一个社会基本公共服务的范围会逐步扩展,水平也会逐步提高。

---

① 江明融:《公共服务均等化论略》,《中南财经政法大学学报》2006年第3期。
② 陈昌盛、蔡跃洲:《中国政府公共服务:体制变迁与地区综合评估》,中国社会科学出版社,2007。

（二）公共服务均等化的含义

一般认为基本公共服务均等化包括机会均等、结果均等两个基本要素。如丁元竹认为，公共服务均等化是指政府通过制定相关基本公共服务国家标准，在财政上确保负责提供服务的地方政府具有均等支付这些基本公共服务的能力，确保社会、政府、服务机构在不存在偏见、歧视、特殊门槛的前提下，使每个公民能够有机会接近基本公共服务项目的过程。

公共服务均等化需要政府为社会公众提供基本的、在不同阶段具有不同标准的、最终大致均等的公共产品和公共服务。公共服务均等化实现路径：一是要以保障社会公平为前提，实现人人可以享受到基本公共服务；二是要以提高公共服务水平为方向，不断扩充公共服务的内容领域，不断提高公共服务的质量和效率，让人民群众逐步获得更大范围、更高质量的公共服务。

（三）公共就业服务均等化的背景

公共就业服务作为基本公共服务的重要组成部分，已经列入《国家基本公共服务体系"十二五"规划》。政府提供基本公共就业服务有三个核心标准：一是弥补市场缺陷，提供市场不能做、市场不愿做的服务；二是执行公共政策，确保各项促进就业政策得到有效落实；三是实施就业管理，支持宏观决策。公共就业服务作为实现"劳有所获"最基本的公共服务，具有公共产品的属性，是以政府为主导，由各级公共就业服务机构提供的公益性就业服务，包括职业介绍、职业指导、技能培训、岗位开发及其他就业创业服务内容。通过公共就业服务机构的帮扶，所有有就业愿望的劳动者都能获得就业岗位，提升就业能力，用人单位找到合格劳动力，从而实现人岗匹配。

推进公共就业服务均等化，政府面临着公平和效率两大价值选择，效率价值要求政府在提供公共就业服务过程中，努力寻求服务质量改善和服务成本降低之间的优化点，最大限度提高就业率；公平价值要求政府在提供公共就业服务过程中，避免人群排斥和就业歧视，保证所有有就业需求的人都能享受到大致相同质量和数量的公共就业服务。麻宝斌、董晓倩认为，公共就业服务均等化是一个渐进的过程，在这一过程中遵循公共资源投入均等原则、就业机会公平原则和公民共同受益原则。基于此,一要扩展服务范围,保证基本公共就业服务供给的规范性。二要加强服务网点建设,提升公共就业信息化手段,保证基本公共就业服务供给的可及性。三要完善服务制度,保证基本公共就业服务供给的普惠性。

二 国内外公共就业服务均等化实现路径和方式

(一)国内部分城市公共就业服务均等化的具体实践

十八大报告明确指出,要加快改革户籍制度,有序推进农业转移人口市民化。这是积极稳妥地推进城镇化、不断提高城镇化质量的重大战略举措。外来务工人员市民化,需要推动城镇基本公共服务常住人口全覆盖,进一步加大公共财政支出力度,加强基础配套设施建设,提高就业、医疗、教育、社会保障等基本公共服务能力,促进农业转移人口融入城镇。

上海市作为特大型经济中心城市,从2006年开始,就让来沪就业的农民工享受与市民一样的待遇,全市19个区(县)都设有来沪人员就业管理机构,所有公共就业服务机构向农民工免费开放,提供政策咨询、就业信息及职业指导服务。2012年,该市印发《上海市就业和社会保障"十二五"规划》(沪府发〔2012〕7号),提出确保城乡劳动者享受均等化的公共就业服务,为其创造平等的就业机会。根据城乡经济社会发展的不同特点,统筹设计覆盖城乡的社会保障制度,逐步缩小待遇差距。着力开展技能提升培训,重点加强产业结构调整过程中职工的稳岗和转岗培训,发挥企业的主体作用,拓展高技能人才培养领域,"十二五"期间,力争完成农民工培训50万人。同时,加强对外来农民工的公共就业服务,在全市所有区(县)建立公益性的农民工就业服务机构,在农民工较集中的区域建立街镇、社区农民工就业服务站或服务窗口,建立全市范围的农民工公共就业服务平台。由于上海是特大城市,2012年,全市常住人口总数为2380万人,外来人口达到960万人。在农民工入户方面,进展缓慢,推动力度较小。近年来,上海市举行优秀农民工表彰活动,直接入户,但每年数量不足百人。

苏州市实有人口达1300万,其中外来人口700万人,已超过本地户籍人口。苏州市"就业E图"依托网站、12580语音等方式，为求职者在地图上立体呈现公共就业服务机构、人力资源市场、技能培训机构、劳动监察机构、招聘企业地理位置，并提供相应的服务项目、信息查询和职位检索服务，满足求职者的个性化需求，为求职者和用人单位提供高效、便捷的服务，完善"15分钟公共就业服务圈"。覆盖全市的公共就业服务网络基本建成，包括县（市、区）、乡镇（街道）、社区（村）在内的近2000个就业服务机构都能够在"就业E图"上得到显示，求职者和用人单位通过电脑、手机等终端登录后，就近找到劳动保障工作机构，享受城乡一体的公共就业服务。此外，苏州市通过社区（村）公共就业服务的标准化管理，规范业务操作，明确工作职责，群众不出社区（村）便可获得规范、优质、高效的公共就业服务。

青岛市通过搭建公共服务平台，促进城乡就业服务均等化。近年来，青岛市为推进城乡统筹就业，人力资源保障部门把服务平台建设作为促进公共就业服务均等化的重要支撑，先后设立了3个国家级人力资源市场，在12个区（市）分别设立了公益性的人力资源市场，172个街道（镇）全部设立了劳动保障服务中心，市内四区社区全部设立劳动保障服务站，配置了专兼职劳动保障协理员，形成了四级公共就业服务体系。在做好城镇失业人员管理的同时，青岛着力加强农村劳动力资源管理，开展从业状态、转移培训就业愿望等方面的调查，出台了在岗农民工培训、农村劳动力转移培训、新成长劳动力技能储备培训等免费培训政策，提高了农村居民的就业竞争力。

厦门市建立覆盖城乡的公共就业服务体系，并基本建成统一规范的公共就业服务制度。为促进充分就业，厦门市以帮扶就业困难群体为重点，面向全体劳动者提供的公益性就业服务，在全省率先实现公共就业服务一体化。厦门市以减少政府不必要的财力支出，引导支出投入到对公共服务的供给上，推进基本服务均等化；以调整财政支出结构为重点，建立以改善民生为导向的财政支出结构；以财政转移支付为手段，解决市、区两级间的基本公共服务非均等化，重点向岛外和农民倾斜、向低收入人群倾斜、向欠发达区域倾斜。

（二）国外公共就业服务特点和模式

在西方发达国家，公共服务主体是一个多元主体参与的合作联盟，政府、非营利组织、社区及私人部门一起来治理,推行公共服务的市场化和社会化,扩大公共服务产品的供给,提供充满竞争和活力的公共服务。各国公共就业服务主要有四项基本职能:一是职业介绍;二是劳动力市场信息与资源开发;三是劳动力市场调整计划;四是失业津贴管理。

美国公共就业服务体系非常发达,几乎涵盖了一切美国民众所需要的公众服务,服务方式也正随着美国民众需求的变化而逐渐完善和细化。以"一站式就业服务中心"为核心的公共就业服务体系建设,包括美国公共就业服务网、美国就业交易所、美国职业信息网和美国职业培训网,以及50个地区就业服务网和遍布全国近3000个就业服务中心。公共就业服务网是整个美国公共就业网络的主体,具有服务系统完整、开放,服务功能强大、便捷,服务内容合理、重点突出及用户需求导向明确等特点和优势。作为美国公共就业服务的窗口,该网站为公众提供跨地域及详尽的就业市场职业需求、职业培训、失业保险信息,帮助求职者解决就业过程中遇到的一切问题。美国公共就业服务针对不同的客户,提供不同的服务项目和内容;同时制定《反就业歧视法》,从法律层面保护劳动者在就业方面不因非法原因受到歧视或不利影响。比如新移民、残疾人、老年人、不懂计算机的人员等。洛杉矶市亚裔就业中心,不仅帮助亚裔居民寻找工作,而且还在他们工作的试用期向雇佣他们的雇主提供相当于50%新工人工资的补偿金。未来的美国"一站式"公共就业服务体系将会以更丰富的信息资源、更便捷的服务方式为美国的民众提供更为高效、专业的就业服务。

加拿大政府通过《平等就业法》,专门保护残疾人、妇女、土著人和少数族裔四个弱势群体的就业权利。2000年颁布了《政府公共服务2000》,旨在提升公共部门的服务质量,建立所谓"顾客导向"型的政府。加拿大公共就业服务机构加强与雇主的联系,一是定期走访企业或是通过电话、传真、邮件等方式收集空岗信息,及时了解企业雇主的用人困难和需要,也鼓励企业直接登记他们的用人要求;二是公共就业服务为每个雇主配置一位咨询顾问,咨询顾问要用他们15%~20%的工作时间走访企业。同时,每个顾问也需联系一定数量的求职者;三是公共就业服务专门设立"企业关系部",为企业提出人力资源计划建议。此外,加拿大针对经济结构调整制订了大规模裁员就业服务计划，提供积极服务。公共就业服务机构建立起大规模裁员服务队，在工厂关闭或工人被裁减前尽早提供现场服务，举办就业倾向学习班，对工人需求进行评估，提供再就业或自营创业咨询和培训。

澳大利亚是第一个采用"市场模式"进行就业媒合以及相关就业服务的国家，1998年起实施"就业网"工程，将整体就业服务划分为各个具体服务项目，通过分项外包方式提供公共服务。大部分委托给符合条件的私立机构，政府部门只提供少量服务，并且其服务内容及办理条件和私立机构相同，在完成契约服务项目后，政府支付费用，就业及职场关系部还定期对各机构进行星级评定，为求职者职业选择及续约做参考。公共就业服务因具有灵活、高效和成本低等优势，受到国际劳工组织和经合组织的推崇，并被不少国家纷纷效仿。澳大利亚政府针对留学生和新移民提供了不同就业服务项目，帮助就业弱势群体获得平等的就业机会，包括针对青少年和青年就业的服务项目、中年人就业服务项目、非英语背景居民的就业服务项目等。

三 深圳市公共就业服务现状分析及面临困境

（一）公共就业服务基本现状

近年来，深圳市深入贯彻实施积极就业政策，推动创业带动就业战略，夯实就业工作基础，建立了市、区、街道和社区四级公共就业服务平台，基本形成了"三级管理、四级服务"的公共就业服务体系。

2013年，市政府大力促进充分就业，工作目标涉及完善公共就业服务体制机制、统筹重点群体就业服务、开展就业援助等17项。全市新增就业人数84342人，促进43271名失业人员再就业，帮扶就业困难人员26190人实现就业，扶持自主创业10448人。城镇登记失业率2.35%，"零就业家庭"动态归零。全年组织"春风行动"和"南粤春暖"活动，创新公共服务手段，开通官方招聘微博和企业、求职者QQ群。为求职人员发放"春风卡"、务工指南30多万份，举办各类免费招聘会679场，进场68万人次，达成就业意向15万多人，有效促进了劳动力供需对接。

1. 基层平台建设

市级公共就业服务机构1个、职业介绍机构1个,为市人力资源部门下属正处级事业单位;全市10个区(含4个新区),都设立了区公共就业服务机构,正科级建制;全市57个街道都设立了劳动保障事务所,638个社区工作站设立了劳动保障服务窗口。

2. 服务机构职责分工

市劳动就业服务中心主要负责统筹规划、规范指导和协调监督全市公共就业服务,市职介中心承担异地务工人员"四免"服务,举办全市规模异地务工人员招聘活动;各区公共就业服务机构主要负责本辖区内的公共就业服务统筹工作;劳动保障事务所和劳动保障服务窗口为失业人员、劳动和用人单位提供政策咨询、职业指导和推荐、就业援助、培训和创业等具体公共就业服务,并承担了退休人员社会化管理等工作。

3. 人员配备

全市公共就业服务机构配备工作人员(含劳动保障协理员)1205人,其中:专职人员623人,占51.7%;大专以上学历人员1003人,占83.2%。

4. 信息化建设

根据业务需求,全市基层公共就业服务平台均配备了电脑、打印机、高速扫描仪等硬件设备。在业务软件建设方面,基层公共就业服务平台主要运用省、市和区人力资源社会保障部门开发的业务软件,目前正在按照"数据集中、服务下延、全市联网、信息共享"的目标,强化身份认证和信息资源共享功能,建立全市统一的就业服务信息系统。

5. 经费保障机制

目前,各级公共就业服务机构在编工作人员工资以及工作经费由同级财政解决;部分区(新区)在公共就业服务能力不足的情况下,探索由财政支付,采取政府购买服务方式,提升公共就业服务能力。

(二)面临的困境

改革开放30多年来,中国由"生存型社会"开始步入"发展型社会"。发展阶段的提升,给经济社会发展带来巨大的活力,同时也使深圳面临着新的矛盾与挑战。其中,全社会公共需求全面快速增长与公共产品短缺、公共服务不到位已成为新时期、新阶段引起人们普遍关注的突出矛盾。

当前深圳市公共就业服务工作与党的十八大提出的要推动实现更高质量的就业的新要求仍存在一定差距,与广大劳动者、用人单位和社会有关方面对公共就业服务日益增长的需求还不相适应,面临的主要问题表现在以下几个方面。

1. 公共服务需求压力大

公共就业服务涵盖就业创业指导、岗位开发、就业援助、创业帮扶等20多项内容,服务需求千差万别。随着社会经济发展,公共服务呈现个性化、多样化、专业化的服务要求和发展趋势。一是群体复杂。面对的服务对象比较复杂,既有户籍失业人员、就业困难人员、未就业高校毕业生,更有规模庞大的异地务工人员。如坂田街道常住人口48.3万人,户籍人口仅有2.93万人;西乡街道常住人口约124万人,户籍人口仅7.74万人。二是需求各异。不同群体需求差异性比较大,在就业援助、扶持创业过程中,甚至需要开展"一对一"帮扶,实施跟踪服务。三是内容多样。公共就业服务事项,既涉及就业指导、岗位对接、专场活动,又包括各项补贴的申请及审核。

2. 公共服务供给不足

随着就业创业各项业务属地化,基层公共就业服务机构压力凸显。一是业务繁杂。如坂田、西乡街道劳动保障事务所,均承担了20多项就业创业业务。二是队伍不稳。基层公共就业服务机构的人员,从身份上分为职员、雇员、临聘人员、劳动保障协理员等几类。工作人员因编制性质不同,待遇也不一致。临聘人员、劳动保障协理员工资待遇低,上升空间狭窄,工作积极性受到严重影响,工作人员流失率高,队伍不稳定。如坂田、西乡街道劳动保障事务所,编制人员仅5~6人,其余均为临聘人员或劳动保障协理员。三是能力局限。工作人员由于流动性较大,业务培训跟不上,导致专职化程度不够。街道、社区基层公共就业服务机构的工作人员,人员管理属于双重身份,虽然业务由上级公共就业服务机构指导,但是主要由当地政府管理,部分工作人员身兼数职,不能做到专职专用,难以保证公共就业服务有序、有效地开展。

3. 公共资源配置不均衡

随着城乡二元经济结构的逐步打破，基本公共就业服务均等化成为促进充分就业的重要手段和必经之路。近年来，深圳市在推进基本公共就业服务均等化方面做了大量工作，取得了一定成效。但地域之间、不同群体之间的公共就业服务资源分布不均衡，也使深圳在实施积极就业政策、促进充分就业方面面临着巨大挑战。一是地域差异。原特区内外公共服务发展不平衡，原特区外劳动密集型企业集聚，异地务工人员规模庞大，但公共服务和基础配套相对原特区内区、街道来说，表现得较为短缺和滞后。二是对象差异。原居民、户籍人口、常住人口和流动人口，享受公共就业服务和就业援助差异性比较大，异地务工人员仅享受政策咨询、就业信息、就业指导、职业介绍等"四免"公共就业服务，且政策宣传存在不到位的实际情况，此类群体对"四免"服务知晓率不高。三是投入差异。在就业各项政策之间，也存在不均衡的现状，户籍就业困难人员灵活就业补贴占就业专项资金比重较高，职业技能培训、岗位开发等其他公共就业服务资金支出非常少。

4. 公共服务标准不规范

公共就业服务机构应提供管理服务的规范指引，对公共就业服务项目的工作内容、服务对象、工作依据、工作流程、工作时限和绩效评估等予以规范。深圳市公共就业服务属地化之前，业务同质化严重，公共服务规范化、标准化、信息化基础薄弱，历史欠账多。一是业务不规范。各区创新公共就业服务方式、方法，亮点各异，但弊端也显而易见，各区业务办理五花八门，给跨区业务衔接带来困难。二是系统不贯通。就业创业各项业务庞杂，导致信息系统重复建设，各系统之间缺乏关联和数据共享。三是流程不顺畅。各项业务工作模块，既要处理好横向关系，又要处理好纵向关系，市、区、街道和社区四级业务流程有待进一步优化。

5. 公共服务主体回应性差

在传统公共服务供给模式中，政府由于其先天的公益性特点，被认为是公共服务最好的且唯一的提供主体，同时政府的干预也是弥补"市场失灵"的重要途径。但是从现状来看，政府供给公共服务的角色必须发生转变才能提高公共服务供给的有效性。新生代的外来务工人员，已经不满足于对基本公共服务的需求，而对基本公共服务以外的其他服务有更多需求。在政府提供公共服务方面，由于信息不对称，公共就业服务机构和服务对象之间缺乏畅通的沟通渠道，对服务对象真正需求不明确的情况下，政府公共就业服务的回应性较差，直接影响就业政策的导向和效用。

四 推进公共就业服务均等化的步骤与措施

面对当前复杂多变的就业形势，稳定和扩大就业的工作任务十分繁重，对公共就业服务提出了更高的要求。在户籍人口比重逐年增加、公共就业服务承载力得到加强的前提下，到2015年，深圳市进一步拓展"四免"服务的内容，以"职业介绍、技能培训"两项服务为核心，提供更多的就业帮扶，逐步将创业指导、创业培训、小额担保贷款等创业扶持政策覆盖到外来务工人员。到2020年，全面提升外来务工人员职业技能，将各项创业扶持政策全部覆盖到外来务工人员，实现外来务工人员充分就业、稳定就业、高质量就业，户籍和非户籍之间真正实现公共就业服务"无差异化"。

（一）扩大服务供给，实现服务供给均等化

公共就业服务作为基本公共服务的重要组成部分，已经被列入《国家基本公共服务体系"十二五"规划》，该《规划》明确了公共就业服务体系建设的重点任务、基本标准和保障工程。

1. 扩展服务范围，保证基本公共就业服务供给的规范性

政府提供基本公共就业服务有三个核心标准：一是弥补市场缺陷，提供市场不能做、不愿做的服务；二是执行公共政策，确保各项促进就业政策得到有效落实；三是实施就业管理，支持宏观决策。按照这三个标准，基本公共就业服务的具体内容包括就业服务、创业服务、就业援助、就业管理、劳动人事档案管理等领域（这些是各级公共就业服务机构都应该提供的基本服务）。应结合社会经济发展的客观要求，适当拓展基本公共服务范围，扩大公共服务供给。

2. 加强平台建设，保证基本公共就业服务供给的可及性

加强基层公共就业服务平台建设，是否科学合理地布局网点是决定服务对

象能否获得公共服务的重要因素。从外来务工人员规模来看，原特区外一些街道外来务工人员超过100万，街道劳动保障事务所难以覆盖，社区1名劳动保障协理员基本无法提供多样化的公共就业服务。对于职业介绍等普遍性的服务，公益性职介分支机构甚至可以设置在大型工业区比较集中的区域，让外来务工人员就地就近享受公共就业服务。

3. 完善服务制度，保证基本公共就业服务供给的普惠性

实现基本公共就业服务均等化，意味着所有劳动者都能够享受到国家规定的基本公共就业服务，要求公共就业服务机构全面实施各项公共就业服务制度，如基本服务免费制度、失业登记制度、就业信息服务制度等，提供的基本公共服务项目要相对统一，服务对象要覆盖到各类劳动者，使每个劳动者在所有公共就业服务网点都能享受到基本一致的公共服务。

（二）加大资金投入，为公共就业服务提供保障

根据国际经验，公共服务均等化的基础和实现手段是财政能力均等化，但是各个国家在实现基本公共服务均等化过程中采取的财政体制是不一样的，如财政能力均等化、税收均等化、财政需求均等化等等，基本公共服务均等化通常通过财政支付保障的均等化来实现。

1. 健全财政投入的长效机制

随着深圳市财政收入和GDP规模的不断扩大、财政支出结构的逐步调整，深圳市应继续加大公共财政对就业和创业带动就业的投入规模和比例，加大对公共就业服务基层平台建设的投入，使就业工作获得长期有效的财政保障。

2. 优化就业专项资金支出的结构

从公共就业服务的内容上看，有些措施是消极的，如发放失业补贴、就业困难援助等；有些措施是积极的，如加大技能培训、实现自主创业等。授之以"鱼"是补贴型的，授之以"渔"是能力型的。通过培训增强劳动者自身的市场就业竞争力，是一种长远的、积极的措施。就业专项资金犹如一块"蛋糕"，从世界范围看，多数市场经济国家的公共财政在就业投入的项目中，对培训的这块"蛋糕"切块较大，投入比例相对较高。

3. 引入公共就业服务竞争机制

政府作为公共产品供给的主导力量，积极引入社会力量参与，可以更好地提升公共服务的质量和效益。市场经济国家经验做法证明，要使有限的财政投入发挥更有效的促进就业功能，须在公共就业服务领域引进竞争机制。部分公共就业服务可采取服务外包，如就业指导、技能培训、创业服务等，不仅可以多样化地满足公众的需求，而且能对现有的公共就业服务机构形成一定的竞争压力，促使其提高服务质量。

4. 加大财政的就业转移支付力度

从深圳实际情况看，人口结构倒挂，外来务工人员流动频繁，流动就业带来的培训成本相对较高。因此，必须扩大并发挥中央就业专项资金转移支付功能，或将目前失业保险金的使用范围予以适当调整，更好地发挥失业保险预防失业、促进就业的作用。并尝试多种融资方式，以解决经费不足、投入不够的问题。

5. 强化就业专项资金的使用绩效

规范和加强就业专项资金的管理，从业务管理、财务管理、社会效率三个方面来进行评价。建立一套科学、合理的评价指标体系和运作模式，健全考核评价制度，使就业专项资金在筹集、使用和管理等方面切实做到有指标、有措施、便于操作和评估考核，提高专项资金的使用效益和管理水平。

（三）完善政策体系，实施更加积极的就业政策

深入学习和全面贯彻落实党的十八大精神，实施更加积极的就业政策，在对现行政策框架体系进行梳理、调研和分析的基础上，借鉴各地好的经验和做法，结合实际，提出深圳市就业创业政策指导思想、目标任务和工作措施，勾画深圳市就业创业政策的框架、体系。一要结合产业结构调整、增长方式转变，加强积极就业政策研究与储备，建立经济政策、政府投资和重大项目对就业影响的评价机制，鼓励和扶持不同年龄段的群体实现积极就业。二要加强与市财政、发改、教育等部门联动，研究出台促进高校毕业生自主创业、公益性岗位开发、就业能力提升等方面指导性政策文件，优化小额担保贷款经办业务流程，加大用人单位招用政策力度。三要探索建立宏观经济政策就业评估机

制,将就业工作放在经济社会发展的全局之中考虑设计,促进就业与技能人才培养相结合,促进就业与经济转型和产业结构调整相协调,提升就业质量。四要选择有利于扩大就业的新兴产业发展战略,不断拓展就业新领域,增加知识密集型就业机会。大力发展高端服务产业,着力提高服务业占就业比重。五要发挥中小微型企业吸纳就业的主渠道作用,落实鼓励中小微型企业吸纳就业的税收减免和金融扶持政策。支持小型微型企业发展,努力开发更多就业岗位,创造更多就业机会,满足各类劳动者多层次的就业需求。六要大力促进以创业带动就业。落实鼓励劳动者创业的场租补贴、小额担保贷款、税费减免等扶持政策,将所有创业扶持政策覆盖到非户籍高校毕业生,将创业场租补贴拓展到创业孵化园外,不断完善创业服务体系,激发各类群体的创业动力,营造全民创业的社会氛围,使更多劳动者走上创业之路。

(四)创新服务方式,实现服务方式多样化

公共就业服务的终极目标是满足劳动者的需求。这就需要对劳动者的服务需求结构和变化趋势进行分析,紧紧围绕市场需求,通过提供多样化的服务,来满足不同层次、不同类型群体的需求。

1. 提供跟进式服务

强化服务意识,变"被动服务"为"主动跟进"。通过提供及时的、动态的、跟进式的服务,满足经济社会发展对就业服务的新要求。以提高匹配成功率为目标,深入企业走访调查,帮助企业和劳动者在市场中准确定位,主动开展用工对接,切实帮助企业招聘到合适的人员,帮助求职者找到合适岗位,提高人力资源配置效率。以提升就业能力为目标,加大高校毕业生、外来务工人员就业技能培训,送培训进校园、进企业,研判结构性用工短缺,缓解用工压力。

2. 提供多样化服务

创新服务方式,满足不同对象的特定需求。把握不同群体的特点和要求,不断丰富和完善更具针对性的服务内容和服务方式。进一步强化个性化服务理念,加强对不同群体素质特点和需求特点的研究,根据不同特点,在同一服务项目上采取不同的服务方式。如针对外来务工人员,大型招聘会往往比较受欢

迎，在为困难人员服务时，社区招聘活动就更有效，在为高校毕业生服务时，则一般应举办小型化、专业化、经常化的招聘活动。

3. 提供定制式服务

企业是就业岗位的主要来源，公共就业服务必须坚持为劳动者服务和为用人单位服务并重。进一步加强对用人单位的专项服务，针对招聘不同类型、不同水平人员的具体需求，分别制订专门的服务方案，提高服务的专业化和效能化水平。加强企业招聘用工指导，帮助企业做好需求分析，对职业特征、任职要求、经验要求、工作环境和待遇水平等招聘条件提供专业指导，引导其提高招聘行为的有效性。加强供需对接，探索建立和不断完善企业招聘联盟、校企合作、订单式培训等工作模式，形成信息对接、服务对接、供需对接的合作工作机制。

（五）树立人本理念，做到服务过程精细化

顾客为导向、服务精细化是未来公共服务的发展方向。这就需要以服务对象为中心，在服务的全过程中，按照服务对象的需求，提供各种热情贴心、周到细致、令用户满意的高品质服务。

1. 坚持以人为本，提高公共服务满意度

以优质服务、微笑服务、周到服务为基本标准，特别是基层窗口和一线服务人员，要改进服务态度，提高服务能力。进一步完善"一站式"服务，逐步推行"一柜式"服务，实现服务前台综合化、提供各项服务功能，服务后台专业化、分类处理各种具体事务，让群众在一个柜台就能办完各类相关事务。扩大自助服务范围，方便服务对象自己查找信息、经办业务。加强跟踪服务，对登记求职人员、登记失业人员和困难人员，通过面谈沟通、电话回访、专业指导等多种方式，建立跟踪服务制度，全程了解服务对象情况，及时提供帮助。

2. 强化职业指导，适应各类服务对象需求

扩大职业指导对象范围，从原来对下岗失业人员和困难人员的适应性指导，扩大到对包括高校毕业生等各类群体的指导，从单纯对劳动者指导，扩大到加强对企业的招聘用工指导。进一步丰富职业指导内容，在原来开展政策咨

询、个人求职指导基础上，扩充职业生涯设计、职业素质测评、企业招聘条件分析等内容，提高专业化水平。

3. 规范服务行为，实施统一的服务标准

服务标准化是现代服务业的一个重要特征，是提高服务质量的基础性工作。目前，福田区已经推行公共就业服务 ISO 体系，龙岗区将卓越绩效管理落实到具体公共就业服务工作中，在总结福田区、龙岗区的经验基础上，可在全市予以推广。

（六）加强平台建设，健全公共就业服务体系

按照《转发省人力资源社会保障厅关于加强乡镇街道人力资源社会保障公共服务平台建设意见的通知》（粤府办〔2011〕65号）要求，基层平台要合理配备人员，保障工资收入，落实工作经费。

1. 加强基层服务平台建设，提升公共就业服务水平

科学设定基层公共就业服务工作职责，明确基层平台在就业工作中的具体职责范围。完善基层平台经费保障机制和激励机制，在争取财政支持的同时，探索开展任务包干、绩效考核、购买服务等多种工作模式，保证基层平台工作人员稳定、服务工作全面到位。

2. 抓好顶层设计，实现公共就业服务工作全程信息化

建立统一的数据中心，执行统一的指标体系，确保数据的唯一性、完整性和有效性，实现"数据向上集中、服务向下延伸、网络到边到底"的系统建设目标。充分使用信息系统，经办各项业务都要在就业信息系统上进行，避免出现信息孤岛，实现公共就业服务各项业务的全程信息化。实现信息互通共享，就业信息系统要与社保等信息系统间建立数据互通共享机制。

3. 发挥信息系统作用，提供就业信息公共服务

以就业信息服务"真实、完整、有效、便捷"为目标，进一步加强信息质量管理。扩大信息服务范围，通过互联网、触摸屏、手机短信、微信多种渠道，发布招聘岗位信息、职业培训信息、市场供求分析信息，为劳动者和用人单位提供直接的信息服务。探索开展网上业务经办服务，对个人提供求职登记、职业指导和职业素质测评等服务项目，对企业提供招聘登记、就业登记和享受政策条件

审核等服务项目，还可以根据情况不断地拓展出其他信息服务项目。

4. 以信息数据为基础，加强统计分析预测

加强市场供求信息统计分析，及时向社会发布；完善现有的就业信息统计分析制度，将信息系统数据纳入统计范围，全面统计分析就业形势；开展就业形势分析研判，以系统中的数据为基础，结合经济社会发展相关信息，对就业形势做出分析预测。

五　公共就业服务均等化展望

深圳，人口结构复杂、人口流动性大、劳动人口素质偏低，给公共就业服务均等化带来压力。面对服务需求快速增长，推进公共就业服务规范化、标准化、专业化、均等化，对基本公共服务制度、公共服务能力提出了挑战。如何应对挑战，更好地为市民提供满意的公共服务，一是重在制度建设，二是重在服务方式创新，三是重在服务能力提升。

国务院总理李克强在天津考察调研民生改善与改革发展情况时指出：改善民生，政府要有硬措施，不仅要增加各级财政投入，还要创新方式。我们相信，随着政府保障和改善民生力度不断加大，公共就业服务均等化将逐步实现。

参考文献

江明融：《公共服务均等化论略》，《中南财经政法大学学报》2006年第3期。

陈昌盛、蔡跃洲：《中国政府公共服务：体制变迁与地区综合评估》，中国社会科学出版社，2007。

麻宝斌、董晓倩：《中国公共就业服务均等化问题研究》，《东北师大学报》（哲学社会科学版）2009年第6期。

陈力：《美国公共就业服务鸟瞰》，《中国人才》2008年第5期。

丁元竹：《科学把握我国现阶段的基本公共服务均等化》，《中国经贸导刊》2007年第13期。

刘燕斌：《发达国家公共就业服务实践经验》，《中国劳动保障》2009年第10期。

赵宁：《美国公共就业网络服务体系初探》，《电子政务》2010年第5期。

B.6 加快发展深圳市人力资源服务业的研究报告

王金根*

摘 要： 近年来，深圳市人力资源服务业发展顺利，多层次、多元化的服务体系初步形成，服务功能逐步完善，服务能力明显提升，市场管理日趋加强，在实施人才强市战略和就业优先战略中发挥了重要作用。但要看到，深圳市人力资源服务业也存在整体实力不强、行业规模偏小、国际竞争力较弱、市场秩序有待进一步规范等问题。在新形势下，要以市场化、产业化、社会化、国际化为方向，积极拓展人力资源服务业新领域，发展新业态，培育新热点，推进规模化、品牌化、网络化经营，推动深圳市形成独立而又纳入服务经济产业结构的人力资源服务业，实现深圳市人力资源服务业发展提速、比重提高、水平提升。

关键词： 深圳 人力资源服务业 对策

服务业是指生产和销售服务产品的经济活动或经济行为，服务产品与其他产业产品相比，具有非实物性、不可储存性、不易分割性、生产与消费同时性等特征。人力资源服务业则是指围绕人力资源配置、管理、开发提供相关服务的生产性服务行业，是现代服务业中的新兴重要门类和最具活力的行业之一，其发展程度直接反映一个国家或地区的人力资源开发利用水平。近年来，深圳

---

* 王金根，深圳市人力资源和社会保障局。

市人力资源服务业发展顺利,多层次、多元化的服务体系初步形成,服务功能逐步完善,服务能力明显提升,市场管理日趋加强,在实施人才强市战略和就业优先战略中发挥了重要作用。但要看到,深圳市人力资源服务业也存在整体实力不强、行业规模偏小、国际竞争力较弱、市场秩序有待进一步规范等问题,难以满足新时期经济社会发展的新要求。

为尽快改变深圳市人力资源服务业发展滞后于经济社会事业发展的现状,加快发展深圳市人力资源服务业,我们以总结探索深圳市经营性人力资源服务业发展为主题,经过对国内相关重要文件、国内外相关经验资料或信息材料的检阅与分析,并先后专门赴市人力资源服务协会及有关服务机构、市内各区、省内有关市、国内有关省市、香港特别行政区等地实地考察或座谈调查等,最终形成了本研究报告。

一 国家加快发展人力资源服务业的相关情况

党中央、国务院高度重视人力资源服务业发展。2003年12月,中共中央、国务院《关于进一步做好人才工作的决定》提出,政府人事部门所属人才服务机构应进行体制改革,要按照"市场经营和公共服务分开"的改革方向推动脱钩改制。2007年3月,国务院印发的《关于加快发展服务业的若干意见》(国发〔2007〕7号),首次将人才服务业作为服务业中的一个重要门类,强调要"发展人才服务业,完善人才资源配置体系,扶持一批有国际竞争力的人才服务机构","鼓励各类就业服务机构发展",这就明确了人力资源服务业作为现代服务业重要门类的发展方向和全面融入国民经济总体格局的发展任务,使人力资源服务业开始迈入重要的战略机遇期。2007年11月,党的十七大报告特别提出了要建立统一规范的人力资源市场。2010年5月,党中央、国务院颁布的《国家中长期人才发展规划纲要(2010~2020年)》,提出"大力发展人才服务业","在建立统一规范、更加开放的人力资源市场的基础上,发展专业性、行业性人才市场。健全专业化、信息化、产业化、国际化的人才市场服务体系。积极培育专业化人才服务机构"。同年召开的党的十七届五中全会又继续提出了要建立完善、统一、规范、灵活的人力资源市场。

"十一五"期间,国务院还适时向全国人大常委会报送了相关法律草案,经全国人大常委会审议通过的《劳动合同法》、《就业促进法》、《劳动争议调解仲裁法》、《社会保险法》等四部法律颁行后,国务院按程序制定和修改了相关行政法规,进一步为人力资源服务业发展构建了良好的法制环境。

2011年颁布的国家"十二五"规划,明确把人力资源服务行业归入现代服务业中的生产性服务业和商务服务业,并提出要"规范发展人事代理、人才推荐、人员培训、劳务派遣等人力资源服务","建立健全基本公共服务体系,健全统一规范灵活的人力资源市场",这是国家性文件第一次非常明确对"人力资源服务业"进行定性描述,也是对该行业的进一步肯定。

2012年12月国务院颁布《服务业发展"十二五"规划》(国发〔2012〕62号),确定了"十二五"时期服务业发展重点任务,第一条就是要加快发展金融、交通运输、科技、商务、人力资源、工程咨询、节能环保等生产性服务业,其中对"人力资源服务业"提出"以产业引导、政策扶持和环境营造为重点,推进人力资源服务创新,鼓励差异化发展,大力开发能够满足不同层次、不同群体需求的各类人力资源服务产品。规范发展人事代理、人才推荐、人员培训、劳务派遣等人力资源服务,鼓励发展人力资源服务外包、人力资源管理咨询、高级人才寻访、网络招聘等新型服务业态。鼓励社会资本投资人力资源服务领域,发展行业性、专业性人力资源服务机构,建设产业人才信息平台。构建多层次、多元化的人力资源服务机构集群,探索建立人力资源服务产业园区,推进行业集聚发展。实施人力资源服务品牌推进战略。建立健全人力资源服务标准体系,规范服务流程。鼓励人力资源服务机构'走出去',为我国企业开拓国际市场提供人力资源服务。加快发展服务业职业教育,加强从业人员培训,培育形成功能完善、规范有序、较为成熟的培训市场,不断满足多样化、个性化的学习需要。支持社会资本投资发展培训业,鼓励高等学校、职业学校、企业、行业协会和其他社会组织开展培训,推动培训主体多元化。规范和丰富培训内容,扩展和创新培训形式,健全质量评价机制,规范培训市场秩序。'十二五'时期,建立专业化、信息化、产业化、国际化的人力资源服务体系,实现公共服务充分保障、市场经营性服务逐步壮大、高端服务业务快速发展,人力资源开发配置和服务就业的能力明显提升,在实施人才强国战略和就业优先战略中的作用进一步凸显"。这是国家首次将人力资源服务业和金融等一类服务业并列提出，释放出重要信号。

（一）国务院有关部门加快发展人力资源服务业的主要工作

根据国务院关于人力资源服务业工作的总体要求，国务院各有关部门按照职能分工积极开展工作。2008年，国家人社部为加快发展人力资源服务业发展，专门组建了市场司，并积极为人力资源服务业申请加入相关产业目录，纳入国家服务经济体系；其后，又组织进行了《人力资源市场条例》初稿以及《招聘会审批管理规定》、《人力资源服务机构审批管理办法》等配套法规的起草和前期调研论证工作，颁布和实施了《中国人力资源服务业白皮书》、《高级人才寻访服务规范》等文件，并成立了全国人力资源服务行业标准化技术委员会，着手制定相关的行业技术标准，为人力资源市场构建良好的制度环境。2010年底国家发改委将人力资源服务业正式列为鼓励类产业目录，纳入国家服务经济体系。2011年3月，国家发改委发布"产业结构调整指导目录"，首次将"就业和创新指导、网络招聘、培训、人员派遣、高级人才访聘、人员测评、人力资源管理咨询、人力资源服务外包"以及"人力资源市场及配套设施建设"写入政府引导和管理的投资项目，并要制定和实施财税、金融、土地、进出口等相应政策进行扶持，这是国务院有关部门对人力资源优先开发和大力发展人力资源服务业的更为明确和积极的信号。2011年国家人社部发布的《人力资源和社会保障事业发展"十二五"规划纲要》也明确提出要大力发展人力资源服务业，要把"建立统一开放，竞争有序的人力资源市场"、"加快发展人才服务业"和"扶持一批具有国际竞争力的人才服务机构"等相关内容明确列为重点工作，并将实施人力资源服务业发展推进计划。这项计划包括四项内容：一是建设人力资源服务产业园区，在中心城市建立人力资源服务业集聚发展的平台，通过优惠政策引导人力资源服务机构入驻，发挥园区培育、孵化、展示、交易的功能；二是培育人力资源服务品牌，通过人力资源服务博览会、机构等级评定、行业发展报告等方式，加大人力资源服务机构和服务新产品的推介力度，培育本土人力资源服务品牌；三是发展行业性、专业性人力资源服务机构，围绕国家战略和区域产业发展战略，推进行业性、专业性人力资源服务发展，形成产业人才信息集散平台；四是加快推进政府所属人力资源服务机构改革，实现公共服务与经营性服务的分离，转变政府职能，为行业发展创造良好环境。目前，国家人社部正就《关于促进人力资源服务业发展的意见》征求国家相关部委意见，并准备2013年出台。

（二）各地区加快发展人力资源服务业的有关工作

1. 加大政策支持力度

全国有江苏、浙江、辽宁3个省专门制定印发了加快发展人力资源服务业的政策文件，系统提出了人力资源服务业发展的指导思想、基本原则和发展目标，以及建设专业化、信息化、产业化、国际化的现代人力资源服务业体系，明确了落实税收、土地等优惠政策。目前，上海等地也在抓紧研究制定相关政策文件。此外，天津为促进人力资源服务外包业大发展，专门出台了《天津市促进服务外包发展的若干意见》，为人力资源外包服务提供了一系列重大扶持和优惠政策；贵州为加快推进非公有制经济进入人力资源服务业，也专门出台了相关政策，为大力推进非公有制人力资源服务机构发展提供了政策环境。

2. 促进人力资源服务业集聚发展

江苏、浙江、辽宁等地通过设立人力资源服务业的推进工程，如高端人才培育工程、骨干企业培育工程、标准化建设工程等，建立人力资源服务业发展的重要抓手，推进人力资源服务业集聚区建设。

3. 加强人才培训和基础工作

江苏、浙江、辽宁等地安排专项资金，对人力资源服务业重点企业和管理部门人员开展"量身定做"培训，并利用部分人才发展资金推进人力资源服务业发展。上海还提出要选派优秀人力资源专业人才赴海外培养，完善相关专业资格证书的培训。

4. 加强组织协调

江苏、浙江、辽宁等都建立了由当地政府主要负责同志担任组长、有关厅（局）负责同志参加的人力资源服务业发展领导协调小组，协调解决服务业发展有关问题，并制定实施了人力资源服务业发展考核制度。

二 深圳市人力资源服务业发展的基本现状

进入新世纪以后,特别是近几年来,深圳市人力资源服务业不断培育发展市场,创新服务手段,提升服务功能,规范市场管理,逐步拓展形成了以招聘、人事代理、人力资源培训、人员测评、人力资源信息网站、高级人才寻访、人力资源服务外包、人员派遣、人力资源管理咨询等内容为主题的服务体系,对提高就业质量、建设人才高地起了重要作用,为推动经济发展、促进区域合作做出了积极贡献。

(一)人力资源服务业初具规模,产值稳步提高

经过多年发展,深圳市人力资源服务业已初具规模。据行业协会的不完全统计,2012年全市人力资源服务机构共206家,其中事业单位11家,有限责任公司195家(包括国有企业15家、民营企业180家)。全市人力资源服务从业人员总量约为7000人,大专及以上学历占49%以上,取得从业资格证书的人员有2000多人,占从业人员总量的30%。全市人力资源服务机构总资产16.94亿元。2012年深圳市人力资源服务业营业收入总额122亿元,规模以上人力资源机构营业额逐年提高,达到1000万元以上的人力资源机构过100家(年营业额达到1个亿规模的人力资源服务企业过10家,而年营业额达到5000万规模的企业过50家)。据统计,深圳市人力资源服务业主营业务收入主要集中在现场招聘、网络招聘、人才派遣、管理咨询、外包服务、流动人员档案管理等较为低端的人力资源基础业务上,而猎头、培训、咨询等中高端业务所占份额偏低。其中80%的人力资源服务机构的主营业务为招聘和派遣外包。2012年深圳市人力资源招聘业务的营业收入约为25亿元,约占深圳市人力资源服务业总营业收入的20%;人力资源外包业务的营业收入约73亿元,约占总营业收入的60%;高级人才寻访业务(猎头)的营业收入约为10亿元,培训、信息服务、人力资源管理咨询等业务的营业收入不足12亿元。

（二）人力资源服务内容丰富，新业态不断涌现

随着市场服务需求的日益增长，人力资源服务机构不断探索服务内容，从过去的现场招聘、人事档案管理、网络招聘、劳务派遣、人事代理、人事外包、人才培训、人才测评、人才规划、高级人才寻访等业务领域，已逐渐发展到人力资源咨询管理、劳动法律服务、商务服务、财务服务等高端服务领域，并且随着近年来微博、社交网站（SNS）、综合性服务网站等对人力资源招聘领域的渗透，新兴的微博招聘、社交网站（SNS）招聘、综合性服务网站招聘等也呈蓬勃发展之势，显示出深圳市人力资源服务业新业态的精细特色和巨大潜力，使深圳市人力资源服务业的服务内容得到了极大的丰富和快速发展。新兴服务模式在人力资源服务业领域的渗透和运用，不仅使深圳市人力资源服务业的新业态不断涌现，并以其范围广、快捷、费用低廉等特点，提升了客户对人力资源服务的满意度，深受企业和求职者欢迎。

（三）人力资源服务企业发展壮大，市场配置日趋活跃

近年来，深圳市人力资源服务业企业规模不断扩大，全市涌现一些有影响力的经营性人力资源服务机构，国际知名人力资源公司如任仕达、万宝盛华、前锦网络等已进驻深圳市，国内人才服务行业领军品牌北京外企、中智、上海外服等也已在深圳市设立子公司，形成了一些知名企业和著名品牌，竞争力不断增强。深圳市人力资源服务企业，注册资金从10万到上千万元，从业人员从不足10人至几百人不等，企业性质涵盖事业单位、国企、民营企业、中外合资企业（注：由省人力资源和社会保障厅审批）等，其中民营企业占86.32%，成为市场主体。市场行为的人力资源服务日趋活跃。截至2011年底，全市人力资源服务机构为2093万人次（含大专及以下、本科、硕士研究生及以上）、113万单位家次（含机关事业单位、国有企业、民营企业、外资企业）提供各类人力资源服务；建立人力资源数据库62206个，现存数据库求职信息总量683万人次，全年入库求职信息1319万个次，为各行各业输送了各类急需人才，对优化深圳市的人力资源配置起到了重要作用。

（四）人力资源服务产品链完整，精细化服务日益明显

伴随着深圳市人力资源服务市场上各种不同性质企业的相互竞争和差异化发展，以及市场主体需求呈现的多元化趋势，人力资源服务企业积极拓展业务链条，服务对象范围也从主要为大企业服务扩大到为各类企业提供个性化人力资源服务。部分从事简单劳务派遣的企业顺应结构调整和产业升级的趋势，谋划提升服务层次，发展技能型、专业性人才服务，如深圳方胜等具有国资背景的实力相对雄厚的跨区域品牌企业，借助其母公司的客户资源优势，主要开展人事外包、中高层次人才招聘、人力资源管理咨询等附加值较高的人力资源服务业务。而部分人力资源服务机构则专注于某一领域或某一类型的人力资源服务，比如在派遣、猎头等领域，有的机构聚焦于服饰行业，有的机构聚焦于金融领域，有的则专门致力于政府机构事业单位人员的派遣、猎头等等。其中，深圳海油公司就主要为海上石油企业提供人力资源服务；安众人力公司则主要经营日本公司在华南和香港的猎头和派遣业务。这有效地为各类用人单位和个人提供了差异化、个性化、多元化的服务，初步形成了一批高水平、专业化的人力资源服务产品和项目。调查发现，派遣、服务外包、现场招聘等服务对本行业的产值贡献较大；猎头呈现持续上升的趋势，在本行业的份额不断提高；传统人力资源服务模式（如现场招聘、职业介绍等）在市场中的份额有所减少；网络服务也突破了几年前的经营模式，涌现更多的创新模式，并对市场做了进一步细分。由于初、中、高服务项目已经趋向合理，深圳市基本形成了与用人单位人力资源需求相匹配的完整的服务产业链。

（五）人力资源服务业改革进一步深化

2006年以来，深圳市人力资源服务业体制机制改革不断深化，人力资源服务业管制和垄断等领域改革都有一定突破。特别是市级层面加快推进了政府部门所属人才服务或公共就业机构体制改革，使市级人力资源公共服务领域的政事分开、事企分开稳步推进，人力资源服务业行政审批逐渐减少。一方面，不断强化了深圳市公共就业或人才服务，健全了人力资源的公共服务功能，另一方面，使得政府所属公共人才服务机构、公共职业介绍机构不断拓展公共服

务领域或公共服务方式,创新开展促进高校毕业生就业行动和就业援助行动等多项促进就业活动,创新打造高新技术成果交易会、人才洽谈会、中国国际人才交流大会等招才引智活动平台,以及进一步加强基层公共就业服务平台。据统计,到2012年11月,全市共引进国内高层次人才2359名,集聚海外高层次人才184名,全市632个社区建立了就业服务机构或聘用了专门的工作人员。另一方面,也促进了深圳市经营性人力资源服务的发展,即推进了人力资源服务业税收、价格、收费等改革的深入,着力培育和引进了有实力的中介服务机构,人力资源服务业某些领域的投资已向外商开放,成立了行业协会,并在配合政府管理、引导会员自律、维护竞争秩序、开展交流合作等方面的作用日益突出,这些都对破解体制机制约束、加快人力资源服务业发展产生了积极作用。特别是2012年深圳市实施现代服务业营业税改征增值税后,将激发出人力资源服务业发展的体制活力,为人力资源服务业大发展创造了公平竞争的体制环境。

三 深圳市人力资源服务业发展存在的主要问题及原因

在充分肯定成绩的同时,我们也要清醒地认识到,与不断发展的新形势、新任务相比,与党和政府高度重视发展人力资源服务业的目标和要求相比,与欧美发达国家和我国经济发达地区所取得的成就相比,深圳市人力资源服务业的总体发展仍然滞后,还难以很好地适应整个经济社会发展的需要。从发展的眼光看,深圳市人力资源服务业的培育和发展还存在诸多的突出问题亟待解决,特别值得深圳市产业界、政府及相关部门的关注和思考。

(一)服务业的整体水平、服务企业的总体素质均有待提高

总的来看,深圳市人力资源服务业增加值占国内生产总值比重偏低、规模偏小。全市人力资源服务业占GDP比例不到1%,整个行业产值和税收贡献都还比较小,而且主要集中在国有企业。人力资源服务业企业数量偏少、规模普遍不大,具有行业带动效应的龙头企业不多,并且企业发展不平衡、差异很大。人力资源服务领域的机构和企业发育滞后,不能有效满足社会需求。与此

同时，国际竞争力相对薄弱，缺乏国际知名的本土品牌。市内人力资源服务提供商与跨国人力资源企业在综合服务能力方面存在明显差距，主要表现在客户及营销网络、服务产品、专业化团队、IT技术运用、组织结构、公司治理等六个方面。在深圳市网络招聘市场占很大份额的前程无忧、智联招聘、中华英才网等企业都有外资背景或被国际人力资源服务巨头收购。不仅如此，市内一些人力资源服务企业甚至存在违规操作行为。这一问题在劳务派遣领域表现得较为突出。20世纪90年代中后期，劳务派遣在深圳市发展迅速，吸纳了大量国有企业下岗职工和进城务工人员，部分地解决了当时面临的就业压力。2000年以后，尤其是2008年《劳动合同法》实施以来，一些大型国有企业、政府机关和跨国公司开始大范围使用劳务派遣员工，劳务派遣工数量急剧增长。目前，使用劳务派遣员工最多的行业是电信、邮政、金融、保险、石化、港口、电力、烟草、石油、建筑安装等。有些企业劳务派遣工比例达60%以上，一些甚至在85%以上。大量使用劳务派遣具有一定的积极意义，比如搞活企业用工机制，降低企业用工成本，增加普通劳动者就业机会等，但深圳市劳务派遣的发展状况，出现了一些不容忽视的问题。目前，深圳市注册专门从事劳务派遣的公司数量不少，但公司规模普遍偏小，抗风险能力差，未经批准而从事劳务派遣业务的机构也很多，与劳务派遣相关的劳动争议的数量也在连年增加。一些公司发生的事件，其直接原因就是单位正式员工与非正式员工在劳动强度、劳动内容相同的情况下，报酬却相差十几倍之多。

（二）服务的专业或信息化程度，以及服务结构仍不适应发展需要

1. 专业化程度不高，仍属粗放式发展

大部分人力资源服务企业中高端服务和产品开发能力弱，产品结构不合理，人力资源服务机构普遍不具备提供满足客户初、中、高级需求的一揽子解决方案的核心竞争力。由于人力资源服务业企业提供的产品同质化严重，在经营中无法形成市场优势，经常采取在低端市场比拼价格的竞争方式，人均服务费呈逐年下降趋势，企业的经济效益也难以保证。很多承接外包业务的人力资源企业是规模较小的中小企业，创新意识很强，但服务的层次和技术含量偏低，没有形成统一规范的工作流程和服务品牌。

2. 人力资源信息尚未共享，信息化建设滞后

近年来，全球人力资源服务行业正在经历一场以计算机信息系统为核心的技术改进，系统的技术改进以及其模块功能已成为人力资源服务企业竞争能力的重要表现。目前，深圳市、区人力资源市场信息化建设还普遍处于"各自为政，单兵作战"的状态，各级人力资源服务机构之间、职业介绍机构与人才服务机构之间、各人力资源服务机构之间信息尚未整合，人力资源信息共享尚未实现，市场供求信息变化快速调查制度尚未建立。

3. 服务结构单一，缺少有竞争力的企业和品牌

目前，全市大部分人力资源服务机构从事的业务主要是劳务派遣和人事代理等低端服务，服务产品同质化严重，赢利模式单一，而高端的人力资源服务如外包、猎头、管理、咨询等业务开展较少。除深圳人才大市场外，深圳市还缺乏在全国具有较高知名度的品牌企业。

（三）市场机制作用发挥得不够，充分有效的市场竞争尚未真正形成

在市场准入机制上，人力资源服务企业设立分支机构等方面的市场准入管制过于严格，仍存在着较浓厚的计划经济色彩，不利于促进市场竞争和产业发展，不利于深圳市人力资源企业的产品创新和管理水平提升，也不利于国内企业获取先进的外包服务。

同时，原政府所属的人力资源中介机构总体上较为强势，垄断了部分业务，影响和制约了社会中介机构的发展空间，如深圳市许多党政机关、企事业组织和社会群众组织中大量的人力资源服务业务或服务环节被内置在其内部，由其本身提供人力资源服务生产和服务产品，这既使得大量本应市场化的人力资源服务业务变成了许多党政机关、企事业组织和社会群众组织的自我服务，又严重压抑了人力资源服务业的需求，还降低了人力资源服务业的效率和质量。由此，深化改革的任务依然艰巨。

（四）政策法规建设滞后，有待完善和梳理

目前在市级层面对人力资源服务业的支持政策少，有些方面甚至存在空

白,其规范和指导功能明显不足,迄今还没有人力资源服务业发展专项规划和专门的政策意见。

与此同时,政策法规体系不健全,当前人力资源市场的运行和监管还遵循着原人事和劳动两套市场法规。历史上,深圳市人才中介机构与职业中介机构在管理机制和规范标准上各有一套相对独立的体系,适用不同的政策法规,同时,即使同为人才中介或职业中介,在适用政策法规上也因注册地在特区内或特区外而有所差别。这种错综复杂的规范和管理模式加大了统一人力资源市场的难度。一方面,人才中介和职业中介的两套法规都无法直接适用于一个统一的市场,行业内仍然处于双轨运行;另一方面,两套法规体系的市场准入门槛、条件、日常监管、违规处罚等都各有一套,中介机构业务交叉经营的依据仍然不足,为政府主管部门的管理工作带来了新的难题。广东省现行部分管理规范则是以地方性法规的形式出台的,在这些管理规范尚未废止的情况下,深圳市只有启动特区立法,以特区法规的形式制定管理规范,才具有优先适用的法律效力。2009年实施大部制改革之后,深圳市已经具备了统一市场的行政基础,人力资源和社会保障局于2010年成立了《深圳特区人力资源市场条例》立法小组,启动立法工作,经过2年的努力,条例的正式件已于2011年底报市法制办。

(五)与国内外其他发达地区比较,深圳市人力资源服务业发展有较大差距

先从国际的相关情况来看。西方发达国家的人力资源服务业,经过多年的发展,不管从产值规模还是从行业整体发展状况看,已经具备了很强的行业实力,成为一个独立的、对社会有很大影响的产业。瑞士德科、美国万宝盛华、荷兰任仕达等,都进入了美国《财富》杂志评选的全球500强企业。从国内的相关情况来看,目前涌现的一些雄厚实力的人力资源服务业领军企业,如上海外服、中智公司、北京外企等,其销售规模也接近或超过200亿元人民币,均跻身中国企业500强。

再从国内有关省市的情况看(见表1),特别值得一提的是上海市,其人力资源服务业发展早已先行一步,发展迅猛。据统计,上海人力资源服务业全行业总收入,已从2003年的40亿元迅速增长到了2012年的1200亿元,年均

增长率保持在50%以上，并且早在2009年上海市就把人力资源服务业列入重点发展的现代服务业行业之一。

表1　国内有关省市人力资源服务业发展情况比较

地区	人口（万人）	GDP（亿元）	第三产业比重（%）	人力资源服务业产值（亿元）	人力资源服务机构数（家）	人力资源服务从业人员（人）
深圳	1055	12950	56	122	206	7000
北京	2069	17801	76	700	1096	15000
上海	2380	20101	60	962	1060	20000
广州	1270	13351	64	105	290	5476
江苏	7920	54058	43	1000	5000	70000
辽宁	4389	24801	38	200	1500	10000

注：统计数据，深圳为2012年；北京、上海、广州为2011年；江苏、辽宁为2015年；人口、GDP、第三产业比重的数据均源于各地国民经济和社会发展统计公报。

深圳市人力资源服务业发展滞后固然有经济发展所处阶段的客观因素，但更多更重要的还是思想认识不到位、发展缺乏人才、监管体制滞后、行业协会作用发挥不够等深层次的原因。

首先，对行业的性质、地位和作用的认识还不到位。从政府主导方面来看，深圳市长期存在"重制造、轻服务"的观念，即便强调发展服务业，也只着重于金融、物流、科技、信息等服务类别，人力资源服务业的发展未得到应有的重视。《深圳市"十二五"规划纲要》虽提出要"培育发展专业服务业，大力发展法律、会计、设计、咨询、公共关系、经纪与人才猎头等专业服务业"，但并未站在人力资源服务业是人才强市工程、保民生工程以及国际化建设进程"助推器"等高度来定位，因此仅用"人才猎头"这个人力资源服务业的单个产品来代表整个行业，从而未将人力资源服务业作为一个产业门类来明确其经济地位，也未从产业发展战略上予以扶持。思想认识上如此，必然导致扶持行业发展的合力难以形成，对人力资源服务业在促进深圳市国际化建设进程中的作用引导不足。

其次，推动行业发展的中高级人才还较缺乏。年检结果表明，深圳市人力资源服务业人才专业化、国际化水平相对较低，从业人员中，本科以上学历只占18%，其中人力资源专业仅占11%，本行业51%的机构从业人员为大专以下学历，低于全国平均水平20%。从业人员素质不能完全适应现代人力资源服务业发展的需求，具有丰富人力资源管理经验和产品开发、推广能力的高层次人才更是匮乏。由于人才缺乏难以开发技术含量高、信息化集成度高、附加值高的服务产品。整个行业素质有待提高，高端服务能力不足，人才储备匮乏，制约了人力资源服务业的升级发展。

再次，监管体制上还存在许多影响行业发展的问题。一是统一规范的人力资源市场尚未形成，人力资源市场上各个服务产品领域缺乏统一的标准、规范、业务流程、定价机制。各服务机构采用自己的一套运营机制，低端市场特别是职业介绍、派遣领域还比较混乱，纠纷和投诉比较多。深圳市场上国内外知名的人力资源服务机构和无证违法运营的中介、派遣公司并存，后者的存在不仅扰乱了整个市场的秩序，也让外界对本行业产生不良印象。尽管市、区劳动监察部门每年都取缔一批非法运营的机构，但是新的非法机构不断涌现。二是监管人力资源市场的难度越来越大。比如，劳务派遣单位的设立门槛低，无须人力资源和社会保障部门事前审批和事后备案，人力资源和社会保障部门的监管面临"三难、两不"的困境：劳务派遣单位的设立情况难以掌握、劳务派遣人员的数量难以掌握、对用工单位的用工情况难以掌握；在异地劳务派遣中，派出地人社部门管不到劳务派遣人员、用工地人社部门管不到劳务派遣公司。三是人力资源市场监管队伍薄弱。目前市、区人力资源部门配置市场管理的专职工作人员也很少，均身兼数职，虽有1人负责许可及年检等日常管理业务，但同时亦负担着其他工作职责，管理力量相对不足，如宝安、龙岗两区及光明等四个新区具有人力资源服务机构许可职能，宝安区由就业科负责，龙岗区由配置科负责（已调整，之前由综合科负责），新设区分别由组织人事局负责原人才中介业务，社会建设局负责原职介业务。基于人手不足、存有安全生产责任压力等原因，各区普遍存在消极办理、"能批也不批"的情况，影响市场健康有序发展。在许可和监管分别有不同工作部门承担职能的情况下，对未办理人力资源服务许可证而从事人力资源服务的机构（如大量劳务派遣公司从事职业介绍、招聘业务）管理主体不明确，深圳市人力资源和社会保障局劳动监察与市场监管局、公安机关的联动机制有待确立和强化，管理体制机制有待进一步理顺。

最后，人力资源服务协会作用仍有待挖掘和展示。行业组织在业务指导和行业自律方面比较薄弱，为企业提供相关服务，规范行业发展的功能不足，没有发挥应有的作用。由于缺乏统一的行业服务规范与标准，部分服务机构、从业人员打政策或法规的擦边球，而市场又无法对服务质量进行合理评价，由此导致不良人才服务机构"鱼目混珠"，造成失信行为和行业信任危机。

此外，深圳市人力资源服务业由于缺乏知识产权的保护，创新乏力；人力资源市场的诚信体系有待进一步完善。

四 加快深圳市人力资源服务业发展的基本对策

当前，我们仍处于发展的重要战略机遇期。在转变发展方式，调整产业结构的要求更高、任务更重的形势下，加快发展人力资源服务业的紧迫性显得更加突出。党中央、国务院及有关部门和多个省级政府都明确提出，要加快发展人力资源服务业，把推动人力资源服务业大发展作为产业结构优化升级的战略重点，营造有利于人力资源服务业发展的政策和体制环境。在新的形势下，加快发展人力资源服务业要以市场化、产业化、社会化、国际化为方向，以改革创新为动力，进一步研究制定有效措施，积极拓展人力资源服务业新领域，发展新业态，培育新热点，推进规模化、品牌化、网络化经营，推动深圳市形成独立而又纳入服务经济产业结构的人力资源服务业，实现深圳市人力资源服务业发展提速、比重提高、水平提升。

（一）把握深圳市加快人力资源服务业发展的总体要求

一是要深化对人力资源服务业重要性的认识，特别是面对当前深圳市调结构、促转型的艰巨任务，要充分认识到加快发展人力资源服务业发展，有利于加快拓展服务经济的结构和内容，有力地促进第三、二、一产业融合发展和产业结构升级优化；有利于增加人力资源的配置机会，降低配置成本，提高配置效率，促进经济发展方式转变；有利于进一步转变政府职能，推动政府管理创新；有利于增加就业岗位，集聚高端人才，加快人才高地建设；有利于发挥深圳城市的综合功能和比较优势，进一步提升城市国际竞争力，更好地服务珠三角,服务全国。

二是要坚持以邓小平理论和"三个代表"重要思想为指导,深入贯彻落实科学发展观,按照加快建设现代化、国际化先进城市的战略目标和加快转变经济发展方式的总体要求,把加快人力资源服务业发展作为一项重要战略举措,为深圳市全面综合发展提供人力资源支撑和保障。

三是要坚持服务业发展与产业转型升级相结合、政府引导与市场运作相结合、促进发展与规范管理相结合、外部引进和内部培养相结合。

四是要确立一个阶段的发展目标。力争用3年左右的时间,建立和培育一批知名度高、公信力强、具有较强竞争力的人力资源服务品牌机构,逐步形成充满活力、公平竞争、运作规范、辐射力强的人力资源服务市场体系和专业化、信息化、产业化、国际化的现代人力资源服务业体系,基本建成构筑全国人力资源服务业高地,基本确立与深圳建设现代化、国际化先进城市进程相适应的人力资源服务业发展格局;到2020年,力争达到中等发达国家水平,基本实现人力资源服务业现代化。

(二)明确深圳市加快人力资源服务业发展的主要任务

一是提高人力资源服务业专业化水平。要创新行业服务产品,拓展人力资源服务领域,提高行业服务能力,建立行业标准体系。

二是强化人力资源服务业信息化建设。要建立人力资源供求信息发布制度、人力资源市场预测监测机制,加强市场动态监控系统建设。

三是推进人力资源服务业产业化进程。要大力支持人力资源服务机构开展自主品牌建设,培育若干集团化、规模化、品牌化运作的人力资源服务企业集团。

四是加快人力资源服务业国际化步伐。要实施更加开放的发展政策,吸引国际知名人力资源服务机构入驻。

(三)实施深圳市加快人力资源服务业发展的主要政策

一要实施专门产业扶持政策。要抓紧研究制定人力资源服务业发展的专项规划,尽快修订完善《深圳市产业结构调整优化和产业导向目录》,明确把发展人力资源服务业列入现代服务业和战略性产业范畴,纳入经济社会发展规划。

二要实施财政支助政策。要增加对人力资源服务业的公共投入,发挥政府投资对社会投资的引领带动作用,扩大政府采购范围,每年安排财政资金用于支持人力资源服务业发展。

三要实施投融资支持政策。拓宽金融机构对人力资源服务业企业贷款抵押、质押及担保的种类和范围,加大金融创新对人力资源服务业的支持力度,吸引社会资本、民间资本投资人力资源服务业。

五要创新土地管理政策。在符合城市规划、土地利用总体规划的前提下,鼓励人力资源服务业项目利用集体建设用地进行开发建设;对人力资源服务园区或集聚区等重大项目,在供地安排上,具有优先选择权。

(四)抓好深圳市加快人力资源服务业发展的重点工程

一是抓好人力资源服务业人才集聚工程。加大行业优秀人才引进力度,制订人力资源服务企业人才培训规划,规范人力资源服务业从业人员职业资格培训。

二是抓好人力资源服务企业品牌培育工程。鼓励人力资源服务企业注册服务商标,加大服务商标争创广东省和深圳市著名商标、驰名商标扶持力度,打造一批服务品牌。

三是抓好人力资源服务业产业园区建设工程。吸引各类人力资源服务机构入驻产业集聚区,促进集聚区内人力资源服务机构实现资源共享、相互补充、共同发展的良性发展模式,逐步形成人力资源服务产业集中布局、成片发展。

四是抓好人力资源服务业标准化建设工程。积极落实国家制发的行业标准,组建市人力资源标准化委员会,加快推进地方标准制(修)订工作。

五是抓好人力资源服务信用体系建设工程。结合市场监管体系和社会诚信体系建设工作进展,将人力资源服务企业信用信息纳入企业信用征信系统,同时将人力资源服务机构从业人员纳入个人信用征信系统。

(五)切实强化深圳市加快人力资源服务业发展的组织保障

一是要加强组织领导。要成立相关的市人力资源服务业发展领导小组,负

责全市人力资源服务业发展的统筹协调,并将人力资源服务业发展工作作为党政领导人才工作目标责任制考核的重要内容,制订具体实施方案,切实抓好落实。

二是要深化体制改革。要按照政企分开、政事分开、事企分开的原则,全面推进人社系统所属人力资源服务机构改革,加快形成统一规范的人力资源市场。

三是要强化市场监管。要尽快出台人力资源市场条例,推进人力资源市场建设和管理法制化,完善日常监管制度,依法实施行政许可,依法查处和打击非法人力资源中介活动,规范人力资源市场秩序。

四是要加强行业监管。要充分发挥行业协会作用,鼓励行业协会在行业代表、行业管理、行业自律、行业协调等方面充分发挥作用。

五是要规范行业统计。要研究制订(完善)人力资源服务业统计指标体系和统计调查办法,编制人力资源服务业季报和年报,组织开展人力资源服务领域的专业调查,为掌握产业发展动态、科学决策提供可靠依据。

六是要搞好舆论宣传。要加大对发展人力资源服务业重大意义、目标任务、政策措施的宣传力度,表彰做出突出贡献的人力资源服务机构,努力营造全社会重视、关心、支持人力资源服务业发展的浓厚氛围。

B.7 深圳市社区健康服务中心发展研究

中共深圳市委卫生工作委员会*

摘　要： 深圳自1996年启动社区健康工作以来，以"保基本、强基层、建机制"为工作重心，在不断健全社区健康服务中心服务网点的同时，推进其内涵建设，使其逐步成为完善基本医疗保障制度、落实国家基本药物制度、促进基本公共卫生服务均等化的基础性工作平台。经过十几年的发展，深圳市社区健康服务中心实现了社区全覆盖，为老百姓看病就医、健康保障做出了重大贡献，但业务用房紧张、设备配置落后、人才短缺等"短板"问题制约着社区健康服务中心的可持续发展，也影响着其在缓解群众看病难、看病贵方面的作用发挥。因此，要通过建立健全联动机制、加大政府投入、完善管理、引进人才、优化服务等举措，积极解决社区健康服务中心发展中的"短板"问题。

关键词： 深圳　社区健康服务　短板　对策

作为社区居民的健康服务机构，社区健康服务中心充当了市民健康"守门人"的角色，是国家公共卫生工作的重要组成部分，是实现"人人享有初级卫生保健"目标的基础环节，也是公共卫生网络的网底。在本轮新医改中，国家强调坚持"保基本、强基层、建机制"的基本原则，其中强基层，就是

---

* 执笔人：张木秀、徐瑜，中共深圳市委卫生工作委员会办公室。

增强基层医疗卫生机构的服务能力，健全基本医疗卫生服务网络。早在1996年，深圳在全国就率先启动了社区健康服务中心建设。2006年，深圳市政府出台了《关于发展社区健康服务的实施意见》，提出在全市范围内每个社区建一个社区健康服务中心。经过多年的建设，深圳已经实现了社区健康服务全覆盖，社区健康服务中心承担的门诊量在逐年增加，为缓解深圳市民看病难问题发挥了积极的作用。但是随着社会经济的迅速发展，市民的健康需求持续增长，呈现多层次、多样化，社区健康服务不适应新形势、新特点的一些不足和"短板"也慢慢凸现出来。本文通过分析深圳社区健康服务中心的发展由来和现状、目前存在的不足和"短板"，试图找出解决社区健康服务中心发展"短板"的思路。

一 深圳市社区健康服务中心发展现状

截至2013年底，深圳全市社区健康服务中心总数609家，按照2012年末统计局常住人口数1054.74万人计算，平均1.73万余人拥有1家社康中心，符合国家对人口、社区、服务全覆盖的要求。全市社区健康服务中心共拥有卫生人员7772人、卫生技术人员7434人、执业（助理）医师3422人，分别占全市总数的9.4%、11.3%、13.1%。全年共完成诊疗人次3470.3万人次，占全市总诊疗人次的38.5%。门诊病人次均医药费用47.3元，为全市门诊病人次均医药费用的28.3%。签订农民工医疗保险及住院医保门诊统筹人数856.2万人，实现社区首诊居民比例达到64.1%。公共卫生服务量全年达到1483.8万人次，共为257.8万重点人群进行系统管理和相应服务。深圳市社区健康服务中心配置基本药物400~500种，全部药物实行零差率销售，为居民提供常见病、多发病、诊断明确慢性病的诊疗，以及基本公共卫生服务和家庭医生服务。

（一）功能目标

根据《关于发展社区健康服务的实施意见》，深圳的社区健康服务中心为所在社区的全体居民提供基本医疗服务和公共卫生服务，开展常见病、多发病诊疗服务以及健康教育、预防、保健、康复、计划生育技术服务六位一体的服务。在社区健康服务中心设置上，原则上一个社区设置一个社区健康服务中心，在范围较大、人口较多的社区，可按每1万～2万人设一个社区健康服务中心的标准设置，形成社区健康服务机构合理设置、基础设施完备、服务功能健全、人员素质较高、运行机制科学、监督管理规范的服务网络。居民可以在社区享受到疾病预防等公共卫生服务和一般常见病、多发病的基本医疗服务，实现"小病在社区、防病在社区、健康在社区"的目标。

（二）运行机制

从1996年开始，深圳市的社康中心一直坚持"院办院管"的管理体制，即由医院（包括民营医院）作为法人机构举办社康中心，承担人力、技术、设备、财力等资源配置的支持功能，负责所举办社康中心的一体化、统一化管理。在此机制下，完成了深圳市社区健康服务中心快速布点的任务。在"院管院办"的模式下，社康中心的"全公益性"与医院主要通过医疗业务创收来平衡运营的"准公益性"的定位不同，由此导致社康中心发展到一定程度就会和医院发生经济冲突，医院利用"院管院办"占用社康的人、财、物，也会造成社康中心编制不到位、医务人员低学历等问题。

（三）业务用房

全市社区健康服务中心业务用房总面积为394911.2平方米，平均面积为667.1平方米，20.8%的中心面积在1000平方米以上，54.2%在400～1000平方米，25.0%小于400平方米。609家社康中心中实际运作的有592家中心（17家中心因拆迁或租期满不续约而停业），其中，110家社康中心（占18.6%）由社区组织免费提供用房，82家社康中心（占13.9%）用房是医院或区政府自有产权（其中9家为政府购置），400家（占比67.6%）为租赁，年租金高达1.3亿元，年增幅为9.4%，租金的67.4%由区政府支付，其余32.6%（4262万元）由举办医院自筹。福田、南山、盐田3区已实现区政府全额支付租金（见表1）。

表 1 各区社康业务用房情况

各区	社康中心数	按业务用房面积分(家,%) 1000平方米以上(占比)	按业务用房面积分(家,%) 小于1000平方米(占比)	按业务用房来源分(家,%) 自有产权社康数(占比)	按业务用房来源分(家,%) 免费使用社康数(占比)	按业务用房来源分(家,%) 租赁社康数(占比)	三年租金(万元) 2011年	三年租金(万元) 2012年	三年租金(万元) 2013年	2013年租金支付情况(万元) 区财政支付(占比)	2013年租金支付情况(万元) 举办医院支付(占比)
福田区	78	6 (7.7)	72 (92.3)	10 (12.8)	3 (3.8)	65 (83.3)	2717	3035	3150	3150 (100)	—
罗湖区	48	6 (12.5)	42 (87.5)	16 (33.3)	4 (8.3)	28 (58.3)	1271	1420	1608	139 (8.7)	1469* (91.3)
南山区	86	7 (8.1)	79 (91.9)	7 (8.1)	5 (5.8)	74 (86)	2278	2662	2917	2917 (100)	—
盐田区	12	1 (8.3)	11 (91.7)	3 (25)	0 (0)	9 (75)	64	67	69	69 (100)	—
宝安区	118	33 (28)	85 (72)	12 (10.2)	21 (17.8)	85 (72)	1475	1630	2213	800 (36.2)	1413 (63.8)
龙岗区	117	26 (22.2)	91 (77.8)	22 (18.8)	30 (25.6)	65 (55.6)	1232	1369	1395	1205 (86.4)	190 (13.6)
光明新区	35	13 (37.1)	22 (62.9)	5 (14.3)	21 (60)	9 (25.7)	121	159	172	86 (50)	86 (50)
坪山新区	30	11 (36.7)	19 (63.3)	0 (0)	5 (16.7)	25 (83.3)	409	487	534	0 (0)	534 (100)
龙华新区	46	19 (41.3)	27 (58.7)	2 (4.3)	14 (30.4)	30 (65.2)	876	922	942	400 (42.5)	542 (57.5)
大鹏新区	22	0 (0)	22 (100)	5 (22.7)	7 (31.8)	10 (45.5)	68	68	68	40 (58.8)	28 (41.2)
全市合计	592	123 (20.8)	469 (79.2)	82 (13.9)	110 (18.6)	400 (67.6)	10511	11820	13068	8806 (67.4)	4262 (32.6)

注:罗湖区举办医院支付1469万元租金,因属于合作性质举办社康中心,故区财政不支付其房租。

(四)基本设备配置

依据《深圳市社区健康服务机构分类标准》,全市一类社康中心115家,所有设备全部配齐的社康中心占比为20.0%;全市二类社康中心327家,所有设备全部配齐的社康中心占比为45.9%;全市三类社康中心150家,所有设备全部配齐的社康中心占比为46.7%。总体来看,社康中心基本设备配置达标率低、差异明显(见表2)。

表2 各区社康中心基本设备配置情况

单位:家,%

各 区	社康中心数	一类社康中心		二类社康中心		三类社康中心	
		中心数	设备齐备中心数(占比)	中心数	设备齐备中心数(占比)	中心数	设备齐备中心数(占比)
福田区	78	6	4(66.7)	39	38(97.4)	33	6(18.2)
罗湖区	48	3	3(100)	40	19(47.5)	5	2(40)
南山区	86	7	6(85.7)	32	28(87.5)	47	40(85.1)
盐田区	12	4	1(25)	8	0(0)	—	—
宝安区	118	34	3(8.8)	71	9(12.7)	13	1(7.7)
龙岗区	117	18	3(16.7)	67	37(55.2)	32	15(46.9)
光明新区	35	23	0(0)	9	4(44.4)	3	2(66.7)
坪山新区	30	5	1(20)	18	7(38.9)	7	0(0)
龙华新区	46	15	2(13.3)	28	1(3.6)	3	2(66.7)
大鹏新区	22	—	—	15	7(46.7)	7	2(28.6)
全市合计	592	115	23(20)	327	150(45.9)	150	70(46.7)

(五)人员配备

依据《关于深圳市社区健康服务中心建设的指导意见》要求,每万人需配备6~8名工作人员。全市已经核定社康编制数为3129人,已经使用的编制数为2448人,社康中心目前在编职工数为2140人(占总人员数的27.5%)。医生职称情况比例为:副高及以上职称16.7%、中级职称44%、初级及以下职称39.3%,医生学历水平比例为:研究生学历4.2%、本科学历53.0%、专科学历34.9%、中专及以下学历7.9%,社康中心医生的职称结构及学历有待提高。人均年收入较低且在编与临聘员工差异大,在编医生年平均15.3万元,临聘医生年平均8.8万元;在编护士年平均13.9万元,临聘护士年平均7.6万元。70%以上的工作人员为临聘人员,导致流动性大、服务能力参差不齐、整体水平不高(见表3)。

表3 各区社康人员配备情况

各区	2012年末统计局常住人口数(万人)	社康中心数(个)	应配编制(按每万人口6名编)	已经核定编制(人)	已经使用编制(人)	与应配相比的编制缺口(人)	与核定相比的空编(人)
	(1)	(2)	(3)	(4)	(5)	(6)	(7)
福田区	133.05	78	798	372	460	-426	88
罗湖区	93.64	48	562	44	44	-518	0
南山区	110.85	86	665	328	328	-337	0
盐田区	21.26	12	128	62	26	-66	-36
宝安区	268.44	118	1611	899	797	-712	-102
龙岗区	192.69	117	1156	536	385	-620	-151
光明新区	49.18	35	295	291	91	-4	-200
坪山新区	31.68	30	190	129	83	-61	-46
龙华新区	140.86	46	845	384	189	-461	-195
大鹏新区	13.09	22	79	84	45	5	-39
全市合计	1054.74	592	6329	3129	2448	-3200	-681

注：福田区使用医院编制88人；(6)=(4)-(3)、(7)=(5)-(4)。

二 深圳市社区健康服务中心发展存在的"短板"问题

随着社康中心的利用率逐年提高、服务能力逐渐增强，合理分流病人、社区首诊的导向性越来越明显，社康体系已能较好地承担起深圳市公共卫生体系和基本医疗服务体系的网底功能。但随着深圳市经济社会的发展和市民医疗卫生服务需求的不断提高，社康中心在业务用房、设施配备、人员队伍、服务质量等方面存在"短板"，与市民的医疗需求尚存在一定的差距，有待进一步完善发展。

（一）业务用房问题长期困扰社康发展

目前，虽然深圳市对社康中心业务用房出台了相关的支持性政策，但各区落实程度不同。大部分业务用房为租赁性质（占67.6%）和随时面临收回的由社区机构无偿提供的社康中心用房（占18.6%），导致社康中心现有的业务用房与服务功能的需求仍存在较大差距。用房不稳定、租金高、房屋构造不适合医疗卫生服务功能等问题比较突出，严重影响深圳市社区卫生服务的可持续发展。

（二）社康中心基本设备配置落后

社康中心基本设备配置达标率低、差异明显，大部分一类社康中心达不到区域性医学检验中心的设备标准，二、三类社康中心基本检验设备不齐，影响医疗服务质量。原因在于，市区财政均没有专项经费用于购置设备，导致社康中心基本设备达标率低，且现有部分医疗设备严重老化。

（三）编制落实难，人员数量不足、队伍不稳定

目前，深圳市社区健康服务中心只有7000余名工作人员，无法满足居民日益增长的健康需求。由于70%以上的工作人员为临聘人员，流动性大，社康中心队伍的稳定性和积极性不高。由于待遇低、工作环境差以及社区医务人员职称晋升通道窄，社康中心难以吸引人才和留住人才。以上原因造成社康中心的服务水平和能力难以提高，导致社区居民对社康中心的认可度不高。

（四）服务质量有待提高

个别医务人员对院前急救的基本知识与技能不够熟练；全科医学服务流程实施有待进一步完善；医疗质量安全管理制度落实情况不够完善。

三 促进深圳市社区健康服务中心发展的对策思考

（一）建立健全联动机制，形成解决社康建设"短板"的合力

加强对社区健康服务工作的组织领导，加大政府组织协调力度，建立健全部门间密切配合、齐抓共管的联动机制，营造出各区政府间比学赶超、共同发展的干事氛围，切实保障社康中心健康可持续发展。

1. 建立社康中心建设与发展联席会议制度

建立由分管副市长任总召集人，副秘书长及宣传、编办、发改、财政、规土、民政、人力资源保障、审计、卫生等相关部门负责人和各区政府分管领导作为组成人员的社康中心建设与发展联席会议制度。办公室设在市卫生计生委，承担日常工作。主要职责是负责社康建设工作的组织协调和宏观指导，拟订社康建设工作的重大政策措施，及时研究和协调解决社康建设与发展中的问题，通报、督促、推进各区做好社康工作。

2. 建立各相关部门、各区政府社康工作责任考核制度

由市政府出台《深圳市社区健康服务目标管理责任制考评办法》，建立起社康各相关部门、各区政府责任考核制度，监督检查各单位职责落实情况，推动深圳市社康工作的发展。考评对象为各区政府、各街道办事处、各相关部门，按照各单位的工作职责确定考评指标，采用平时督察与年终考核、专项考查与综合考查相结合的考评办法，考评结果报市政府审批同意后公布。

（二）加大投入，继续推动社康中心标准化建设

1. 财政投入

落实政府责任，加大资金投入。合理划分市、区两级政府在卫生投入方面的责任，区财政卫生投入资金主要用于支持发展基础医疗服务网络，加大对社康中心建设的财政支持力度。

2. 妥善解决租用业务用房问题

由医院出资租用的业务用房，可改由区财政购置或以租代购。市发改委出台政策，降低门槛，保证经费，将社康中心业务用房购置责任落实到社康中心所在地的区政府。

3. 推进社康中心基本设备配置

市发改委会同市卫生计生委在分析研究深圳市社区健康服务中心发展状况的基础上，制订《关于完善深圳市社区健康服务中心基本设备标准化配置的工作方案》，建议由市政府一次性投资，完善全市社区健康服务中心基本设备标准化配置。

（三）完善社康中心运营管理体制

1. 完善"院办院管"管理体制

各区根据实际，探索成立区级社区健康服务管理机构。对于政府举办的社康中心，举办医院内实行相对独立的人事、业务、财务管理，举办社康中心较多的医院，可内设社区健康服务管理机构，通过医院社管中心的建立，规范社康财务专账管理制度，创新社康运行机制，优化以需求为导向的服务模式，加快社康信息化建设，推进社康中心实行属地一体化管理，切实提高社区健康服务能力和水平，满足居民基本医疗和基本公共卫生的服务需求。

2. 开展社康中心运行新机制试点工作

根据广东省政府办公厅印发的《广东省巩固完善基本药物制度和基层运行新机制实施方案》（粤府办〔2013〕37号）文件精神，由各行政区（新区参考执行）安排一个举办医院下属社康中心开展"运行新机制"的试点工作，在区政府及其编办、财政、发改等部门的大力支持下，开展人事制度和财务制度改革，实行全员按岗聘用、社康中心负责人任期目标责任制，实行收支两条线，完善稳定长效的多渠道补偿机制等，对政府办社康中心的基本建设和设备购置等支出、社康中心经常性收支差额补助均由区政府足额落实到位，以保障社康中心正常运转，确保社康的公益性质。

3. 完善运行监管机制

完善社康中心岗位管理、全员聘用、竞争上岗等人力资源管理制度，以及绩效工资分配制度，提高全科医师、社区护理人员的工资待遇；逐步建立职业年金制度。完善社区健康服务整体管理与质量控制评估体系，根据其承担公共卫生和基本医疗服务的任务、质量和群众满意度，核拨财政补助。

（四）大力引进和培养社康人才，加强社康队伍建设

1. 落实社康人员编制

深圳市社区健康服务中心基本上都是区属医院举办，按照事业编制分级管理的原则，各区公立医院举办的社康中心人员编制直接由区机构编制部门依程序核定，各区根据实际情况进行核编和招考的工作。市编办联合市卫生计生委

对各区进行专题督导，督促检查各区（新区）社康中心人员编制配备落实情况，对部分编制落实难度较大的区（新区）通过实地调研等方式深入了解其实际困难并提出合理指导意见；指导和支持盐田、宝安等区探索社康中心一体化管理、连锁运营等模式，通过市、区协同逐步落实社康中心人员编制配备，提升社康中心服务水平。

2. 实施社康人事制度和分配机制改革

进一步完善社康中心绩效考核和分配激励机制，提高人员待遇，建立竞争机制。改革社区健康服务中心工作人员的绩效工资分配机制，建立社区健康服务中心科学的分配制度。完善激励机制，逐步改善社区健康服务中心工作人员的福利待遇和工作环境，稳定社区人才队伍。改变员工收入结构，在编人员与聘用人员的绩效工资与福利实现同工同酬。根据工作数量、质量，服务对象满意度和居民健康状况改善等指标，对社康中心及医务人员进行综合量化考核，将考核结果与社康中心补助和医务人员收入水平挂钩，坚持多劳多得、优绩优酬，适当拉开医务人员收入差距，并向关键岗位、业务骨干和做出突出贡献的人员重点倾斜，充分调动医务人员积极性，形成保障公平、效率的长效机制。

3. 加强全科医学人才培养

加快深圳市全科医学教育发展，建立一支以全科医师为骨干的高素质的社区卫生服务队伍。市卫生计生委继续实施好全科医学教育发展规划，形成以毕业后全科医学教育为核心，以岗位培训和继续教育相补充、协调发展的比较完善的全科医学教育体系。全科医师规范化培训是深圳市培养全科医师的主渠道，采取定向培养和委托培养相结合的方式，按照《深圳市全科医师规范化培训试行办法》（深卫规〔2008〕1号），每年招收全科医师规范化培训学员150~250名，加快推进全科医师队伍建设。预期目标是：到2015年每个社康中心至少有1名经过全科医师规范化培训的全科医生，建立规范化的全科医学队伍。

4. 利用现有医疗储备人才支持社康工作

加强举办医院对社康中心的管理，切实落实和完善院办院管的管理体制，发挥医院在人才、技术、设备、管理、保障、转诊、服务等方面的优势，为社康中心的人力资源提供支持，稳定人员队伍。落实医院专家定期到社康中心工作制度，保证每周至少有两个半天有副主任医师职称以上的专家在社康中心坐诊或指导业务工作。落实《关于实行卫生技术人员聘任高级专业技术职务前到社区健康服务机构服务的通知》（深卫人发〔2012〕6号），政府办二级以上医疗卫生机构的专业技术人员，在聘任副高级专业技术职务之前，须到本市社区健康服务机构挂钩服务6个月。采取聘用离退休医务人员到社康中心工作的方式解决当前人力不足、技术水平薄弱的问题。按照《关于进一步推进深圳市医师多点执业的通知》（深卫人发〔2010〕495号）要求，促进不同医疗机构之间人才的纵向和横向交流，充分发挥现有医疗人才资源的潜能，从制度上为专家到社康中心坐诊提供政策支持。

（五）优化服务模式，完善便民利民机制

1. 推广社区标准化服务

在社康中心推广标准化服务，提高居民信任度和满意度，切实承担好"小病在社区"的基本医疗功能。建立健全各项规章制度，全面推行《深圳市全科医学服务标准》、《深圳市社区健康服务中心基本诊疗常规》，强化社康中心全科医疗服务能力，指导社康中心分类推进适宜技术进社区，提高社区首诊质量。完善以工作量、工作质量和群众满意度为导向，与公立医院综合目标考核相衔接的社康中心绩效考核标准。以老、幼、病、残和青少年、育龄妇女为重点对象，在落实国家9类基本公共卫生服务项目的基础上适当增加低成本、高产出的免费基本公共卫生服务项目。

2. 推行"家庭医生责任制"和"家庭病床"服务

2013年，社康中心开展家庭医生责任制项目，列入市政府民生实事及重点工作，目前全市90%以上的社康中心成为该项目的实施单位。市卫生计生委制发的《深圳市实施家庭医生责任制项目工作方案》及修订工作指南，进一步明确家庭医生责任制服务内容、服务标准、服务流程，建立起全市全面实施家庭医生责任制工作的培训、报表、例会、考核等工作机制，与各相关部门协调完善该项目的保障配套政策。落实好市卫生计生委和市人力资源和社会保障局联合制订印发的《深圳市社区卫生服务机构家庭病床管理办法

（试行）》，贯彻执行关于深圳市家庭病床的收治条件、服务项目、流程及纳入医保支付管理等方面的规定。在运行模式上，开展"家庭医生责任制"和"家庭病床"服务的社康中心遵照规范开展家庭病床工作，其举办医院负责家庭病床的组织管理，按政策规定享受家庭病床服务的参保患者其费用可以获得医保支付。

3. 完善中医药等适宜技术进社区的服务模式

加强社康中心中医药服务项目的基础设施建设，配备必需的中医诊疗设备，内部布局营造中医药服务氛围。强化中医药人员的配备、培训及实践工作，落实社康中心每万服务人口配备1名中医师的编制标准，通过不同层次中医药培训班，提高社康人员中医药服务能力。根据居民需求和社康中心的实际条件，推广中医"治未病"预防保健、体质辨识服务，开展针灸、推拿、火罐等中医适宜技术，实现老百姓不出社区就能看得上中医、用得上中药。

（六）建立新型就医模式

1. 优化"社区首诊"制和"双向转诊"服务模式

协调相关部门，优化促进社区首诊制有效运行的医疗保险支付和医疗服务价格支持机制，引导患者社区首诊，同时加大对社康中心承担社区首诊任务的资源保障。不断完善社康中心与医院之间的双向转诊服务，严格执行双向转诊技术规范，落实分级诊疗责任制、引导机制和奖惩机制，保证绿色通道畅顺便捷，通过信息化手段，实现社康中心与医院转诊信息互通共享。

2. 推进医疗机构联网组团运营，促进分级诊疗

市卫生计生委制订并推行《深圳市医疗机构联网组团运营实施方案（试行）》，提高医疗卫生服务的协调性，形成医疗卫生服务各环节有序连接的共同体。以行政区域和城市功能组团为单位，结合现有医疗机构的分布情况，将全市医疗机构组建成13个医疗机构联网组团，在每个联网组团内确定1家三级综合性医院作为指导单位，1家二级或三级医院作为牵头单位，区域内其他医疗机构（各级各类医院，社康中心、门诊部和诊所等基层卫生服务机构）是组团的成员单位。建立和完善病人基本流动制度。病人以基层卫生服务机构为首诊的单位，根据病情需要转诊到所属医院，再到牵头医院或相关专科医院。指导医院承担联网组团内二级综合医院和专科医院患者的转诊并实行分片负责制。出院的病人直接回到社区，按照出院医院的医嘱在社区进行康复治疗。社康中心作为医疗卫生服务体系的基层网底，做好一般常见病和多发病的首诊及复诊，与区域性医疗中心之间建立层级明晰、功能互补、职责分明、有机联系的工作机制，有效建立医院和基层卫生服务机构之间的分级诊疗格局。

B.8
深圳市公共文体服务：现状、问题与改革

黄士芳*

摘　要： 2013年深圳市的公共文体服务体系建设取得了新的成绩，在公共文体设施建设、公共文体服务产品、数字公共文体服务、公共文体服务政策等方面实现了新的进步，但公共文体服务体系建设的均等化、科技化和社会化等问题仍然存在，今后公共文体服务体系需要加大改革创新力度，改变投入机制，完善各项标准，加强资源整合，健全各项法规。

关键词： 深圳　公共文体服务　均等化　一体化

随着党的十八大和十八届三中全会精神的全面贯彻落实，2013年深圳市在公共文体服务体系建设上又取得了新的成绩。但由于历史和体制原因，深圳市的公共文体服务体系建设中存在的均等化、一体化等问题不可能在短期内解决，未来公共文体服务需要加大改革创新力度，才能更好地保障城市文体民生福利。

一　2013年深圳市公共文体服务体系建设回顾

（一）公共文体设施建设

2013年，除了在建的"当代艺术馆和城市规划展览馆"，深圳还完成了艺

---

* 黄士芳，深圳市特区文化研究中心。

术学校新址主体工程和深圳画院维修改造、交响乐团翻新工程建设，推进了深圳美术馆新馆、图书馆调剂书库、深圳博物馆老馆改扩建等项目立项；南山文体中心、盐田图书馆新馆等区级文化设施建设进展顺利，其中盐田图书馆新馆总建筑面积近2万平方米，年底基本竣工；龙华新区的版画艺术博物馆总建筑面积1.86万平方米，已完成土建结构主体工程。

本年度值得关注的是基层中小型文体设施的加快建设。宝安区通过开展基层社区公共文体设施现状调查，利用区宣传文体事业发展专项资金和体彩基金，进一步完善社区公共文体设施体系。龙岗区整合资源主推"使用小资金、利用小场地、建设小设施"的"三小"工程，利用市、区体彩公益金约800万元，新建70处社区小型文体项目，新增4万多平方米的文体设施。福田区实施的"公共文体设施空间提升计划"，将对全区公共文化设施核查建档，推行"建后服务"，做到平时有人管，坏了有人修，同时把"在各街道增设一批健身路径和乒乓球台，对损坏的设施予以彻底修缮"作为白皮书中民生保障的工作目标，该项目年度安排立项资金为1314万元。

（二）公共文体服务产品

市文体旅游部门继续实施文化惠民工程，将更多的资源投入到公共文体产品和服务的提供上来。成功举办文博会艺术节、鹏城金秋社区文化艺术节等大型文艺活动，全年策划组织新春文化艺术关爱系列活动400余场；实施外来工文化服务工程，第九届外来青工文体节22项丰富多彩的文化活动吸引了5万名外来青工参与，被评为"全省群众性文化活动优秀品牌"；实施民办专业艺术团体展演计划，25场文艺展演吸引了3万多观众参与；组织"流动大舞台"演出、文化进社区、进校园等文化活动近300场；加大公益电影放映力度，加快建立相对固定的放映场所，全年放映公益电影超过15000场，观影人次超600万；落实"三馆一站"免费开放奖励经费380万元，加大免费开放服务经费保障。大力实施市民艺术素养提升工程，全年开办公益美术、音乐、舞蹈等培训班250班次4万余课时；全年举办周末剧场、美丽星期天、戏聚星期六等活动175场，丰富了市民周末文化生活。

完善"图书馆之城"统一服务平台建设，首次将高校图书馆纳入统一服

务平台,市、区图书馆及其分馆共212家和200台自助图书馆实现一证通行、通借通还,被授予"广东省特色文化品牌"。深圳图书馆新增电子图书数据库《中华数字书苑》,该数据库现有60多万册电子图书提供在线浏览和借阅。全市公共图书馆馆藏总量超过2823万册,全年进馆2710万人次,借阅1072万册次。

策划组织"4.23世界读书日"系列活动,119项活动吸引了近10万人次参加。成功组织第十四届读书月,组织推出500余项活动,评选"第二批深圳市全民阅读示范单位示范项目优秀推广人",举办全市阅读推广人公益培训班。深圳获联合国教科文组织授予的"全球全民阅读典范城市"称号,这是该组织授予全球城市关于全民阅读的最高荣誉,深圳也是迄今唯一获此殊荣的城市。

深圳博物馆引进"湖南省博物馆藏商周青铜器精品展"、"四川南北朝隋唐佛教石刻文物展"等20多个精品展览,全市文博系统共举办展览90多场,接待观众230多万人次,举办免费文物鉴定咨询、知识讲座10余场,为2000多名收藏爱好者提供鉴定咨询服务,鉴定物品达1万件,深圳博物馆完成国家一级博物馆运行评估,并被评为"广东省最具创新力博物馆",宝安劳务工博物馆和罗湖古生物博物馆通过国家三级博物馆评审,全市拥有国家三级以上博物馆达6家。

成功举办第十届新年步步高登莲花山、全民健身日、市民长跑日等系列活动,深入基层开展"体育有约"体育公益活动,辐射和带动作用日益凸显。投入1200多万元委托单项体育协会举办全民健身活动和赛事100余项,"为爱奔跑"盐田山地马拉松、第八届深圳(大梅沙)国际风筝节、深圳市第十九届跆拳道锦标赛、第二十二届长跑竞赛等已成为深圳市全民健身活动品牌,影响不断提升。

尤其值得提及的是,福田区作为广东省唯一代表成功取得第二批创建国家公共文化服务体系示范区资格,显示了深圳公共文化服务体系建设的水平和实力。

(三)数字公共文体服务

1. 公共阅读数字服务

根据已印发的《深圳市公共图书馆文献资源建设优化工作方案》,由深圳大学城图书馆、深圳大学图书馆、深圳图书馆联合创建的723家图书馆文献共享的移动图书馆,以"深圳文献港"为基础,对各个图书馆的中外文图书、期刊、报纸、学位论文、标准、专利等文献进行了全面整合,实现手机、PAD等移动终端设备访问。

2. 利用新媒体提供服务

深圳图书馆除了购置触摸屏读报机、开展网上服务,还开通了手机短信服务,读者不仅可订制服务公告和外借到期提醒,也可通过短信进行图书续借和读者证挂失等;同时该馆还开通了新浪微博和微信公众平台,可实现书目查询、自助绑定读者证号、图书续借、缴纳滞还费等功能。

3. 文博数字服务

深圳博物馆的手机网站已上线运行,并完成了公共区域触摸屏升级改造,数字化服务水平不断提升。体现在展览等公众服务上,则是通过时下最新的二维码技术的应用趋势,提出基于二维码技术应用的展览推广平台解决方案,针对展览重点藏品制作了对应的二维码,观众扫描二维码就能立即获得藏品的详细展示信息如藏品中英文简介、高清图等,令每一位观众都拥有自己的贴身导览员;通过引进国际先进的3D体感摄影机,同时导入即时动态捕捉、影像辨识、麦克风输入、语音辨识等功能,将互动娱乐引入展览,依靠体感摄影机捕捉三维空间中使用者的运动,通过简易操作的系统界面吸引大众目光。

(四)公共文体服务政策

深圳市文体旅游局加强了对全市公共文化服务体系建设的指导,通过印发实施《深圳市公共文化服务体系建设规划(2013~2015)》、《深圳市基层公共文化服务规定》、《深圳市文化志愿服务促进办法》,为基层公共文化服务提供政策支持。

《深圳市公共文化服务体系建设规划(2013~2015)》提出到2015年,深圳市公共文化服务体系的建设目标是:以满足市民公共文化需求、保障市民文化权益为根本出发点,以公益性、基本性、公平性、均衡性、便利性为基本要求,不断加大公共投入,基本建成结构合理、发展平衡、功能健全、实用高效、惠及全民的公共文化服务体系。公共文化设施布局更为均衡合理,社区文化服务网络更加完备，建设1～2个标志性文化设施群，打造国际化、高端化、特色化的文化服务核心区；初步形成政府主导、社会参与、共建共享发展格局，使公共文化产品更加丰富，服务方式更加多样，服务效能显著提升，市民精神文化生活更加丰富，文化创造活力充分激发；科学决策、有效执行，不断完善监督评估机制，不断提升公共文化治理水平；财政投入、发展规模、人才队伍、社会参与和公众满意度等主要文化服务指标领先全国。

《深圳市基层公共文化服务规定》对深圳市行政区域内的基层公共文化服务的提供、基层公共文化设施的建设、基层公共文化服务的激励和保障等活动的标准、资源及投入等进行了规范，提出基层公共文化服务的公益性、基本性、公平性、便利性、多样性原则，要求进一步加强建设完备的基层文化设施网络，提高基层公共文化服务水平，保障群众文化权益，形成结构合理、发展平衡、功能健全、实用高效、惠及全民的基层公共文化服务体系。

《深圳市文化志愿服务促进办法》对深圳市行政区域内开展或者发起的文化志愿服务活动进行规范，提出文化志愿服务队伍由市、区（新区）、街道和各公益文化场馆的文化志愿者服务队组成，实行分级组建、分类管理和使用，设立统一的名称和标志，并向本级文化行政主管部门备案，纳入统一指导和管理。深圳市文体旅游局组建市文化志愿者服务总队，服务总队负责全市文化志愿服务的统筹、协调、指导，为全市各服务队搭建起相互交流、学习、共享的工作平台，合理协调配置全市文化志愿服务资源。

二 目前深圳市公共文体服务体系建设存在的问题

（一）新老特区公共文体服务的不均等短期内难以解决，特区一体化仍需加快推动进程

2010年特区扩大到全市后，老特区与新特区之间公共文体服务由于历史、体制和投入等原因，形成事实上的差距明显，尤其是老特区与四个功能性新区的公共文体服务的差距非常显著。

新区区级公共文化机构设施建设滞后，未达国家标准。目前，新区中区级公共文化服务机构设立的有光明新区文化馆、图书馆，坪山新区图书馆、美术馆，大鹏新区设立了文体中心，但龙华新区的区级公共文化机构尚未建立。就已设立区级公共文化机构的新区来说，离国家要求的三馆（图书馆、文化馆、博物馆）建设的标准还有一定差距。据市文体旅游局普查统计，全市人均文化设施为0.42平方米，光明新区仅为0.01平方米，龙华新区仅为0.2平方米，坪山新区为0.4平方米，只有大鹏新区（1.6平方米）超过全市人均文化设施面积数。

新区公共文化服务的品种数量偏少，辖区居民的满意度较低。由于区级服务机构尚未建立，新区公共文化服务仍然主要依托街道文体中心组织，而街道文体中心的资源有限，所以提供的公共文化服务产品品种数量相对较少，造成辖区居民包括外来建设者对辖区公共文化满意率较低。据光明新区的问卷调查统计，社区居民对群众文化的满意率只有24.6%，外来务工人员不满意率达75.5%。这说明新区公共文化服务的数量和质量都有待提高。由于本身设施有限，市一级大量文化活动基本无法在四个新区举办。

新区财政能力有限，造成公共文化经费严重不足。四大新区除龙华新区财政相对充足外，光明新区、坪山新区和大鹏新区的财政收入水平都相当有限，导致对公共文化投入严重不足。光明新区光明办事处文体中心一年的文体活动专项经费仅仅120万元，要用于春节文化系列活动、外来青工文体节活动、社区活动及长跑篮球比赛等，平均每项活动经费只有3万元，人均经费只有6.6元。

（二）公共文化需求反馈机制和绩效评估机制尚未建立，需求与服务对接需要抓紧改善

需求决定供给，满足人民群众不断增长的公共文体服务需求，以保障其基本文化权益，是公共文体服务开展的逻辑起点和现实归宿。公共文体服务满意度调查，也是对公共文体需求及其满足程度的一种重要测评方式。有鉴于此，近年来，随着公共文体服务体系建设的深入开展，不少城市都在探索建立公共文体需求反馈机制，以便及时把握群众需求的增长与变化情况。然而迄今为

止，深圳市尚未建立起科学的需求反馈机制，也没有开展过公共文化服务满意度调查。

近年来，随着绩效评估管理工具的引入和在政府等公共部门的应用，公共文体服务的绩效评估与管理也成为重要发展趋势。北京、上海、浙江、山东等省市都先后开展了不同形式、不同范围的公共文体服务绩效评估工作。如上海较早开展的社区文化中心绩效评估、北京朝阳区2012年联合专业机构开展的以"2+5指标评价及绩效考核体系"为标准对全区43个街乡公共文化服务建设情况的绩效测评等。深圳虽然早在2006年起就率先在全国开始了公共文体服务绩效问题的研究，但迄今为止，却迟迟没有开展公共文体服务绩效评估的应用。

（三）数字公共文化建设与深圳高科技城市地位不相称，科技创新成果的公共文化应用不足

近年来，随着科学技术的快速发展，在数字化、信息化、全球化的时代背景下，如何深刻认识并准确把握国内外形势新变化、新特点，结合人民群众不断增长的精神文化需求，将信息技术、数字技术、网络技术等现代科技和传播手段应用于公共文体服务体系建设，进一步加强公共数字文化建设，成为我国适应时代发展的必然要求和战略选择。2011年11月，文化部、财政部联合下发《关于进一步加强公共数字文化建设的指导意见》（文社文发〔2011〕54号）；2013年9月，工信部根据《2006~2020年国家信息化发展战略》再推出国家《信息化发展规划》（工信部规〔2013〕362号）。上述中央文件，把公共文化数字化、信息化工作放在重要战略位置，提出了诸多要求。根据国家要求，上海等城市积极开展公共文化数字化建设，不断提升公共文化服务的信息化水平。

2012年8月，上海市委宣传部与上海科学技术委员会联合发布了其共同编制的《上海推进文化和科技融合发展行动计划（2012~2015）》。根据《计划》，到2015年，上海预计将建成数字化、网络化的公共文化服务体系，完成全市580万户下一代广播电视网建设，市、区两级图书馆和全市主要博物馆的数字化和网络化建设，以及全市250家社区文化活动中心的数字化改造；同时围绕电影、电视、舞台和公共文化服务网等文化消费主流项目，推出七大示范

工程，包括互联网原创影视创作及传播、立体电视内容制播设备和系统等。与之相比，深圳公共数字文化发展已经落后，与高科技城市和国家信息化先进城市的地位不相符。

（四）公共文体服务的社会化、市场化程度不高，政府对社会文体组织和文体企业的资源开放度不高，政府购买公共文体服务的力度仍需加大

根据《深圳市市级社会组织2011年度检查结果公告》，在1310个市级社会组织中，文化类的社会组织共146个，约占11.1%。其中，社会团体105个，民办非企业单位41个。深圳目前登记在册的民办博物馆有15家，主题涉及陶瓷、钢琴、民俗等多个领域。

在社会化、市场化运作方面，深圳市文体旅游局2004年出台了《深圳市文化局重大公益文化活动实行社会化运作试行办法》，开始试行"公益文化活动社会化招标"，并逐年扩大招标范围。2012年推出了《深圳市民办博物馆扶持办法》。同年市财委和市委宣传部联合发布了《深圳市文化事业建设费及宣传文化事业发展专项资金使用管理办法》，加强了对包括社会文化组织在内的文艺精品创作、公共文化活动以及其他公益性宣传文化事业的资助力度，2010年资助项目23个，资助金额1011万元，占总体资助比例的4.42%；2011年资助项目23个，资助金额1601万元，占总体资助比例的7.09%；2012年资助项目31个，资助金额2392.5万元，占总体资助比例的8.98%。由此可见，各级政府和文化行政部门直接办文化的思维定式还没有完全转变，经费投入的增长幅度低于社团数量和开展活动场次的增长幅度。如深圳市文体旅游局对社会组织参与承办其他文化活动的扶持力度仍多年维持同一水平：演出每场1万元左右、讲座每场3000元左右、展览每期3000元左右。这些都需要在创新推进社会组织和加大政府购买服务中加快解决。

三 加快推进深圳公共文体服务体系的改革创新

党的十八届三中全会《决定》提出必须深化文化体制机制改革，改革内

容包括"构建现代公共文化服务体系"。而构建现代公共文化服务体系的终极目标是保障人民群众的基本文化权益,满足人民群众不断增长的精神文化需求。这既是党的执政宗旨的体现,也是政府履职管理的内容。《决定》强调深化文化体制机制改革必须:"坚持以人民为中心的工作导向,坚持把社会效益放在首位、社会效益和经济效益相统一,以激发全民族文化创造活力为中心环节,进一步深化文化体制改革"。显然以人民为中心,首先而且必须以保障和实现人民群众的文化权益为目的推进现代公共文体服务体系的构建。为此,在未来的完善公共文体服务体系的工作中,我们要切实落实党的十八届三中全会深化文化体制改革的精神,以改革创新为核心,全面深入地推进公共文体服务体系建设。

(一)改革现有的财政分级投入体制,加大对新特区公共文体服务的经费投入

公共文体服务的责任主体是政府,因此政府的财政投入是确保公共文体服务惠民的基本前提。在2010年7月1日深圳经济特区扩大到全市之前,深圳市本级财政对公共文体服务的投入主要集中在老特区的福田、罗湖两个行政区,包括市级文化设施、市级重大文化活动、市级服务网络、市级文体人才资源等,都由市本级财政负责。而宝安区、龙岗区以及其他四个新区因为不属于特区,辖区面积大,尤其是外来人口多,占全市的人口的70%以上,其公共文化服务的投入绝大部分依靠区级财政本身的投入,由此造成这些地区的公共文体服务与老特区相比,存在明显的差距。

目前,深圳正在加快推出特区一体化建设,公共文体服务的一体化属于其中的重要内容之一。但如果按以前的财政分级投入体制实施一体化的建设规划和行政行为,显然这种一体化的进度是难以适应城市建设和市民需求的,所以要加快全市公共文体服务的一体化建设,其基本路径是要改革现有的财政投入体制。建议市政府及相关部门及时调整原有财政投入公益事业的思路,特别是在重大文体设施、重大文化活动、基层基础服务资源等方面加大投入力度,增加重大设施项目投资,增加重大活动经费支持,增加基层基础经费补贴,改变新特区财政经费紧缺、无法加大公益文体事业投入的情况,从根本上解决新特

区一体化公共文体服务滞后的问题。另外，深圳市宣传文化事业发展专项基金以及体育彩票公益资金也要在支持文体服务项目的方向上进行调整，对新特区的公共文体服务进行重点倾斜支持。

（二）建立和完善公共文体服务的各项标准，确保市民享有更高质量、更加丰富的公共文体服务

《决定》明确提出要促进基本公共文化服务的标准化。文化部落实党的十八届三中全会精神，在2014年文化工作会议上明确提出把促进基本公共文化服务标准化、均等化作为现阶段公共文化服务体系建设的主攻方向，要求各地要结合实际抓紧研究制定公共文化服务保障标准、公共文化设施建设和管理服务的技术标准、公共文化服务评价标准。国家体育总局也对推进全民健身和群众体育等公共体育服务提出了相应的标准和指标。由此，未来的公共文体标准化服务已成为国家文化体育主管部门完善公共文体服务体系建设的重要工作内容和目标方向。

就深圳市来说，确保全市公共文体服务的各项标准达到国家制定的相关标准，应是政府履职的题中之意。但作为经济特区来说，深圳市的达标只是一般性的要求，深圳应在这方面有更高的追求。深圳是中国东部发达城市之一，经济实力和城市发展水平都处于全国领先水平，深圳市的财政能力也有支撑本市市民能够享有比国内其他城市更高标准公共文体服务。所以，在推进公共文体服务的标准化建设上，深圳未来应结合特区的定位和发达城市的实力现实，提出和实施高于全国基本标准的经济特区和发达城市的公共文体服务标准，让市民享有更高标准的、更加丰富的、更加便利的公共文体服务。深圳提出要建设文化强市，而公共文体服务之强应是目标内容之一。

（三）加大资源整合力度，以市场化、社会化的开放拓展公共文体服务的发展空间

坚持公共文体服务的政府主体地位，发挥政府的主导作用，并不否认、并不排除公共文体服务体系建设中的非政府资源的作用和意义。这些非政府资源包括市场主体资源、社会主体资源。市场主体资源主要指企业，社会主体资源主要指社会组织。《决定》强调坚持社会主义市场经济改革方向，紧紧围绕使市场在资源配置中起决定性作用深化经济体制改革。在涉及深化文化体制改革中又提出"引入竞争机制，推动公共文化服务社会化发展"，"鼓励社会力量、社会资本参与公共文化服务体系建设，培育非营利文化组织"。由此表明，未来公共文体服务是可以引入竞争机制的，而竞争的机制保障是公共文体服务要向市场和社会开放，即让市场和社会资源能够进入政府的公共服务体系中，提供服务产品以及参与共同建设，而政府也可以向市场和社会采购相关的公共服务。

就市场资源来说，深圳在全国率先建立社会主义市场经济体制，大胆改革创新，优化了市场环境，激发了经济活力。完善的市场体制催生了大量的市场经济主体，这些企业主体有的本身就是文化企业，有的可以为公共文体服务提供相关服务，有的愿意积极参与、支持政府的公共文体服务体系建设。就社会资源来说，深圳的经济发达也激发了公民的自觉、自愿意识和志愿精神，催生了大量的非营利性社会组织。下一步在深化改革中，政府一方面要制定完善的政策鼓励促进市场主体或者社会组织参与公共文体服务体系建设，弥补政府公共文体资源的不足，为市民提供更多的公共文体服务产品；另一方面要开放文化体育资源，扩大公共文体服务的政府购买力度，使政府公共文化体育机构、文化体育企业、文体社会组织按照统一的规则公平竞争服务项目。如此将会形成公共文体服务多元主体参与、社会资源积极介入、人民群众乐享的文体事业欣欣向荣的和谐发展局面。

（四）健全公共文体各项法规，以法治化推进公共文体服务体系建设的规范化和稳定性

《决定》提出全面深化改革的总目标是"完善和发展中国特色社会主义制度，推进国家治理体系和治理能力现代化"。这个国家治理体系的范围包括经济、政治、文化、社会、生态等方面，自然文化治理的现代化也是其中内容之一。而国家治理体系现代化的重要标志之一是建设法治中国，要求必须坚持依法治国、依法执政、依法行政共同推进，坚持法治国家、法治政府、法治社会一体建设。所以要推进文化治理现代化，也必须大力推进文化法治化建设，用完善的文化法制为文化法治提供强有力的支撑。这方面的内容《决定》也有涉及，提出了"法人治理结构"问题，提出"明确不同文化事业单位功能定位，建立法人治理结构，完善绩效考核机制"。

深圳在推进文化治理现代化方面较早进行了探索，尤其是重视运用立法来规范文化体育事业建设。早在1997年深圳市人大常委会就通过了《深圳经济特区公共图书馆条例（试行）》，该《条例》对公共图书馆的职能、服务、人员等进行了规范，把公共图书馆的服务上升到法律层面。2006年启动事业单位法人治理结构的建设，率先在深圳图书馆建立了理事会。但是就整体而言，公共文体服务的法制建设还相对滞后，离文化治理的现代化建设还有相当大的差距。因此，未来的公共文体服务体系必须重视以完善法律法规体系来为公共文体服务的持续性、稳定性提供坚实的保障。公共文体服务的法制建设应重点围绕：一是推动公共文体服务的整体立法。建议加快推进《深圳经济特区公共文化服务条例》、《深圳经济特区全民健身条例》、《深圳经济特区全民阅读促进条例》等法规的立法，明确公共文体服务责任主体、经费投入等方面的法律规范。二是推进公共文体服务机构立法。针对不同类型的公共文体机构，考虑制定《公共图书馆条例》、《公共博物馆条例》、《公共美术馆条例》、《文化馆条例》、《文化站条例》等，以法律赋予这些公共机构法定权利、职责和义务。三是进一步推动公共机构法人治理结构建设，可考虑在深圳图书馆法人治理结构试点的基础上扩大推广到全市公共文体机构。

B.9
深圳市构建多层次住房保障体系的探索

曹 志*

摘 要： 伴随经济社会的发展，深圳住房保障和住房供应问题日渐突出。房地产价格居高不下，在相当长一段时间内，保障房依然是平衡房价、解决居民住房困难的重要途径。保障房建设资金缺口较大，住房供应的结构矛盾日渐显现。深圳经济特区近年来全力推进保障房建设，构建起一套"多层次住房保障新体系"，探索政府、企业、百姓分工合作机制，并在制度化建设、打破土地资金瓶颈制约、阳光分配等重点难点问题上实现了突破。

关键词： 深圳市 住房保障 体制机制

一 深圳住房保障工作历程

2009年，深圳推行大部制改革，初步建立了市、区两级住房保障管理体制，市直机关从事保障性住房规划、建设、分配和后续管理的职能在市住房和建设局，并分别就保障性住房租售及市本级项目建设前期管理设立了市住宅租赁管理服务中心、市住宅售房管理服务中心和市住宅发展事务中心，各区职能分别在区建设（住宅）局、新区城建局，街道一级尚无专门机构和人员配备。

自2007年8月国务院下发《关于解决城市低收入家庭住房困难的若干意

---

* 曹志，深圳市住房和建设局。

见》(国发〔2007〕24号)以来,深圳于2007年底率先出台了《关于进一步促进我市住房保障工作的若干意见》(深府〔2007〕262号)及《廉租住房、公共租赁住房、经济适用住房管理暂行办法》,初步构建了分层次、多渠道的住房保障体系。2010年,深圳颁布实施了《深圳市保障性住房条例》、《关于实施人才安居工程的决定》等法规规章,明确在低收入家庭住房困难基本解决的基础上,将经济社会发展所需的各级各类人才纳入住房保障范围,形成了"分层次、多渠道、广覆盖",具有深圳特色的住房保障体系(见表1)。

表1 深圳市住房保障政策体系

性质	保障性住房类型		面向人群
出租型	廉租住房(即将与公租房并轨)		住房困难的户籍特困家庭(低保家庭)
	公共租赁住房	中低收入家庭公共租赁房	户籍中低收入家庭
		人才公寓	市政府认定的高级人才、产业人才
			福田区尝试人才公寓企业持有,不准进入市场和向个人出售,只能面向企业人才出租
		产业园区配套宿舍、人才宿舍	产业园区企业管理人员、外来务工人员
出售型	经济适用住房(已停建)		户籍低收入家庭
	安居型商品房		经认定的各级各类人才和户籍中低收入家庭

"十一五"期间,深圳通过各渠道实际安排筹集建设各类政策性、保障性住房项目共151个,拟建各类保障性住房约16.9万套,总建筑面积约1267万平方米,投资总需求约343亿元。其中,全市实际开工在建保障性住房7.9万套、竣工保障性住房约2万套,保障性住房完成投资约111亿元。

二 "十二五"面临的形势及建设目标

经过30年的发展,深圳居民的居住水平有了显著改善,但由于进入快速城市化发展阶段,深圳的住房发展出现了两个结构性难题:一是住房总量巨大,但政府公共住房、个人产权住房占比较低,以城中村自建房为主体的低水平住房及非流通住房占比较大,城中村村民自建房客观上发挥了政府公共租赁住房的作用;二是户籍低保家庭廉租住房保障实现了"应保尽保",低收入家

庭的住房困难问题基本得到解决，但是近年来商品住房价格上涨过快，广大人才和"夹心层"家庭买不起房、租不起房，存在较大的"住房难"问题。加上全市十分紧缺的土地资源现状，深圳住房保障供需矛盾将长期存在。

根据党中央、国务院关于加大保障性安居工程建设力度的系列精神，立足深圳未来30年发展，"十二五"时期是深圳住房保障建设全面推进，实现"住有所居"、打造民生幸福城市、建设现代化国际化先进城市的关键时期。按照《深圳市住房保障发展规划（2011~2015）》，"十二五"期间，深圳计划新增安排筹集建设保障性住房24万套，总建筑面积约1616万平方米，规划套数较"十一五"期间增幅70%。特别是，明确提出了新开工、竣工保障性住房均为21万套的目标，将比"十一五"期间增加近十倍，略低于特区前25年保障性政策性住房总量。

三 "十二五"以来的创新实践

困难倒逼改革，改革走出新路。"十二五"以来，深圳坚持以人为本，在基本解决户籍低收入家庭住房困难的同时，将住房保障对象进一步扩大到户籍夹心层和非户籍人才；坚持深化改革，在大规模推进保障性安居工程建设的同时，建立完善住房保障制度顶层设计；坚持机制创新，在政府加大投入的同时，引入市场机制推进保障房建设管理，走出了一条具有深圳特色的"多渠道、分层次、广覆盖"住房保障新路子。"十二五"以来，累计开工保障性住房12.82万套，竣工5万套，供应4.2万套，完成投资339.2亿元。

（一）法治先行，制度配套，"四个率先"推进改革不断迈向"深水区"

"十二五"以来，深圳不断深化住房保障制度改革，集中体现在"四个率先"。一是率先出台保障性住房条例，试图在立法层面上先行一步；二是率先提出建设公共租赁住房，在国家廉租房和经济适用房保障方式基础上，增设包括人才住房、产业配套住房在内的公共租赁住房，着力解决户籍低收入和新就业人员的住房困难；三是率先推出安居型商品房，在户籍低收入家庭基本实现应保尽保的基础上,将住房保障重点逐步转向户籍"夹心层"家庭和各类人才家庭;四是率先实施人才安居工程,出台《关于实施人才安居工程的决定》,落实人才强市战略,努力解决人才在住房上的后顾之忧。以上政策创新和顶层设计,集中体现在2012年底出台的《深圳市住房保障制度改革创新纲要》。

目前,深圳已基本形成了以《深圳市保障性住房条例》、《关于实施人才安居工程的决定》、《深圳市住房保障制度改革创新纲要》为核心,《深圳市安居型商品房轮候配售规则》等20余个政策法规为配套的"3+N"住房保障法规制度体系,推动了住房保障由"解困型"向"发展型"转变,深圳市住房保障制度改革已经向"深水区"迈进。

(二)创新机制,破解难题,推进保障房又好又快建设

面对历史上最大规模的保障性安居工程建设任务,如何破解土地和资金困境,如何又好又快推进项目建设,成为摆在建设者面前的一系列难题。深圳充分调动政府、企业、个人三方面的积极性,多渠道破解土地、资金、建设等住房保障的瓶颈,超额完成了预定的目标。

1. 深挖土地潜力

一方面,政府加大土地供应,优先保证保障房用地需要。在每年安排新增供应约100公顷居住用地中,有约4成的新增用地用于保障性住房建设,"十二五"以来,累计安排新增保障房用地124.5公顷。另一方面,采取地铁上盖、公交场站综合开发,商品房与城市更新配建、工改保、征地返还用地合作开发以及收购等多种方式,多途径解决建设用地问题。地铁上盖建设保障房项目即可提供保障房2.3万余套,城市更新中配建提供保障性住房约1.4万套,通过"工改保"提供保障房3万套。

2. 吸引社会资金参与

继全国范围首创公共租赁住房之后,政府和企业通过双向让利,再次创新改革,率先推出融合保障房与商品房双重属性的安居型商品房,以不超过市场商品房价70%的价格,严格限制产权面向社会发售。不仅丰富了新型保障房品种,获得了社会积极的反响,而且采取"定地价、竞房价"的方式,也得

到了企业的积极响应，吸引了诸如万科、中海等国内知名企业参与安居型商品房建设，资金瓶颈制约全面缓解。截至2013年底，深圳在建保障房项目125个，计划总投资616亿元，社会投资413亿，占比达67%。

3. 创新建设开发模式

按照特事特办、快事快办的原则，出台《关于加快保障性安居工程项目建设的通知》，开足绿色通道，优化项目审批流程、创新项目招标模式，推行一次性立项，实行并联审批、"大标段"招标等措施，切实提速提效。引入设计施工总承包模式，推行"大标段"招标，一次性确定代建及勘察设计、施工、监理等单位，缩短工期，控制造价和质量。通过以上措施，项目前期工作时间由原来的260个工作日缩减为85个工作日，项目招标时间平均压缩3~4个月，项目建设工期平均缩短1年以上。同时在龙悦居等项目中实行代建总承包建设模式，在首地容御、福保114和112地块采用BT模式，在龙珠八路西地块采用BOT模式，引进有实力的企业开发建设，有效缓解资金压力，加快建设速度，控制造价和质量。

4. 狠抓工程质量管理

建立完善工程质量追溯和责任追究制度，实施样板引路，推行工业化、标准化试点，率先100%实行绿色建筑标准，严把质量安全关。2013年7月初，国务院保障性住房质量监督检查组对深圳保障房质量进行检查后给予充分肯定，认为深圳在保障性住房建设标准化和工业化方面全国领先。龙悦居保障性住房项目获评全国优秀工程项目。

（三）诚信申报，阳光作业，确保分配公平和管理高效

1. 依序轮候、诚信申报

彻底改变过去经济适用房分配以收入资产为核心的"九查九核"传统做法，建立安居型商品房和公租房两个轮候库，住房困难家庭诚信申报，常态受理、有序轮候，政府动态核查。保障房分配面向轮候库，全面推进保障房轮候分配制度。自推行诚信申报、轮候制度以来，不仅使住房困难群体有一个合理的住房保障预期，强化了市民诚信意识，推进了社会诚信体系建设，而且简化程序、优化管理，不断提升申请受理效率。从申报到分配共3个月，与原来的

流程相比，时限缩短80%，大大节约了行政成本。

2. 阳光分配、动态核查

全力推进保障房分配依法依序、阳光透明和公开公平。邀请人大代表、政协委员和纪检监察部门参与监督。设立举报热线电话，及时公开政策、房源、建设、分配等相关信息，实现申请、受理、审核、分配、管理和处罚"六公开"，全程接受社会公众、新闻媒体的监督。加强动态核查，针对骗租、骗购、骗补等违法行为，采取全国最严厉的处罚措施，法定最高可罚20万元，并终身不得申请保障房。2012年下半年以来，对不符合保障条件的违规家庭开展收房行动，目前已收回215套。

3. 创新机制、高效管理

为切实做好保障房后续管理，创新建立政府直管、业主代管、企业托管的"三位一体"管理模式。通过公开招标引进物业公司参与后续监管，建立管理服务标准和评估机制，引导居民自我管理，建立全市统一的保障性住房小区信息管理系统，减轻行政压力，提高管理效率和服务水平。对市本级投资的53个住宅区开展保障房及商业配套设施的调查统计工作，以摸清家底，规范管理。对保障房商业配套设施的出租一律实行公开招标。

（四）统筹兼顾，有序互动，推进住房保障与人才安居、房地产调控协调发展

目前，深圳已形成了"租、售、补"相结合的住房保障供应体系。安居型商品房和公共租赁房已成为深圳保障性住房的两大主体类型，将减少直至停止经济适用住房建设供应，逐步建立政府调控和市场运作相结合的安居型商品房配售体系；大力发展公共租赁住房，将廉租住房统一纳入公共租赁住房管理体系；在实物配置难以满足需要的情况下采取货币补贴方式，充分挖掘利用社会存量住房，满足不同住房保障对象的多样化需求，建立和完善"租、售、补"相结合的住房保障方式。

深圳将人才安居政策纳入住房保障体系，实现了人才安居、住房保障、产业经济发展、城市发展战略的有机结合和互动关联。截至2013年底，2009年以前取得本市户籍的低收入家庭住房困难问题已得到基本解决，户籍"夹心

层"和中低收入群体也将通过公租房和安居型商品房逐步得到解决。户籍人才住房困难家庭通过购买安居型商品房或承租公租房,非户籍人才领取货币补贴或承租单位公租房解决住房困难问题。针对不同人才群体的住房需求,"租售补"相结合,形式多样、灵活运用、互可转换。2013年,市、区两级共安排10亿元作为人才安居住房补贴资金(仅市级已为约8万人才发放补贴款近5亿元),共安排约16300套人才公租房,向人才家庭配售安居型商品房约1785套,在一定程度上缓解了人才的住房压力。根据市政府部署,2014年全市将有约20万人才可以享受到人才安居政策。深圳的人才安居为充分贯彻"人才立市、人才强市"战略,为特区新30年吸引人才、留住人才,实现跨越式发展奠定了基础。

四 存在问题与对策

(一)存在问题

1. 历史遗留"疑难杂症"多

建市以来,深圳住房保障机构经历了多次撤并调整。由于机构改革频繁,许多住房历史遗留问题始终未能得到有效解决,存在市本级建设政策性住宅小区家底不清不明等问题。2009年实行大部制改革后,住房保障工作并入市住房和建设局,上述问题陆续暴露出来。其中既有体制机制上的原因,也有管理和资源配置不足、与承担任务不相称的问题。

2. 公共配套建设相对滞后

由于2011年、2012年重点保开工,有些项目的配套还存在不足。一方面,部分项目存在周边道路、交通、市政、教育、医疗、文体、商业等设施相对缺乏或规划建设落后的情况,不同程度地存在"出门难"、"上学难"、"看病难"和"买菜难"等问题,上述问题已引起社会各界的普遍关注。另一方面,区域布局不平衡,部分离市区较远的项目(如坪山、大鹏等)出现了"供非所需"的情况。2013年推出的观澜茗语华苑安居型商品房项目也存在类似问题。

3. 传统思维根深蒂固

一是多数住房困难家庭"居者有其屋"的住房消费观念根深蒂固，只想买房，不愿租房。二是想要大房，不要小房。三是社会上把保障房多理解为人人均应享有的福利。四是宣传不够：一方面，有关工作人员责任心有待加强；另一方面，社会对保障房政策和诚信申报制度的理解也需要时间和过程。如2013年连续曝光的安居房"摆乌龙事件"、"两岁儿童"后备级人才问题，既暴露了工作的不足，也反映出群众对政策理解的偏差。

4. 法规政策亟须完善

近年来，深圳住房保障制度改革力度较大，特别是《深圳市住房保障制度改革创新纲要》出台后，相关政策、制度有些已不能适应新的形势要求，需要尽快进行修改完善，包括启动《深圳市保障性住房条例》、《深圳市安居型商品房管理办法》、《深圳市人才安居暂行办法》的修订，调研起草《深圳市经济特区住房公积金条例》等。另外，在开展保障房收房行动等执法过程中，遇到的阻力很大。

人才安居政策有待完善。目前，人才认定标准偏向于科研型人才，而工作在一线具有丰富实践经验的"实用型"人才，如临床医生、一线教师、名校长等，难以认定为高层次人才；工作时间5~20年、年龄在28~50岁的骨干人才，受年龄限制，与现行人才安居政策难以衔接，形成了人才住房困难的"夹心层"。

5. 建设资金依然存在缺口

由于公共租赁住房只有租金收入，投资回收期长，企业以BOT等方式参与运营的意愿不高。而企业代建的BT模式只能起到延缓政府支付的作用，不能从根本上解决建设资金筹措问题。近年城市更新配建、企业利用自有用地集中建设的公共租赁住房数量较多，建成后需要政府进行回购，导致市、区两级财政压力加大。经测算，2013~2015年深圳保障性住房建设资金总需求约为378亿。目前，国家对公共租赁住房建设和运营给予税收优惠，鼓励金融机构发放中长期贷款的相关实施细则尚未出台，社会资金难以有效通过投融资平台发挥在保障性住房建设及运营中的作用。

（二）推进深圳保障房建设的对策建议

1. 着力完善法规制度

贯彻落实《深圳市住房保障制度改革创新纲要》，修改《深圳市保障性住房条例》，完善228号令、229号令等相关政策法规，创新改革，为全国住房保障"先行先试、积极探路"，建立健全具有深圳特色的"多渠道、分层次、广覆盖"的住房保障体系。考虑到修改完善还有一个过程，在过渡期间，对于迫切需要解决的重大事项，可通过市领导召开专题会议边研究、边办理、边完善。

2. 着力把握需求以需定建

建立健全保障房"轮候库"，依托安居型商品房轮候库、公租房轮候库，逐步实现"以需定建、轮候分配"。

3. 着力加快完善保障房配套

加强保障房配套设施建设的协调，明确进度要求，住建、规划、交通、教育、卫生等部门及各区应加大工作力度，力争与保障房项目同步建设、同步投入使用，做到"把好事办实，让群众满意"。

4. 着力完善人才安居政策

以卫生、教育及战略性新兴产业为重点，根据行业特点，制定实用型人才（包括名医、名师、名校长等）认定标准。

5. 着力加大保障房政策制度宣传力度

梳理现行住房保障制度和政策，编制服务指南，通过报纸、网络、电视等媒体广泛宣传、广而告之，并将宣传重心下移至社区、企业，使住房保障政策和诚信申报制度深入人心，让群众了解政策、理解政策、支持政策、执行政策。

B.10 "十二五"以来深圳市残疾人事业发展回顾与展望

何义林*

摘　要： "十二五"以来，深圳市紧紧围绕构建残疾人社会保障和服务体系，不断加强残疾人服务保障，充实残疾人服务内容，推动残疾人服务创新，以努力提升残疾人民生幸福水平，推动残疾人事业发展实现了新的跨越，逐步探索出一条符合深圳特点的残疾人事业发展道路。在新的起点上，深圳市将进一步推进残疾人事业的法制化，促进残疾人服务专业化，构建多元化残疾人服务供给格局，夯实基层残疾人工作与服务，进一步加大残疾人创新工作力度。

关键词： 深圳　残疾人事业　回顾　展望

残疾人事业是崇高的人道主义事业，关爱残疾人是社会文明进步的标志。深圳是改革开放的窗口，市委、市政府历来高度重视残疾人工作，残疾人自强不息、积极参与社会生活，残疾人工作者务实肯干、勇于开拓创新，逐步探索出一条符合深圳特点的残疾人事业发展道路。"十二五"以来，深圳市紧紧围绕构建残疾人社会保障和服务体系（以下简称"两个体系"），努力提升残疾人民生幸福水平，推动残疾人事业发展实现了新的跨越。

---

* 何义林，深圳市残疾人联合会。

一 加强残疾人服务保障

"十二五"以来,深圳市着力加强残疾人事业发展的顶层设计和制度规划,努力完善残疾人"两个体系"的政策法规、服务机构设施、专业人才队伍以及舆论宣传四大保障,确保事业的健康有序发展。

(一)加快构建政策保障体系,推进残疾人事业法制化发展进程

深圳市围绕构建残疾人"两个体系"建设,以深入调研为基础,加快制定出台各类政策、法规、制度,改变以往以实施项目来推动事业发展的方式,基本形成了发展残疾人事业的全方位的政策保障体系。一是推进《残疾人保障法》实施和修订工作,加强法律救助和信访工作,开展普法宣传,积极维护残疾人合法权益。二是出台《深圳市残疾人就业扶持办法》,对残疾人分散按比例就业、集中就业、灵活就业、自主创业、职业培训等实施全面扶持。三是出台《深圳市残疾人辅具适配服务办法》,建立完善了辅具适配的社会化和个性化服务模式。四是出台《深圳市残疾少年儿童康复救助服务办法》,资助户籍各类残疾少年儿童接受康复服务,按照残疾类型的不同分别给予1.2万~2万元不等的康复救助补贴。五是出台《深圳市残疾人托养服务办法》,建立了居家安养、日间照料及集中托养三位一体的重度残疾人托养服务机制。六是出台《深圳市残疾人辅助性就业服务办法》,建立完善残疾人辅助性就业规范发展机制,实现重度残疾人劳动就业机会的基本权利。七是修订《深圳市盲人按摩管理办法》,将盲人按摩管理权限下放到区一级,并简化办事程序,降低准入门槛,促进盲人按摩行业健康发展。

此外,深圳市还制定出台了《深圳市残疾人家长学校管理办法》、《深圳市残疾人街道职康中心管理办法》、《深圳市精神病康复者中途宿舍服务办法》、《深圳市残疾儿童随报及早期康复工作方案》、《深圳市精神残疾人服药管理和补贴工作实施方案》、《深圳市残疾人机动车辆适配标准》、《深圳市视障定向行走训练服务工作方案》、《深圳市残疾人评估复审规定》以及《残疾人辅具服务实施细则》等一系列规范性文件,进一步推动了残疾人服务制度化与规范化水平。

(二)加强服务机构设施建设,确保多元化的残疾人服务供给格局

残疾人服务机构设施是发展残疾人事业的基础性条件,目前深圳市各类残疾人服务机构有160多家,服务涉及残疾人学前教育、康复、辅具、就业及托养等各领域,残疾人服务多元供给格局已初步形成。一是面积16000多平方米的市级残疾人综合服务中心建成并全面启用,南山、福田、龙岗、坪山、宝安等一批区级残疾人服务设施相继投入使用。二是全市建立了56家街道残疾人职业(综合)康复服务中心(以下简称"街道职康中心"),服务场所总面积逾3万平方米,惠及残疾人2000多人,成为基层残疾人服务的重要平台和抓手。三是通过整合残联及卫生系统的服务资源,创建了广东省一级听力语言残疾示范康复机构、省二级脑瘫儿童示范康复机构和省三级智力残疾儿童康复机构等残疾人康复服务示范机构。四是罗湖、福田、南山、宝安、龙岗、坪山等6区分别建立了精神病家属资源中心,惠及439名残疾人及其家属,成为引导残疾人家属互助交流与提升的重要平台。五是社会力量兴办的残疾人服务机构加快发展,据2013年的调查统计,深圳市有各类社会办残疾人服务机构79家,成为深圳市残疾人服务行业不可或缺的重要组成部分。

(三)强化专业人才队伍建设,确保残疾人服务专业化发展方向

残疾人服务质量和水平的高低,取决于残疾人服务专业人才队伍建设的状况。深圳市历来重视专业人才队伍建设,充分整合各类技术资源,引领专业服务发展方向。根据2013年调查数据,深圳市各级各类残疾人服务专业人员有1500多人,大专及以上的服务人员占73%以上,具有各种职称的人员有700多人,主要包括康复咨询、康复治疗、辅具工程、职业指导、社会工作、特殊教育以及医疗护理等专业人员。此外,深圳市充分发挥医疗卫生系统专业技术优势,组建了六类残疾人康复技术指导组,共有各类专家195名,积极开展各类康复服务、技术指导、队伍培训等工作,为保障服务队伍的专业性奠定了基础。

(四)充分发挥宣传舆论作用,营造事业发展良好氛围

为宣传残疾人事业,深圳市充分利用"全国助残日"、"爱眼日"、"精神

卫生日"、"国际聋人节"、"国际残疾人日"等残疾人节日,开展主题鲜明、形式多样的扶残助残活动,同时,通过报刊、电视台、电台、网络、社区宣传以及公交宣传平台等,大力倡导"平等、参与、共享"的现代残疾人观,营造"理解、尊重、接纳、关爱"的社会氛围。"十二五"期间,深圳市不仅继续办好全市残疾人运动会、残疾人展能节、残疾人职业技能竞赛、"爱耳日"公益音乐会等传统的大型残疾人活动赛事,还创办了残疾人文化节、残疾人才艺大赛、残疾人辅助器具设计大赛、残疾人康复知识竞赛、残疾人创业设计大赛等全新的扶残助残活动,初步形成了品牌效应,充分展示出残疾人自强不息的精神风貌,积极向社会传递正能量。

二 充实残疾人服务内容

"十二五"以来,我们立足深圳实际和残疾人服务需求,坚持规范化、专业化、系统化的发展方向,残疾人的康复、教育、就业、辅助器具以及托养服务全面拓展,为残疾人服务的能力和水平显著提升,为不断改善残疾人生活质量、促进残健共享经济社会发展打下了很好的基础。

(一)残疾人生活有保障

"十二五"期间,市、区两级残联落实各项优惠残疾人政策,并向残疾人朋友直接发放各类补助津贴,总额累计超过2亿元。低收入残疾人家庭被纳入低保范围,实现了应保尽保;低保重度、失业、个体户残疾人依规定享受社会保险补贴,实现了在岗残疾人基本医疗和养老保险参保全覆盖;优先解决了200多户贫困残疾人的住房问题。

(二)残疾人教育形成体系

目前,深圳市以元平特殊学校、普通中小学、市残疾儿童早期干预中心、元平特校分教点及市电大残疾人教育学院为载体,形成从学前教育到高等学历教育的较完整的残疾人教育格局。对残疾儿童学前教育实施了保教费补贴以及福利彩票公益金资助元平学校分教点等项目;在义务教育阶段和高中阶段,实施12年免费特殊教育；对符合条件的残疾学生，实施中考体育免考、高考听力免考；残疾人接受高等学历教育实施困难补助制度，从而免除了残疾学生及其家庭的后顾之忧；依托成人高等教育院校开办了市残疾人教育学院，首届毕业班的38名残疾学生中有27人通过毕业审核，毕业率达到71%。

（三）残疾人康复卓有成效

"十二五"期间，深圳市以项目带动发展，以试点探索带动服务创新，实现了残疾人康复服务的新发展和新跨越，"十二五"康复服务各项任务指标完成率在60%以上。

在残疾人康复服务方面：3年来，仅市级残疾人康复服务机构承接的各种康复训练项目，累计服务人数就超过45000人次。

在精神残疾人服务方面：向全市近1200名户籍精神残疾人开展服药补贴服务，服药补贴标准不低于每人每月300元；对600名具有肇事倾向的户籍重性精神病患者实施治疗救助和社区监护。

在残疾少年儿童康复教育救助方面：率先将0~16岁的户籍残疾儿童都纳入康复救助范围，"十二五"以来，共向3520名残疾儿童少年提供了康复教育资助，资助金额6374多万元。

在居家康复方面：组织康复技术人员、服务人员和社工，深入到全市各个街道，上门为400名户籍重度残疾人提供居家康复服务；3年来，共帮助350多个户籍残疾人家庭对居家环境实施了无障碍改造，为他们的日常居家生活提供便利。

在精神疾病预防方面：组织专业技术团队，深入全市各个基层社区、工厂企业、服务机构和残疾人家庭，广泛组织开展形式多样的心理辅导服务。"十二五"期间，共开展心理讲座近1200场、团体辅导1500多场、个体心理辅导3000多人次，建立残疾人心理健康档案4000多份。

（四）残疾人就业稳步开展

深圳市残疾人就业已经形成了以分散按比例就业为主，集中就业、灵活就业以及自主创业为辅的格局。目前，全市有就业技能和就业愿望的残疾人就业率达到90%以上。"十二五"期间，全市以分散按比例形式安排就业的残疾人由4255人（2010年统计数，下同）增长到5547人（2013年统计数，下同），集中安排就业的残疾人由399人增长到862人。目前，已有110名户籍残疾人实现了自主创业的梦想。

"十二五"以来，深圳市扶持各类残疾人就业、创业4550多人次，组织残疾人参加各类免费职业技能培训3000多人次，扶持用人单位1160多家次，扶持金额达2188万元。深圳市与国际做法接轨，在全国率先搭建起了残疾人产品展销平台——"民爱商城"网上平台和实体商店，免费帮助残疾人朋友销售产品、作品，从而使他们增加收入、实现价值。

（五）残疾人辅助器具服务成效卓著

深圳市建立起了"一级评估、二级管理、三级准入、四级服务"的残疾人辅具适配服务模式，服务重心由普及型辅具配送向个性化辅具适配转变。"十二五"以来，共开展辅具咨询11325人次，辅具评估4648人次，为2927名残疾人量身定做了3686件辅助器具，并开展适配训练15925人次。除此之外，我们还组织残疾人辅具宣导体验3438人次，开展辅助器具维修、清洗、消毒等服务1168件，机动轮椅车年检、维修服务2862台（件），为残疾人提供其他各项辅具服务7366人次。

（六）残疾人托养服务有序推进

针对日常生活完全或部分不能自理的户籍重度残疾人，深圳市不断加强残疾人托养服务。2012年下半年以前，深圳市对180多名户籍极重度残疾人给予"居家助残"服务项目补贴，帮助其减轻家庭经济负担；2011~2012年，深圳市通过落实中央财政资金的"阳光家园"托养补贴计划，惠及残疾人1412名。《深圳市残疾人托养服务办法》出台后，深圳市建立起了居家安养、日间照料以及集中托养三位一体的托养工作机制，各项评估补贴及托养服务有序开展。目前，宝安区利民精神残疾人中途宿舍运营良好，大鹏新区区级重度残疾人托养服务中心已经建成，市级残疾人托养服务机构已立项并初步确定用地意向，龙岗、宝安区级托养中心已完成前期立项工作。

（七）社会环境更加优化

一是无障碍环境明显改善。深圳市于2010年出台了《深圳市无障碍环境建设条例》，这是全国首个无障碍环境建设地方性法规；颁布实施《深圳市无障碍设施建设和改造"十二五"发展规划》，道路、公共建筑、机场、车站等公共场所无障碍设施基本完善；率先实现残疾人免费乘坐公共交通工具，而且政策覆盖范围包括持"中华人民共和国残疾人（二代）证"的全国各地残疾人；成立了无障碍环境建设专家团队和督导团队；2013年底，100辆无障碍出租车如期投放，极大地改善了残疾人的交通出行状况。

二是信息无障碍建设成效显著。市政府主要门户网站基本实现信息无障碍；全市建有3所盲人无障碍图书馆；新闻播报设置语言字幕；电视台每周制作播出一期手语新闻节目《手语一周》。

三是助残志愿服务积极活跃。全市志愿助残的义工和志愿者超过10万人次，受到团中央的关注和肯定；在市残疾人综合服务大楼试点，探索建立了社工、义工"双工"联动的残疾人志愿服务机制；国际狮子基金会、中国残疾人福利基金会纷纷资助深圳助残项目；深圳狮子会成立"红狮服"志愿助残队；残友集团、腾讯公司、富士康集团、生命人寿、华夏银行等爱心企业以各种形式积极帮扶残疾人。

（八）残疾人文化体育精彩纷呈

深圳市残疾人在文艺和体育舞台上都取得不俗佳绩，展现了良好精神风貌。在全国、全省的会演比赛中，深圳市残疾人文艺节目荣获15个奖项；在全国残疾人射箭锦标赛上，屡屡斩获金、银牌；精神残疾人足球运动发展迅速，全新的精神疾病体育运动康复方法得到实践证明。

同时，我们积极开展残疾人事业理论研究，创办了《深圳康复服务》（季刊），目前已发行11期；编撰出版《孤独症诊疗康复教育规范》、《社会福利之辅助器具服务的技术管理与实践》等专业书籍；由WHO专门授权，翻译了WHO《轮椅服务培训教材》。仅2012年这一年，就在核心期刊发表论文8篇，在重要国家国际学术会议上发表论文6篇。

三 推动残疾人服务创新

（一）残疾人社区康复

社区康复是残疾人康复服务的出发点和落脚点。2012年，深圳市在龙岗区圆满完成残疾人社区康复全国试点工作，取得丰硕成果和经验。2013年以来，残疾人社区康复服务在全市各区全面实施，11项社区康复任务目标有序落实推进，残疾人服务重心逐步下移基层，深圳市基层残疾人服务机构的服务能力和服务水平得到了显著提升。

（二）家长培训

为加强残疾人家长的相关知识和技能培训，有效发挥家庭在残疾人康复、教育和生活照顾等方面的主体作用，深圳市逐步建立市、区、街道三级残疾人家长培训服务网络。截至目前，深圳市建有1所市级残疾人家长培训学校、4所区级残疾人家长培训分校（包括龙岗区、宝安区、南山区、福田区分校）及其所辖街道家长培训室。2013年，全市各级家长培训学校共举办培训19期，为数百名残疾人及其家长提供培训服务。

（三）评估转介

2012年初，深圳市挂牌成立市残疾人评估转介中心，旨在把好服务的入口关与出口关，更规范科学地开展残疾鉴定、需求评估、服务转介及信息管理等工作。两年来，该中心建立了各类残疾人康复技术指导专家库，有序推进开发市级残疾人评估转介信息系统，各类评估转介服务有效开展，成为深圳市残疾人工作的突出亮点。仅以2013年为例，全年共组织完成残疾评定2275人次，康复需求完成评定2640人次，功能障碍及潜能评估93人次，康复项目评估1207人次。

（四）康复医疗

残疾人康复医院是经市卫人委批准设立、依托南澳人民医院的民生工程，旨在探索残疾人康复服务与医疗服务的有效结合，为残疾人医疗和康复服务需求提供一站式服务枢纽。目前，该院工作运转良好，已成为深圳市残疾人康复的重要服务机构。同时，该院承担了深圳市残疾人康复服务的专业培训与职称评定工作，并与各类残疾人服务机构加强了合作与交流。

（五）辅助性就业

为解决无法在正常劳动力市场就业但具备一定劳动能力的精神、智力及重度残疾人的劳动就业问题，深圳市创建了残疾人辅助性就业模式，目前深圳市56家残疾人街道职康中心全部设置了辅助性就业场所，场所总面积达8000多平方米，容纳残疾人677人，其中智力194人、精神227人、重度残疾人356人。残疾人通过辅助性就业，参与简单劳动，并获取一定收入，既实现了劳动就业的权利，同时也参与了社会生活，提高了生活质量。"十二五"期间，先后有60多名起初无法在正常劳动力市场就业的残疾人朋友，通过接受辅助性就业服务，增强了劳动技能和社会适应能力，实现了正常就业的梦想。

（六）创业孵化

为支持残疾人资助创业，深圳市依托残疾人民爱科技园，建立了2000平方米的市残疾人创业孵化基地，可同时入驻20个孵化项目，为残疾人创业提供信息咨询、创业指导以及场地、资金、项目和金融服务支持。目前，各项筹备工作已基本完成，将在2014年正式启用，孵化更多的残疾人创业项目和助残服务机构。

（七）残疾儿童随报及早期康复

为建立残疾随报工作机制，做到早发现、早干预、早康复，深圳市出台《深圳市残疾儿童随报及早期康复工作方案》，建立起卫生与残联系统的残疾儿童筛查信息共享机制，将残疾儿童筛查、康复前置到新生儿，实现了深圳市残疾儿童抢救性康复工作的重大突破。

（八）引导式教育

脑瘫儿童康复教育是世界性难题，因此，深圳市与匈牙利MORIA引导式教育国际培训中心合作，引入残疾儿童引导式教育理念、方法和技术，建立了"残疾儿童引导式教育康复训练基地"，在训脑瘫儿童34人。三年来，我们邀请匈牙利专家来到深圳，依次开办了初级、中级、高级等三期引导式教育培训班，50余名来自公办、民办残疾儿童服务机构的特殊教育教师通过培训和考核，掌握了引导式教育的方法，取得了资质证书。

（九）低视力康复

为探索建立低视力康复服务新模式，深圳市依托市眼科医院，龙岗区人民医院以及龙城、坪地街道职康中心，开展了市、区、街道三级低视力康复服务试点，各级低视力康复点分别开展需求评估、服务转介、知识宣传、康复训练以及辅具配送等工作，实现了优势互补、互为联动，为下一步在全市铺开低视力康复服务打下了坚实的基础。

四　服务展望篇

党的十八大和十八届三中全会对残疾人事业提出了新的要求，带来了新的发展机遇，深圳市将全面推进完成残疾人事业"十二五"发展规划各项任务指标，不断完善"两个体系"建设，促进残疾人事业在高起点上加快发展。

（一）进一步推进残疾人事业的法制化进程

残疾人事业的健康可持续发展，离不开完善的政策法规体系的支撑，深圳市将继续坚持推进残疾人工作的法制化发展进程，逐步转变以项目带动发展的工作模式，将残疾人迫切的服务需求、成熟的项目运作经验上升到政策法规的层面，确保残疾人工作有法可依、有制可循。下一步，将积极推进《深圳经济特区实施〈中华人民共和国残疾人保障法〉办法》修订工作；修订《深圳市残疾人特殊困难补助办法》，提高补助标准、扩大补助对象范围；修订《深圳市残疾人参加社会保险暂行办法》，将重度残疾人纳入制度保障；制定出台残疾人服务业发展政策规划；建立健全福利彩票公益金和残疾人就业保障金项目的管理和绩效评估制度；出台《残疾人服务专业人才服务办法》；建立残疾儿童学前教育补贴机制；等等。

（二）进一步促进残疾人服务专业化发展

残疾人是具有个性化与多元化服务需求的人群，专业化是残疾人服务的重要特征。深圳市将继续坚持残疾人服务的专业化发展方向，在残疾人评估、项目实施、服务转介及质量监控等领域，积极探索专业性的标准、方法、流程及机制，同时，加大残疾人服务专业人才的建设培养力度，全方位提升"大康复"理念下的各项残疾人服务的专业性。近期，重点推进残疾人评估转介服务制度制定、区级残疾人就业服务机构规范化建设以及部分服务标准流程建设。

（三）进一步构建多元化残疾人服务供给格局

深圳市残疾人服务坚持以政府为主导、社会积极参与的原则，充分发挥各方的积极性和服务优势，构建多元化的残疾人服务供给格局。目前，深圳市残疾人服务业会员单位有120多家，全市政府办、社会办残疾人服务机构有近160家，其中社会办机构占半数。但同时，社会办的残疾人服务组织也存在经费紧张、人才不足、场地有限等困难。为此，深圳市将加大对社会办残疾人服务机构的扶持力度，制定《深圳市残疾人服务机构管理暂行办法》，主要从服务管理、技术指导、人才配备及经费资助等方面予以重点扶持，加快培育发展各类为残疾人服务的社会组织。

（四）进一步夯实基层残疾人工作与服务

深圳市将继续坚持"大康复"工作理念，进一步巩固发展残疾人社区康复工作成果，推进残疾人康复、教育、就业、辅助器具以及托养工作重心下移基层社区，夯实基层残疾人工作基础设施与专业化建设，全面推进基层社区筛查诊断、服务转介、建档管理、康复治疗与训练、辅具适配、职业康复、教育康复、托养服务、心理辅导、家长培训以及社区宣传等工作，使得残疾人就近就地享受到专业化的公共服务。

（五）进一步加大残疾人创新工作力度

改革创新是深圳的根与魂，深圳市历来注重以服务创新引领工作发展，部分残疾人工作走在全省甚至全国的前列。深圳市在继续巩固抓好已有创新工作的基础上，进一步推进残疾人评估转介新模式、居家康复、残疾儿童康复教育救助、残疾人自主创业孵化、残疾人辅助器具服务、无障碍环境建设社会化工作机制以及残疾人健康服务业等的工作创新。

社会管理篇
Social Management

B.11
2013年深圳市社会管理创新综述

赵文三 王树章*

摘　要： 作为改革开放的前沿城市，深圳区位特殊，流动人口和户籍人口严重倒挂，社会治安等情况纷繁复杂。2013年是十八大的开局之年，深圳市结合实际情况，按照"立体化规划、项目式推进"的思路，在平安创建、社会动员参与、矛盾纠纷化解、治安立体防控等方面着力创新，群众安全感和满意度逐年提升，社会治理水平逐步提升。

关键词： 深圳　社会管理　平安建设　社会动员　矛盾化解

深圳市于2010年被中央综治委确定为全国社会管理创新试点城市，2012

---

* 赵文三、王树章，深圳市社会管理综合治理委员会办公室。

年又被确定为全国9个社会管理创新典型培育地区之一。作为改革开放的"试验田"和"窗口",受特殊的区位、人口数量和严重倒挂的人口结构等各种因素影响,深圳综治工作和平安建设任务非常繁重。2013年,深圳市紧密结合特区实际,着力创新平安创建、社会动员参与、矛盾纠纷化解、治安立体防控等七大体系,不断提升社会治理水平,促进了社会治安持续好转、公众安全感逐年提升。2013年,在平安建设方面主要做了以下几项工作。

一 突出抓好七类重点十九个项目,创新平安深圳建设体系

按照中央、省的部署要求,把平安建设作为一项基础性、全局性的工程,扎实开展平安创建活动。一是强化组织保障。2013年2月,平安深圳创建工作被确定为全年政法工作首要任务,3月市委常委会研究通过《创建平安深圳行动方案》,提出了创建平安深圳十大体系46个项目,全面启动平安深圳建设。二是项目化推动。按照"立体式规划、项目化推动"的工作要求,确定了《2013年度创建平安深圳重点项目(第一批)》,包括七类重点、十九个项目(七类重点是平安深圳立体宣传、平安细胞工程、群防群治工程、社会管理工作网建设、社会治安立体防控工程、推广人民调解"福田模式"、加强对特殊人群的服务管理;十九个项目包括平安社区、固化"大保安"队伍、社区志愿者队伍等)。三是层层激活平安细胞。在全面调研的基础上,组织各平安细胞牵头创建单位起草了平安家庭、平安医院、平安校园、平安市场、平安景区、平安工地等10个平安细胞创建工作方案,形成平安细胞创建整体态势。利用深圳边防部队多的优势,会同省公安边防总队、深圳市民政局(双拥办)主办了"践行群众路线,深化爱民固边战略,创建平安深圳"推进会,全面推广罗湖区"爱民固边六进社区"经验做法和大鹏新区"平安海区、平安码头、平安渔港"经验。四是全面铺开平安宣传。先后出台《创建平安深圳宣传方案》、《平安宣传工作实施细则》等宣传规范,以媒体和社会面为主要宣传阵地,充分发挥各区各成员单位主力军作用,坚持"每月一主题、年底达高潮",平安宣传覆盖全市300个重点地段公交站、1万台出租车、公交车和

口岸、边检站、机场、加油站等人流密集场所,全年省以上媒体共刊发关于平安深圳创建的报道82篇,全市各区各单位共开展各类宣传活动835场,悬挂宣传横幅1.16万幅,发放宣传资料269万张,发送创建平安短信103万余条,编发专刊期刊319期,一个氛围浓厚、主题突出的平安创建氛围已经初步形成。

二 突出抓好社会力量整合,创新社会动员参与体系

综治工作和平安建设是一个系统化工程,动员社会力量是加强社会建设的客观需求。2013年,深圳市着重做了几项工作:一是着力加强群防群治工作。深圳外来人口众多、案件高发、公安警力严重不足等市情,决定了必须开展群防群治工作,动员和组织社会力量,打一场平安建设的人民战争。在总结2011年大运安保成功经验的基础上,6月召开了全市群防群治工作现场会,按照"社会化、市场化、职业化、规范化"的总体思路,在全市全面推进群防群治工作。二是加强队伍组建。各区按照统一部署,在队伍组建管理等方面进行了大胆的探索,组建了一支由"大保安"队伍、出租屋综管员、楼(栋)长、社区居民、企业员工等各类人员组成的群防群治队伍,全年共组建了一支超过64万人的队伍。三是大力推行楼(栋)长制度。多年来,深圳积极探索了"以证管人、以房管人、以业管人"流动人口服务管理机制和"旅业式"、"物业式"、"单位自管式"、"院区围合式"等出租屋管理模式。在光明新区的探索基础上,经过总结提高,将楼(栋)长制度纳入了"风景林工程"建设,深圳市在全市大力推广出租屋和商品楼的楼(栋)长制度管理模式,在符合条件的出租屋或商品楼全面配备楼(栋)长。由楼(栋)长承担流动人口信息登记和申报、协助社会治安防控、出租屋日常管理等任务。目前,共有楼(栋)长超过14万名,管理超过20万栋房屋,城中村区域的出租屋已实现楼(栋)长制全覆盖。四是充分发挥股份公司、物业公司等主体的管理责任。针对原特区内高层楼宇多的特点,深圳市推行了高层楼宇"二+5"管理服务模式,在公安和房屋租赁部门的牵头下,引导物业管理公司、业主、承租人、房地产中介和楼(栋)长等各方力量共建共享,目前全市6763栋高层楼宇,已有1233栋实行了"二+5"模式。探索发挥特区立法权的优势,通过政府购买服务等方式,发挥股份公司、物业管理

公司在日常管理方面的优势，有效预防减少矛盾，因地制宜地在全市推广社区治安联防理事会和治保主任等制度，发动社会力量踊跃参与平安建设。

三 突出抓好诉求表达机制建设，创新社会矛盾纠纷化解体系

为及时有效化解矛盾纠纷，确保社会和谐稳定，近些年来深圳市做了大量的探索，着力构建人民调解、司法调解、行政调解三调对接的大调解体系，大力推广人民调解"福田模式"。该模式的主要特点为"一购四化广覆盖"："一购"就是政府购买服务，通过招投标向有资质的律师事务所购买服务，中标律师事务所派遣法律专业人员进驻人民调解室担任专职调解员，养事不养人；"四化"即调解人员专业化、调解机制规范化、调解方式法制化、信息管理标准化；"广覆盖"就是指人民调解向街道、社区、派出所、交警队、医院等区域、领域和行业广泛覆盖。实行这一模式以来，福田区调解成功率一直稳定在90%以上，为政府减压、法院减负作用十分明显；人民调解"福田模式"研究还获得国家社会科学基金后期资助项目正式批准立项。2013年，深圳市强力推广人民调解"福田模式"，制订出台《关于推广人民调解工作"福田模式"工作方案》，着力将"福田模式"上升为"深圳模式"。经过半年多的强力推动，初步构建了推广人民调解"福田模式"的工作格局，全市各区共投入经费4376万元，新建人民调解室250个，新增专兼职人民调解员310人，基本实现了对法院（庭）、派出所、交警队、医院、劳动、综治中心等单位的全覆盖。

四 突出抓好基层基础建设，健全基层综合服务管理平台

"基础不牢，地动山摇。"夯实基层基础是综治工作的首要任务和必然要求，多年来，深圳市不断加强综治基层组织建设、网格化、基层平安创建、流动人口服务管理等基础性工作，不断夯实综治基层基础。2013年突出抓了两项重点工作：一是扎实做好街道综治信访维稳中心"破题"工作。十八届三

中全会决定指出,要健全基层综合服务管理平台,及时反映和协调人民群众各方面、各层次利益诉求。在街道"中心"建设方面,深圳启动较早,2005年前后南山区的桃源、西丽等街道中心建设初步探索出很好的经验做法,2007年龙岗区在全国率先探索建立了"大综管"中心,为全省街道综治信访维稳中心建设提供了基层经验。2009年全市街道综治信访维稳中心全面铺开后,取得了良好的成效。但近年来,个别街道"中心"建设管理有所滑坡。党的群众路线教育实践活动开展以来,深圳市把"深化街道中心建设,把街道中心打造为基层综合服务管理平台"作为全市六项"破题"项目之一。在前期明察暗访和深入调研的基础上,深圳市出台了一系列新的制度规范,对加强街道中心建设的工作要求、工作内容、工作步骤均进行了明确和部署,在深化认识、改进作风、整合资源等方面提出具体要求;先后制定了综治维稳干部挂点街道综治信访维稳中心制度,深圳市始终坚持把工作的着力点放在资源整合和机制建设上,通过严格落实"五个一"工作机制(一个窗口服务群众、一个平台受理反馈、一个流程调处到底、一个机制考核落实、一个口子立卷归档),街道中心调解成功率达96%以上,群众对"中心"的满意度明显提升。二是深化社区网格化管理。多年来,深圳基层探索的"一格多员"模式,为加强基层社区服务管理工作发挥了重要作用。2013年,深圳市以"织网工程"为抓手,进一步调整和优化原有的10047个网格。在充分调研的基础上,出台了《关于进一步推进社区网格化的实施意见》,以出租屋综管员为基础,整合计生、城管等部门信息采集力量,组建新的网格管理队伍,实行网格员统一称谓标识、统一薪酬待遇、统一职责要求、统一规范管理,实现"多网合一、一网多格、一格多员、全员参与",网格员负责开展日常管理、治安、计生、统计等工作。强力推行网格化管理模式,以实现服务管理工作的"三个转变"(从管理职责不清转变为管理责任明确,从事后被动应急转变为事前主动防范,从运动式治标管理转变为常态化治本管理),将深圳市的社区网格化服务管理模式提升到一个新的水平。

五 突出抓好社会共建共享共融机制建设,创新人口管理服务体系

深圳聚集超过1500万的人口,户籍人口与流动人口之比近1:5。30多年

来,广大流动人口为深圳经济社会发展做出了巨大贡献。如何让他们能真正融入深圳、树立家园意识、共同参与深圳建设、共同享受改革发展成果是深圳社会建设和社会管理的重要内容。在实有人口服务管理方面:一是深圳市努力构建实有人口服务管理长效机制,大力推广"旅业式"、"物业式"等五种管理模式,建立房屋编码和出租屋分类管理系统,制作电子地图,采集房屋信息,设定房屋编码,构建"以证管人、以房管人、以业管人"的流动人口服务管理机制,推行居住证制度,不断赋予其计分入户、子女就学、申请驾照、港澳行签注等服务内容,提高居住证含金量。二是大力推广"宜居出租屋"管理模式。把出租屋管理工作与安全生产、社会治安、人口计生、环境整治、租赁业务等有机融合,为来深建设者提供安居创业发展的良好环境。三是逐步消除户籍人口和非户籍人口在管理等方面的隔阂。逐步扩大户籍人口比重,推动公共服务均等化,大力弘扬"来了,就是深圳人"的理念,创造条件让来深建设者更好地融入城市。截至11月底,全市累计登记流动人口1334万,通报各类问题隐患95.4万宗,协助有关部门消除治安隐患70380宗、消防隐患50889宗、违法经营问题15967宗,出租屋的刑事案件发案率同比大幅下降34%。在特殊人群服务管理方面:加强"八类人员"的管理服务工作,理顺部门职能、构建长效机制,做到"情况清、底数明、服务好、管得住",充分利用信息化手段,将特殊人群服务管理纳入社会管理工作网信息系统,运用信息化手段,率先探索政府力量、专业力量和社会力量三方联动新机制,以实现精准服务、精确管理。为深刻吸取"7·29"罗湖区精神障碍患者肇祸杀人案件的教训,进一步完善深圳市预防精神障碍患者肇事、肇祸工作机制,深圳市认真梳理工作流程中存在的问题和薄弱环节,牵头出台了《关于进一步加强肇事肇祸等严重精神障碍患者救治救助工作的实施意见》,建立深圳市精神卫生领导小组制度,打造信息监测、康复管理、救助帮扶等八项长效制度,协调各部门加快健宁医院等硬件水平的建设进度,有效提升深圳市精神卫生工作水平。

六 突出抓好信息化应用建设,创新社会治安立体防控体系

当今时代,信息化助力社会治理威力大、效能高。深圳市充分发挥深圳信

息产业发达的优势,注重抓好信息技术在社会管理和社会治安领域的深度和广度应用。一是推动平安视频和猫眼工程建设。2013年以来,深圳市按照高标准规划、高起点建设的原则,下发《平安深圳视频监控系统建设工作方案》,计划在两年内全市完成15万个一类、二类摄像头的建设任务,实现重点行业和区域监控系统100%全覆盖。改变政府包建的方式,依托电信、联通和移动等通信公司的技术优势,以租代建,社会化运营,实现视频资料互通互享。目前,全市已安装视频门禁设施近11万台。针对一、二类摄像头监控覆盖不到的区域,全面推行"猫眼工程",按照"电信运营商服务、商家出资、公安指导"的建设模式,充分发挥"猫眼"探头成本低、维护简单的优势,动员广大小业主自愿安装,真正实现"管理全覆盖、监控无盲点",发挥信息系统的震慑作用。二是深化社会管理工作网建设。社会管理工作网建设是深圳市社会综合治理工作的特色之一,被评为2012年广东政法十大品牌之一。2013年以来,深圳市在原来的一个矛盾纠纷和问题隐患事件处子系统的基础上,将工作网扩充为GIS地图、基础信息、特殊事件、关注人群等子系统的综合平台,并将系统服务器容量从120G、仅存储数据约1.5亿条扩充为3T、可存储数据约48亿条,确保满足工作实际需要的硬件要求。为进一步发挥社会管理工作网作用,深圳市完成了对工作网系统与政务信息资源交换平台数据交换接口的开发工作,做好工作网系统与政法网的对接联通,并加强与信访、劳动等部门横向联通。通过工作网系统,深圳市不断优化工作流程,人、房、事、网等实现了相关联,在探索实现政府力量、专业力量和社会力量三方联动工作新机制上走出一条新路。全年工作网系统共受理矛盾纠纷和问题隐患事件超过40万宗,其中办结超38万宗,办结率达近96%。

七 突出抓好考核的指挥导向作用,创新平安深圳暨社会管理综合治理考核体系

为充分发挥综治和平安建设考核的作用,根据尊玉同志关于综治考核要突出重点、科学合理、简便易行、推进工作的指示精神,深圳市专门组织考核改革调研课题组,学习调研了江苏、浙江、广东及广州等省(市)综治考核及

深圳市监察局政府绩效考核、人居环境委生态文明考核、龙岗区重点工作考核、南山区平安指数等做法，总结分析优缺点及可借鉴之处，结合深圳市特点，积极创新，提出了2013年度考核体系。对比以往的考核，有如下特点：一是统一考核框架。对区和单位的考核统一提炼归纳为基础性（群众评价、基础数据）、重点性（重点工作）、导向性指标（执行力、创新力、问责力）三大类，一张表出结果。二是突出重点工作。梳理全年工作部署和要求，对区考核7项，对单位根据职能考核2~5项重点工作，占总分比重达70%，强调工作导向。三是完善评价体系。加大群众评价所占比重。建立领导评价、区和单位互评机制。合理设置评分标准，每项指标评分标准不多于4条，立足基础数据，基本实现客观量化。四是减轻考核负担。精简考核指标，对区和单位分别由85项和30项减少至13项和9项。不组织考核组，以平时通报、日常督导、常规报送等情况为依据进行评分。五是发挥考核实效。强化问责机制，实行与考核名次靠后的区和单位领导约谈。公开考核结果，在主流媒体或政务内网公布考核得分及名次。

2013年，虽然深圳市综治工作和平安建设取得了一定成效，但和上级的要求和群众的期盼还有不小差距，也还存在一些困难和问题。接下来，深圳市将认真贯彻落实党的十八届三中全会精神，牢固树立社会治理理念，一方面继续固化、深化既有工作经验成效，另一方面坚持改革创新精神，继续深入研究、探索新的思路和措施，坚持法治原则，突出工作重点，不断健全完善七大创新体系，将综治中心、网格化、流动人口及特殊人群服务管理、人民调解"福田模式"、群防群治、楼（栋）长、治安理事会和治保主任制度、爱民固边、社会管理工作网建设等工作不断推动发展，广泛发动爱心组织、义工力量、专业人员等力量参与社会治理，力争为全国社会治理和平安建设工作创造更多、更好的新经验、新做法。

B.12 2010～2013年深圳市构建社会治安立体防控体系发展状况及展望

张岩松[*]

摘 要: 党的十八大报告中指出:要"完善立体化社会治安防控体系"。2010～2013年,随着深圳市经济快速发展,人、财、物流动的数量剧增、频率加快,犯罪手段逐步向智能化和专业化方向发展,犯罪行为在时间上的突发性、空间上的不确定性和手段上的对抗性大大增强,违法犯罪活动日益动态化。构建社会治安立体防控体系,已经成为应对动态社会治安的有力抓手,是新形势下维护全市社会治安秩序、实现社会治安良性循环的坚固基石,是增强全市公安机关驾驭社会治安复杂局势能力、维护社会治安稳定的根本措施。

关键词: 深圳 社会治安 防控体系 策略

一 构建社会治安立体防控体系基本情况

2010年6月,全国公安机关社会管理创新座谈会在深圳召开。7月,市公安局着眼于确保第26届世界大学生夏季运动会安全顺利举办和持续实现深圳治安好转需要,在固化、深化创新举措的基础上,提出了构建社会治安立体防控体系的思路,并于8月份向市委、市政府提交了相关工作方案。12月,市委、市政府出台了《关于进一步加强社会管理、构建社会治安立体防控体系

---

[*] 张岩松,深圳市公安局。

的若干意见》，把这项工作上升为党委、政府层面的重大任务，并纳入"十二五"规划纲要，着力破解影响治安的源头性、根本性、基础性难题。

具体构建的主要思路是：党委、政府牵头组织，深化、固化公安社会管理创新成果，围绕"人、屋、车、路、网、场、组织"等社会治安基本要素，全面构建"点线面结合、人防物防技防结合、打防管控建结合、网上网下结合"，动态化、信息化、全时空、全覆盖的治安立体防控体系。用三年时间，重点打造情报信息网、基础防范网、视频监控网、网络管控网、打击整治网、区域协防网"六张网"，形成社会治安立体化防控新模式。

2011年10月，公安部在借鉴深圳等地做法的基础上，出台了《关于进一步加强社会治安防控体系建设的指导意见》。据此，市公安局在一年半实践基础上，制定了《关于进一步加强社会治安立体防控体系建设的工作意见》。党的十八大报告提出要"深化平安建设，完善立体化社会治安防控体系"后，深圳市加大了构建立体防控体系力度。

2012年3月，为客观量化、综合评价防控体系建设情况，深圳市公安局制定《立体防控体系建设验收考核标准及评分细则》，并分别于6月、12月进行了初步验收和总结验收。在此基础上，以公安部门为主，深入查摆薄弱环节和不足，进一步突出"民意引领"导向，强化科技信息化手段应用，对立体防控体系进行深化、固化和完善，取得了新成效。

经过三年多实践，反映社会治安态势的主要指标——110接报有效警情、刑事立案、八类严重刑事案件、多发性侵财案件，2012年较2010年分别下降14.29%、22.55%、36.56%、27.09%；特别是对公众安全感影响大的八类严重暴力犯罪，在全部刑事案件中的比重降至4.8%，为近年来最低水平。2012年发布的国家统计局广东调查总队"社会治安抽样调查"结果显示，深圳的公众安全感和公安工作群众满意度得分均超过90分，居全省前列。

二 构建深圳社会治安立体防控体系的主要做法

（一）依托居住证制度，服务好、管理好全口径实有人口

深圳以流动人口为主的实有人口增长快、总量大，是影响包括治安在内的

城市管理和公共服务的主要因素。2008年深圳率先创新实施居住证制度，通过捆绑社会福利，消除户籍差别，寓管理于服务，积极应对挑战。

1. 推动居住证制度落地，探索"以证管人"

5年中共投入财政资金4亿多元，累计办理居住证2015万张，赋予持证人的权益达15项。为全省乃至全国服务管理流动人口积累了有益经验，得到了中央领导的高度评价和市民群众的广泛认同。根据广东省实施居住证制度的新情况，从2010年起，深圳市公安局积极做好与广东省居住证对接的协调工作。深圳市政府相关职能部门积极配合市人大实施居住证特区立法，力争在不影响1000多万深圳居住证持证人权益的前提下，找到一条既能满足全省"一证通"制度要求，又符合深圳实际的流动人口服务管理路子，继续为全国积累经验。

2. 实行出租屋"两强"管理，探索"以屋管人"

对全市508.3万间（套）出租屋实行出租屋综管部门强势管理、公安部门强制管理模式，开展"三联"执法，即公安部门与出租屋综管部门联合勤务、联合执法、联合督导，落实业主与出租方的治安管理义务，提升出租屋物防、技防和治安自治水平。针对十元店、黑网吧等无证经营场所滋生大量问题，查处取缔难且市场需求旺盛的情况，公安部门主动介入，对"旅业式出租屋"、"网络出租屋"实施全纳管。

3. 积极回应市民呼声，提升服务民生水平

深圳市政府结合每年开展民生实事工程，协调各相关职能部门创新服务群众机制，争取市民支持和参与社会治安立体防控体系建设。比如，深圳市公安局在全国首创机动车"网上审验"、驾考"智能评判"、监所在押外地户籍人员网上会见等措施，成功推行了非深户籍人员申办出入境证件、经侦服务企业、消防重点工程项目联络员制度等便民服务。

4. 创新警民沟通机制，促进和谐警民关系建设

不断满足市民群众对社会治安工作的知情权、参与权和监督权。深圳市公安局在全国率先建立了网上便民工作室、警察公共关系联络员制度，面向全口径实有人口，成功举办了8期警察开放日活动，近三年实地参与的市民超过120万人次，网上参与的超过1000万人次。利用微博、微信等新媒体，打造集信息发布、网上服务、综合问政、互动公关、舆情引导等多种功能于一体的警察公关平台。2013年4月,市公安局官方微博被公安部评为"成效突出的县级以上公安机关政务微博"第四名;第一季度,深圳交警微博影响力在全国政务机构微博中排名第七。

(二)强化社会面治安管控,有力压减各类案件

深圳治安复杂,动态特征明显,基础要素管控难度大。公安部门坚持"打防结合,以防为主",将主要警力压向社会面巡逻执勤,着力提升动态化精确管控水平。

1. 全面实施动态巡逻勤务

从2012年4月起,将动态巡逻确定为公安基层所队的基本勤务模式,每天将4000多名警力压上路面,联合全市18.6万名治安辅助力量实行混编巡逻,步巡与车巡结合,街头流动警务室与警灯自行车相补充,提高"见警率"、"管事率"和处警效率。配套建立"通播指挥"模式,对重大警情实行多点响应、就近处置、联动支援。公安部治安局经多次暗访测试,给予其高度评价。在市与市交界处、原二线关通道、主干道等处设立"网格化"一级卡点11个、布建车牌自动识别系统184套,提升动态发现、处置能力。

2. 大力开展治安基础治理

针对城中村出租屋藏污纳垢、滋生犯罪的问题,狠抓"五个到位"。物防到位,对分散独栋楼宇进行物理围合。目前,已建成围合式小区1612个,覆盖率达74.7%。绝大部分小区发案率不同程度下降,部分小区实现"零发案"。技防到位,安装7.8万套出租屋视频门禁系统。这项创新获得2012年全国公安基层技术革新一等奖;在沿街小店铺推广安装低成本的"猫眼"探头9万余套。人防到位,社区警与综管员"捆绑"运作,组织楼(栋)长21万余名,强化出租屋日常管理服务。管控到位,把治安重点人员动态管控列为社区民警基本职能,建立"三必查、三必访"机制。与主要人口流出地的10省24地市建立警务协作机制,推行"两头共管"。责任到位,落实公安、综管、物业、业主和租户的治安责任。

3. 集中整治重点区域

全市每年确定一批治安复杂地区,实行挂牌督办、集中治理。2011~2013年,先后整治了22个重点街道,积小胜为大胜,逐步改善了重点区域的治安面貌。2013年4~9月,市公安局抽调204名机关民警、200名特警和800名新警,结对帮扶原特区外19个治安复杂的派出所,使其110刑事治安总警情同比下降9.8%,高于同期全市8.9%的降幅,并拉动全市刑事治安总警情下降2.5个百分点。

(三)坚持"民意引领",重拳打击突出犯罪活动

坚持严打方针不动摇,以打开路,以打促防,打防结合,不断提升打击效能。

1. 突出打击重点,始终把矛头对准八类严重暴力犯罪和多发性侵财犯罪

打团伙,摧网络,端窝点,实施类案串并,集中打击。三年间,共破获刑事案件105397起,抓获犯罪嫌疑人97993名,逮捕66655名,打掉犯罪团伙5833个25165人;破案数年均增长3.2%,刑事破案、打黑除恶、缉毒破案指标连续排名全省第一;逮捕数连续五年、缉毒破案和打黑除恶连续三年排名全省第一。尤其是在2012年的全国"打四黑除四害"和全省"三打两建"行动中,共端掉"四黑四害"窝点892个,打掉"欺行霸市"涉黑涉恶团伙516个,包括打掉建市以来最大规模的沙井"新义安"黑社会性质组织,抓捕237人。问卷调查显示,87%的受访人认为"三打两建"使市场秩序和社会环境有较大改善,91%的受访人认为群众、企业得到了实惠。

2. 创新工作机制,形成"合成化"打击模式

公安部门采取网上作战、情报导侦、深挖扩线等侦查模式,将传统的刑事侦查手段与现代技侦、网侦、图侦等手段相结合,建立了警种职能融合的"合成化"办案机制,破获了一大批复杂疑难大要案件。尤其是把突出型和新型经济犯罪作为打击重点,2010~2012年,平均每年立案6386宗,破案4339宗;与2010年相比,2012年的经济犯罪嫌疑人逮捕数上升51.6%,打击效能全国领先。2012年在全国首次运用刑事手段,成功打击手机恶意扣费犯罪后,相关通信运营商无故扣费投诉量同比下降66%。

3. 注重办案质量,不断提升追诉犯罪的能力

2012年底公安部门建立"一个中心,三项制度"(建立执法问题核查中心,实行办案责任制、法制委员会制度和法制员制度),对执法实行全流程规范化管理;与市场监管、税务、银监等部门建立了刑事司法与行政执法相衔接的工作机制,提高了打击刑事犯罪的效能。比如,2012年侦破"百万买家"网络非法传销案后,29名主犯全部被判刑,被公安部、国家工商总局评为全国打击非法传销"三大典型案例"之一。

4. 立足"以防为先,打防结合",有效遏制各类涉网犯罪

公安部门组建市局、分局两级网警专业队伍,创建网警资源支撑中心,搭建警用百度、侦查服务、电子取证管理"三大平台",开放34种网侦资源,日均协助一线破案4宗、抓获8人,提升了网上作战水平。针对近年来信息诈骗高发的势头,推出"E警工场"防诈骗免费软件、"呼死"系统、"白名单保护"机制等多项措施。2013年6月6日率先开通全国首家"反信息诈骗咨询专线",建立公安、通信、银行三方联防联控机制。运行半年来,接到市民来电165151人次,直接劝阻9899人避免被骗转款约1.05亿元,帮助1216名受害人快速拦阻被骗资金1903万元。这一做法,获公安部、省厅高度肯定,受到媒体和市民的广泛赞誉。

(四)探索群防群治新机制,夯实平安建设基础

各级党委、政府按照"警力有限、民力无穷"的思路,坚持走综合治理、群防群治路子,统筹调动各方力量共同维护治安。2011~2013年,各类治安辅助力量协助破获违法犯罪案件5万多宗,抓获嫌疑人9万余名。

1. 坚持专业辅助力量建设与发动市民参与"双轮驱动"

为了最大限度发挥保治安员队伍的专业化治安辅助作用,2012年3~7月,开展了全市保治安员集中整治行动,强力突破村联防队、娱乐场所、小企业私招滥雇保安力量的难题,组织保安公司统一纳管。共收编307支治安联防队,占总数的83.7%,其余61支按5种形式分流并转。推行"内保外用"做法,由基层派出所组织企事业单位内保人员,每天参与单位周边的巡逻值守,履行"门前治安三包"责任。针对深圳市流动人口多的特点,大力开展有奖举报工作，2009～2013年累计受理有效举报线索31932条，从中查破违法犯罪案件21576宗，抓获逃犯375名，查获违法犯罪嫌疑人34647名。

2. 创新建立市场化的安保服务体系

探索建立了大型活动安保"市场化运作、购买式服务"模式，明确由业主或受益方承担治安责任，公安部门加强监督指导，落实事前审查、事中检查，尽可能不派用警力，着力提升业主和受益方的治安自防、自治能力。2012年和2013年，按照市场化模式开展大型活动安保，平均每场次节省警力80%以上，无一发生安全事故。

3. 着眼群防群治工作可持续发展，强化综合保障

各区、街道统筹指导，依托平安建设促进会、治安理事会、平安志愿者联合会等平台，扩大治安辅助人员的经费来源。比如，坂田街道发动社会单位筹集1500万元的平安基金，拿出收益奖励保安员，完善了激励机制。2013年7月，市委政法委牵头出台了《关于进一步加强群防群治工作、推进平安深圳创建活动的意见》，从制度层面加大了综合保障力度。

（五）深化科技信息化应用，提升公安部门核心战斗力

面对全市警力配置滞后于实战需要，获得上级增编难度非常大的情况，深圳市委、市政府大力支持公安局推进科技强警战略，走"信息化、智能化、高技术化"警务路子，大力提升专业化打防管控能力，公安部门主要采取了4项措施。

1. 实施流动人口信息全覆盖采集

从2010年起，在复杂场所全覆盖推广安装信息采集仪，在大型企业和珠宝、家政等行业推广安装身份验证服务系统，在长途汽车站、火车站、地铁安装二代居民身份证核录设备，向一线民警配发移动警务终端，与42个省（市）开通情报信息交流"直通车"，减少信息采集盲区死角。目前，共采集信息43亿条，从中查获在逃人员88人。

2. 大力发展警务新技术

出台了科技强警"十二五"规划，实施"八大智能工程"。其中物联网示范项目被列为国家试点项目，率先在电子车证、人脸识别等领域探路。自主研

发了"视频综合应用系统",2012年在国际刑警组织第八次中心局大会上做了重点介绍,获公安部科学技术一等奖。依托百度地图技术研发的"警民通"手机软件,前期已实现报警自动定位,下一步将增加报警现场视频、音频实时采集、"手机办事大厅"等功能。

3. 创新建立"情指联动、情勤对接"模式

在市公安局和各分局成立情报信息支援中心,直接为一线民警提供实战支撑。在派出所成立"情报指挥室",后台民警专业研判,一线民警拿单作业,有针对性地开展打防管控工作,形成了"岗前训示情报派单、岗后归整信息入库"的全新勤务流程。目前,市局、分局平均每天下达勤务单800余份,使有限警力的效用显著放大。孟建柱、郭声琨同志来深视察时,对这一做法都给予了充分肯定。

(六)坚持严管严治不放松,全面加强城市公共安全管理

深圳处于快速发展期,全市在建工地数量大,交通改造项目多,新城区、工业区、老屋村并存,高新企业、商铺酒店、加工型作坊等各类经济形态繁杂,道路交通严重超荷,交通、消防、剧毒危爆物品安全管理任务十分艰巨。深圳市公安局以创造良好发展环境为目标,以提供优质公共服务为方向,以落实法治化严管理念为导向,推出了多项创新举措。

1. 狠抓机制创新、科技创新,压事故、保畅通

坚持严管严治、科技创新、全民参与,大力开展"禁摩限电"、"猎虎"等统一行动,推出了泥头车"一证四限"、"两牌两证"等管理举措,依法严查交通违法行为;在6条主干道推广科技严管路,3万个摄像头实行"网上巡逻",10分钟可完成对全市主要道路的巡查,引导主干道上80%的轻微事故实施"快赔快撤";创新推出交通"绿色出行"措施,显著减轻了城市交通压力。到目前为止,深圳市交通事故实现连续8年下降。

2. 加强消防基础管理,确保消防安全

推行消防安全"网格化"管理;在"防消分设"基础上,实施"查处分离、审验分流",强化相互监管;实行消防设计技术审查与行政审批分离,将相关职能转给市场中介,公安部门只审图不制图,防止腐败发生。在全国首开

先河，组织编写了《消防安全教育》教材，列入中小学义务教育课程。以隐患突出的城中村为重点，加大消防宣传、消防服务力度，提升火灾自防自救能力。2008～2013年，武警现役消防部队警力由最初的712人增加至1228人，成功处置了2012年"5·11"深圳空港油库汽油泄漏等一批重特大火灾事故。

3. 加强重点单位防范，确保危爆物品及重要部位安全

加强源头管理，运用物联网技术，设立危爆物品信息监管平台，对危险品加装电子标签，对特种车辆安装行车记录仪，对储存、配送、销售、使用全流程实行规范化控制，防范出事。对机场、地铁、交通枢纽、供水通道、核电基地等71个重点单位和部位开展安全风险评估，防患于未然。在学校设立法制副校长，落实校园护卫力量与派出所联勤联动、高峰时段民警巡防员定点守护、定期分析研判校园周边警情等制度，及时整改校园内外的各种安全隐患，对重点精神病人落实稳控措施，防范和减少了重大校园安全事故和案件发生。

三 构建完备的社会治安立体防控体系仍面临着巨大挑战

深圳社会治安立体防控体系建设取得良好成效，但刑事案件仍处于高位，人口总量大、结构复杂等影响治安的源头性、根本性、基础性因素依然存在，深圳仍是同类城市中治安最为复杂的地区之一，要保持治安持续好转态势还面临诸多难题和挑战。

（一）深圳治安长期面临严峻态势，且复杂性、反复性较强

一是八类严重刑事案件绝对数大。2009～2013年，其所占比重虽然逐年下降（分别为10.8%、6.48%、6.4%、5.3%、4.6%），但绝对数目前在全国15个副省级城市中还排名第一。二是盗窃、诈骗、"两抢"等侵财类犯罪较突出。三是毒品问题仍是重要诱因。深圳是全国主要的毒品通道、集散地、中转站、新型毒品犯罪严重地区之一。毒品犯罪链条长、危害大，是引发各类暴力案件的重要源头。四是犯罪手段在深圳具有先发性。从前些年的飞车抢夺、银行卡犯罪，到近期较为突出的信息诈骗，都是最早在深圳出现的。五是境外黑社会犯罪对深

圳的辐射影响作用大。几乎每年都会侦破涉境外黑社会的案件，2013年3月28日又查处了香港黑社会组织"和胜和"70多人在福田口岸聚会的活动。

（二）深圳治安面临三大压力

一是流动人口基数大，无业滞留人员多。到2013年底，流动人口达1520万，实有人口密度全国第一。据公安部门抽样测算，超过80万无业人员长期滞留，90%多的犯罪嫌疑人是外来人员。二是出租屋总量多，治安环境复杂。500多万间（套）出租屋，以农民房为主，一些"城中村"房租低廉，往往成为违法犯罪嫌疑人的落脚点。刑事案件中，近一半与出租屋有关。三是交通和网络便利，基础管控难度大。深圳注册的汽车，达到253万辆，密度居全国前列。网络普及率为76.8%，居全国第一；网络违法犯罪手法多、变化快，打击、防范难度大。

（三）社会治安立体防控体系建设还面临四个突出矛盾

一是发展进度不平衡。各区、各部门之间，重视程度和投入力度不一，甚至相差甚远。以视频监控探头建设应用为例，原特区内外差别十分明显，原特区外有相当一部分案件高发区域未安装探头，而且在日常管理维护、经费保障、综合应用等方面也存在诸多问题。二是管"人"与管"屋"之间还存在脱节现象。公安部门拥有"管人"职责和执法手段，但缺乏专门力量参与管理；出租屋综管员承担基层管理事务达26项，且缺少刚性手段，"管屋"难到位，亟须对出租屋治安管理相关法规进行完善。三是群防群治工作缺乏刚性措施和系统规划，群防群治工作可持续发展的整体动力仍然不足。四是警力短缺问题较突出。目前深圳万人民警数为10.7名，低于国内其他14个副省级城市16.6名的平均水平（广州21名、武汉22.3名、厦门17名、南京17.7名）；原特区外的宝安、龙岗、光明、龙华等区更低，只有5.4名，个别派出所万人民警数甚至只有1名，勤务安排和整体运作较困难。

四 构建社会治安立体防控体系工作展望

党的十八大以来，中央及省、市领导对社会治安工作和平安建设提出了一系列新精神、新要求，人民群众也对实现安居乐业、享受高水平的公共服务提出了更多期待。市公安局将继续以"平安深圳、法治深圳"为主线，深入推进社会治安立体防控体系建设，着力实现治安持续好转，进一步提升公众安全感和满意度，重点抓好四个方面的工作。

一是强化社会面管控，最大限度压制犯罪，减小市民受侵害概率。坚持专群结合，落实动态巡逻勤务，提升"见警率、管事率"和快速反应作战能力。强力治理一批治安乱点和源头性治安问题。支持公安部门在现有警力"总盘子"内，加大向原特区外投放倾斜，有针对性地强化科技强警、情报信息主导等措施，改善复杂区域的治安面貌。

二是在打击导向上，更加突出"民意引领"和精确、实效。重点打击影响群众安全感较大的暴力犯罪和多发性侵财犯罪，既重视破大案，也注重破小案，对群众反映强烈的接触诈骗、信息诈骗、飞车抢夺、入室盗窃和毒品犯罪，着力提高破案绝对数和破案率。加大打黑除恶力度，挖幕后、抓骨干，铲除经济基础。

三是做强基层打牢基础，提升源头治理能力和水平。完善、落实"两强"管理、"楼长制"、"视频门禁"、"高层楼宇出租屋管理"等做法。推广成立社区治安理事会，促进自保自治。通过大力宣传、有奖举报、奖励入户等手段，完善群防群治动力机制，推进群防群治力量实名上岗、常态运作。

四是坚持严管严治，维护好公共安全秩序。继续严管泥头车、校车、摩托车、电动车等重点车辆，严查酒后驾驶、交通肇事逃逸等危害公共安全和交通秩序的违法行为，倡导绿色出行。落实消防安全网格化管理，构筑社会消防安全"防火墙"，组建高层、地下建筑灭火救援专业队，提升灭火救援能力和消防监督管理水平。

B.13
深圳市人口形势分析

王世巍*

摘　要： 本文对深圳市人口形势进行了分析，具体分析了深圳市人口众多、人口密度大的基本情况及其积极、消极影响，分析了深圳市几个突出的人口结构状况，还分析了深圳市人口素质高低两级并存。

关键词： 深圳市人口　人口结构　人口素质

人口形势已经成为深圳令世人瞩目的一个方面，也是深圳发展绕不过的重要话题。那么，如何看待深圳市人口形势呢？笔者认为，深圳市人口形势特点鲜明，突出表现为人口众多、人口结构特殊和人口素质高低两级并存。

一　如何看待深圳市人口众多的问题

人口众多、人口密度大是深圳市人口形势最突出的表征。深圳市是全国为数不多的人口超千万的城市，深圳市常住人口总量在2013年已经达到1062.89万人。按照城镇人口口径来看，在全国287个地级以上城市中，深圳市常住人口总量仅次于上海市、北京市、重庆市和广州市。从人口密度情况来看，深圳市人口密度仅次于澳门和香港，在内地各个城市中则居于首位，2013年深圳市人口密度为5337人/平方公里，远远高于上海市、北京市、重庆市和广州市，具体情况参见图1。

---

* 王世巍，深圳市社会科学院。

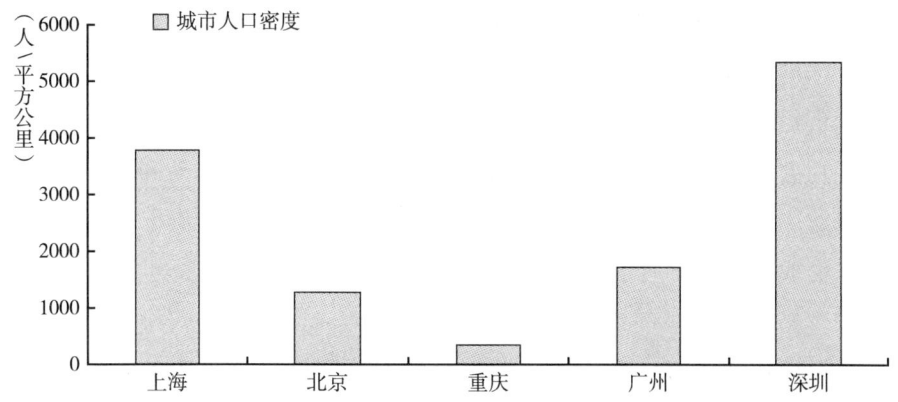

图 1　2013 年广州与其他主要城市人口密度对比

建市以来，深圳市常住人口一直处于增长状况，而且长期都处于迅速增长状况。在全市土地面积基本没有变化的情况下，随着常住人口总量的不断增多，深圳市人口密度也在不断增高。深圳市常住人口总量突破 100 万人后，每增加 100 万人口，所需时间为 2.5 年。但是，从 2011 年开始，深圳市常住人口增长速度明显放缓，2011～2013 年的 3 年时间里共增加 25.69 万人，人口密度增高速度也相应放缓（见图 2）。

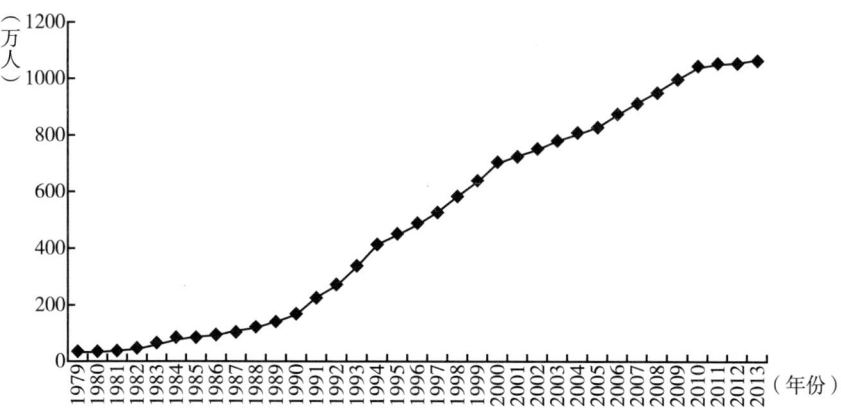

图 2　1979～2013 年深圳市常住人口总量发展形势

深圳市人口众多、人口密度大的积极影响是主要的。深圳市已经发展成为全国经济中心城市，深圳市人口又是由来自全国各地广大移民所构成，因此，深圳市人口众多、人口密度大这种状况所产生的积极影响，会直接作用于深圳，也会波及全国。第一，深圳市总量大、密度高这种人口状况与深圳市经济社会发展需求基本适应。深圳市广大移民人口，主要是由深圳经济社会发展需求吸引而来，而广大移民人口又成为推动和支撑经济社会发展的主体。庞大的人口规模，为深圳经济社会发展提供了丰富的人力资源，形成了巨大的社会生产力；同时，庞大的人口规模，也形成了庞大的消费市场。而深圳市的这种生产和消费能力，又直接或间接地对全国其他地区形成拉动作用。第二，深圳市总量大、密度高这种人口状况对解决"三农"问题和推动城市化进程具有积极意义。农业人口的减少，是解决"三农"问题和提高城市化水平的直接体现。深圳市吸纳大量农业富余劳动力作为自己的常住人口，直接促使全国农业人口的减少和城市化水平的提高，而且对其他城市吸纳农业富余劳动人口具有示范作用，其积极意义显而易见。第三，深圳市总量大、密度高这种人口状况对全国控制人口增长、提高人口素质具有积极意义。大量农业富余劳动力融入深圳市后，其自身素质得到提高，其婚育观念得到转变，晚婚、晚育、少生、优生成为深圳社会的主流婚育观念。

但也必须正视深圳市人口众多、人口密度大的消极影响。深圳市人口众多、人口密度大这种人口形势在给深圳市的发展建设带来活力的同时，也带来了诸多的问题。第一，在城市环境容量方面加重了负担，主要表现为空气质量下降、深圳河等流经市内的主要河流污染严重、噪声超标、光污染等。第二，在城市能源、资源使用方面加重了短缺情况，主要表现为土地资源存量十分有限、水资源开发利用接近临界点、燃气等能源主要依靠外引等。第三，加重了城市基础设施的压力，主要表现为道路拥挤、交通不畅、公共交通运力不足，给排水能力受到考验，城市垃圾处理难度加大等。第四，加重了卫生教育等社会事业发展的压力，主要表现为幼儿园、小学和中学学位紧张，医院人满为患、看病难现象依然突出。加重了政府公共服务的压力，深圳市公务人员编制配备主要依据户籍人口，因此深圳市公务人员占常住人口比例过小，影响了相应的公共服务。总而言之，人口众多、人口密度大这种人口形势，对深圳市社会经济发展产生了一定的负面影响。

二 如何看待深圳市人口结构特殊的问题

深圳市呈现这样几个突出的人口结构状况。

第一，人口来源广泛是深圳市突出的人口结构现象。深圳市是全国为数不多的拥有56个民族人口的城市，是人口来源地涵盖全国各个县的城市，也是吸纳了大批香港、澳门、台湾地区和外国人士的城市。深圳建市以后新增长的人口，95%以上都是从外地迁移进来的。这种由移民构成的社会有优势，也有不足。需要指出的是，深圳市的广大移民基本上都是为了发展、奔着事业而来的，也就是说，深圳市这种移民人口状况是在市场力量主导下形成的，这就天然形成了深圳市人口构成中的积极因子。广大移民来到陌生世界，往往都是努力展示自己的优秀、修正自己的错误、弥补自己的不足，而在他们身上更多地体现的是开拓创新、开放包容和勤劳奋发等品质，迸发出更多的创造力。移民城市的不足主要体现在，来自不同区域的人口，由于各自所处区域风俗习惯和各自经历的差异，他们之间在沟通和相互理解方面不如熟人社会，他们之间产生观念不和谐，甚至冲突的概率要高于熟人社会，他们之间的冷漠程度要高于熟人社会。

第二，年轻人口多，从业人口比重大，人口抚养比低。深圳市劳动适龄人口比例在80%以上，比全国劳动适龄人口比重高出近20个百分点；深圳市未成年人口和老年人口的比例则不到20%。这种人口年龄结构状况，在实际从业人口比重方面也有相应的体现，深圳市从业人口比重接近68%，远远高于全国城市从业人口比重水平。这种人口结构特点，形成较低的人口抚养比，有利于产业的发展，是深圳市发展的一个大优势。但是，在深圳市大量的年轻劳动人口中，很多人都是单身一人或是小两口在深圳市居住，他们的父母或子女则留在了老家。这种人口结构，造成三代同堂、相互照顾的家庭结构缺失，也致使留守儿童问题突出。这部分人口远离父母或子女等亲人，造成亲情"缺失"，也会在思想感情和心理情绪等方面出现一定负面表现。

第三，产业人口构成特殊。主要表现为，从事低端产业的人口数量大，从事高端产业的人口数量小。在深圳市从业人口总量中，制造业从业人口数量、批发和零售业从业人口数量之和占全市从业人口总量的比重接近70%。而相对知识含量和专业要求较高的金融业，电力、煤气及水的生产和供应业，信息传输、计算机服务和软件业，科学研究、技术服务和地质勘查业，教育、卫生、社会保障和社会福利业，文化、体育和娱乐业，公共管理和社会组织等行业的从业人口合计数量仅占全市全部从业人口数量的比重不到10%。这种产业人口构成状况，虽然符合产业构成情况，但是对人口总体素质水平和产业升级换代造成了负面影响。

第四，户籍人口与非户籍人口比例失衡状况减弱。深圳市是全国户籍人口与非户籍人口比例失衡最为严重的城市，这也成为深圳市人口状况有别于其他城市人口状况的一个特别之处。从2013年的数据来看，深圳市常住人口总量已经达到了1062.89万人。其中，户籍人口的数量为310.47万人，占全市常住人口总量的比重仅为29.2%；非户籍人口的数量为752.42万人，占全市常住人口总量的比重为70.8%。虽然户籍已经不是构成人们在城市居住、就业和接受教育等方面的障碍因素，户籍因素的影响也在逐渐淡化；但是，户籍制度在我国毕竟实行了几十年，城市人口附着于户籍上的一些"待遇"还存在，户籍政策仍然是当前我国人口管理最为重要的一个政策，仍然是影响城市人口管理的一个重要因素，也当然是考量当下一个城市人口的重要方面。也正是户籍政策执行效应的现状，使得我国的城市由过去清一色的户籍人口，变为户籍人口与非户籍人口共存。需要指出的是，从2011年开始连续三年，深圳市非户籍人口出现减少状况，共减少26.43万人；而户籍人口则继续增长，共增长52.57万人。如此一来，深圳市户籍人口与非户籍人口比例失衡状况开始减弱（见表1）。

表1 2011~2013年深圳市常住人口变化情况

单位：万人，%

年份\项目	常住人口			比上年末增长		
	合计	户籍人口	非户籍人口	常住人口	户籍人口	非户籍人口
2011	1046.75	267.90	778.85	0.9	6.7	-2.4
2012	1054.75	287.62	767.13	0.8	1.7	-1.7
2013	1062.89	310.47	752.42	0.8	1.9	-1.9

三　如何看待深圳市人口素质问题

从素质的角度来看，深圳市人口呈现一个特别突出的状况是人口文化素质高低两极并存。

深圳市拥有大量文化素质较高的人口。由于经济社会发展水平高和综合环境优良，深圳市形成了很强的吸引力。深圳市聚集了一批国际知名企业，本土也成长起一批优秀大企业，成为承载大量高素质劳动人口的载体。长期以来，深圳市一直是海外归国留学生和国内高等院校大学本科学生、硕士研究生、博士研究生毕业求职选择的主要城市。目前，深圳市已经累计引进海外留学人员超过5万人，深圳市具有大学文化程度的人口数量接近200万人，深圳市大学文化程度人口比例比全国平均水平高出近10个百分点。从人才拥有情况来看，深圳市拥有各类专业技术人员100多万人，其中具有中级及以上技术职称的专业技术人员近40万人；深圳市还拥有高层次人才千余人，包括国家级领军人才、地方级领军人才和后备级人才。

但是，深圳市还拥有大量文化素质较低的人口。深圳市初中和初中以下文化程度人口比例仍然在50%以上，深圳市大学文化程度人口比例与北京市、上海市相比还是有较大差距。主要原因是深圳市高等院校数量过少，在校大学生人数比北京市、上海市等教育强市少得多；其次是在深圳市的产业结构中，还存在大量低端产业和传统产业，大量工厂生产线上的熟练工人和零售业、旅业、餐饮业等行业的从业人口文化程度普遍不高，大都是初中文化程度和高中文化程度。

参考文献

《深圳市2010年第六次全国人口普查主要数据公报》。
《深圳市2010年国民经济和社会发展统计公报》。
《深圳市2011年国民经济和社会发展统计公报》。
《深圳市2012年国民经济和社会发展统计公报》。
《深圳市2013年国民经济和社会发展统计公报》。
《深圳统计年鉴》（2012）。

B.14 光明新区流动人口现状与出租屋分类管理创新

邓艳东　黄虎城　林远卓　魏有东　郑建文＊

摘　要： 深圳市外来人口众多，特别是原特区外的各区，外来人口与户籍人口比例严重倒挂，流动人口过多带来了社会治安等一系列社会管理难题。而出租屋是流动人口的主要居住地，光明新区以流动人口出租屋管理为切入点，抓住队伍管理这一关键环节，一方面，整合管理队伍，充分发动社会力量，实现管理力量的最大化；另一方面，对出租屋实行工商、旅业、住宅、网络等分类管理，用创新的思路、创新的模式，解决传统管理上存在的人手不足、管理缺位等问题，实现了对辖区流动人口的良好管理，一些做法在全市乃至全国产生了一定影响，并予以推广。

关键词： 光明新区　流动人口　出租屋　楼长制　分类管理

流动人口管理是社会管理工作中的一道难题。流动人口管好了，社会治安就管好了一大半，也等于城市管理搞好了一大半，社会建设和社会管理工作也就搞好了一大半。因此，光明新区紧紧抓住流动人口和出租屋管理这一焦点、热点、难点问题，用改革的精神、发展的办法、创新的思路，研究解决好影响新区社会管理的突出问题，在工作方式上进行了一系列创新，充分调动人民群众的积极性、主动性、创造性，针对出租屋人口管理现状，创新了以"楼长

＊ 邓艳东、黄虎城、林远卓、魏有东、郑建文，深圳市光明新区社会工作委员会。

制"为代表的出租屋分类管理模式,破解流动人口和出租屋管理难题,取得了较好成效。一些做法在全市乃至全国产生了一定影响。

一 光明新区社会治安和流动人口状况

深圳市光明新区成立于2007年8月19日,辖区面积156.1平方公里,下辖光明、公明两个街道,共28个社区。新区按照功能区的机构设置,全面行使区一级政府的各项职能。作为深圳后发展区域,光明新区经济基础比较薄弱,社会情况比较复杂,社会治安和实有人口的现状,可以简要概括为"四个多"。

一是外来人口多。光明新区登记人口89.24万,实有人口超过100万,其中户籍人口仅5.06万,外来人口和户籍人口数量为19∶1,比例严重倒挂。

二是城中村多。光明新区由于经济社会发展相对滞后,城市化水平较低,全区仅有3个比较成型的住宅小区,其余的住房大多处于城中村的形态,分布杂乱,情况复杂。

三是出租屋多。目前,光明新区登记在册的住宅类出租屋共47.83万间(套),平均每平方公里达2600间(套)。出租屋居住人员成分复杂、流动快,管理难度大。

四是治安问题多。光明新区成立前,由于历史、体制等原因,公明街道社会治安问题比较复杂,光明街道综治维稳十分突出,两个街道曾被列为全市治安整治和信访维稳重点地区。

二 出租屋分类管理的创新举措

针对光明新区实际,自成立以来,新区始终坚持以实有人口管理与服务为核心,针对社会管理中的热点、焦点、难点等实际问题,抓住队伍管理、出租屋管理这两个关键环节,一方面,整合管理队伍,充分发动社会力量,实现管理力量的最大化;另一方面,针对外来人口主要居住、生活在出租屋的实际,对出租屋实行工商、旅业、住宅、网络等分类管理,用创新的思路、创新的模式，解决传统管理上存在的人手不足、管理缺位等问题，一些做法在全市乃至全国产生了一定影响。这项工作得到市委领导的充分肯定，原市委副书记、政法委书记王穗明同志批示："光明新区固化'大运'期间的社会管理成果，将管理延伸到基层的神经末梢，工作有成效，希望坚持，再努力，形成好的群防群治的制度和机制。"原市委常委、市公安局局长李铭同志批示："光明新区出租屋'楼长制'十分有针对性和实效，应予总结推广。"2012年，市社工委将"楼长制"列为社会建设"风景林工程"项目之一，在全市推广。

（一）探索创立住宅类出租屋"楼长制"模式，拓宽群防群治新路子

为固化"大运"期间的社会建设成果，创新社会管理机制，推进群防群治，光明新区推出了"楼长制"这一创新举措，对社区实行网络化管理，对三层以上的出租屋设立"楼长"，由房屋业主或二房东担任楼长，协助公安、综治、消防、出租屋管理等政府机构管理好本栋楼。

1. 主要做法

一是明确"楼长"的管理职责。以前，出租屋业主或二房东都是"甩手掌柜"，只关心收租，对出租人几乎不闻不问。针对这种情况，按照"谁受益，谁负责"的原则，明确房东的社会义务，以及要求楼长承担上报人员信息、排查安全隐患、宣传法律政策、调解住户之间矛盾纠纷、反映住户困难诉求、帮助住户办理居住证事项等职能。同时，将楼长的工作职责，以及可能遇到的问题，印刷成册，指导楼长开展工作，履行职责。

二是建立"楼长"日常工作机制。包括三个机制：第一，楼内治安巡查机制，楼长每天必须巡查一次本楼内治安、消防情况，每周至少报告2次社区民警，有突发或重大情况立即报告，切实做到"入住登记、退房注销"；第二，信息收集报送机制，楼长负责真实、准确地收集租住人员信息，并在一天以内上报片区出租屋综管员；第三，楼长动态管理机制，在每个社区警务室的互联网电脑上安装了"光明新区出租屋楼长制信息管控平台"软件，设有楼长走访任务安排、信息动态管理、逾期报送短信提醒、关键信息查询等功能，实现了对楼长工作的动态监督和管理。

三是制定"楼长"奖惩办法。将楼长和综管员、社区民警进行责任"捆绑",每年评选"十佳楼长"和"优秀楼长",进行奖优罚劣,对工作成效突出的"楼长",给予一定的物质奖励,甚至优先入户等政策奖励,切实调动了"楼长"工作积极性。对工作不到位、履行职责有缺失、没有按照要求完成工作任务的,给予楼长出租屋停止出租、依法罚款等处罚,并对责任综管员、社区民警进行通报批评、扣发绩效工资甚至降级降职等处罚。

四是建立"楼长"学校。由于楼长队伍非常庞大,人员结构十分复杂,能力素质良莠不齐,部分楼长未能充分履职,个别楼长有名无实,存在人员信息采集落实不够准确、治安消防巡查不够到位、防火防盗措施不够主动等问题。为了提高楼长队伍整体素质和能力,进一步提高出租屋综管效率,2013年7月,新区创办"楼长学校",打造一个集学习、服务、管理、互助为一体的平台。"楼长学校"分主校和分校两个层面。主校对应新区、街道,校址选在公明成校。分校对应社区,校址在各社区警务室。主校培训即集中培训,由新区公安和出租屋综管部门承办,每半年举办一期,每期200人,全年2期,共400人,培训对象是各社区民警、出租屋综管员,以及业务熟练、表现突出的骨干楼长。分校培训即日常培训,由各出租屋综管所(站)和警务室承办,以社区为单位开展,对新任楼长进行岗前培训,对已上岗的楼长开展定期或不定期知识和技能培训,全新区每名楼长每年至少要参加分校培训1~2次。在培训内容方面,包括流动人口管理服务工作及技巧、房屋租赁管理工作相关法律法规,人口信息采集申报、治安、消防、安全等相关业务知识,各类宣传工作和个人防护知识。在培训方式方面,通过大量具体案例,结合现代化教学方式,调动培训现场气氛,以参训学员喜闻乐见的方式进行授课,寓教于乐。通过培训,努力提升楼长业务知识和工作能力,以适应当前日新月异的治安环境需要。"楼长学校"成立以来,共开展各类培训28期30次,切实加强了对"楼长"队伍的常态化培训和管理,大大提升了业务知识和能力。

五是成立三级楼长管理服务办公室。为了发挥整体优势,由新区综治办牵头,协调组织办事处和有关职能部门成立新区、办事处、社区三级常态化楼长管理服务办公室,具体负责贯彻落实新区党工委、管委会和市委政法委、市社工委关于出租屋"楼长制"的安排部署,组织检查督导,统筹协调各单位的力量和资源共同开展工作，定期召开联席会议，商议解决工作中遇到的问题。

六是尝试开展楼长党建工作。新区工委管委办、组织人事局联合下发了《关于加强出租屋楼长队伍党建工作的实施意见》，在楼长队伍中扎实开展党建工作。通过各种方式支持、指导楼长党组织开展活动，积极培养入党积极分子，积极发展楼长党员，壮大楼长党员队伍，夯实楼长党组织基础，扩大楼长党组织和党员在社区群众中的影响。充分发挥楼长党员先锋作用，带头做好住户信息采集、社区治安防范、公共安全管理、社情民意收集、小区内矛盾纠纷调处等工作。公明和光明办事处的楼长党支部挂靠在办事处民营党委。

2. 主要成效

自2011年10月中旬推行"楼长制"以来，通过对楼长的有序管理，新区涌现了一大批楼长抓现行犯罪的典型案例，如履职尽责、灭火救人的楼长徐南平和杨玉红，积极巡查、勇擒疑犯的楼长罗伦友、杨应海、卢明，心细勇敢、巧抓小偷的楼长蔡志峰、朱文生、曾国辉，火眼金睛、协助抓贼的楼长谢锦南，等等。新区的治安环境得到明显改善，入室盗窃犯罪、出租屋的刑事、盗窃等警情明显减少，有效遏制了出租屋内各类案件的发生，实现了实有人口管理的"四个根本转变"。

一是实现了由民警、综管员的"单打独斗"向群防群治的"千手千眼"转变。警力有限、民力无穷。以前我们管理一个社区几万甚至上10万人口，主要依靠一两个民警和几个综管队员，往往疲于应付，管理难以到位。自推行"楼长制"后，共设立楼长12647人，覆盖出租屋近1.3万栋（部分楼栋设一名责任楼长、一名管理楼长），全方位调动了群众参与治安防范的积极性，在新区形成了片警、综管员、楼长"金字塔"形的管理格局，楼长成为社区民警的"千手千眼"，延伸了管理的"神经末梢"，延伸了工作手臂，真正做到了群防群治、共管共治。

二是实现了由粗放式、运动式管理向日常化、精细化管理转变。以前对外来人口和出租屋的管理，主要停留在大型活动、重大节假日期间的突击式检查，或者平时运动式的抽查，常常是治标不治本。楼长制实行后，我们主要借助信息化手段和视频门禁系统，通过抓流动人口信息"采集率"、"录入率"、"注销率"、"准确率"四率，将工作做在平时，实现了对出租屋内流动人员变动信息的及时采集,把治安防控触角延伸到每一栋、每一层、每一间出租屋,24小时防控,做到问题及时发现、及时解决,不积累矛盾和隐患,实现了对本栋出租屋的全面管理,促进了管理的精细化。

三是实现了由单纯的治安防控向管理与服务并重转变。出租屋楼长在履行信息报送、治安防范等职责的同时,还积极协助政府做好社区服务有关工作,在宣传政策法律、排查化解矛盾纠纷、采集人口信息、维护社区稳定、促进社会和谐等方面,发挥了积极作用,楼长既是流动人口管理信息员、治安防范协管员,还是义务消防员、法律法规宣传员、邻里纠纷调解员,"五员一身"楼长模式,进一步完善了新区社区服务体系,提高了社会服务的质量和覆盖面。

四是实现了管理对象由被动管理向主动参与转变。在传统管理模式下,出租屋经营者往往站在民警、综管员的对立面,对日常检查、信息登记等心存抵触,不愿配合。"楼长制"实行以来,我们通过科学的考核管理办法,将经营者的利益与政府的管理服务捆绑在一起,数以万计的出租屋"楼长"迅速转变了思想观念,从害怕警察"找麻烦"变成了治安防范积极分子,积极协助警方采集住户信息、反映问题,既融洽了警民关系,又在强化管理力量的同时,降低了社会管理成本,提高了工作效率。

(二)探索实行工商业出租屋"责任捆绑"模式,破解出租屋安全监管难题

光明新区属于深圳的"后发"地区,城市化较晚,而且城市化不完全,导致辖区内小娱乐、小作坊、小档口等"三小场所"有近2万家,安全监管压力非常大。为解决这一难题,光明新区抓住了工商业出租屋这一关键"部位",构建安全监管长效机制,制定了《工商业出租屋安全管理实施办法》,正式明确了工商业出租屋业主和经营者的安全责任。

1. 科学制定工商业出租屋安全标准

明确小娱乐场所、小作坊、小档口的定义范围,对此类经营场所的实体墙、防火门、楼板的材料要求、电气线路、防盗网和逃生出口设置、留人值班标准等方面的安全指标做了详细规定,确保工商业出租屋安全标准的合法性、

可操作性和实效性,为明确经营者和业主的责任打下了基础。

2. 明确工商业出租屋业主和经营者的安全责任

明确规定了工商业出租屋经营者、业主的权、责、利,规定业主为安全生产第一责任人,要确保出租物业具备安全生产经营条件,监督承租人按照规定做好安全防控工作;经营者是安全生产直接责任人,要确保经营场所符合场所安全标准。业主、经营者与社区工作站签订《安全管理责任书》,责任书分为正、副本,正本挂在经营场所明显位置,副本由业主或经营者留存,以便对照落实和有关部门进行检查。

3. 建立对工商业出租屋的网格化定期巡查和责任追究制度

按照"属地管理"原则,由社区工作站作为安全生产监督管理责任人,各职能部门协调配合,实行"以块为主,条块结合"的安全管理机制。社区工作站牵头每季度对工商业出租屋定期开展网格化安全生产巡查,对不符合安全生产条件的,立即报告有关职能部门进行整治。办事处安监部门每年对工商业出租屋的安全生产条件进行年度审核,对不符合安全生产的,立即停业整顿并依法予以处罚。对于重大安全隐患等重难点问题,成立综合整治工作组,实行综合执法,强力消除安全隐患。严格实行"买单制",对未落实安全责任的业主、经营者,实行经济、行政双重处罚,促进业主和经营者安全责任落实。

4. 建立疏导规范制度

坚持堵疏结合原则,对整改后达标的工商业出租屋,加快审批发证速度,并发给临时营业证照,引导"三小场所"进入规范化经营轨道。不断提高经营者、业主落实安全生产责任的积极性,切实维护社会稳定;对不符合安全标准的工商业出租屋,一方面责令停产停业整顿,另一方面组织业主、经营者学习《工商业出租屋安全管理实施办法》等相关知识,严格按照相关规定进行整改,达到标准后方可拆封营业。

实施工商业出租屋责任制以来成效显著。一是有效促进了业主和经营者安全生产责任的落实。二是有效防止了安全隐患反复回潮现象。三是有效整治了"三小场所"无证无照非法经营现象。四是有效改善了城市环境,解决了"三小场所"不依法规范经营一度给城市管理带来的难题。

（三）探索实行旅业式出租屋"信息采集"模式，提高管理效率

新区把五元店、十元店等低价、人员流动极强的出租屋纳入旅馆业管理，建立一套管理制度，突破了制度上缺陷；在旅业式出租屋安装信息采集仪，实现入住人员的实时信息采集、传输、比对，极大地提高了管理效率，突破了传统采集手段上的缺陷。原国务委员、公安部部长孟建柱同志亲临新区调研新区旅业式出租屋管理工作并给予充分肯定，省公安厅、市公安局先后在新区召开现场会推广这一做法。

1. 主要做法

一是"一体式"达成共识，解决"谁来管、怎么管"的问题。坚持党委政府牵头、各职能部门齐抓共管的工作格局，在部门间达成共识。突破思想观念束缚，抓住屋主有租赁行为这一特征，将其定义为"旅业式"出租屋纳入公安机关管理范围，在公安机关内部达成共识。公安分局、派出所、社区三个层面向群众开展访谈，消除各方的思想顾虑，全区各界上下达成共识。

二是"拉网式"调查摸底，解决底数不清、情况不明的问题。制定了统一详细的调查摸底表格，包括房屋类型、编码、经营规模、业主和"二房东"身份、有无牌证等方面内容。"两条腿"走路，即社区民警和综管部门出租屋管理员同步排查，确保全面掌握情况。采取分局抽查，部门间情况对比、派出所与社区交叉检查等三种核查方式。

三是"分步式"安装推进，解决屋主、业主不配合的问题。第一步分类处理：对15间房以上必须安装"电脑终端"或"无线终端"，参照旅业进行管理；对15间房以下的提倡安装或与其他人合装；对不安装的，要求手工登记住客信息，必须每天分四个时段上报辖区警务室，对不配合的强制关闭。第二步全面铺开：将安装"电脑终端"或"无线终端"作为一项硬性标准强势推行。

四是"叠加式"督导检查，解决工作责任不落实的问题。将此项工作作为局长每周办公例会研究的内容。每个社区配备专职的社区警长和民警，成立75人的专职协勤队伍。实行"一天一战报"制度，坚持明察暗访。

五是"常态式"奖惩兑现，解决奖罚不分明和工作不坚持问题。出台了

《光明新区旅馆和"旅业式"出租屋住客信息登记奖惩办法》，制定"5+5"奖惩措施，构建"常态式"奖惩机制。

2. 主要成效

通过以上"五式"管理工作法，我们率先从"旅业式"出租屋管理上打开了突破口，初步破解了流动人口信息采集、高危人群动态管控的难题，主要表现为"四个转变"。

一是实现了从"底数不清，情况不明"到"底数清，情况明"的转变。据摸查，光明新区共有此类场所537家。经过清理整治，已取缔关停82家，目前实有455家，其中有牌证中小旅馆的66家，"旅业式"出租屋389家。

二是实现了从"不问身份，随意入住"到"甄别身份，凭证入住"的转变。之前"旅业式"出租屋都是管理的"真空区"，入住情况不清楚。通过凭证入住、信息化管理，真正实现了对非户籍人口的动态管理。

三是实现了从"硬件不齐，登录不全"到"整体覆盖，全面采录"的转变。目前，全区中小旅馆和"旅业式"出租屋的"电脑终端"已安装266家，"移动终端"已安装189家，实现了安装覆盖率100%。

四是实现了从"人员失控，案件多发"到"管控到位，零发案"的转变。

（四）探索创立"网络出租屋"模式，将无证网吧纳入管理范畴

新区范围内仅有持证网吧29家，无法满足社会需求，导致无证"网吧"普遍存在，消防、治安、网络安全等隐患严重。新区以"网络出租屋"形式，把无证网吧纳入管理范畴，统一由公安机关安装信息采集设备，安装24小时视频监控，安放灭火器、应急灯，并和公安机关信息联网。对上网人员进行实时监管、对网吧进行实时管理，兼顾了外来务工者便利廉价上网的需求，极大程度消除了黑网吧屡禁不止带来的治安、安全等各类隐患。目前，列入"网络出租屋"管理的有700余家，采集信息1600万余条。

（五）试点"租赁通"，依靠信息化技术降低管理成本

近年来，城市化进程加快，经济快速增长，城市规模扩大，流动人口和出租屋剧增，社会管理难度和管理成本越来越大。因此，公明办事处出租屋综管

所和中国移动合作,在合水口、楼村、红星、圩镇、西田、东坑和甲子塘和塘家这8个社区运用214台"租赁通"采集流动人口和出租屋信息,达到登记走访无纸化、信息反馈自动化、管理服务智能化,真正实现了"提高工作效率,降低社会成本"的目标。

1. 工作效率明显提高

根据测试,采用原有的工作流程进行完整的人员信息输入到上传至市办系统需耗时45分钟,现采用"租赁通"采集信息以来,工作流程耗时仅11分钟,工作效率提高了70%。

2. 管理能力得到提升

原来的手工采集信息,每名出租屋管理员人均管理出租屋300间套,人均每天走访7~8间出租屋;采用"租赁通"以后,人均管理出租屋500间套,每天人均走访17~19套出租屋,管理能力提高了66%。

3. 人力、物力资源有效节省

3个试点社区原需154名管理员,现只需106人就可管理同样数量的出租屋,人力节省了31.17%。

B.15 坪山新区社会建设"织网工程"的探索与实践

孙艳琼*

摘　要： 坪山新区的"织网工程"是在大数据背景下，以信息化手段探索社会服务管理创新的一个现实选择，已经取得了重要进展，完成了系统的搭建和运行。下一步，要紧贴基层管理和服务群众的实际需求，继续完善"一库一队伍两网两系统"，继续深化"织网工程"应用，加快推动大数据开放和信息惠民，不断提高社会服务管理能力，提升政府科学决策水平，助力新区"五大新城"建设，加快实现幸福和谐新坪山。

关键词： 坪山新区　织网工程　大数据　社会管理创新

当今时代，是一个信息爆炸和智慧引领的时代。从未来的发展趋势看，大数据将走进社会建设的方方面面，政府社会服务、管理、决策等工作都将在大数据的引领支撑下走向全面"智慧化"。党的十八大报告对"在改善民生和创新管理中加强社会建设"做了重要部署，首次提出"提高社会管理科学化水平，必须加强社会管理法律、体制机制、能力、人才队伍和信息化建设"。2012年8月1日，深圳市委、市政府办公厅印发《关于印发深圳市社会建设"织网工程"综合信息系统建设工作方案的通知》，正式提出"全面推进以网格为基础的社会服务管理模式，构建覆盖市、区、街道、社区的社会建设

---

* 孙艳琼，深圳市坪山新区社会工作委员会。

'织网工程'综合信息系统",配套印发社会建设"织网工程"1+3文件。

2013年4月,深圳市选定坪山新区为全市社会建设"织网工程"综合试点,要求坪山先行先试,为全市铺开探索路径,积累经验。新区在市委书记王荣、市长许勤、市政协主席王穗明、市委副书记戴北方等市领导的亲切关心下,在市社工委等上级部门的悉心指导下,将"织网工程"作为新区"改革创新年"和"转型提质年"的重要任务来落实,与"风景林工程"、"智慧坪山"统筹谋划、同步推进。经过近10个月的努力,试点工作取得了阶段性成果。

一 "织网工程"的总体概况

坪山新区位于深圳市东北部,于2009年6月30日正式挂牌成立。辖区总面积约168平方公里,下辖坪山、坑梓2个办事处共23个社区,总人口约65万,其中户籍人口约3.6万,是深圳市政府直接管理的一个新功能区。建区4年来,新区坚持把社会建设与经济建设、城市建设同步规划,同步推进,在社会服务管理方面进行了一系列的实践,取得了初步成效。2012年,全市社会建设"风景林工程"现场会在坪山召开;2013年,申报成为首批国家智慧城市试点城区。可以说,新区在社会建设和信息化建设上都进行了一些实践,积累了一些经验,具有一定的基础。

但是,我们在过去几年实施社会建设的过程中,也遇到一些突出的问题和困难,制约着基层社会服务管理和政府决策水平的提升,如何找到信息化发展与社会建设需求的切合点,破解这些难题,消除瓶颈的制约,是我们一直探索研究的课题。社会建设"织网工程"的实施,为实现这一目标提供了一条可行的路径选择。

(一)"织网工程"的实施背景

在"织网工程"实施之前,新区在实施社会建设中遇到的问题主要有四个。

第一,公共基础信息不完整,服务管理对象不清晰。坪山新区建区时间短、经济基础弱、社会建设经验少,在社会服务管理上,面临着一些信息方面的客观困难。人口结构复杂、倒挂严重、流动性大,基础信息不易采集;各部门业务系统未完全联通,部门之间信息共享和业务协同机制不完善,存在"信息壁垒";全区没有统一的数据库,基础数据不全,存在"信息孤岛",各部门不易找齐服务管理对象,找不准服务管理需求。

第二,基层信息传导层层衰减,服务管理情况不明了。在坪山新区原有的社区网格化工作体系中,出租屋、计生、城管、安全生产、劳动保障等部门按照各自的业务网格开展工作,充分发挥了网格化所具有的责任明确、反应迅速、协作配合等优点。但从实践来看,新区现有的网格化管理模式,特别在基层信息采集方面,还存在这样一些问题:一是网格划分标准不一,缺乏科学的量化标准,各部门的业务网格划分有较大差异,资源分散,力量不集中;二是基层信息采集员队伍存在多头管理、重复扰民等问题;三是基层信息采集员身份不明确、职责不清晰、人员流动大;四是基层信息采集方式单一,标准不统一,行为不规范。

第三,民生诉求反映渠道不多,服务管理响应不及时。一方面,新区辖区2个办事处23个社区中,企业、人口分布不均,社区人口密度偏大、人员结构不同,群众需求呈多样化,对社会服务管理工作提出了更高的要求,在这个移动互联网的时代,居民急切盼望能够从多个渠道享受优质、便利的政务服务;另一方面,社区信息化基础建设不发达,群众与政府部门的网上交流沟通渠道不畅、方式不多。虽然开通了坪山新区政府在线为居民提供服务,并于2012年底已率先在全市实现了家园网全覆盖,但由于建设较早,不满足全市统一平台的工作要求,需进行升级改造;再一方面,新区建区时间短,信息化建设起步较晚,各部门之间的公共信息资源联通、共享不足,企业、人口流动性大,各部门在实施管理时,政出多门、条块分割、协作不足、响应不及时的弊端依然存在。

第四,政府公共服务资源分散,决策分析缺少数据支撑。一方面,政府的科学决策需要实时、准确、充分、权威的数据支撑和挖掘应用。坪山新区新成立不久,产业分布不均、人口结构差异性大、流动性大,社会服务需求复杂多样,社会管理新问题不断涌现,群众的服务需求呈现日益多样化。另一方面,新区公共信息资源不充足,基础数据不完整、不准确,为新区开展政策研究、进行规划部署和实施决策指挥带来了困难。从目前情况看,政府决策主要还是依靠经验进行,决策过程中误差难以评估,亟须一种科学的方法帮助其进行决策分析,降低分析难度和决策风险。

(二)"织网工程"的设计思路

在学习借鉴北京、上海、南京、宜昌等地及本市各区先进做法的同时,我们体会到三点:一是探索利用大数据解决人口庞大、复杂性高、流动性强的城市管理和发展所面临的问题,以大数据战略和"织网工程"引领坪山有质量的全面发展,是促进新区建设成为国际化、现代化城区的重要竞争力;二是社区网格化是社会建设"织网工程"的工作基础,通过建立定格定人、职责分明、无缝对接、全面覆盖的网格化工作模式,能够有效整合各类服务管理资源,更好地提升社会服务管理水平;三是"织网工程"就是要织好一虚一实两张网。一张是整合各种数据系统的虚拟网,另一张是以网格化为基础的社会服务管理实体网。一虚一实、两网交织,编织一个横向到边、纵向到底的社会服务管理网络。以此为指导,我们确定了以大数据运用为理念,以网格化管理为基础,以系统、队伍整合为核心,以服务、管理、决策应用为目的"织网工程"基本思路。

(三)"织网工程"的基本架构

针对新区社会建设中遇到的问题,我们按照全市社会建设"织网工程"的总体部署,结合新区的实际,提出了"一库一队伍两网两系统"的总体架构,其中,"一库"是指包含实有人口、法人、城市部件(房屋)信息及服务管理事件的公共信息资源库。"一队伍"是指网格信息采集员队伍。"两网"是指社会服务管理网、社区家园网。社会服务管理网是政府部门开展服务与管理的政务协同平台;社区家园网是面向社区居民、富有社区特色的网络服务平台。"两系统"是指综合信息采集系统和决策支持系统。综合信息采集系统整合出租屋综管、计生、数字化城管信息采集工作系统而成;决策支持系统是"织网工程"的高端应用,可以为政府决策提供支撑。

（四）"织网工程"的运行机理

一是通过建立全区统一的公共信息资源库，实现信息的融合与共享，解决信息壁垒和信息孤岛的问题；二是通过整合网格信息员队伍，改变原来信息采集和服务管理的传统做法，促进网格化服务管理，实现信息采集的专业化、社会服务管理的精细化和业务流程的标准化，解决过去信息采集政出多门、重复扰民、信息不准确等问题；三是通过建设贴近老百姓实际需要的社区家园网，及时反映群众诉求，解决群众诉求渠道不顺畅的问题。同时，建立统一快捷的事件分发处置的社会服务管理网，及时响应群众诉求，解决事件处置效率不高的问题；四是通过开发综合信息采集系统，整合信息采集渠道，开发、改变过去依靠手工记录的传统做法，规范信息采集内容和采集流程，实现动态采集基层实时信息，解决信息采集渠道不一、标准不一的问题。同时，通过决策支持系统的使用，改变原来决策分析凭个人经验的传统做法，借助公共信息资源库，进行数据的关联、统计、分析，提高科学决策水平，解决决策分析缺乏全面、准确数据支撑的问题。

二 "织网工程"的探索与实践

坪山新区"织网工程"作为一项以提升社会服务管理水平为目标的民生工程，从一开始就立足于部门的工作实际，立足于基层群众的服务需求，做好顶层设计，并在整个探索实践中一以贯之。"织网工程"的主要做法可以概括为八个字："重在整合，突出应用。"

（一）重在整合信息和队伍，推动互联互通和融合共享

《中共中央关于全面深化改革若干重大问题的决定》提出：要建立全社会房产、信用等基础数据统一平台，推进部门信息共享。我们理解到，打破部门信息壁垒，消除信息孤岛，实现信息的互联互通、融合共享，是"织网工程"的起点、基础和着力点，这恰恰也正是"织网工程"的第一道难关。因此，我们做了几个方面的探索。

1. 建立统一的区级公共信息资源库，探索信息的融合与共享

我们探索建立的区公共信息资源库，在纵向上实现了市、区、街道、社区四级的数据联通，横向上通过市公共信息资源库获得了30多家市直单位和区内所有部门的数据，涵盖了新区所有实有人口、法人、城市部件、事件信息的实时数据，将传统政务信息系统架构的"川"字形改造为"井"字形。目前，公共信息资源库已有人口数据606881条、法人（机构）9142条、楼栋42484条、房屋471055条、城市部件474657条，以及大量的管理事件、服务事件、决策支持等各种实时信息。国家发改委有关专家指出：这是全国第一个在区（县）一级实现政务信息资源互通共享的公共信息资源库，是一项具有重要意义的探索成果。

在公共信息的来源上，我们认为，作为区一级数据库，既要与市、办事处、社区上下联通，又要与各业务部门横向对接，保证纵横各向渠道畅通，争取最充足、最完整的存量数据，以及最准确、最权威的实时数据。因此，我们从三方面入手，架设公共信息来源基础通道：一是与市公共信息资源库实行对接，同步更新，同步使用，争取市库资源支持；二是整合各部门业务系统，联通办事处、社区工作平台，获取业务数据资源；三是开发综合信息采集系统，信息员采集基础信息和事件信息，上传至公共信息资源库。

在公共信息的构成上，我们认识到：一方面，在大数据和智慧社会时代，数据信息本身不是静止、孤立的，而是动态、关联的，除了实有人口、法人（机构）、房屋、城市部件等城市运行基础要素之外，还与辖区内的矛盾纠纷、安全隐患等社会事件紧密相关；另一方面，以人为本、民生为重是当前社会建设的主旋律，与群众日常生产、生活密切相关的服务事项也是必不可少的组成部分。因此，新区公共信息资源库的综合信息包括实有人口、法人（机构）、房屋、城市部件等基础信息和社会服务管理事件。

2. 建立专业的信息采集员队伍，开发综合信息采集系统，探索"1+N"信息采集更新机制

要保证信息的鲜活、真实、全面，必须实施动态的采集、关联、比对。为了避免多头采集、重复采集、反复扰民，我们一方面整合出租屋综管、计生、数字化城管等多个部门的采集需求，形成统一、规范的综合信息采集系统。按照"采办分离"的原则,建立了信息采集、更新"1+N"机制("1"就是专业的网格信息采集员进行信息采集。"N"就是主动申报、业务生成、数据挖掘等多种信息来源),对信息进行立体采集,帮助基层找齐、找准管理对象。另一方面将出租屋综管、计生、数字化城管3支队伍进行整合,组建了一支专业化的网格信息采集员队伍,实施全时段、全地域、动态的信息采集,并兼顾开展便民服务,发挥基层社会管理"千里眼"和"流动哨"的作用。

在网格信息员采集整合组建的可行性上,我们主要从三方面来考虑:一是队伍现状。纳入整合范畴的这些队伍,本身日常工作就是信息采集,整合形成的新队伍可以无缝承接这三块业务,满足其现有信息采集要求,同时可以逐步承接其他领域的信息采集需求。二是工作需求。社会服务管理精细化要求信息全面、精准、鲜活和共享,需要这支队伍以专业化的方式采集,解决好信息空白、信息失真等问题。三是发展趋势。基础信息采集专业化是大势所趋,各地目前已有一些先行做法和经验。

在网格信息采集员的管理上,新区成立了智慧社会服务中心,作为区一级的网格管理机构,负责统筹协调网格化工作和管理网格信息员队伍。目前,全区450个基础网格,按照"一格一员"相应配备450名网格信息采集员,另配备一定比例的机动力量,实行24小时全天候的动态信息采集。试点之初,我们在两个办事处分别开展了"以新区为主"和"以办事处为主"两种模式试运行。经比较,我们发现各有利弊。

以新区为主的管理,优势主要有:一是保持信息采集独立性,能够减少层级对信息采集工作的干扰,更好地保证信息成果的真实性;二是落实工作效能提升要求,信息直通、指令直达有助于提高时效性和准确性;三是实现扁平化管理,能够缩短管理链条,减少管理层级,精简管理机构,降低行政成本。其劣势是:一个部门难以实现对一支大规模队伍进行精细化管理,信息员的工作与基层服务管理容易形成"两张皮"。

以办事处为主的管理,优势主要有:一方面,办事处有现成的管理体制、机制和经验可以借鉴,另一方面,能够发挥办事处运用信息成果统筹开展服务管理工作的主体作用。其劣势是:因事件处置力量不足、缺乏有效监督,可能会出现过滤信息、选择性管理等问题。经分析、比较,我们根据新区服务管理区域不大、人口较为集中的特点，扬长避短，选定了以"新区为主"的管理模式。

3. 通过社会服务管理网、社区家园网与公共信息资源库的互联互通，探索数据的具体运用与业务协同

在"织网工程"实施之前，新区各部门的业务工作系统（网站）已有一定的基础，投入运行的信息系统45个（含政府在线网站），其中省市系统26个、区级系统（网站）19个，全部在党政外网运行。但是，这些系统（网站）大部分相互之间没有对接和联通，信息共享渠道不多，业务协同效率不高。因此，建设全区政务数据交换平台，整合业务信息系统，成为推动信息共享、实行业务协同的可行之道。

由于新区拟整合的系统中涉及省、市、区各级信息系统，经深入调研，我们考虑从如下三方面入手，整合业务信息系统：一是在整合范围上，从社会建设中最急迫、最有操作性的方面入手，先行整合综治、计生、民政、劳动、城管、流动人口等业务信息系统，再逐渐拓展、推广到经济服务、文化建设等其他领域。二是在实施步骤上，先探索整合区级信息系统，再推动整合市级、省级信息系统。三是在数据交换平台建设上，以云架构为基础，采用标准规范的数据及协议格式，进行政务数据的交换。

（二）突出部门业务和基层服务管理应用，促进社会服务管理精细化和决策科学化

《中共中央关于全面深化改革若干重大问题的决定》提出：要以网格化管理、社会化服务为方向，健全基层综合服务管理平台，及时反映和协调人民群众各方面、各层次利益诉求。我们体会到，"织网工程"的根本目的在于应用，在于提升社会预判能力，在于提升民生服务水平，在于提升政务处理能力。这是"织网工程"的强大生命力之所在。同时，我们也认识到，社区是居民群众的社会生活共同体，是社会管理和服务的基本单元。因此，我们在试点的一开始，就把如何在基层社区层面运用"织网工程"来提升服务和管理水平，提升老百姓的满意度和幸福感，作为基本的出发点。我们在新区层面做了以下几项工作。

1. 建设社会服务管理网，实现社会服务管理全闭环运作

我们通过提升社会管理工作网、数字化城管系统，新增服务模块，形成了社会服务管理网，将其作为政府各部门开展社会服务管理工作的开放性枢纽平台。

一方面，社会服务管理网与各职能部门的业务处理网相联通，动态、实时地对新区各类管理与服务事件（如劳资纠纷五级分拨处置事件）进行分拨、处置、反馈、监督、考核，让在任何一个社区发生的每一宗事件都有记录、有上报、有处理、有反馈、有轨迹、有档案，每一宗事件的处理都能按管理职责，第一时间直接责任到人，实现事件的及时响应和闭环处置。同时，通过社会服务管理网对服务事项的自动分拨功能，把全社会可提供的，包括社区党员志愿者、挂点干部、义工、社工等在内的各类服务资源，与需要服务的对象进行自动快速匹配，把全社会志愿服务提升到一个新水平。

另一方面，我们对涉及基层管理的事项做了进一步梳理，并新增了一些事件，形成了35个大类381项的管理事件库，建立了规范化、标准化、流程化的工作体系，夯实了基层精细化管理的基础。同时，把与老百姓密切相关的可能需要分别到区、街、社区不同层级办理的民政、计生、劳动等常办业务进行梳理，整合成8个大类43项服务事项，把它们作为社会服务管理网服务模块中的服务事件，优化办理流程，使其成为依托社会服务管理网可在社区或网上直接办理的事项。

2. 升级改造社区家园网，实现群众自我服务"三平台"

在全区23个社区率先实现全覆盖的基础上，结合各个社区实际，对社区家园网进行了个性化升级改造，同时配合开发家园网APP版和微信公众账号，使它成为社区老百姓自己的"三个平台"，即足不出户的办事平台、信息交流的平台、投诉监督的平台。

一是针对群众与政府部门网上交流沟通渠道不多的情况，设置"我要办事"及"一窗式"服务窗口，整合计生、劳动保障、社会保障、房屋租赁等与居民工作、生活紧密相关的服务事项，推行一站式办理，加上"易办事"终端机和信息采集员上门等形式，让老百姓在社区甚至在家中都能365天24小时申办相关政务类业务。

二是结合党员志愿者服务活动和党员干部下基层联系群众"培根固本"等行动,将党员干部志愿上门问访群众的工作纳入社会服务平台体系,在社会服务管理网专设"走访服务"功能模块,对上门问访收集的信息进行记录、分拨,各部门通过系统平台,可以分析社区居民的服务和管理需求,提供相匹配的有针对性的服务与管理。

三是在社区家园网设置"社区自治"、"阳光议事"等功能模块,同时开设社区公共微信账号,居民通过社区论坛等渠道,可以与政府部门、社会组织实时沟通、交流,反映问题,提出意见和建议,推动社区自治,又可以在居民之间自由交流和沟通,加深邻里感情,促进融合与和谐。

3. 开发决策支持系统,实现政府"循数管理"

我们按照"信息→数字→智慧"的应用路径,运用大数据的理念,充分挖掘公共信息资源库的数据,从信息存储到数字比对分析,再到智慧化决策,实现多角度的社会服务和管理运行状态的预判、预警,为政府决策提供支撑。首先,可以随时查阅存储在系统中的信息;其次,通过比对、分析,将这些复杂多变的信息转变为可度量的、具有关联性的数字、数据;最后,通过对数据进行系统组织和整理,进行智能化决策,改变过去政府因无法掌握全面真实信息而不得不"拍脑袋"的行为。

目前,我们利用现有资源初步探索了劳资纠纷预警、辖区经济运行、自然灾害应急防御等跨部门决策专题应用,今后,我们还将根据实际业务需要,利用这些资源和统计分析工具自主定制问题及分析公式,进行其他专题的持续开发。比如若要制定一项社会福利政策,我们可以从系统中挖掘出不同社会群体的状况、分布及诉求,从而使新制定的福利政策更加精准到位。

三 "织网工程"的应用成效

经过近10个月的探索与实践,"织网工程"成效已初步显现。目前,"织网工程"已在全区范围内有序运行,在经济社会发展中发挥了基础性、关键性作用。2012年11月份,全国政务信息共享建设工作研讨会暨信息惠民"国家示范城市"建设工作研讨会在深圳市召开,其间,与会的国家部委及各省市发改系统的领导、专家重点参观考察了新区"织网工程"建设情况,并给予了充分肯定,主要体现在两个方面。

(一)办事更便捷,服务更贴心,民生服务和群众幸福水平得到提升

1. 群众感到办事更方便、更快捷

"织网工程"的实施,从最基础的环节入手,重新设计和改善服务民生的流程和手段,不断提升服务水平。在社区推出的"一窗式"受理,实现了一张网流转、一条龙服务,居民跑一个窗口,甚至在自己家中就能申请办理43项常遇常办的事项。以办理"残疾人证"为例,以前需要跑三个层级四个部门,现在只要网格信息采集员发现符合的对象,即可通过PDA扫描身份证输入信息,当场完成登记受理。事件进入系统后,自动按工作流程分拨办理。办结发证后,网格信息采集员送证上门。此外,通过登录社区家园网、"易办事"终端机等可以实现全时段受理、办理或查询,让群众切实体会到服务的方便、快捷。

2. 群众感到服务更及时、更贴心

我们将党员志愿者、义工、社工等社会力量入库登记、上图标注,并在"织网工程"应用系统中开发出社会服务自动匹配功能,使服务的需求方与提供者自动快速对接,既有效利用了服务资源,又做到了帮民不扰民。应用这一功能,我们有侧重地对社区特殊群体、困难群体、失业人员等不同人群提供了医疗保健、法律咨询、就业咨询等针对性便民服务。2014年春节期间,深圳市坪山新区社会工作委员会按照群众工作"培根固本"和"幸福坪山"系列行动安排,通过"织网工程"系统,了解到238位高龄老人有取暖需求,及时通过邮寄方式和信息员上门方式为他们送上暖风机,带去新区的问候和祝福,得到群众的认同和致谢。

3. 群众感到生活更安全、更幸福

"织网工程"运行以来,通过网格信息采集员的巡查,视频监控系统的建设整合,以及群防群治力量对案件易发多发地段重点巡防,群众更能感受到安全和幸福。最新一期"织网工程"数据显示(第9期,2014年2月15日~2月21日),当周综治类事件采集188件、按时办结率为100%,无论在安全隐

患、矛盾纠纷的发现数量,还是在事件的办理效率上,都较过去有了明显的提升。近期,我们委托第三方机构开展的《坪山新区社会建设和群众工作公众满意度调查报告》表明,新区居民的幸福感和生活满意度正逐步提高,对目前生活状态感觉基本满意或非常满意比例达90%以上。

(二)管理更精确,决策更科学,行政效率和决策能力得到提升

1. 责任落实更加到位

"织网工程"综合信息平台全面覆盖了社会建设35个大项381个小项管理事件,对管理职责、管理程序、管理要求在系统里进行了明确的规定和固化。各级管理者通过系统开展日常工作,朝着管理内容标准化、流程规范化、处理高效化的方向努力。网格信息采集员采集的和其他渠道获得的社会管理事件,社会服务管理网在分拨的同时,通过短信平台发送到直接责任人,事件处置更加快捷,责任落实更加到位。如在"织网工程"实施之前,有个别部门事件办结率较低(总办结率低于70%),"织网工程"实施以后,办结率稳步提升,目前总办结率已达到98%以上。

2. 各类问题发现处理更加及时

"织网工程"运行后每天有450人在网格内巡查,加上其他信息来源,实现了对事件信息的及时采集、快速响应、点对点处理。"织网工程"平台运行6个月来,在助力社会服务管理上显示了强大的功能,体现在:一是基层信息抓取量明显增加。自2013年8月19日系统运行以来,工作网受理4236件,办结3846件;服务网受理3019件,办结2944件。二是事件处理效率明显提升,当周办结率从"织网工程"实施之初的85%,提升到目前(第9期,2014年2月15日~2月21日)的100%。三是统计结果清晰明了。各区直单位、办事处、驻区机构等单位,以及综治维稳、数字城管、服务事件等事项的综合结果清晰可见。

3. 决策分析更加科学

系统处理提供的报表、图层等多种展现形式能更加快捷、直观地反映各类工作的运行情况,为领导决策提供更加准确翔实的参考依据。同时,信息系统的监控预警、效果跟踪、统计分析功能可以对社会管理服务事件处理效

果进行跟踪评估,促进管理者优化完善方法和程序,不断提高日常管理的科学性。

四 "织网工程"的问题和建议

尽管坪山新区"织网工程"取得了初步的成效,但离"织网工程"的最终设计目标还有很长一段路要走。特别是由于新区的经济社会建设基础薄、可供参考经验少、运行时间短等因素,"织网工程"在系统上、机制上、应用上、安全上都还存在一些问题,我们还走在探索的路上。

(一)"织网工程"系统有待进一步完善

"织网工程"是一个比较复杂的系统性工程,涉及领域广(经济、社会、党建)、参与部门多(出租屋综管、计生、数字化城管、综治维稳、民政、劳动、安全生产、党建、志愿服务、产业服务、市场监管等),每一个具体问题的推进都需要协调多个部门协同开展。特别在建设公共信息资源库和推动互联互通、信息共享方面,许多部门都有自己运行多年、相对成熟的业务系统,有些是市的系统、有些是省的系统,这些系统还涉及各部门"条"上的业务考核。因此,在整合这些数据系统、业务队伍时,必须综合考虑各部门实际,条件已成熟的先做,条件未成熟的缓做。在不影响现有业务的情况下,逐步逐项推进,在深化应用的同时,不断发现系统问题,挖掘业务需求,完善"织网工程"总体架构和系统功能。

(二)"织网工程"机制有待进一步健全

笔者认为,工作机制的健全与完善,是"织网工程"正常运行和深化实施的根本保障,是一项需要常抓不懈的重要工作。坪山新区"织网工程"综合试点自2013年4月份正式启动以来,到目前为止,经历调研、搭架、试点、铺开共10个月,时间很短、任务很重、事项很多,由于新区自己的实际情况不同,所有工作都是边学习、边摸索、边实践、边总结。我们先后建立了工作推进、工作简报、工作例会、专项小组、联席会议、示范建设、宣传培训、数据报送、安全管理、运行周报等工作机制,为"织网工程"前期的探索实施起到了重要的保障作用。随着"织网工程"的深化推进,有些机制已不能适应现阶段的工作需求,需要进一步完善;有些机制还需根据工作推进情况进一步健全。

(三)"织网工程"应用有待进一步深化

王荣书记、许勤市长多次提到:"织网工程"的生命在于应用。我们认识到,"织网工程"的基本框架已经搭建,系统已经正常运行,目前和未来一段时间的主要任务就是做好"织网工程"的逐步完善和深化应用工作,让"织网工程"真正为群众所用、为部门所用、为决策层所用,真正发挥"织网工程"在经济、社会运行中的基础性和关键性作用。为做好这项工作,我们从"织网工程"的一开始,就建立了多层次、分阶段、广参与、重实效的"织网工程"宣传培训体系,组织开展了大量的宣传培训活动。在师资上,既邀请省、市信息化和社会建设方面的专家参加,也从各部门抽调人员组建了新区自己的讲师团;在对象上,既有新区领导、区直单位、办事处、驻区单位领导干部、社区工作人员,也有社区普通群众;在方式上,既有集中授课,也有现场体验、个案辅导。通过上述措施,普及了社会建设和信息化知识,统一了大家的思想,加快了"织网工程"的推进实施。但在当前深化应用阶段,还有一些部门、工作人员和群众不熟悉、不了解系统功能,应用系统处理业务、办理事项的积极性不够。笔者认为,还需要继续加大"织网工程"深化应用的宣传培训力度,使"织网工程"为大家所认识、所接受、所运用。

(四)"织网工程"安全有待进一步强化

信息安全是"织网工程"的命脉,如果信息安全得不到保障,"织网工程"的应用价值就会受到很大的影响。我们从搭建"织网工程"系统架构起,就把安全保障作为最重要的工作来落实,严格按照"分级分类"、"先小后大"、"岗位定责"的原则,授权各单位对综合信息平台登录使用,明确各单位的安全保密责任,确保系统运行高效、信息使用安全。但同时,随着"织网工程"的进一步推广和业务功能的进一步拓展,使用"织网工程"的用户会越来越多,既包括新区领导,区直单位、办事处、驻区机构的工作人员,还包括运用社区家园网办事的社区群众,将来还可能继续拓展到新区的企业、社会组织等,安全问题将提到一个前所未有的高度。笔者认为,"织网工程"的信息安全主要还是要按照国家、省、市的有关规定,在"严格"和"定责"上做文章,把好安全关,制定安全管理制度,并抓好落实。

B.16 龙华新区社会建设的若干改革探索

李昆刚　蒋春忠　胡　平*

摘　要： 龙华新区由于历史欠账多、人口严重倒挂等原因，社会建设明显滞后于经济建设。为破解社会建设面临的困境，龙华新区应深入贯彻落实十八届三中全会精神，紧紧围绕"全面深化改革、促进社会转型"主题，探索基本公共服务多样化供给模式，实现供给主体从政府一家向政府、市场和社会多元提供的转变；探索社会融合龙华模式，实现从各种人群分割型社会向融合型社会转变；探索建立健全社会治理新模式，实现从政府一元治理向多元共治善治转变；探索建立社工委系统统筹协调、高效运转的工作机制，实现从单兵独进搞社会建设向各委员单位统筹联动、形成合力转变。

关键词： 龙华新区　社会建设　改革探索

党的十八届三中全会吹响了新的历史起点上的改革"集结号"。特别是《中共中央关于全面深化改革若干重大问题的决定》，提及"社会"上百次、"社会治理"5次，将"和谐社会"与市场经济、民主政治、先进文化、生态文明"五位一体"，将社会活力视为继"思想"、"生产力"之后第三个被"解放"的对象，将促进社会公平正义、增进人民福祉作为改革的出发点和落脚点，强调"让发展成果更多、更公平地惠及全体人民"，并用专门的篇幅部

---

* 李昆刚、蒋春忠、胡平，深圳市龙华新区社会工作委员会。

署"推进社会事业改革创新"和"创新社会治理体制",充分彰显了新一届中央领导集体对社会建设的高度重视,凸显了以人为本、以民为先、民生为大的改革取向。《决定》提出了一系列新理念、新思路、新举措,改革力度之大前所未有,很多改革都与社会建设息息相关,为社会建设领域新一轮改革发展指明了方向,是指导我们今后社会建设工作的重要纲领性文献。

近年来,龙华新区经济社会发展取得长足进步。社会建设取得了较大发展,注重保障与改善民生,不断提高人民群众幸福指数;注重社会管理体制创新,不断维护社会公平正义。但同时也应看到,龙华新区由于地处原特区外,历史欠账多,发展中不平衡、不协调问题依然突出,城市化明显滞后于工业化,社会建设明显滞后于经济建设,发展中"一条腿长,一条腿短"的现象还比较明显。无论是基础设施、公共服务、社会保障,还是社会治理、基层自治、社会发育等,普遍起步晚、底子薄、基础差,人口迅猛增长、人口倒挂严重更加大了社会建设的难度。要破解社会建设面临的困境,龙华新区应抢抓机遇,主动作为,深入贯彻落实十八届三中全会精神,紧紧围绕"全面深化改革、促进社会转型"主题,大力推进社会事业改革创新,创新社会治理体制。

一 探索基本公共服务多样化供给模式,实现供给主体从政府一家向政府、市场和社会多元提供的转变

十八届三中全会强调要"推进基本公共服务均等化","稳步推进城镇基本公共服务常住人口全覆盖","要推进城市建设管理创新。建立透明规范的城市建设投融资机制,允许社会资本通过特许经营等方式参与城市基础设施投资和运营","放宽投资准入,推进教育、文化、医疗等服务业领域有序开放"。

由于历史原因,龙华新区基础设施和公共服务明显滞后。路网密度为5.91公里/平方公里,远低于原特区内9.0公里/平方公里的水平;学位缺口很大,没有在全市叫得响的学校,"有学上"和"上好学"问题并存;没有一家市级医院和三甲医院。这些都为实现基本公共服务均等化增加了难度。如何"让广大农民平等参与现代化进程、共同分享现代化成果",成为摆在新区社

会建设面前的重点和难点问题。为迅速弥补基本公共服务历史欠账，龙华新区积极探索基本公共服务多样化供给模式。

一是坚持尽力而为、量力而行的原则，构建完善以公共服务均等化为导向的财政投入和保障机制，保障新区政府实施公共管理、提供基本公共服务以及落实各项民生政策的财力需求。一方面，同步完善新区国民经济和社会发展"十二五"规划、空间布局规划和产业发展"十二五"规划，突出基本公共服务这一重点；另一方面，加大财政投入，每年应将公共财政预算支出的80%左右用于公共服务和民生支出，集中实施一批民生实事，加快社会事业改革，不断完善基础设施和公共服务，解决好人民最关心、最直接、最现实的利益问题。

二是按照不求所有、但求所在所用的理念，争取上级项目和资源在新区布局，通过各种渠道加大力度主动做工作，尽量多争取市里的资源。目前，高等级学校、医院、文体设施、道路等主要依靠市里布局，市里各条线、各个口都掌握着数目不小的资源。新区可考虑设立必要的工作经费或奖励经费，以充分调动各相关部门和各办事处的积极性。

三是按照政府保基本、市场供高端的思路，深化投融资体制改革，积极引入社会资本参与优质学校、医院、公园、文体设施等公共事业建设领域，尽快弥补历史欠账。首要问题是厘清政府兜底责任和市场供给的关系，即使是由政府承担的一些基本公共服务的保障责任，在具体提供时，也不一定非要全部由政府提供。进一步发挥市场作用，积极引入社会资本直接投向资源稀缺及满足多元需求的服务领域。目前，政府有需要、市场有热情，但缺少一个利益结合点，应把两者统筹起来，找到利益结合点。比如，对重点片区、园区、企业、项目周边的道路、学校、文体中心、候车亭等配套，可以由政府补助，企业出资建设，这样多快好省地补齐民生短板，实现政府、企业、社会的多赢。

四是按照"小政府、大社会"的思路，培育中介组织、社会组织承接。新区新体制，机构人员非常精简。有些工作必须靠向中介组织或社会组织购买服务来完成，否则很难运转。新区应引育并举，短时间考虑以引进市内成熟的、有实力、有品牌、上水平的中介组织、社会组织为主，以迅速提升承接公共服务的能力。比如，对一些高水平的勘察、设计、咨询等专业机构采取签订

战略合作协议形式，引导支持他们在新区设立分支机构，向他们购买高水平的服务。

二 探索社会融合龙华模式，实现从各种人群分割型社会向融合型社会转变

十八届三中全会强调要"推进以人为核心的城镇化"，"优化城市空间结构和管理格局，增强城市综合承载能力"，"坚持以人为本，尊重人民主体地位，发挥群众首创精神，紧紧依靠人民推动改革，促进人的全面发展"。

龙华新区社会的形成是产业大规模集聚基础上的人口高密度集中。目前，龙华新区人口总量大，密度高，倒挂严重，实际管理人口289万，户籍人口12.9万，倒挂比例为22∶1，远超全市平均水平；高中以下学历占61%，归属感和家园意识不强，社会管理尤其是实有人口的管理难度大。有限的空间内社会人口的大规模、快速、高密度的集聚，造成社会结构在多个层面上存在严重的二元性结构，突出表现为：社会流动的无序性，社会区隔比较明显，社会治理结构散乱，形成了一个"无根"的社会人集聚空间，所以，这一区域社会共同体的认同基本缺乏，无法形成一个成熟有效的社会结构"沉淀"下来的必要的社会力量和社会组织。由此造成龙华新区的社会融合度低，甚至基本缺失。如何让这些数目庞大的外来人口融入城市、融入社区，这是一个绕不过去、必须面对，也是极具代表性、值得认真探索的实践课题。为此，龙华新区联合复旦大学，开展社会融合"1+5"课题研究实践。在新区层面开展社会融合总体研究设计，每个办事处各设计实施一两个操作性强的特色项目。

大浪办事处有非常高端的时装创意城，但周边城中村社区的环境根本无法与之相配，园区和社区很难互动起来。如何按照城市化的标准和园区个性化的需求，把周边城中村社区环境整治好，把社区的服务管理做到位，实现园区社区良性互动、园区社区政府多方共赢？大浪重点探索"接轨产业、协力社区"。

龙华办事处辖区有富士康等多家大型企业，大量的企业员工上班在厂区，

下班后进入社区。如何为他们提供最基本的公共服务，做好社区的商业、文体、休闲等配套，满足他们的各方面需求，让他们在社区有家的感觉，有效地释放工作压力和心理压力？龙华重点探索"三区治理，乐业社区"。

民治办事处高档楼盘多，地处二线拓展区，有大量在原特区内上班、居住在民治的白领。如何通过打造就业、创业平台，做好配套，最大限度地吸引这些白领在新区就业创业，把消费贡献留在新区；如何将他们对公共服务高标准诉求转化为参与社区治理的重要力量，不断提升社区品质？民治重点探索"民治结构、品质社区"。

观澜办事处针对辖区丰富的文化资源和大量的城中村，重点探索"文化观澜、家园社区"。同时，观澜辖区内有不少国际化元素，如观澜湖高尔夫球会、长安标致雪铁龙汽车项目、观澜版画基地等，这些地方聚集了不少外国人。如何按照新区"一线一站一社区"国际化城市建设的要求，通过完善国际标识，建立国际学校，完善国际化商业、文体、休闲配套等，营造国际氛围、打造国际社区？观澜又同时重点探索"开放融合、国际社区"。

四个办事处的课题研究实践从不同侧面反映了新区社会融合的方方面面。既有外地人与本地人、原村民与新居民的融合，也有单位人与社会人、白领与蓝领的融合，还有外国人与中国人的融合。把四个办事处的课题做实、做好了，新区层面的社会融合就有了很好的基础，就能进一步提升有良好效益、有显著影响、有复制价值的社会融合龙华模式，为珠三角以及中国东部沿海城市化，乃至整个中国的城镇化和农民工市民化，率先做出有益探索。

三 探索建立健全社会治理新模式，实现从政府一元治理向多元共治善治转变

十八届三中全会强调要"创新社会治理体制"，"实现政府治理和社会自我调节、居民自治良性互动"，"加快形成科学有效的社会治理体制，确保社会既充满活力又和谐有序"，并指出"创新社会治理，必须着眼于维护最广大人民根本利益，最大限度增加和谐因素，增强社会发展活力，提高社会治理水平，维护国家安全，确保人民安居乐业、社会安定有序"。

龙华新区的人口结构呈现"双向流动"的特征，一方面是本地人口向外流动，进入深圳市中心城区定居；另一方面是外来务工人员大量导入，进入龙华新区各社区工作、生活。人口"双向流动"形成了严重的人口倒挂。此外，由于导入的外来人口依托于工厂生产，本身也具有很强的流动性。这样就形成了一种人口的快速流动结构。人口结构的变化对原有的社会治理模式形成了强大的冲击，原有社会治理模式需要适应新的人口结构进行转型。而龙华新区现有的社会治理模式依然属于以本地居民为主体的封闭性的治理模式，因而需要在社会建设过程中，根据人口的变化，以实有人口为主体，探索建立健全社会治理新模式。

一是全面推进落实"织网工程"。十八届三中全会决定指出，"以网格化管理、社会化服务为方向，健全基层综合服务管理平台"。这充分说明市委、市政府部署的"织网工程"的设计理念与三中全会精神是高度契合的，这也是市委、市政府在深化社会建设领域改革背景下的前瞻性思考和突破性创新。按照市统一设计部署，"织网工程"的主要任务是按照"公共信息资源库、网格信息员队伍、社会服务工作网、社区家园网、社区综合信息采集系统、决策分析支持系统"（简称"一库一队伍两网两系统"）的基本架构，建设覆盖市、区、街道、社区的服务管理综合信息系统，实现信息资源的跨区域、跨层级、跨部门的互联互通、融合共享，并进一步开发基于民生服务和社会管理的各种应用。"织网工程"不仅仅是信息工程，它的实施会倒逼政府机关对现有工作体制、机制进行改革创新、流程再造，建立起基于网格化、信息化条件下的全新的社会治理体制。网格化治理意味着多主体和主体之间的协同，实现从自上而下的社会管理到扁平的自上而下和自下而上相结合的社会治理的转变。

二是创新基层社会治理体制。按照党组织发挥领导核心作用，居委会回归自治功能，社区工作站承担便民服务，股份合作公司向现代企业转型的思路，理顺社区服务管理主体关系，探索构建以社区党组织为核心，融社区工作站、居委会、社区股份公司、社区服务中心、业委会、物业管理公司、楼委会和社会组织等于一体的多元共治、共建、共享的开放性的社区治理体系，与社区人口结构相契合，构建条块结合的区域化治理新模式，加快形成科学有效的基层社会治理体制。重点探索完善社区综合党委发挥核心领导作用的机制。完善社区综合党组织职能，推进党组织工作规范化、制度化；在新成立的居委会和符合条件的社区股份公司、花园小区建立党组织，与"两新"组织党组织一起，纳入社区综合党委管理；建立健全社区综合党组织运作和考核机制，聚集、整合驻社区的党政机关、企业和社会组织等各种力量、资源，参与社区建设，提升区域化党建水平。充分激发社区居委会活力，推进居民议事会制度，健全民主决策和民主管理机制，有序吸纳非户籍常住居民参与居委会选举和社区自治，有效实现居民的自我管理、自我教育、自我服务。

三是进一步激发社会组织活力。社会建设就是在党组织的领导下，按照法律规定，依托政府资源，发展社会自身的力量，即培育社会组织。新区应加大培育、规范和壮大社会组织的力度，充分发挥社会组织孵化服务中心的作用，通过初创支持，重点培育和优先发展行业协会商会类、科技类、公益慈善类、社区服务类社会组织。引导建立行业协会治理机制，逐步完善社会组织信息公开和公众监督机制，探索开展社会组织等级评估，通过强化综合监管，推进社会组织明确权责、依法自治、规范运作。完善政府向社会组织购买服务机制，开展公益创投，将适合由社会组织提供的公共服务和解决的事项，交由社会组织承担。主动发掘基层治理的服务需求，培育新的公共服务项目，鼓励和引导社会组织更好地在社会管理与公共服务领域发挥作用，在助残济困、志愿者工作、慈善、环保、文教娱乐等各个领域发挥优势，着力打造一批示范性强的公益服务项目和便民服务品牌。

四是发动企业、群众参与社会治理。立足龙华产业大区、企业众多的实际，鼓励和引导广大企业，主动参与社会建设。按照市拟出台的企业社会责任评价标准和发布的企业社会责任指数，鼓励企业履行社会责任，把企业社会工作内化为企业的内部管理。以企业需求为导向，探索企业购买社工服务、建立和谐劳动关系社工综合服务站等各种类型的企业社会工作模式。充分发挥群众参与作用，变"为民做主"为"让民做主"。探索市民群众参与重大政府工程项目建设，从项目设计、征地拆迁、文明施工到竣工验收等环节，有序引导公众参与、监督和体验。广泛发动市民群众主动直接参与市容环境整治，通过"门前三包"，认捐认养绿化、美化和亮化项目，竞聘义务"河长"和"路长"等方式，变监督者为参与者、实施者，从而充分调动群众的积极性，形成社会和谐人人有责、和谐社会人人共享的生动局面。

四 探索建立社工委系统统筹协调、高效运转的工作机制，实现从单兵独进搞社会建设向各委员单位统筹联动、形成合力转变

党的十八大特别是十八届三中全会以来，各级党委、政府空前重视社会建设。社工委作为党委、政府主管社会建设的工作部门，应该充分发挥"顶层设计、宏观指导、统筹协调、宣传推广、督促检查"的职能作用，充分调动社会各方参与社会建设的积极性、主动性和创造性，增进合力，全面推进社会建设这一系统工程。

一是完善社会建设联动决策机制，扩展社会建设专项工作小组，定期召开社工委全体会议、主任会议、专项工作小组会议以及工作例会，加强信息交流，强化研究决策。

二是完善项目扶持、奖励机制。充分发挥社会建设专项经费、居委会活力资金、公益创投项目经费的杠杆作用，严格评审，各有侧重，重点扶持、奖励一批创新性、示范性和试点项目，撬动社会资金，激发社会活力。

三是完善督办考核机制。将市对各区（新区）党政领导班子社会建设实绩考核确定的各项指标和重点工作，细化分解，落实责任，严格督办。参照市的考核办法，建立新区社会建设考核机制。创新"网友拍砖会"、市民文明观摩团等社会监督形式，邀请"两代表一委员"、社区干部、企业代表和群众代表等，对各部门社会建设工作落实情况进行"期中测评"和"期末考试"，有力促进社会建设。

B.17 大鹏新区社会建设的现状、问题与对策

冷和明*

摘　要： 大鹏新区自成立以来，大力发展新区民生事业，不断推进全区社会事业发展，社会建设工作取得新的进展。但大鹏新区原属特区外，长期以来受特区内外及城乡二元不均衡发展格局影响，城市化水平处于全市最低，社会建设民生事业"欠账"大、"短板"多。未来，新区将继续切实把社区作为社会建设的重要载体和平台，注重基层社会建设接地气，结合新区产业转型、城市化发展实际，深入思考和探索具有新区特色的社会建设发展路径。

关键词： 大鹏　社会建设　城市化

大鹏新区自成立以来，在新区党工委、管委会的正确领导下，全面贯彻落实党的十八大及十八届三中全会精神，在着力推进新区生态保护和经济发展的同时，大力发展新区民生事业，不断推进全区社会事业发展，大鹏社会建设工作取得新进展。两年多来，新区社工委深刻学习和领会党中央关于社会建设的新思想、新论断，努力把握省、市、区主要领导关于社会建设的指示精神，不断加强与市、区各相关单位的协调沟通，切实把社区作为社会建设的重要载体和平台，注重基层社会建设接地气，结合新区产业转型、城市化发展实际，深入思考和探索具有新区特色的社会建设发展路径。

---

* 冷和明，深圳市大鹏新区社会工作委员会。

一 关于推进大鹏新区社会建设的认识

社会建设是一项庞大的系统工程,从政治、经济、文化、社会、生态"五位一体"的角度定位,社会建设内容主要包括发展社会事业(民生事业)、调整社会结构、完善社会服务功能、促进社会组织发展,体现在日常的社会管理、社会服务、社会体制改革等方面。社会建设的目标是优化社会结构、防范社会风险、化解社会矛盾、促进社会和谐。

理解和认识大鹏的社会建设,作为具体区域性的个案,既要把握社会建设理论性、规律性的东西,更应认清背景、审视形势、掌握理论、规律在大鹏工作实际中的具体运用,寻找符合大鹏特征的社会建设之路。我们认为要始终把握两方面要素:一要始终把握深圳经济社会发展的阶段性特征和空间功能布局,以及在此基础上形成的大鹏新区的城市功能定位,为新区的社会建设找准宏观层面背景。二要始终把握不断递进的城市化进程这条大鹏经济社会发展的主线,把社会建设放到城市化发展的坐标轴上来衡量、来定位、来推进,使新区社会事业发展、社会结构优化、社会服务功能完善、社会矛盾化解与经济和产业结构提升相适应、相促进,使社会形态的点滴进步与城市的逐步转型相协调、相融合,既不能超前,也不滞后,量力而行,择机而进。

大鹏半岛作为深圳"最美丽的后花园",承担了建设民生幸福城市重要而艰巨的任务。市委、市政府将新区定位为国际滨海旅游度假区、生态与生物资源重点保护区,其要义就在于将大鹏的滨海旅游产业发展和生态环境建设分别作为全市的民生产业和民心事业推进,为全体市民的休闲度假、愉悦心情、回归自然找到一个好去处。这一定位与市委、市政府建设民生幸福城市、增强市民幸福感的治理理念一脉相承。我们理解,大鹏新区的滨海旅游产业和生态环境建设既然是全市的民生产业和民心事业,从理论上讲,这类产业和事业就被赋予了一定的公共性,具有公共产品的性质,若纯粹以市场的方式运作旅游产业发展和生态产品供给,其效率必然受到影响,大打折扣。

纯公共产品必须同时具有三个特征:效用的不可分割性、消费的非竞争性和受益的非排他性。典型的纯公共产品是国防。但是大多数公共产品都只具有有限的非竞争性或有限的非排他性,介于纯公共产品和私人产品之间,因而只能称作准公共产品。如教育、政府兴建的公园、拥挤的公路等都属于准公共产品。从理论上讲,对纯公共产品的供给,政府财政应全额负担,不能依靠市场机制解决,而对于准公共产品的供给,则应该按照政府和市场共同分担的原则。因此,无论纯公共产品的供给还是准公共产品的供给,政府都有责任承担。

因而大鹏新区旅游产业成长和生态资源配置不能完全按市场经济原则进行,在某些方面应该由政府主导。诸如在旅游产业发展如何与生态保护相协调,旅游目的地居民如何融合产业发展,提高居民收入的分配比例等方面,都需要有政府的介入和牵引,由政府导入发展正能量,纯粹的市场竞争原则只会带来无序开发和两极分化。这也就是2012年10月份王荣书记到大鹏调研时要求市直相关部门和单位为大鹏新区量身定做政策规范的深层原因。因此,我们认为,要深刻理解市委主要领导这一指示的深刻内涵,从为全市人民供给"幸福产品"出发,找准民生产业的公共领域,研究政府和市场、社会的有效分工,明确市、区两级发挥作用的边界,尽快形成规范不同层级部门履行职责的特殊政策框架,以完善的政策法规强化大鹏新区的城市功能定位,加快新区经济功能置换、城市形态提升、社会发展转型的步伐,有效推动新区快速摆脱原有"边缘化"发展格局。特别是在公共服务均等化的规划和实施方面,要主动与市相关部门沟通,在均等化的指标范围和标准上争得话语权,更多地获得市里的支持和倾斜,努力争取区域层面的公共服务设施和服务内容的均等化,加快原特区内外一体化速度。与此同时,进一步突出"大鹏板块"的功能优势,加强与全市主城区的功能对接,坚决走"工业低碳、旅游高端、生态环保、社会和谐"的新型城市化道路,加速由散、乱、低端的城郊经济向富有内涵的城市经济,由资源要素驱动向生态环保的创新驱动,由小富小康向和谐幸福的全面跨越,落实组团式发展,实现由一般的城市拓展区向特色鲜明、功能凸显、发展错位的现代高品质城市次中心转变。

基于这样一个大背景,从大鹏新区的社会建设来讲,我们要围绕建设民生幸福城市,着眼营造深圳"最美丽的后花园",紧扣新区城市功能强化、产业内涵提升、社会建设转型的实际,妥善重构新区各种社会关系,全力改善民生，突出"和谐幸福"。通过拓展公共社会服务、夯实社区基础建设、加强社会管理，有效优化社会结构、防范社会风险、化解社会矛盾，努力把建设国际滨海旅游度假区和生态资源保护区的过程，变成创造和谐、提升民生、分享幸福的过程，用和谐促进发展，用民生倒逼转型，用幸福衡量进步，实现经济发展与民生改善互动共进，经济增长指数与民生幸福指数同步提升。要特别突出经济发展的主线，夯实经济基础，提高群众生活的满意度和富足感；做实"基本民生"、保障"底线民生"、解决"热点民生"，提高群众的保障度和公平感；保护好大鹏的生态资源，以保大鹏的发展之"基"，宣扬优美环境的大鹏名片，提高群众生活的舒适度和优越感；营造良好的公共秩序，做好平安大鹏创建工作，提高群众的平安度和安全感；培养家园意识，扩大公众参与，提高群众的归属度和荣誉感，全力打造"和谐半岛"、"幸福大鹏"，实现以本地居民的深度幸福和高度和谐来影响、感染、提升外来游客的幸福体验，让所有游客的"大鹏之旅"成为名副其实的"和谐之旅"、"幸福之旅"、"健康之旅"。

二 大鹏新区社会建设存在的问题

大鹏新区原属特区外，长期以来受特区内外及城乡二元不均衡发展格局影响，城市化水平处于全市最低，社会建设民生事业"欠账"大、"短板"多。

（一）就业问题仍然突出

1. 受生态线和核电控制等因素影响，新区可提供的就业岗位匮乏

大鹏一直以来自身经济总量不足，企业数量少、规模小，经济社会发展相对滞后，主导产业如旅游开发、生物科技等尚未真正形成规模。目前，新区生产性企业不足300家，且大部分企业属于中小型企业，企业规模不大，所能提供的就业岗位有限。

2. 劳动力结构性矛盾依然突出

由于产业结构的优化升级，大鹏新区企业用工，尤其是对高技能人才的需求呈逐年递增态势，但户籍劳动力失业人口的技能素质相对偏低，就业领域较窄，而新成长起来的劳动力又存在知识结构和技能水平不能与市场良好对接问题，造成用工难，就业也难。

3. 失业人员求职途径有限

失业人员通过"非正规"方式（如熟人介绍）求职仍然是他的一种习惯，截至目前，大鹏新区仍然没有一家正规的职业介绍服务机构，这就增加了大鹏新区户籍人员劳动力就业的难度。

4. 户籍居民就业观念滞后

第一，依赖社区股份公司安排工作。普遍倾向于社区行政部门、度假村等单位提供的管理岗位或清洁、安保、维修等岗位。第二，选择性就业，存在想进政府机关事业单位上班的思维定式。第三，觉得外出打工不自由又辛苦，实在进不了机关或股份公司上班的户籍居民，宁愿失业在家也不愿到企业或工厂上班。此外，因低保与教育、医疗等方面的帮扶救济政策捆绑，有些低保人员，存在严重的"等、靠、要"依赖思想，宁可每月领取最低生活保障金，也不愿意外出就业。

5. 新区户籍潜在未就业人口数量大、分布广

据统计，新区户籍人口35930人（不含空挂户），户籍劳动力人口23619人，其中未就业人口3041人，未就业人口占户籍劳动力的比例为12.9%。由此可见，新区户籍潜在未就业人口数量庞大，实际就业压力很大。新区未就业人口分散分布在各个学历层次及各个年龄层次，分布范围较广，需要有针对性地提供不同类型的就业服务。

（二）在教育方面，青少年校外教育缺乏系统性

在基础教育方面，目前，新区现有各级各类学校24所，其中公办中学3所、公办小学6所、民办九年一贯制学校3所。但葵涌、大鹏、南澳三个办事处地处深圳东部，交通不便，人口稀少，长期以来基础教育相对落后，整个大鹏半岛没有一所高中。在办学水平方面，近年来，随着各级相关部门对教育事业的重视，大鹏半岛教育事业虽然有所发展，但品牌学校少，办学特色不够鲜明，品牌效应不够明显；办学条件与发达地区还有较大差距；教师队伍整体实力不强，后劲不足。在校外培训方面，新区公共文化体育资源匮乏，远不能满足青少年校外生活需要。青少年在课余时间和节假日，很多处于无处玩、无所

学、无人管的状态。据调查，新区范围内的校外培训班项目少、水平低，青少年校外教育缺少系统性。新区普遍缺乏开发和培养青少年特长、爱好的品牌社会培训机构。学生假期培训班（特别是大鹏、南澳）多数从2012年开始才逐渐开设，而培训队伍也普遍存在专业教师数量不足、教学力量薄弱等问题。

（三）社会公共服务设施配套有限，社会服务水平偏低

从文体设施配套来看，新区群众文化相对活跃，文体设施能满足群众基本文化需求。虽然文体设施数量虽多，却主要分布在学校、单位、企业里，面向公共开放的文体设施（尤其是体育设施）严重不足。其次，高品位、上档次、有规模的文体设施不足，新区目前缺乏大型的综合性文体场馆、图书馆、影剧院。从医疗设施配套来看，目前全区尚无一间大型的综合性医院，三个办事处辖区各一所医院，均为一级甲等医院，相对深圳其他经济更发达的区，无论是硬件设施还是医务人员配备均存在一定的差距，医疗力量相对薄弱。从交通配套等其他民生基础配套来看，要把新区打造成国际滨海旅游度假区，将全区的旅游资源整合成一个整体，必须拥有便利的交通作为支撑。新区成立后，增设优化公交网点和线路，旅游出行有了很大改善，但由于新区地广人稀的区域特点，难以实现公交的全天候、全路段的覆盖，以及公交的便捷化。同时，商业、金融网点的覆盖也存在不均衡情况。

（四）社区建设极其落后

社区基础设施、公共服务、组织机构与人员素质等方面的建设严重滞后。在社区建筑形态上，新区现代城市意义上的花园式小区极少，全区26643栋楼房中，城市花园式小区不到100栋，占比不足1%，全区99%的房屋为居民自建房。此类房屋体量偏小、外形简陋、高矮无序、布局杂乱、功能单一，落后的建筑形态与城市面貌难以和建设国际滨海旅游度假区的要求相匹配。在社区物业管理形态上，新区尚处于初级阶段，大部分社区没有围墙，尚未实现小区围合，所谓的物业管理仅限于环卫、绿化、车管、安保的部分进驻，物业服务和管理层次低，离相对完善的城市化社区管理相差甚远；业主委员会虽有组建，但组织松散，由于不能收取物业管理费而无法运作，形同虚设，没有发挥

应有的自治作用。在社区管理体制上,大鹏大部分社区还实行股份公司、社区党组织、居委会、工作站几块牌子一套班子一肩挑情况,社区机构具有浓厚的行政色彩和官办身份;以命令式管理为主,重管理、轻服务,缺乏人性化的"柔性"管理;社区经济与社区行政事务相捆绑,政府和市场的边界在基层社区非常模糊;社区社会力量非常薄弱,居民自我管理、自我服务、自我监督的意识和能力偏弱。

(五)社会组织发育严重滞后

目前,在新区登记注册的社会组织共62家,其中50家属原龙岗民政局登记注册,12家为新成立。梳理新区社会组织的发展,主要存在以下几方面问题。

1. 新区社会组织数量少、力量弱

目前大鹏新区常住人口将近18万,社会组织数量仅为62家,社会组织领域工作人员仅900多人。与兄弟区比较,大鹏新区每万人拥有社会组织数量只有3.5个,在全市十区中排在第6位,4个新区中仅少于坪山新区。按照深圳市"十二五"规划关于社会公共服务实现"普及化"的规定,到2015年每万人将拥有社会组织8个,社会组织从业人员15万人,根据这个比例,大鹏新区社会组织数量与服务人群数量难以达到深圳市的平均水平,以新区社会组织的当前体量难以激发其在新区社会经济发展中应有的推动作用。

2. 社会组织发展结构不合理

从目前大鹏新区登记的62家社会组织类型来看,办事处和社区层面的老年人协会29家,占近一半,此类社会组织的影响力小,活动能力弱,活动领域有限,难以形成上规模、上档次的社区服务。新区现有产业协会仅2家(新区旅游协会和深圳市渔民协会),其中新区旅游协会刚注册登记;民生服务类社会组织6家,文体旅游类社会组织5家;重点发展的生物产业和生命健康类社会组织尚未实现零的突破。新区社会组织结构的深度不合理体现了社会组织发育不成熟,存在规模偏小、人才不足、作用发挥不明显等弱点,与社会现实需求之间有很大的差距,组织结构亟待改善。

3. 社会组织造血能力低下，业务活动单一

目前新区社会组织对政府的生存性依赖严重，自身造血能力低下。一方面，由于政府职能转变步伐滞后，部分可以也应该由购买服务完成的社会服务事项政府部门没有及时进行梳理和转移；另一方面，社会组织自身能力建设不足，开展业务活动单一。仍以新区老年协会为例，其活动费用全部由政府部门提供，自身无创收、无经费来源。如何进一步拓展新区社会组织业务范围，形成政社互动，推进社会组织自身造血能力不断增强等问题有待深入研究。

4. 业务主管部门对社会组织的业务指导和检查、监督缺位

虽然社会组织登记门槛已经大大降低，但是按照法律规定，社会组织的登记和业务开展依然要接受登记管理机关和业务主管单位（业务指导单位）的双重管理，即民政部门和社会组织业务主管单位分工合作共同实施对社会组织的管理监督。由于新区各职能单位对作为社会组织业务主管单位的职能认识和管理业务还在梳理阶段，难以做到对社会组织登记条件和实际业务开展检查和监督，甚至部分社会组织筹备成立过程中找不到业务主管单位的情况依然存在，直接影响到相关社会组织的培育与发展。除此之外，还有大量本土"草根服务组织"游离，主要是社区居民自发、自愿形成的社区自娱自乐组织，如健身舞、太极拳、书画、葫芦丝等兴趣爱好者自发形成的团体，定期开展活动，但没有规范的章程，也不愿意登记接受管理和约束，自我管理较为松散，发展具有随意化的倾向。

三 关于推进新区社会建设的思路

（一）加强调研，摸清底数，为扎实推进社会建设工作奠定基础

社会建设是个好东西，但是涉及方方面面，可谓是千头万绪。怎么做、从何处着眼，我们既不能闭着眼睛瞎指挥，也不能人云亦云生搬硬套。首先要摸清家底，做好调查研究。只有全面掌握新区社会结构发展变化的特点，深入认识阶层结构、社会组织结构、区域结构、人口结构、就业结构、社会利益结构等方面情况的发展变化和发展趋势，才能使我们的社会建设政策和

措施接地气、有人气、得民心。新区的城市化刚起步，由于城市建设用地的需要，大部分"村改居"社区在极短时间内实现了由村落到城市社区的转变。社区基础设施、居民意识观念、生活方式在时代大潮裹挟中缓慢被动地改变。新区的成立发展必将加快城市化进程速度，必将给社区的发展现状和居民心理状态带来极大冲击，必将带来更多需要解决的社会问题。因此，我们需要加强调研跟踪，掌握社会和社区发展节奏，为新区党工委管委会科学决策做好参谋。

"有调查，才有发言权"；"有数据，才有说服力"。社会建设内涵颇广，既包括实体建设，诸如社区建设、社会组织建设、社会事业建设、社会环境建设等，又涵盖制度建设，如社会结构的调整与构建、社会流动机制建设、利益关系协调机制建设、社会保障体制建设、安全体制建设、社会管理体制建设等，每一项建设都要根据地区经济社会发展的阶段性实际循序渐进地加以推进，特别要与经济结构档次、社会阶层现状相适应。大鹏新区社会发展处于什么阶段？社会建设处于什么位置？经济结构与社会结构在变迁中是否相适应、相协调？社会结构，特别是城市化过程中全区社会阶层结构、社会组织结构、居民就业结构、社会利益结构的特点何在？居民不断更新的潜在需求有哪些？最紧迫的诉求在哪儿？全区社会组织数量多少？在社会建设中发挥作用如何？弄清楚这些基本问题，是我们当前抓好社会建设的首要任务，也是最基础的工作。如果底数不清、信息不对称、基础工作不扎实，社会建设的推进必定是盲目的、无序的、被动的。不仅会被市里牵着鼻子走，应付式地完成上级下达的指令，更糟糕的情况可能是由于没掌握实情，推行政策时无法做到突出重点，兼顾其他，从而引起负面的连锁反应，引发不稳定因素，使政策效果适得其反。

实际工作中，我们也痛感基础数据缺乏、实际情况掌握不足给政策决策所带来的被动局面。如在推进"风景林工程"公益性服务项目时，按新区党工委、管委会领导的意图，公益性岗位的推出与生态补偿的发放挂钩，让无法享受生态补偿的部分原居民得到一定的收益。为妥善推出这一配套政策，我们首先要得到原居民的大概数据，才能相对确定公益岗位的数量，以及因得不到公益岗位可能引发上访的居民数量，从而为决策提供依据。但公安分局、各街道办、派出所都提供不了我们所需口径的数据，这让我们无法对公益性岗位推出的社会风险做出快捷、直观的判断，只得通过其他方式绕道处理，其操作的复杂程度增加了，所取得的效果也大打折扣。

因此，加强调研，摸清底数，吃透区情、街情、社情，夯实社会工作的基础势在必行。一是收集数据，动态掌握原始资料。利用多种渠道掌握全区经济、人口、就业及其他社会事业等方面的第一手基础数据，做到及时更新，并对原始数据进行适当的统计分析，形成关于社会结构的动态数据。二是多下基层，及时掌握社区实际。通过定期不定期实地的走访和座谈等形式了解社区居民的所做、所需、所想，较为准确地把握城市化进程中当地居民的思想意识变化情况，了解当地居民在生活方式、消费模式、思维习惯等方面公民化、市民化的进展情况，为政策决策积累第一手素材，为推动政策施行积累基层人脉，为做好群众工作寻找适当的方式方法。三是借用"外脑"，形成大鹏新区社会建设系列调研报告。社会建设既是一项新工作，也是一项理论性、政策性很强的工作，大鹏新区作为一个基层，其社会工作重在实际操作，但结合实际，特别是结合大鹏新区建设国际滨海旅游度假区的特殊实际，对这种地区城市化进程中的社会结构和制度安排变迁做适当理论研究，在全市属于一项开创性工作，并据此进行一定的顶层设计，引导新区的社会建设和社会发展循序渐进，走上科学、合理、可持续的成长路径。我们拟邀请深圳大学、深圳市社科院、深圳市委党校等研究机构，立足大鹏经济社会发展现实，结合滨海旅游产业和海洋经济发展、新兴产业基地建设和环境生态保护，采用社会学的研究方法，探讨新区的社会管理、社会服务、社区建设、社会组织工作、志愿者工作等领域的特殊性、规律性，从"人"的角度深刻分析大鹏新区社会建设诸领域如何适应海洋经济、旅游经济、生态经济、新兴工业经济的发展，清晰地把握各产业发展过程中的社会舆论、社会心理、社会风向、社会矛盾和潜在的社会问题，并对可能出现的社会风险有较为准确的预警和判断，切实加强薄弱环节的社会建设工作，摆脱社会领域拖经济建设后腿、成为制约经济社会发展桎梏的局面。

（二）加强民生改善工作，切实提高居民群众的幸福感

建设和谐幸福大鹏，民生是核心。改善民生是一种境界和责任，要切实注

重民生工作的普惠性、公平化，妥善处理经济发展与社会建设的关系，坚持经济增长与社会建设同步，在"做大蛋糕"的同时合理"分配蛋糕"，明确"民生为重"的公共财政导向，健全投入机制，逐步实现民生投入的制度化和法定化。新区将大力发展区域经济，优化产业结构，把新兴产业培育壮大，把滨海旅游业做大做强，提高经济增长效益和质量。妥善处理招商引资、产业发展与投资结构的关系，继续实施龙头项目带动战略，稳定投资增长和促进企业成长，有效拓宽就业、创业、投资等增收渠道。同时，正确引导居民更新就业观念，加大就业培训和引导，真正让居民就业有岗位、创业有门路、致富有盼头。一要做实"基本民生"，以解决就业、社保、义务教育、基础性的公共设施建设、基础性的住房保障等关系广大群众基本生存状态的问题为重点，加快建立人人可及的基本公共服务，推进基本公共服务均等化。二要保障"底线民生"，完善各项社会保障制度，加大特殊困难群体帮扶力度，将社会救济、最低生活保障、最低工资标准等关系底线民生的问题优先解决，确保贫有所济、困有所帮、残有所助、孤有所托、灾有所救。三要解决"热点民生"，着力解决群众最关心、最直接和最现实的热点难点问题，努力在解决优质教育资源短缺、提高教育质量突出办学特色上求突破，夯实民生之基；以社区卫生工作为切入点，为群众提供安全、有效、方便、价廉的医疗卫生服务，铸牢民生之盾，真正让群众的生活在区域发展中得到实实在在的改善，市民的素质在产业转型中得到实实在在的提升，有效提高社会团结和整合程度。

（三）打造良好的生态环境，提高群众的自觉度和舒适感

建设和谐幸福大鹏，环境是名片。保护生态环境就是保护大鹏的明天，必须妥善处理经济建设、社会建设和生态建设之间的关系，持续强化生态修复和环境保护，擦亮生态环境品牌，以保大鹏的发展之"基"。从社会建设与生态建设来看，社会建设是协调人与人之间关系的工作，社会和谐为人与自然的和谐奠定良好基础，能有效减污染、减能耗、减脏乱，促进生态环境的保护。要加大保护生态资源的教育力度，提高居民和游客的环保意识，令群众学会以更科学的工作方式、生活方式、游乐方式与大自然相处，在保护环境中工作、在美化自然中生活、在提升生态中游乐，以本地居民的高度环境意识和外地游客

的高度生态自觉来实现大鹏新区的"高标准开发、高水平保护",让大鹏居民真正享受"生态之居"、"健康之居",让外来游客真正享受"环保之旅"、"绿色之旅"。

(四)继续深入推进"风景林工程",因"社"制宜地加强新区社区建设

社区是社会的基本单元,是社会成员获取公共服务的重要场所,因而也是各种利益关系的交汇点、博弈点,各种社会矛盾的滋生点、集聚点,成为组织和动员社会工作的主阵地、落脚点。加强社会建设,首先要打牢社区这个基础,只有把社区服务工作做实了、做精了,将社区治理做好了、做到位了,才能最大限度地把各种社会矛盾消化在社区、各类社会风险消解在基层,最终做到防患于未然。因此,可以毫不夸张地说:"小社区是社会工作的大舞台。"市里推进的"风景林工程"5个重点项目即是以社区为基点、为平台、为纽带,重在推动资源在社区的聚集和配置,以进一步夯实基层政权、逐步理顺社区治理机制、激发居民社会参与热情、培育和发展社区组织、提升社区服务质量、夯实社区管理基础、强化社区功能、增强社区活力、培育社区归属感等为重点,把社会服务和管理落实到基层,普惠到个人,真正实现"以人为本",筑牢基层基础。

新区的社会建设工作应该以落实"风景林工程"的5个重点项目推进为契机,以合理判断大鹏25个社区的城市化发展实际为基础,以社区服务和社区治理作为加强和创新全区社会管理工作的突破口,加快构建具有大鹏特色的新型社区服务管理模式,不断提高服务管理科学化水平,真正使社区成为解决民生问题的"第一线",成为居民生活的"幸福港湾",成为管理有序、服务完善、文明祥和的社会生活共同体,为大鹏的社会建设打下坚实的基础。

实际工作中,我们将联系实际,分类认识,因"社"制宜实施社区建设。大鹏新区原属特区外,长期以来受特区内外及城乡二元不均衡发展格局影响,基础设施、公共服务、社区组织与人员构成等方面的社区建设水平远远滞后于原特区内城市社区。从新区内部来看,2003年全市在特区外全面实施城市化后,各社区的发展节奏不尽一致,半岛北部较快,向南依次偏慢,城市化过渡

性的建设模式在相当的时空范围内存在。

为更好地认识大鹏新区25个社区的实际情况，我们立足社区社会建设相关情况，结合各社区的物理形态、规模、产业发展、资源和居民构成等因素，将25个社区分为5类：一是老居委社区，包括如大鹏、南澳等，这些社区城市形态相对完善，但没有集体土地，没有股份公司，经济来源靠上级财政拨付，具有较好的城市管理基础。二是旅游产业主导型社区，包括溪涌、官湖、鹏城、水头、东山、东涌、西涌、新大等，这类社区旅游资源丰富，侧重结合各社区实际，逐步完善旅游服务配套设施，注重社区文化品位、整体风貌提升，努力打造旅游度假服务型社区。三是整体搬迁安置型社区，包括岭澳、下沙、坝光等，这些社区现有经济条件较好，但原村民离开原居住地后，面对新环境、新生活方式、新社会关系冲击，在就业、城市融入、自我认知等方面存在困境。以岭澳社区为例，虽然自20世纪90年代初已搬迁出来，已经经过20年的城市化变迁，但原村民在适应城市生活上尚存在诸多问题。我们要认真分析这些问题，总结有益经验，为下沙、坝光的社区建设提供借鉴，少走弯路。四是外来人员高度聚集型社区，包括葵涌、葵新、葵丰、三溪、高源、王母、布新、水头沙等，这些社区户籍人口与外来人员比重超过1∶5，有的超过1∶10，社区精细化管理程度低，文体设施建设滞后，亟须增强外来人员对社区认同，培育家园感、归宿感。五是整体上岸型社区，包括东渔、南渔，这些社区人口相对较少，所占区域面积小，没有集体土地，资源缺乏，无经济支撑，社区开支主要靠区、街道拨付，社区社会建设欠账多，居民思想较封闭，就业压力大，社会建设任务极为繁重。

新区的社区建设要结合落实"风景林工程"，对全区25个社区进行计划分类指导，不能千篇一律，应量身打造，引导各社区因地制宜地开展社区建设，让新区社区建设走合实情、多样化的路子。如针对老居委社区，建议侧重社区"软实力"建设，强化社区服务功能，通过孵化和发展社区社会组织，培育居民市民意识，加强社区民主，注重精神文明建设和居民自治能力建设等方面。

针对旅游产业主导型社区，我们将按黄伟副书记的设想，以东涌社区为试点，积极策划好、运作好、包装好，倡导打造旅游服务型社区、旅游目的地社区；注重社区文化品位、整体风貌的提升，强化居民素质提高，加强居民与外来游客互动和心理融合，探索滨海社区管理和服务创新模式，形成亮点社区、精品社区；及时把握规律、总结经验、提炼做法，树好典型、做好示范，切实形成示范带动作用，适时向其他同类社区推广。再比如，针对外来人员高度聚集型社区，建议侧重社区精细化管理，尽量完善文体设施建设，开设社区学院，注重外来人员的心理关怀和技能培训，增强他们对社区的认同，培育家园感、归宿感。

（五）激发热情，引导居民积极参与

社区建设是社区成员自己的事，社区居民参与是社区建设健康发展的动力源泉，也是衡量社区建设成功与否的重要标志。在走访其他区的"风景林工程"推进过程中，给人印象最深的现象是：凡成功的项目，无论是龙岗区康乐社区典型的社区服务中心建设，还是福田区莲花街道先进的居民议事会建设；也无论是盐田区梅沙街道富有特色的"幸福方程式"公益服务项目建设，还是宝安区富有成效的楼（栋）长制度建设，这些在全市乃至全国成为学习楷模的先进社区建设模式，其成功经验中最有共性的一点即是想方设法激发社区居民参与热情，让广大社区居民自愿参与到社区建设的各项事务中来，做到让服务对象、治理对象转变为服务主体和治理主体，真正体现顺民意、聚民智、借民力、修民德、暖民心，形成积极向上的社区气氛，实现基层社会的和谐共建。他们的成功经验，最能引发我们反思的是：只要是居民自己倡导的项目，成功了，居民会感激政府，形成正面宣传，增强政府公信力；一旦失败，居民只会觉得自己没组织好，不能怨政府。因此，无论是社区自治、社区服务，还是社区管理，如果离开了居民的主动参与，再强的行政管理者、再热心的服务机构、再专业的社工队伍，其工作都将是苍白无力的，很难达到应有的效果。

大鹏新区25个社区绝大部分属"村改居"社区，城市化程度低，居民的社会生活呈"半城市、半村落"的形态，原有的村规民约继续在大范围内约束着居民的日常行为，居民对现代城市规范和市场规则还处于感性认识和不自觉状态。对应这种城市化程度，大鹏新区社区居民的市民意识唤醒程度低，社会参与愿望不强烈，参与能力亟须进一步提高。租住社区的外来务工人员仅将自己当过客，交往的圈子局限在同乡范围，没有融入社区的动力和愿望，社区

参与意识淡薄。基于此,我们认为,大鹏新区社会建设肩负的一个重要使命就是想方设法激发社区居民的参与热情,建立较为完善的居民参与机制,不断拓展社区参与的广度,加大居民参与的力度和深度,在社区服务、社区管理的参与中强化自我学习、自我服务、自我管理的意识与能力,理性和自觉地遵守社区规范,增强市民意识,提升居民城市化程度。

建立较为完善的居民参与机制,一是要实现居民利益社区化。参与是靠利益驱动的,利益是参与的引擎。我们要注重强化居民与社区之间的利益关系,使居民在利益关系的基础上产生参与社区事务的愿望。例如,从大的方面讲,我们可以把社区居民积极参与社区环境建设和社区功能完善,与其住宅的市场价值相联系,同样的房屋,在环境整洁、服务健全、治安良好、邻里和谐的社区里,其价值大大高于在环境、治安、服务条件差的社区里,以此引导居民自觉参与社区环境治理、社区服务质量提升,增强社区的吸引力、感召力,激发群众的参与意识。二是发挥好社工队伍的专业服务作用。加大督促力度,推动社工加快融入大鹏社会工作实践,帮助其解决在语言交流、交通出行等方面的困难,发挥社工组织驻扎社区、联系群众紧密、具有专业能力的优势,深入群众,加强与居民的沟通,了解社区居民的第一需求,以"四点半学堂"等居民最为认可的服务项目为中心抓手,向外延伸扩展到居民议事、社区娱乐等项目;同时准确分析社区居民参与度不高的深刻原因,因地制宜地提出解决思路,切实激发居民的参与热情。三是注意发挥各类社区精英的号召力和示范带动作用,引领社区居民参与到社区活动、社区服务、社区治理中来,增强社区的吸引力、感召力。四是树立大社区理念,引导驻社区企业和单位参与社区共建。各驻社区企业、部队、学校、医院等跳出那种主要对市属、区属、街属单位负责的"小圈子",强化"驻于社区、服务社区、同享资源、共建社区"的意识,主动参与社区建设;社区要逐步淡化本土意识,强化包容心理,认识到"没有共享,谁肯共建?没有共建,何来共享?"的道理,积极邀请驻社区单位参与社区建设,在共建、共享中互补、互动、互联,共同提升社区治理质量。

(六)加强社会力量,切实发挥社会组织和志愿者队伍的作用

现代社会,社会组织和志愿服务机构在整合社会资源、提供社区服务、维

护社会稳定、协调社会关系、促进社会融合等方面日益体现重要的独特作用，成为政府和市场"两大部门"外一支不容忽视的力量。市委强调要强化社会组织特别是工青妇等群团枢纽型社会组织和志愿者队伍的作用，团结引领同质性社会组织向基层化、社区化发展，大力建设"志愿者之城"，形成各方共同参与社会建设的生动局面。一是加快工青妇或社会组织区一级指导单位的组建工作。尽快理顺工青妇等群团社会组织的管理，积极引导群团组织发挥"枢纽型社会组织"的作用，带动和引领相关领域的社会组织参与社会建设特别是社会服务工作。可仿照龙华新区的做法，成立社会组织孵化促进中心，设立社会组织发展资金，通过对被孵化组织提供场地设备、能力培训、注册协助、小额补贴、推荐承担政府公共服务项目等支持，培育和扶持贴近新区发展的社会组织。二是重点培育和发展与新区发展定位相配套的旅游行业协会、家庭旅馆协会、生态环保公益等相关组织，切实为新区发展提供特色服务。三是完善机制，规范社会组织运作。建立监管机制、准入机制、效果综合评估机制、人员培训机制，查处社会组织违纪违法行为，确保社会组织依法依规开展活动。四是成立新区义工联，建成新区—办事处—社区以及新区—企业志愿队伍组织架构，鼓励更多社会力量参与志愿服务工作，参与和谐社会建设。结合新区实际，积极开发特色服务，在生态环保宣传、山地海滩应急救援、非遗文化推介、旅游服务咨询等方面完全做出特色、做出亮点，形成非常有影响力的志愿服务品牌。探索实施可行的志愿服务管理运行机制，建立一整套志愿者招募、培训、使用、考核、退出机制，将志愿服务与个人的成才就业、招聘录用、入党审批等切身利益联系起来，广泛吸纳社会公众的关注与参与。

社区建设篇

Community Building

B.18
深圳社区建设十年回顾与前瞻

谢志岿　倪晓锋　寇建岭　孙泽建*

摘　要： 2005年以来，深圳市对社区建设进行了积极探索，取得了重要成绩，体现在多元治理结构基本形成、行政与自治相分离的社区管理体制初步形成、社区管理队伍建设得到加强、社区建设投入稳步提升、社区管理和服务进一步加强等方面。但是，深圳社区建设还存在诸多问题，如社区设置不尽合理、行政权挤压自治空间、基层管理层级过多、社会参与不高等。下一步，深圳应重点在优化行政区划设置、理顺社区管理体制、树立全面的社区建设观、健全社区建设投入体制、发挥居委会在引导居民自治中的主体作用、提高社区公共服务供给能力、完善多元参与的公共治理机制等方面进一步深化改革。

---

* 谢志岿、倪晓锋，深圳市社会科学院；寇建岭、孙泽建，北京大学社会学系。

关键词:

深圳 社区建设 改革 体制

社区建设是社会治理的重要组成部分,深圳十分重视社区建设,尤其是2005年以来,深圳对社区建设体制进行了大量探索,取得了许多重要经验。但目前深圳社区建设还存在诸多问题,因此,分析深圳社区建设存在的问题,对进一步深化社区体制改革,推进社区发展具有重要意义。

一 深圳社区体制的演变及现状

(一)深圳社区管理体制的演进

社区管理体制是由社区发展动力、利益主体、权力结构、运行机制和监督机制等多方面内容构成的综合性、系统性的管理制度。随着单位人向社区人的转变,我国的社区管理方式也发生了重大变化,从完全行政主导型的管理方式向社区自治型以及混合型社区管理方式转变,在实践的过程中发展出不同的管理模式,如沈阳东大模式①、武汉百步亭模式②、上海浦东模式③、深圳模式等。

深圳市自1979年建市以来,社区管理体制经历了不同的发展阶段。

其一是传统模式,居委会作为社区内的主体组织,其他社区组织较少,有专家称之为"议行合一"模式④。目前,内地仍然有不少城市采用这种模式,这种模式下的居委会承担着较多的行政职能,而且政府给予一定数量的专职工

---

① 按自然规模划分社区,实行社区自治、社区内资源共享,部分政府职能交由社区承担。
② 不设街道办事处,成立社区党委、社区管委会、社区居委会、业委会以及工会妇联等各类组织,管理服务体制上实行市场化运作。
③ 以街道为单位,统一规划,由政府主导,充分发挥社区内企事业单位、社会团体、社区居民等不同主体作用,实行"两级政府、三级管理"的新体制。
④ 祖玉琴:《创新社区管理体制 夯实和谐社会基础——浅论深圳市社区管理体制的改革与发展》,《中国民政》2005年第11期。

作人员名额。深圳的居委会采取选举之前,其人员一般都是由上级直接任命。居委会办公用房、经费以及人员工资待遇主要通过政府财政拨款和自筹等两种方式来解决,不少居委会拥有自己的产业和物业,开展经营活动取得收入,以作为经费补充。由于基层财政补贴的金额不同,以及经营收入的状况不同,居委会成员之间的收入差异较大,有的居委会成员甚至享受事业单位职员待遇。随着经济社会的发展以及社区管理的细化,这种管理和服务融为一体、行政色彩较浓、自治空间匮乏的社区管理模式已经不适合发展需要。2002年,深圳市重新对全市社区规模进行调整,同时社区各类组织蓬勃发展,以社区党组织为核心,以社区居委会为主体,多种社区组织并存的社区组织体系初步形成。社区各类组织日益多元化,但社区居委会在社区内的核心地位和性质并没有根本改变。

为了适合社会发展需要,区级部门还对原有的社区管理方式进行创新,如盐田区因为管辖区域面积小、管辖人口较少,城市化水平较高,改革的难度较小,率先推动社区管理体制改革,建立了"议行分设"的社区管理体制。其特点是实行"一会两站",也就是说,在社区居委会下面设立社区工作站和社区服务站。其中,社区居委会仍然是核心组织,对社区重大事务和社区管理行使决策权、监督权;社区工作站、社区服务站作为社区居委会的"执行"机构,分别完成政府委托的社区行政工作、社区自治工作和社区服务工作。因为深圳市大部分区域的社区与盐田区差异较大,这种模式并未在全市推广。

其二就是近年来实施的"居站分设"模式。2005年,深圳市颁布了《深圳市社区建设工作试行办法》和《深圳市社区建设发展规划纲要(2005～2010年)》,在全市范围内设立社区工作站,承办政府在社区的行政管理工作;社区居委会成为原本法律定位的居民自治组织,不再担负政府行政职能,正式确立了"居站分设"的社区管理体制。与第一种模式不同的是,"居站分设"模式实际上在社区内新增加了一个主体组织,即社区工作站,虽然名义上,社区工作站只是政府、党委在社区的工作平台,运作过程中实际上相当于政府工作机构。2011年,深圳市借鉴香港家庭服务中心运作经验,启动社区服务中心建设,采用全新运营模式,即由政府指导和资助,整合社会资源,由民间专业服务机构作为服务供给主体,至此,社区党组织统筹协调、社区工作站负责行政事务、社区居委会负责自治事务、社区服务中心主抓社区服务的"四驾马车"分工协调的社区管理模式逐步形成。

2010年以来，在"居站分设"的基础上，不少社区根据实际工作需要，进一步进行社区管理方面的探索，比较突出的有"月亮湾模式"、"桃源居模式"和"花果山模式"，"月亮湾模式"的主要特点是通过准体制力量的引入，较早在社区中引入"人大代表工作站"，通过人大代表的利益诉求机制，在政府与社区居民之间搭起沟通的桥梁，使居民的自治诉求能够得到有效回应，从而激发居民参与社区自治的主动性和自觉自发性。"桃源居模式"主要是在充分发挥社会组织的基础上，建立多元治理格局。桃源居集团设立桃源居公益事业发展基金会，创办社区公益性社会组织，培育社区公益资本和社区福利，使政府的公共服务、企业的市场服务与社会组织的公益服务融为一体①，从而建立起社区党委、社区居委会、社区工作站、物业公司、公益事业中心和业主委员会"六位一体"的管理机制。"花果山模式"的核心是去除了"社区工作站"层次，将原社区工作站的大部分功能由进驻社区服务中心的社会机构承接，社区居委会则主要起到监督、协调作用。

（二）深圳社区概况及类型

1. 深圳社区基本情况

深圳市辖区面积为1991.64平方公里，2012年末常住人口1054.74万人②，共有640个社区工作站，796个社区居委会，平均每个社区③管辖面积3.11平方公里，管辖人口1.68万人。各区中，社区个数最多的是宝安区，其次是龙岗区和盐田区；社区工作站平均管辖面积最大的是大鹏新区，为12.08

---

① 参见北京大学中国政府创新研究中心主办的《深圳桃源居社区治理和服务模式创新研究报告》，2012。
② 该数据来源于深圳市政府在线，各区数据来源于各区政府在线，各区加总数据与深圳市政府在线的数据略有出入，不过相差不大，在实际计算时以加总数据为准。
③ 在社区工作站成立之前，社区一般指的是社区居委会管辖范围，不过社区工作站成立之后，由于居站分设、一站多居的探索，目前社区工作站意义上的社区和社区居委会意义的社区数量不尽一致。到2012年底，深圳共有640个社区工作站、796个社区居委会。而基于目前社区工作站在社区治理中的突出地位，本文将以社区工作站所对应的社区为社区治理结构研究的对象。

平方公里,其次是坪山新区(7.3 平方公里)、光明新区(5.58 平方公里)、龙华新区(4.88 平方公里);社区工作站平均管辖人口最多的是龙华新区,为 3.91 万人,其次是宝安区(2.16 万人)、龙岗区(1.89 万人)和光明新区(1.76 万人)(见表1)。

表1　深圳市各区(新区)工作站、居委会数量

地 区	社区工作站(个)	社区居委会(个)	总面积(平方公里)	总人口(万人)	社区工作站平均管辖面积(平方公里)	社区工作站平均管辖人口(万人)
福 田 区	94	115	78.04	133.06	0.83	1.42
罗 湖 区	83	115	78.36	93.64	0.94	1.13
南 山 区	100	106	182.00	110.85	1.82	1.11
盐 田 区	18	22	72.63	21.26	4.04	1.18
龙 岗 区	109	117	385.94	205.77	3.54	1.89
宝 安 区	124	138	392.14	268.44	3.16	2.16
光明新区	28	28	156.10	49.18	5.58	1.76
坪山新区	23	30	168.00	31.68	7.30	1.38
龙华新区	36	100	175.58	140.86	4.88	3.91
大鹏新区	25	25	302.00	20.00	12.08	0.80
合　　计	640	796	1990.79	1074.74	3.11	1.68

资料来源:社区工作站和社区居委会数据来自深圳市民政局网站,时间截至2014年2月。

2. 社区主要类型

从社区形态上进行分类,可以把深圳市的社区分为四类。一是城市社区,以商品房小区为主,此类社区配套完善,住宅相对集中和独立,人员流动少,管理规范,城市社区氛围浓厚。但不同类型城市社区也有所不同,老城区有一些较早建设的住宅楼和写字楼,并未进行封闭管理,而且物业管理相对不完善。而后期建设的住宅小区则大多实行封闭管理,甚至有些大的封闭式住宅小区就是一个社区。二是村改居社区,主要是指深圳农村经城市化改制后形成的社区,原村民制度上的身份已由农民就地转变为城市居民,在社区治理机构设置上由原村委会改选为居委会。这类社区由于缺少规划,配套设施较差,出租房所占比例较高,原村民与外来人口混住。三是企业型社区,即辖区内企事业单位所占比重较高,企业在社区建设和管理中发挥重要作用。如华侨城片区的

社区，大型企业较多，有著名的主题公园"世界之窗"、"欢乐谷"、"玛雅水世界"等；此外还有工业区社区，即社区以工业企业为主，如富士康社区。四是混合型社区，即兼具以上各种类型的社区。如有些社区商住两用，既有住宅区，又有大量的商业街和店铺；有的"村改居"社区既有配套较为完善、花园式管理的"新村"，也有环境较差的"旧村"。

从社区管理方式上进行分类，可以把深圳市的社区分为"一站一居"类社区和"一站多居"类社区。前者是一个社区工作站对应一个社区居委会，表1显示，大鹏新区和光明新区完全是"一站一居"类社区，龙华新区主要是"一站多居"类社区，其他区多是混合型，以"一站一居"类社区为主，部分为"一站多居"类社区。从社区工作站与社区居委会的关系来看，存在三种类型：一是完全分开式，即社区居委会和社区工作站是两个完全独立的机构，人员完全分离，不交叉任职，"一站多居"的社区多是此类，如龙华新区多采用这种模式；二是相互交叉类型，也就是说社区工作站与社区居委会人员部分交叉任职，如社区工作站站长兼任社区居委会主任等，目前深圳市大部分社区采取的是交叉任职的方式，而且甚至是社区工作站、社区居委会、社区党委、社区股份合作公司等多个社区组织的交叉任职；三是重合式，即社区工作站和社区居委会人员完全一致，实行两块牌子一套人马。

3. 深圳市十年来社区建设的成就

（1）多元治理结构基本形成。深圳市的社区治理机构主要有七类：一是社区党组织，是社区各类组织的政治领导核心，担负着领导、组织、协调社区各组织在社区依法开展工作的重任。二是社区工作站，主要承担政府职能部门落实到社区的各类行政事务。三是自治组织，主要是社区居委会和小区业主委员会。其中，社区居委会是法定自治组织，社区工作站成立之后，社区居委会从繁重的行政事务中解脱出来，专心发挥自治功能；业主委员会主要是商品房小区的业主自治组织，是建立在物业所有权基础上的组织，与社区居委会的自治方式有所不同。四是社区内的议事机构，如社区议事会。社区议事会是深圳社会建设"风景林工程"的重要项目，是社区居民的议事机构，成员涵盖非户籍居民、物业管理、业委会、社区工作站、社区居委会、社会组织的代表，实行义务工作制。五是社区管理方面的企业，如物业管理公司和社区股份合作公司。物业管理公司主要存在于商品房住宅小区以及引进物业管理的村改居社区；社区股份合作公司主要存在于村改居社区，它们也在社区管理中发挥重要作用。六是社区服务中心。社区服务中心是社区服务的综合提供平台，主要从事社区文体娱乐、自住互助、特殊人群帮扶等方面的服务，服务主体主要是社会组织，资金来源主要是政府通过招投标的方式给予。七是社区内的其他各类社会组织。

（2）行政与自治相分离的社区管理体制初步形成。社区工作站的成立，将履行政府行政职能的组织与承担社区自治功能的组织进行分离，还社区居委会本来应有的自治地位。社区服务中心的建立又进一步理顺了管理、自治和服务三者之间的关系，加强了社区服务在社区建设中的重要地位。在行政与自治、服务相分离的基础上，深圳市的基层民主建设得到大幅度推进，社区居委会直选基本实现全覆盖[①]；居民代表大会制度也不断健全，并不断创新社区参与机制，建立了民主协调会、听证会、评议会"三会"制度，引导居民参与社区公益事业、公共事务及社区重大事项的决策。社区民主管理稳步推进，制定了相关规章制度，各区成立了居（站）务公开协调小组，推动居务公开工作制度化、规范化和科学化，同时在街道办事处成立了集体资产管理机构，加强对社区财务尤其是社区股份合作公司的资产监管。

（3）社区管理队伍建设不断加强。社区工作站成立之前，深圳市的社区管理和服务人员较少，每个居委会按照国家规定一般配备5~9名委员，远远不能满足管理和服务需求，而且人员素质参差不齐。十年来，随着各类社区机构的成立，社区管理队伍得到大幅度加强，仅社区工作站成员就有上万名，再加上社区居委会、社区股份合作公司以及社区服务中心的人员，社区管理和服务人员增加数倍。同时，由于社区工作站采取公开招聘的方式，社区服务中心人员采用专业社工，深圳市的社区管理和服务人员素质也得到较大程度的提高。

---

① 龙华新区的富士康社区由于人户分离问题严重，进行直接选举难度较大，除此之外，其他社区基本实现居委会直选。

(4) 社区建设投入稳步提升。近十年来，深圳市的民政事业经费投入稳步提升，"十一五"期间年均递增25.1%[①]，社区建设投入同步递增，保障了社区各项工作顺利开展：2004年以来，大力实施固本强基项目建设，将社区服务设施、社区工作办公用房、社区户外活动场所、社区信息化建设等项目纳入政府投资计划，项目投资向村改居社区、欠发达社区、劳务工密集社区以及基础设施较薄弱社区倾斜，极大改善了社区硬件设施；推动政府承接社区社会管理费用项目，大大减轻了社区股份合作公司的社区管理压力。

(5) 社区管理和服务大幅度加强。社区工作站成立之后，承担了政府职能部门在社区开展的大量行政管理工作，加强了政府对基层社会的管理，提高了政府在基层的行政管理执行力，实现了社区管理方面的精细化。而且，为了方便居民办事，社区工作站还在社区建立了"一门式服务"窗口，积极为社区居民提供计划生育、劳动社保、法律咨询等服务，并支持各种社会力量开展社区便民利民服务。社区服务中心成立之后，负责妇女儿童、社区助残、社区助老、妇女儿童及家庭服务、社区青少年服务等4个大类20多个小类的社区服务，更好地满足了居民对社区服务的需求。

二 深圳社区建设和社区体制存在的主要问题

（一）社区设置不尽合理，区域间差异较大

深圳市有640个社区工作站、796社区居委会，平均每个社区[②]管辖面积为3.11平方公里，管辖人口1.68万人，但分布很不均匀，管辖面积最大的社区达到39平方公里，最小的社区仅有0.06平方公里，相差600多倍；管辖人

---

① 2005年深圳市民政经费投入为26187.3万元，2010年为80426万元，总递增207.12%，年均递增25.16%。
② 在社区工作站成立之前，社区一般指的是社区居委会管辖范围，不过社区工作站成立之后，由于居站分设、一站多居的探索，目前社区工作站意义上的社区和社区居委会意义的社区数量不尽一致。到2012年底，深圳共有640个社区工作站、796个社区居委会。而基于目前社区工作站在社区治理中的突出地位，本文将以社区工作站所对应的社区为社区治理结构研究的对象。

口最多的社区在 10 万人以上，管辖人口较少的不足 500 人，相差在 200 倍以上。而且原特区外社区通常较大，管辖人口较多，不利于实行精细化管理，而且全市有上百处"插花地"，给社区管理也带来一系列问题。同样，居委会的设置也不尽合理，中国《城市居民委员会组织法》规定：社区居委会一般在 100～700 户的范围内设立，目前深圳市一般以管辖 6000～10000 名常住人口或 2000～4000 户居民设立一个社区居委会，有些居委会管辖多达数万人，范围过大，而且缺乏地缘、人缘、居民认同度和归属感等多种因素，社区居民难以真正实现自治。由于原特区内外差异较大、城市化水平不同，再加上社区基础设施和公共服务设施落后，社区居民生活质量受到严重影响，不利于形成社区认同感和归属感，不利于引导居民参与社区治理。

（二）社区设施和功能不完善

从国际上来看，社区是由地理要素（区域）、经济要素（经济生活）、社会要素（社会交往）以及社会心理要素（认同意识和相同价值观）等构成的社会单元。一个完善的社区需要具有合理的区域范围、一定的人口、完备的基础设施和公共设施等。而社区的设施和功能是建立在邻里单位基础上的，邻里单位规模由小学合理规划确定，并使小学生上学不穿过城市道路，邻里单位边界是城市主要干道，学校和公共设施置于邻里中心，其他公共设施主要布置在邻里边缘，作为区域性公共设施以满足居民需求。而深圳市长期以来作为单一功能的产业区域，并没有作为普通城市区域进行规划和建设，导致社区的功能型、结构性缺陷。从内容上表现在学校、医疗、养老、青少年服务、文体设施、公园绿地等公共场所和公共设施普遍缺乏；从规模上，表现在单位人口拥有的公共设施比例偏低；从距离上，表现在普遍距离较远，缺乏可及性和便利性；从质量上，多数不能满足居民的需求；从功能上，行政性服务占据主要部分，甚至资源闲置，不少社区行政服务窗口长期无服务对象，针对老人、儿童、妇女、青少年、残疾人、贫困人口和失业人员的福利性服务严重滞后；从区域均衡上来说，表现在原特区内外社区差异较大，城市社区与"村改居"社区、"城中村"社区差异较大。此外，社区各类服务设施的投入主体多元分散，缺乏统筹协调社区各类服务的信息平台和实体平台，影响社区服务功能发挥。

（三）行政权挤压自治空间，行政化色彩浓厚

首先是职能和事权方面压缩了社区居委会的自治空间。社区工作站是政府在社区设立的工作平台，承担各种日常性、专项性和临时性行政事务达100多项，从计划生育登记检查、出租屋管理、流动人口管理、纠纷调解、维稳综治、民政、居民就业、业委会组建协调、安全文明小区建设到环境卫生保持、消防隐患摸底排查、生产安全隐患排查、政策宣传、社区居民文体活动开展，再到人口普查、经济普查等等，涵盖社区管理的方方面面。居委会无事可自治，没有给居委会留下充分的自治事项和空间。其次是社区党组织、社区工作站居于领导地位，自治组织缺乏独立行动能力；而且由于承担过多行政事务，社区工作站无力开展社区服务，存在重管理轻服务倾向。再次是社区资源高度集中在社区工作站，社区自治缺少资源。社区工作站成立以来，社区管理和服务的人力、财力、物力资源也向社区工作站集中，导致社区居委会缺乏必要的自治活动资源，只能依附于社区工作站生存，处于无经费、无活动、无实际职能的"三无"地位，或是完全被边缘化，形同虚设（多发生在一站多居社区，社区工作站成员与社区居委会成员完全分开），或是配合社区工作站从事行政工作（多发生在一站一居社区，社区工作站成员与社区居委会成员高度重叠）。最后是社区居委会的社区认同度也较低，社区工作站成立以后，由于资源的集中，其在社区的强势地位愈加明显，再加上居委会没有独立的办公场地，缺少明显的标志牌，没有较为明确的职能，较少单独以居委会名义组织开展自治活动，社区工作站已经逐步取代社区居委会作为居民首选的认同对象。

（四）社区管理层级繁多，管理体制不顺

一是管理层次过多、管理链条长。从市到社区存在市级—区级—街道办事处—社区工作站四级，即使在社区内部也存在多个层级：部分"村改居"社区由于存在村民小组，所以在社区工作站之下存在若干个分站，上级交办的任务被转移到分站完成，导致管理效能下降，管理资源不能充分发挥效用。此外，由于社区居委会的依附地位，社区工作站常常以下达命令的方式组织居委

会人员参与行政事务管理。二是多头管理问题严重，造成社区事务执行不畅。目前，社区存在党组织、工作站、居委会、业委会、物业管理公司、股份合作公司、社区服务中心、居民议事会等机构组织，相互之间的关系尚未理顺。如社区工作站与社区居委会之间存在名义上的平等关系和事实上的依附关系，居民议事会与社区居委会的议事机构之间的关系未明，特别是"三套班子，一套人马"（社区党组织、社区居委会、社区工作站）的社区，其不同组织之间的关系如何处理，给社区管理造成困扰。三是工作站性质和权责不相匹配，没有法律依据。社区工作站在性质上不是行政单位或事业单位，也不是法定行政主体，没有执法权，工作人员不是政府工作人员，难以承担管理责任，存在严重的职责权不匹配问题。

（五）社会参与度不高，基层自治羸弱

社区居民参与社区自治活动的积极性不高，以社区居委会自治为例，社区工作政府一头热，居民对社区公共活动参与度不高，不支持、不配合政府工作，认为这些事情是政府的事情，与自己无关，突出表现在三个方面。一是参与主体较少而且结构不平衡，参与者主要是社区干部、退休党员、退休干部，或者说一些所谓的"居委会大妈"，老年人以及政府工作人员较多，其他人员较少。二是真正奉献性的参与少。除老年人之外，参与的人群主要是与政府有关的工作人员，义务性、奉献性的参与少，更多是出于功利目的。三是文体娱乐型参与多，维权类和服务类参与少。所谓的社区活动主要是组织社区老年人开展文体娱乐活动，维护社区居民权益、为社区居民提供服务的活动较少。究其原因，并不是社区居民真的对社区自治事务漠不关心，而是在现实情况下，社区居民只能参与少量文体类自治活动，还面临资源不足的情况，而真正涉及自身切身利益的一些维权类、民生类自治活动，可能会因为种种原因无法开展，致使社区居民难以通过自治活动改善自身生存状况，从而降低社会参与的热情，使社区自治流于形式，造成被自治、被民主的局面。

（六）社区建设投入不足和投入体制不合理

经费投入数量方面，总体不足。"十一五"期间，深圳市加大了社区建设

投入，累计投入27.9亿元，但社区管理经费缺口仍然较大，表现在社区各项管理和服务经费投入总量不足，一些服务（如治安、卫生等）只能维持较低标准，一些服务则无法提供，特别是原特区外地区社区公共设施缺口较大；社区工作人员工资待遇和办公经费低，并缺乏制度化的工资增长机制及加班补偿措施，与其承担的繁重事务不相匹配。投入体制方面，没有充分考虑社区规模、管理难度和经济发展水平，一些管理人口多、管理难度大、基础设施落后、经济实力弱的社区，经费不足非常突出。在负担体制方面，政府与业主的关系没有理顺，承担了过多城中村住宅区、工业区内部等本应由业主负责的私人物业的治安和卫生管理费用。宝安、龙岗等区纷纷开展承接社区股份合作公司的社会管理费用项目，虽然从总额上仍未完全承担起社区股份合作公司的负担，但在负担结构上有偏差。《深圳经济特区市容和环境卫生管理条例》规定，内街小巷、住宅区的公共场所，其环境卫生由物业管理单位或居民委员会负责；《深圳经济特区社会治安综合治理条例》中规定，出租屋的治安管理实行治安责任制度。出租人、承租人均为治安责任人。与花园式小区内部的安保、环境卫生维护由小区业主负责（通常委托物业管理公司开展）类似，原本城中村住宅区内部的环境卫生费用和保安费用同样应由业主负责，而在实际运作中常常被累加到政府承接的社会管理费用中去，从而影响到政府投入经费的效用。

三 深圳市社区体制的改革方向

（一）调整优化行政区划设置

按照国家和省市有关规定，借鉴先进城市经验，结合深圳市实际，构建更加有利于居民自治和社会管理的"邻里—街区"区划体系。邻里社区以相对独立的居民住宅小区为单位，由居民委员会和业主委员会引导居民实行自治。街区参考《深圳市地名规划》所规划的以街区为基础进行划分和设立，确定区域范围，街区划分以不破坏社区相对完整性为前提，常住人口规模由完整街区实际人口而定，相对独立、管理主体较为单一的住宅小区以及历史上沿革形成的居住区域可单独设为社区。同时，在社区内部，根据社区形态和实际需求，根据管辖面积、人口和历史情况和便于自治原则，适当增加居委会数量。

（二）理顺社区管理体制

开展基层管理体制改革，缩短行政链条，推动管理重心下移，理顺各管理层级关系，合理设置基层管理和服务机构，实行扁平化管理，构建"强政府—强社会"的城市基层管理模式，使基层社会管理和基层民主自治协调发展。具体而言，应推动街道办事处与社区工作站的整合，使管理层级从四级减少到三级，即市政府—区政府（新区）—街区管理机构。各个管理层级之间实行错位管理、各司其职、各负其责，其中市政府是决策机构；区级政府是执行市政府的决策，同时在区级范围内对经济发展和社会管理事项进行决策、指挥和协调；街区管理机构不再承担经济发展和适于区级统一提供的管理和服务职能，主要承担直接面向社会和群众的基层管理和服务职能，真正实现扁平化管理。同时，大力发展社区自治组织和社会组织，开展自治活动，并有效承接政府职能转移或购买服务的工作事项。

（三）发挥居委会在引导居民自治中的主体作用

首先要明确居委会的性质。居委会是居民自我管理、自我教育、自我服务的基层群众性自治组织，是党和政府联系群众的桥梁和纽带，是居民自治的组织者、推动者和实践者。各部门一方面要充分尊重居委会的自治地位，保障居委会的法定权利，充分发挥居委会在引导居民自治中的主体作用，避免居委会被边缘化、虚化；另一方面，要防止居委会行政化，各部门不得将不属于居委会职责范围内的行政性事务强加于居委会。其次要落实社区居委会的自治权。加大对居委会自治经费的支持，探索设立社区自治资金，引导其积极开展自我教育、自我管理、自我服务和自我监督活动，重点加强居民委员会在办理辖区居民公共事务和公益事业，指导社区服务中心、社区社会组织开展社区服务等方面的作用。涉及全社区居民生活、社区公共福利的事情，需经过社区居委会在收集居民意见和建议的基础上进行讨论、提出书面意见，再提交到有关机构，同时，居委会要对社区管理机构的工作进行监督，协助政府开展管理和服务方面的职能，使社区居民自治和政府行政管理有机结合起来。

（四）树立全面的社区建设观

将社区作为一个区域共同体进行开发，改变目前平面式的社区建设理念，推行集合物质形态、经济形态、社会形态与管理形态（制度、文化）于一体的立体社区建设观。物质形态方面，加快城市更新，以邻里社区、新都市主义和产城融合的发展理念，建设城市功能完善的工作—居住—生活区域。同时，加强各类社区基础设施建设，全面提升社区功能。经济形态方面，通过提升社区产业形态推进社区发展，原特区外区域聚集了大量低端产业、非正式经济及相应的就业人口，这是导致这些区域落后的重要原因之一。必须推动这些区域的产业升级，推进集体经济实现"工转工"（低端制造业向高新技术产业转变）、"工转商"（制造业向商贸服务业转变）、"工转文"（制造业向文化创业产业转变），以提升高端就业比例，改变社区的产业形态、人口形态和社会形态，实现经济发展与公共服务之间的良性互动。管理形态方面，通过制度建设，厘清社区行政权、自治权之间的关系，充分发挥社会组织在社区建设中的作用。

（五）健全社区建设投入体制

首先要理顺社区建设投入体制。理顺政府与企业、政府与业主在社区管理中的关系，明确社区管理负担体制。该由政府负责的公共物业、公共设施管理，由政府负担。该由单位和业主负责的非公共物业及公共设施，应本着"业主负责"或"谁受益、谁负责"的原则，明确由物业或设施所有人和使用人负担，政府可视社区经济发展水平给予差别化经费支持。对月租金在10元/平方米以下小区内部物业（含住房和厂房），可由财政全部或部分负担小区内部物业管理（治安和卫生管理）等费用；对月租金在10～12元/平方米小区内部物业，由业主和财政各负担50%的管理费用；对月租金在12元/平方米以上的小区内部物业，应主要由业主承担相关物业管理费用。① 其次要建立共

---

① 此标准参照深圳人均可支配收入计算得出，可根据深圳人均可支配收入变化调整。

建共管社区治理格局。稳步推进物业管理进社区，建立村改居社区内部管理长效机制，引导村改居社区居民通过缴纳物业管理费等形式参与社区治理。鼓励社区股份合作公司成立物业管理机构，承担股份公司集体土地上物业管理责任。

（六）提高社区公共服务供给能力

首先要完善社区服务设施网络，以社区为基本单位，实现社区服务中心全覆盖。并以社区服务中心为主要依托，以社会组织和居委会为主体，形成以政府购买服务为支撑的"非行政化"社区服务体制。其次要丰富社区服务内容。将社区居民的需要进行层次分析，第一层是最基本的服务，满足社区居民的生存需求，如就业服务、社会保障服务、社会救助服务、社区健康服务等；第二层次是针对不同人群的专业服务，如残疾人服务、助老服务、青少年服务等；第三层次是日常生活的服务，如社区商业服务、家政服务等；第四层次为提高生活品质的表达性服务。再次要优化社区服务供给模式。支持社会组织、居委会、物业管理企业和以追求社会价值为目标的社会企业参与社区服务，形成政府公共服务、居民志愿互助服务和商业性服务相衔接，制度完善、功能健全、组织发达、种类多样、内容丰富、监管到位、层次分明的社区服务体系。

（七）完善多元参与的公共治理机制

首先要培育多元治理的主体，特别是培育提供社会管理和公共服务的专业化的社会组织和企业。一方面要培育各类社会组织，尤其是发展社会福利类、公益慈善类和社区公益类社会组织，另一方面要利用深圳市物业管理较为健全的优势，探索完善物业管理公司参与社区治理的模式，继续扶持、推进物业管理公司进社区活动。其次要在社区管理工作中积极推行购买服务，重点在社区治安管理、物业管理、环境卫生、社区帮扶等领域推行购买服务。再次要理顺社区各类组织之间的关系，通过政府监管、社区自治、股份合作公司配合、社会组织和企业执行，构建一个责任明晰的多元治理模式。

B.19 深圳市创新社区治理格局的思考与展望

梁 珂[*]

摘 要： 深圳市经过多轮社区建设改革和创新，呈现社区体制机制改革力度大、社区服务设施建设推进快、社区整体服务水平较高、社区工作队伍建设有特色、社区资源保障有力等特点，但也出现基层管理行政化倾向严重，居民自治缺乏实质内容，社区社会组织发展不够成熟等问题。深圳市未来社区建设的目标是把社区建设成为管理有序、服务完善、设施完备、充满活力、和谐幸福的社会生活共同体。因此，需要创新社区治理结构，完善社区自治机制，发动社会参与，整合各方力量，加大资源投入，健全社区设施，加强社区管理，拓展社区服务，促进社区发展，努力形成政府和社会良性互动、协同合作的良好局面。

关键词： 社区建设　社区治理　新型社区

一 深圳市社区的基本情况

（一）深圳市社区的总体特征

1. 居民结构多元，户籍倒挂严重

深圳社区居民结构呈现多元特征，社区居民年龄、收入、户籍、知识、职

---

[*] 梁珂，深圳市民政局。

业、政治身份等结构都十分复杂,尤其是户籍人口与非户籍人口严重倒挂,如深圳市罗湖区黄贝岭社区非户籍居民与户籍居民比达 25.3∶1,宝安区油松社区甚至超过 100∶1。

2. 社区规模悬殊

面积大的社区达 30 多平方公里,小的不足 3 平方公里;人口多的超过 30 万人,少的不足 1 万人。按常住人口统计,目前,深圳户数规模超万的特大型社区占到 12.82%,不足千户的社区占到 14.90%,甚至还存在不少不足 500 户的微型社区。

3. 各社区发展水平不一

由于产业结构、地理环境等各种原因,社区之间发展水平很不平衡,突出表现在商品楼社区与城中村社区、村改居社区差距较大,工业社区与商业社区差异较大,特别是原特区内外社区仍存在较大差距。

4. 社区组织逐步发展

目前,社区内普遍有社区党组织、社区工作站、居委会、社区服务中心运营机构、业委会、物业管理企业以及其他驻社区单位等机构和组织,在"村改居"社区还有社区股份合作公司,社区社会组织呈迅速发展态势。

(二)深圳市社区建设的主要特点

1. 社区体制机制改革力度大

深圳建市以来,先后推行了"居站分设"、"一站多居"等社区管理体制,在社区设立工作站,承接政府在社区的行政管理和公共服务事务,社区居委会则回归基层群众性自治组织,使社区管理得到加强,社区居民自治获得发展空间。2010 年以来,深圳市又在南山区招商街道花果山社区开展了社会组织承接社区公共服务改革,整合了社区资源,增强了社区活力,提升了服务水准,成效明显。

2. 社区服务设施建设推进快

2004 年以来,深圳启动了固本强基社区建设项目,每年由市财政投资 2 个亿、区财政配套 2 个亿,完善社区办公和服务设施,截至 2012 年底总投资 30 多亿元,已建、在建项目 1500 多个,市、区两级,全市 98% 的社区办公用

房达到200平方米以上，82%的社区建立了党员活动室、社区警务室、社区综治办和人民调解室、社区健康服务中心、星光老年之家及社区图书室等社区服务设施（面积达到900平方米以上），84%的社区户外文体广场超过1000平方米。

3. 社区服务整体水平较高

2011年，深圳出台了《深圳市社区服务"十二五"发展规划》，随后在全市逐步推进社区服务中心项目，至2013年3月底全市建成269个，"十二五"期间深圳市规划建设约700个社区服务中心，实现一社区一中心，从而构建起跨部门、综合性、非行政化提供的社区公共服务模式。深圳新的社区服务中心模式由政府整合社区服务场地设施并提供资金支持，委托民办专业服务机构运营，以社工等专业人才为骨干，为居民提供综合性、专业化服务。

4. 社区工作队伍建设有特色

深圳市通过引入专业社工开展社区服务，推动了社区服务的专业化、职业化发展，全面提高社区服务水平。同时，积极探索社区"社工＋义工"联动机制，支持和鼓励社区各类社会组织发展和开展活动，壮大了社区自治和服务队伍。加强对社区工作站和社区居委会成员的培训教育，不断提高社区工作队伍的整体素质。总体来看，深圳社区工作队伍素质较为优良，专业化职业化水平逐步提高。

5. 社区资源保障较有力

深圳市将社区建设作为社会建设的基础性工作进行谋划，制定社区建设专项发展规划，明确各部门职责分工，逐步加大资金投入，保障社区管理和服务资源需求，提高社区工作人员待遇，增加公益性、社会性、服务性支出，推行政府"购买服务"，规范社区建设资金管理，提高资金使用效益，确保了社区建设各项工作稳定健康发展。在国内，深圳社区建设的资源保障处于领先水平。

二 深圳市社区管理体制改革的若干探索

（一）以社区工作站成立为标志的改革转型阶段

深圳市建市以来，随着城市管理体制的改革，管理重心不断下移，各级政府及其相关部门纷纷提出工作进社区,使得居委会不得不承担起政府各职能部门下沉而来的大量行政事务。多年来,居委会普遍承担着社会治安、社会救助、就业再就业、计划生育等少则数十项多则上百项的管理和服务工作。久而久之,居委会已演变成以行政工作为主的机构,基层民主和居民自治则流于形式。居委会行政化倾向严重偏离了组织法规定的"基层群众性自治组织"地位,成为困扰其深入发展的瓶颈问题。针对这些情况,深圳市着手开展相应改革。

一是理顺社区体制机制。2005年2月,深圳市制定出台了《深圳市社区建设工作试行办法》、《深圳市社区建设发展规划纲要(2005~2010年)》,实行"居站分设"和"一站多居"改革。在社区成立工作站,作为政府在社区的服务平台,承接社区安全、社区法制、社区计生、社区文化等行政管理和公共服务。居委会则从繁重的政府事务中摆脱出来,回归到基层群众性自治组织的法律定位,有时间、有精力着重开展收集和反映社区居民对政府、物业管理公司的意见、建议和要求;以合法途径和手段,代表和维护本社区居民的合法权益;对社区工作站和物业管理公司的工作进行监督;协调和组织社区内各种力量,办理社区公共事务和公益事业;组织开展以社区居民为对象,重点是社区困难群体的公益性服务自助互助服务,帮助居民解决实际困难等。

二是调整社区规模。2007年,深圳市提出合理调整社区工作站和居委会范围,按照"以居民房产利益关联为纽带、物业小区与居委会范围基本一致"的原则,对部分规模较大的非封闭式管理社区分设居委会,但社区工作站不随居委会的分设而分设;规模较小的居委会所覆盖的区域不单独设立社区工作站,与相邻的社区共同设立社区工作站,从而形成"一站多居"体制,实现以较大的社区工作站整合社区资源,以较小的居委会方便居民的沟通和自治。通过改革,初步理顺了政府基层管理和居民自治的关系,实现了两个"加强":一是加强了党和政府在基层的执行力;二是加强了基层民主政治建设,有力地促进了基层民主建设的进程。

(二)深化改革阶段

2010年以来,针对社区管理存在的新情况、新问题,深圳市深入贯彻执行中央和省社区建设有关精神,以构建平安和谐社区为目标,按照社区党建、社区服务、社区管理、社区自治"四位一体"协调发展的思路，大力推进社区建设各项工作，创新社区管理体制，加大资源投入，加强社区基础设施和社区队伍建设，推进基层民主自治，增强社区服务功能，取得显著成效。

一是推进区域化党建，提高基层党组织战斗力。把社区党建作为社会建设的重要基础和基层党建的主要内容，以城市社区为基本单位，以共驻共建为基本内容，以引领社会建设为基本目标，充分整合基层资源，构建条块联动、区域统筹的基层党建新格局，加强了对基层社区建设的组织领导。

二是扩大社会参与，推动基层民主发展。全市居委会换届选举直选率从2002年的1.7%提高至2011年的99.87%，基本实现全面直选，有序吸纳非户籍常住居民参与居委会选举，最大限度地实现公民权利的平等化。

三是加大投入，完善社区公共服务设施。推进固本强基社区建设项目工程，市、区两级总投资30多亿元，建成了一大批社区服务和活动场所。

四是创新机制模式，发展提升社区服务。大力推进社区服务中心项目，初步建立政府主导、社会参与、民间运作的社区服务体制，构建跨部门、综合性、非行政化提供的社区服务供给模式，为居民提供专业化综合性服务。

五是推进"织网工程"，完善社区管理。2011年以来，深圳市大力推进社会建设"织网工程"，切实加强基层服务管理，夯实社区建设基础，在全市选择了宝安区新安街道海裕社区等16个社区作为社会建设"织网工程"的试点社区，分别在社区服务、管理、党建、自治、信息化、社区转型等方面形成了一定的特色。

六是实施"风景林工程"，全面深入推进社会建设。2012年以来，全面推进以"基层党建工作区域化"、"社区服务中心"、"社区居民议事会"、"社区公益服务"、"楼（栋）长"等五个项目为主要内容的"风景林工程"，取得了显著成效。

（三）新探索

以社区工作站的成立为代表的基层管理体制改革大大提升了深圳市的社区建设水平，但也存在基层管理行政化倾向严重、居民自治缺乏实质内容、社区社会组织发展不够成熟、社区服务供给不足、社区条块分割等问题，各区根据自己的实际情况,在社区管理体制改革方面做出了新的探索,其中南山区招商街道的花果山社区、光明新区光明办事处的白花社区,以及福田区莲花街道彩虹社区就是其中的典型代表。

1. 南山区招商街道花果山社区

2011年,南山区招商街道花果山社区进行了社区管理体制改革试点。在全面梳理政府社会管理与公共服务职能的基础上,利用现有社区服务设施,将社区工作站转型升级为社区服务中心,不再保留社区工作站。社区服务中心通过政府向各类社会组织购买服务的方式,引入专业化的社会服务机构运营,逐步承接原社区工作站承担的辅助社会管理和协同公共服务职能。此外,通过大力培育和发展社区社会组织,整合社区社会力量广泛参与社区的社会管理与公共服务,形成"两委两会",即社区综合党委、社区居委会、社区共建共享理事会、社区社会组织联合会的社区治理结构(见图1)。

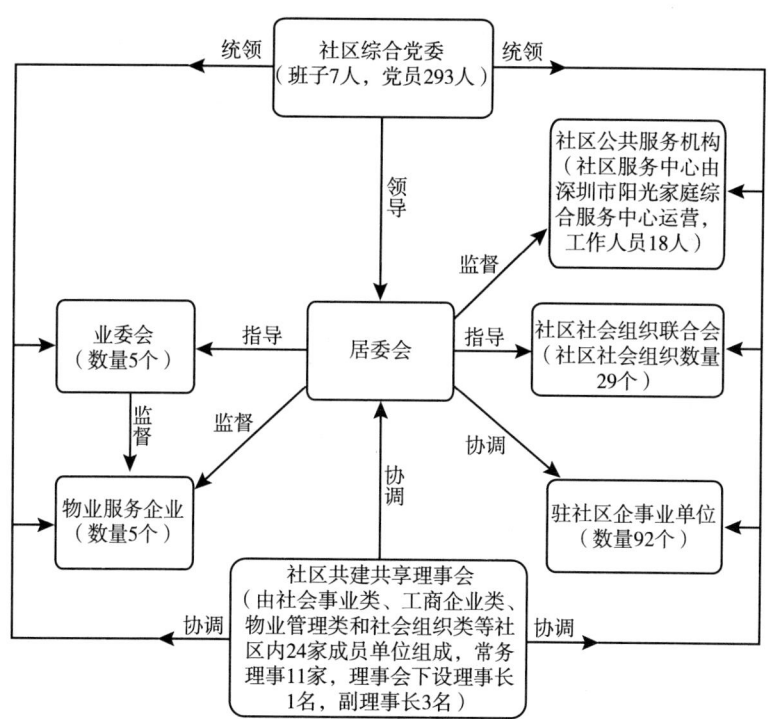

图1 花果山社区主要组织和机构关系示意

通过上述改革,社区党组织的核心引领作用得到进一步巩固,社区自治功能得到进一步强化,社区服务质量得到进一步提升,初步形成了社会协同、居民参与、多元共治的社区建设新格局。

2. 光明新区光明办事处白花社区

光明新区光明办事处白花社区较早成立了社区服务中心,是社区服务功能较为完善的典型社区之一。白花社区服务中心由居务区、商务区和社区学院三大功能区组成,服务内容包括政务服务、公益服务和便民服务三大类(见图2)。

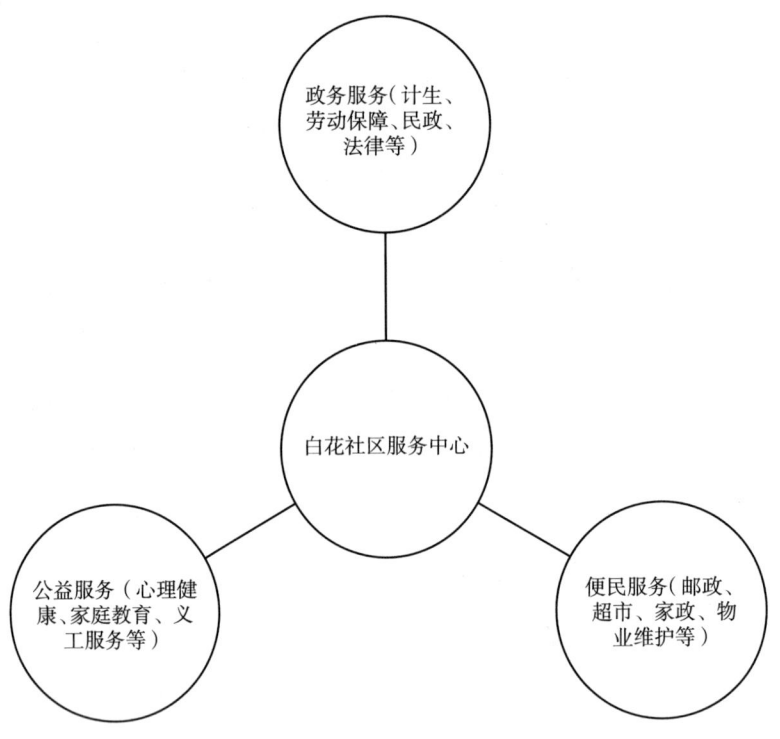

图2 白花社区服务功能

白花社区服务中心建立之初,经多方调研,了解民生需求,确立服务导向,让中心的服务功能更加贴近居民的需求。比如,中心针对社区来深建设者专门设立"白花人之家",帮助他们解决交通、租房、劳资纠纷、子女入学等问题,设立"法律超市",定向解决社区居民法律服务需要,在实践中受到社区居民尤其是来深建设者的普遍欢迎和好评。

此外，发挥社工组织专业优势，面向社区居民和企业提供助残、个案心理辅导、志愿者帮扶等公益服务，增强社区居民的幸福感。依托服务中心，为社区户籍居民和广大来深建设者广泛参与社区各项工作搭建平台，培养家园意识。

3. 福田区莲花街道彩虹社区

为进一步加快推进社区民主建设，增强社区自治功能，莲花街道彩虹社区于2009年成立了以社区党组织为核心、以社区居委会为主体的社区"居民议事会"（阳光议事厅）。

彩虹社区居民议事会，实行民主提事、民主议事、民主监事、民主决事，成员包括社区综合党委书记、社区党员代表、居委会主任、政协委员、社区艺术团团长、企业代表、业主代表、管理处经理等，体现了议事群体的广泛性。

居民议事会建立了议事协商机制。设立议事箱，及时收集居民反映的问题和困难，以及对社区工作的意见和建议；设立议事栏，将议题、讨论过程和反馈情况及时向居民公布。社区居民可以随时随地反映意见、要求和建议，实现社区居民民主管理、民主决策的需求与党政工作的有效对接。议事形成结果后，由社区综合党委牵头其他单位具体实施，由居民代表组成的评估小组负责跟踪、监督、评估落实情况。居民议事会的成立，扩大了社区居民参与社区服务事务的渠道，推进了社区民主自治进程。

三 深圳社区建设的目标和思路

（一）深圳市社区建设的目标

社区建设的目标是把社区建设成为管理有序、服务完善、设施完备、充满活力、和谐幸福的社会生活共同体，成为人们居住、生活和工作的宁静港湾和温馨家园。

管理有序是指政府管理和物业管理细致到位，社区环境、卫生、治安、秩序等方面井然有序。

服务完善是指社区公共服务、公益服务和商业性服务充足优良，居民基本和合理需求得到有效满足。

设施完备是指社区各类基础和服务设施，尤其是公共服务设施齐全完备，可满足居民需要并供各类公共服务、公益性服务和商业性服务活动开展。

充满活力是指社区居民参与社区公共事务踊跃，社区领袖积极发挥作用，社区各类组织运转顺畅，社区内外良性互动。

和谐幸福是社区建设的宗旨或根本目标以社区多数或绝大多数居民的内心感受为标准。

（二）深圳市社区建设的未来发展思路

以社区党建为龙头，以社会建设"织网工程"为平台，着力实现"三个转变"，即社区体制从政府主导向居民自治转变，提高社区居民自组织、自服务、自管理的能力；社区服务管理从各自为政向形成合力转变，提高服务管理的效能；社区治理由管理为主向服务为主转变，让社区居民得到实实在在的实惠和便利，具体建议如下。

1. 创新社区管理体制，构建科学高效的社区管理服务运行机制

推动政府职能转变，理顺政府与社区，以及社区内各种组织的关系，构建科学高效的社区管理服务运行机制。一是精简层级，缩短链条。按照精简层级、强化基层、责权统一、均衡发展的原则，合理调整管理幅度，探索整合街道和社区的职能、人员和资源，实现行政管理和公共服务资源的统一调配，实现扁平化管理。二是转变职能，引导社会参与。明确职责权限，合理划分社区各类事务，通过购买服务等方式，将社区服务、社区自治事项和部分辅助管理任务交由社会组织、居委会、社区物业管理企业以及其他机构、组织承接。凡属社区自治类事务，交由居委会承担；凡是社会组织能够承担的社区服务和管理事务，政府通过购买服务等方式，交由社会组织承接；其他行政管理和服务事项由政府兜底承担。

2. 加强社区党组织建设，引领基层社会建设发展

按照属地化和方便参加组织生活的原则，积极推进规模以下非公有制企业和社区社会组织党员、流动党员转入社区管理，在符合条件的社区全部建立综合党委（总支）。对已建社区综合党委运行和工作情况进行调查摸底，总结推广成功经验、做法，督促指导有条件的区（新区）、街道建立本区域社区综合党委工作配套制度。大力推进"五进社区"活动，建立机关社区联动机制，共同策划开展活动，及时沟通在职党员参加社区活动情况，研究解决存在的问题。完善推广社区党员民主提案、联系服务居民群众等制度，创新组织生活模式，增强党组织凝聚力。同时，坚持基层党组织换届公推直选，拓宽选人渠道，选好配强班子。完善区域党建工作制度，总结推广社区综合党委在日常运作、统筹协调、资源共享、服务群众、明确兼职委员职责作用等方面建章立制的经验、做法，研究制定社区综合党委运作和兼职委员职责作用的指导性意见。完善基层党组织日常管理制度，大力推行党务公开，落实"三会一课"、民主评议党员、流动党员管理服务、党员党性定期分析等制度。

3. 增强居委会功能，发展社区社会组织，扩大社会参与，探索社区自治新路径

尊重社区居民的主体地位，加强和改进居委会的组织建设，扩大社会参与面，形成"社区是我家，建设靠大家"的良好自治氛围。一是加强和改进居委会建设。保证居委会"服务、枢纽、议事、监督"等职能的有效落实；加强居委会制度建设，完善民主选举、民主决策、民主管理、民主监督制度；逐步实现非户籍常住居民与户籍居民平等参与自治和管理（补充居委会换届选举相片）；探索居委会与人大代表、政协委员以及党代表的民主互动机制；创新居委会财政资助机制，探索设立居民自治专项资金，逐步形成"财政资金为主导，社会资金为补充"的多元筹集模式；鼓励居委会开展各种自助互助和便民利民的社区服务。二是加大社区社会组织培育扶持力度，引导社会组织参与社区服务，支持和鼓励社区居民成立形式多样的慈善组织、群众性文体组织、科普组织等，使社区居民在参与各种活动中，实现自我服务、自我完善和自我提高。三是培育社区居民参与意识。把社区利益和居民利益挂钩起来，引导居民主动参与社区事务，积极培育社区领袖，组织带动社区居民参与社区事务。建立自主性的参与机制，引导和鼓励广大社区居民从事志愿服务活动，促进社区邻里互助、自我服务。四是大力开发社区公益服务项目。吸纳和组织本社区内的困难对象参与，由政府作为公益服务的购买者给予适当补助，满足居民对社区服务的基本需求。五是拓宽居民参与社区自治的渠道。成立社区居民议事会,以社区党组织为领导、居委会为主体,吸收业主委员会、物业管理公司、社区集体股份公司、工青妇等群团组织、各类民间组织、兴趣协会和辖区人大代表、党代表、居民代表等共同参与,搭建社区协调平台,定期召开议事协调会议,研究解决社区建设相关问题,形成社区建设的合力,充分发挥社区各方力量开展社区自治,促进社区共融与发展。

4. 创新社区服务模式,增强社区服务功能

以满足社区居民的服务需求为出发点和落脚点,不断提高对各类人群服务的精细化、专业化和个性化水平,促进社区基本公共服务均等化,努力实现各类人群,特别是特殊人群、外来务工人群社区服务的全覆盖。

一是推进社区服务中心建设,构建跨部门综合性的社区服务平台。社区服务中心通过政府采购招投标由社会组织进驻运营,为社区居民提供各种便民利民的综合性、专业化服务。根据社会建设发展需要,政府还可以通过购买服务的方式,将部分辅助性社会管理事务交由社区服务中心承接。进一步完善社区服务中心运行机制,规范服务内容,提升服务水平,以需求为导向,通过居民民主投票的方式,确定相关服务项目;加强与政府其他职能部门协调配合,鼓励和支持社区结合自身实际,突出重点服务领域,形成一批具有代表性的服务特色和品牌。

二是整合现有社区信息化资源,推进"社区家园网"建设。按照虚实结合的服务模式,在推进社区服务中心建设的基础上,进一步加大资源整合力度,建设社区家园网,将行政性服务、公益性服务和商业性服务纳入家园网,通过网络向社区居民提供各类服务,实现对实有人口的全覆盖、主动化、精细化、个性化服务管理。社区家园网主要实现三方面功能,首先是服务功能,主要通过资源整合、社会配合等手段,搭建集行政性服务、公益性服务和非商业广告型的市场化服务于一体的社区服务平台,使居民足不出户即可实现网上办事、各类信息查询和服务查询等。其次是自治功能,通过家园网实现居民对社区管理和服务机构的监督、评议功能,成为居委会组织居民进行民主选举、民主决策和民意调查的载体,满足居民在社区内交流交友、开展文体活动和各项公益活动的需求。最后是沟通功能,通过对接内部工作网受理居民的投诉、建议,及时处置问题、化解矛盾纠纷,充分掌握社情民意。

三是整合资源加大投入,增强社区服务功能。社区服务是解决社区问题、增进居民福利、增强社区功能的主要途径。发展社区服务,必须整合社区各种资源,切实加大投入,完善设施,增加项目,拓展范围。要发挥公共财政在社区服务中的支撑和引导功能,切实保证社区公共服务和公益服务的资源需求,提高社区服务人员薪酬待遇,提升服务水平和服务质量。

5. 建立社区管理长效机制,提升精细化管理水平

一是全面推行社区网格化管理模式。由专门机构负责全市网格化管理工作,建立市、区、街道三级网格管理架构,对原综治、公安、民政、计生、人社等部门在社区的协管力量进行整合并考试转岗,新入职的网格管理员实行统一考试招聘、统一薪酬待遇、统一综合履职、统一考核管理。以网格为单位,定人、定岗、定责,实行"多网合一、一网多格,一格多员、全员参与,一员多责、任务包干,同格同责、同奖同罚",实现"资源整合、力量集中、责任明确",为基层打造一支高素质的网格管理员队伍。

二是进一步强化综治信访维稳工作。以三级综治信访维稳中心(室)为平台,建立起逐级化解矛盾纠纷的工作机制。以社区网格管理员为触角,采取定期排查和特殊敏感时期排查相结合的方式,全面排查社区内梳理矛盾纠纷和不稳定因素,按社区、街道和区逐级上报矛盾纠纷,三级综治信访维稳中心(室)限时组织调处,努力做到小事不出社区,大事化解在办事处,重大事项在区级集中处理。

三是健全"大调解"工作体系。健全"党政领导、综治协调、司法主办、各方参与"的大调解工作体系,实现人民调解、行政调解、司法调解的有机衔接。完善人民法院诉前、审前联调工作机制,发挥综治维稳、检察、公安、司法、人力资源和社会保障等成员单位的积极作用。推进调解工作专业化、多元化发展,吸引律师、专职人民调解员、社会工作者等具备专业资格的人员积极参与调解工作。建立人民调解工作专家库,为人民调解委员会开展人民调解工作提供咨询意见或建议。探索以政府购买服务的方式,引导和资助社会组织参与调解工作。建立健全劳资、医疗、消费、物业、交通事故纠纷等调解组织,积极发挥行业性调解的作用。

四是畅通民意诉求反映渠道。完善社区各类网站建设,充分利用论坛、博客、微博、微信等新型传播模式，推进网络问政和网上建言献策，建立健全民意诉求、分类处理机制，加强网上政民互动。推广党代表、人大代表和政协委员采取网格化挂钩片区居民的方式在社区设立民意表达工作室，定期听取居民诉求，做到了解民情、参与民生、反映民意、争取民心、关怀民需。发挥社会组织作用，为化解矛盾纠纷提供帮助。支持引导社会组织参与化解矛盾纠纷的公益性服务。如社工组织的心理疏导和安抚关怀、社区工作矫正、防止家庭暴力，律师组织的法律援助，各种权益组织的劳资关系、妇女家庭关系、邻里关系协调等。

（三）因地制宜，分类治理

在明确深圳社区建设未来基本思路的前提下，需要针对不同类型社区的特点，因地制宜，分类推进。

1. 纯居住社区

以宝安区新安街道海裕社区为代表，原特区内各区和特区外区（新区）政府所在地居民主要为收入来源稳定的公职人员、工商业白领阶层、工商业主及其外地来深居住亲属等，社区居民整体素质较高，社区各类组织较为健全，社区居民的主要需求为休闲、娱乐、健身、为老、托幼、家政等。

在这类社区，主要应完善社区文体服务设施，鼓励各类社区社会组织发展，组织开展形式多样的社区活动，为老年人、青少年、妇女和儿童提供专业化服务，鼓励家政、维修等服务业发展。

2. 城中村社区

以福田区沙头街道沙嘴社区为代表，主要分布在原特区内，社区内出租房屋多，居民主要为外来务工人员、本地原住民及其他各类人员，人员构成复杂多样，流动性大，不安定因素多，环境卫生状况较差，社区配套设施不足，社区居民的主要需求为安全、环境、卫生、文化、教育等。

在这类社区，主要应加强社区管理，整治社区治安，美化社区环境，组织开展社区大众性文化活动，发动外来人口参与社区管理服务。

3. 商住混合社区

以福田区园岭街道上林社区为代表，社区内既有商业楼宇也有居住小区，社区内人口以居民、商业企业员工和流动人员为主,社区配套设施较为完备。社区的主要需求为治安、市场秩序、商誉诚信、环境卫生等。

在这类社区,主要应加强社区治安管理,整治市场秩序,加强诚信教育,提升社区环境卫生等。

4. 村改居社区

以宝安区松岗街道东方社区为代表,社区内出租房屋多、工业企业多,居民主要为外来务工人员、本地原住民及其他各类人员,人员构成复杂多样,整体文化水平较低,流动性大,不安定因素多,环境卫生状况较差,社区配套设施不足,社区居民的主要需求为安全、环境、卫生、文化、娱乐、教育、就业等。

在这类社区,主要应加强社区管理,整治社区治安,美化社区环境,组织开展社区大众性文化活动,发动外来人口参与社区管理服务,开展就业服务和教育培训等。

5. 工业区社区

以光明新区公明办事处田寮社区为代表,社区内工业企业聚集,人口主要为外来务工人员,其中青工较多,整体文化水平较低,流动性稍大,社区配套设施不足,社区居民的主要需求为安全、文化、娱乐、教育培训等。

在这类社区,主要应整治社区治安,组织开展大众性文化娱乐活动,有针对性地开展婚恋、社会适应、职场关系、身心健康等方面教育培训,提升企业社会责任,倡导社区志愿服务。

6. 同业社区

以南山区南山街道月亮湾社区为代表,人口主要为某一行业同业人员,如出租车司机、货柜车司机等,群体意识和权利意识较强,整体文化水平较低,社区配套设施、环境卫生、治安状况较差,社区的主要需求为安全、文化、娱乐、环境、卫生、公共服务等。

在这类社区,主要应完善公共服务,加强情感关爱,发动社区自治,开展法制教育,健全社区设施等。

7. 同乡村社区

以罗湖区黄贝街道黄贝岭社区为代表,人口主要为来自同一地域的老乡,职业集中度较高，群体意识较强，整体文化水平较低，社区配套设施、环境卫生、治安状况较差，社区的主要需求为安全、文化、娱乐、环境、卫生、公共服务、社会融合等。

在这类社区，主要应完善公共服务，推动社会融合，加强情感关爱，发动社区自治，强化法制教育，健全社区设施等。

B.20 南山区"一核多元"社区治理模式探索

林电锋[*]

摘　要： 社会治理的根本在基层，落脚点在社区。南山区经过多年的探索实践，在深圳市首创并推行"一核多元"社区治理模式。"一核多元"，就是以社区党组织为核心，通过党建的方式，将社区各类多元主体纳入管理和服务范畴，进一步整合资源，使这些组织在引领基层民主、推动居民自治、促进社会和谐中发挥更大作用，形成统筹社区各类组织的区域化党建工作新格局。构建"一核多元"社区治理模式，必须通过对社区组织结构、资源力量、运作机制、治理方式等进行全方位创新，进一步强化社区党组织的领导核心地位，使社区多元利益主体在党组织的统筹协调下，形成多元互动、优势互补、共建共享的社区治理新格局。

关键词： 南山区　"一核多元"　社区治理　模式

党的十八届三中全会以来，"社会治理"这个词热门起来。其实，治理的提法并不新鲜，只不过从一个理论问题进入实践层面并作为党的重大决策部署，是第一次。社会治理的根本在基层，落脚点在社区。这方面，南山区已进行多年的探索实践。现以南山社区治理为例，就新时期社区治理工作提出见解，希望能为推进社会治理工作提供思路。

---

[*] 林电锋，深圳市南山区社会工作委员会。

一 社区治理是顶层设计与摸石头过河的交合点

《中共中央关于全面深化改革若干重大问题的决定》（简称《决定》）的一个亮点，就是做出了推进社会治理的重大部署。《决定》指出，"全面深化改革的总目标是完善和发展中国特色社会主义制度，推进国家治理体系和治理能力现代化"。① 在构建国家治理体系中，最重要的是提高"两个治理能力"，即政府治理和社会治理的能力，只有两个能力提升了，各项改革措施才能真正得以落实。

采用"治理"的方式来解决发展中的问题，是本次全会的一个重要突破。治理问题是一个学术界研究的热点问题，虽然全国各地都在探索社会治理之道，但总体来说，更多的是社会管理的一个"变体"而已，未能真正把握治理的内涵。

全球治理委员会认为："治理是或公或私的个人和机构管理共同事务的诸多方式的总和，它是使相互冲突或不同利益得以调和并采取联合行动的持续过程。"② "它既包括有权迫使人们服从正式制度和规则，也包括各种人们同意或以为符合其利益的非正式的制度安排。"③

由此观之，治理有四个特征：第一，治理是一个过程，不是一整套规则，也不是一种活动；第二，治理过程的基础是协调，不是控制；第三，治理既涉及公共部门，或包括私人部门；第四，治理不是一种正式的制度，而是持续的互动。④

治理的过程是官方或民间的公共管理组织在一个既定的范围内运用公共权威维持秩序，满足公众需要的过程。治理的目的是在各种不同的制度关系中运用权力去引导、控制和规范公民的各种活动，以最大限度地增加公共利益。所以，治理是一种公共管理活动和公共管理过程，它包括必要的公共权威、管理

---

① 《中共中央关于全面深化改革若干重大问题的决定》，2013年11月15日。
② 唐奕、林电锋主编《中国社会建设大辞典》，中国社会科学出版社，2013。
③ 俞可平：《民主是个好东西》，社会科学文献出版社，2006，第45页。
④ 俞可平：《民主是个好东西》，社会科学文献出版社，2006，第45页。

规则、治理机制和治理方式。

《决定》指出,创新社会治理,必须着眼于维护最广大人民根本利益,最大限度地增加和谐因素,增强社会发展活力,提高社会治理水平。简言之,社会治理的核心是"一个中心两个基本点":"一个中心",必须着眼于维护最广大人民根本利益;"两个基本点",最大限度地增加和谐因素,增强社会发展活力。

提高社会治理水平,关键在于抓好"两个基本点":"最大限度地增加和谐因素",就是要增加社会协同性,让更多的利益主体和居民群众参与到社会建设中来;"增强社会发展活力",就是要激活现有的存量社会资源,吸收、引导更多的增量资源参与社会工作,形成强大的社会整合力。

"两个基本点",看似是虚,实则是实。社会治理是党中央的战略部署,是顶层设计。对于一个省、一个市、一个县(区)来说,既有顶层设计的职责,也是代表各级基层的实践活动。但无论如何,社会治理的落脚点就在基层、在社区。社区治理是顶层设计与摸石头过河的交合点。

只有提高社区治理的水平,才是提高社会治理水平的关键。社区和谐了,街道就和谐;街道和谐,一个区就和谐;一个区和谐,一个城市就和谐。因此,提升社区治理的水平,关系到平安中国各项措施的落实,关系到和谐社会建设的实施效果。

二 多元共治,南山区"一核多元"社区治理的实践路径

南山区地处深圳经济特区西南部,辖区面积185平方公里,设8个街道、100个社区、29个农城化股份公司,实有人口201万人。2013年,南山区的生产总值将突破3000亿元,一般预算收入达到110亿元,作为一个区级的经济规模,在广东省地级市中排名也很靠前。

南山区正处于一个大发展、大建设的黄金期,也进入社会矛盾的突发期、高发期。一方面,新经济组织、新社会组织不断涌现,社区人口尤其是流动人口不断增加,社区党员种类和社区组织类型发生了巨大变化,社会分层加剧,利益分化明显,居民的经济状况、社会地位、观念和心态、参政议政意识差异很大。

另一方面，共产党自上而下的传统领导方式，在党组织—单位—个人的链条中，由于单位制的打破，发生了一定程度的断裂，社区原有的"以条为主、条块分割"的管理模式难以适应新的形势，社区退休党员、"两新"组织党员、驻社区单位党员经常"游离"于社区管理之外，缺少参与社区共建平台。尤其是，社区党支部架构层次较低，人才资源匮乏，社会动员能力不够，难以在社区事务中真正发挥领导核心作用。这些情况，迫切要求我们转变传统的社区党建工作方式，创新工作方法，扩大覆盖面，增强凝聚力，促进"社会人"转变成为"组织人"。

面对新形势、新课题，南山区认识到，要加强和改进党的建设，巩固党的执政基础，必须认真思考并解决好两大问题：一是基层党组织如何通过有效的管理和服务，提升自身社会功能，与各类社区组织建立起有机、有效、密切的联系，把他们的资源整合到党的执政体系中，成为党执政的资源，从而实现党对社会工作的领导；二是党员如何在社区体现先进性，成为引领和谐社区建设、服务社区群众的风向标，从而真正发挥执政细胞的作用。

为解答好这两大问题，2007年以来，南山区在深圳市首创并推行"一核多元"社区治理模式，该模式被列入全市"风景林工程"项目在全市推广。

"一核多元"，就是以社区党组织为核心，通过党建的方式，将社区各类社会、经济组织等多元主体纳入管理和服务范畴，进一步整合资源，使这些组织在引领基层民主、推动居民自治、促进社会和谐中发挥更大作用，形成统筹社区各类组织的区域化党建工作新格局。对社区组织结构、资源力量、运作机制、治理方式等的全方位创新，进一步强化了社区党组织的领导核心地位，使社区多元利益主体在党组织的统筹协调下，形成了多元互动、优势互补、共建共享的社区治理新格局，促进了基层民主、群众自治的发展，提高了利益协调、矛盾化解等能力，巩固了党的群众基础和执政地位。

（一）建构"一核多元"社区治理新模式，实现新时期基层党组织的领导方式和治理模式的转变

突破原有的社区管理模式和治理结构，通过基层党组织的功能转换，进一步理顺党和社会的关系，关怀社会，服务社会，联络社会，从政治高度发挥好

基层党组织的社会功能，使党的基层组织成为整个社会组织网络的核心，从而巩固执政地位，协调社会关系，促进科学发展。

1. 创新党组织设置形式和决策机制，提升社区党组织领导功能

社区党组织领导功能的强弱，取决于组织结构能否与经济发展水平和社会结构形态相适应。南山从党组织结构优化升级入手。

创新社区党组织架构体系。以成立社区综合党委（总支）为突破口，提升社区党组织架构层级，构建组织网络，做到社区党建"三个全覆盖"，即社区党组织的全覆盖、党员管理和服务的全覆盖、党员在社区作用发挥的全覆盖。在有条件的社区大胆创新，实行党组织双重管理。吸纳辖区大单位、物业公司、中介机构党组织中有较强议事能力的党员干部进入社区党委（总支）班子。党小组向街巷、门栋延伸，形成党员负责家庭、党小组长负责楼栋、党支部书记负责小区、党委书记负责社区的"四个负责"党建工作机制。截至目前，已建立66个社区党委、34个社区党总支，覆盖率100%。通过夯实社区党组织核心地位，优化配置了社区资源，整合了社会力量。

创新社区党组织决策议事机制。健全重大事项党委决策制度，探索社区重大事项由社区党委会或党委扩大会票决制度，使社区各类组织、社区工作站、街道职能部门参与社区党委的决策过程，并成为落实主体。全面推广"社区综合党组织+兼职委员"模式，每个社区原则上至少配备2名"兼职委员"，建立以社区党组织为主体的议事协调机制，明确社区党委议事原则、范围、程序、纪律、监督等各个环节，通过社区党建联席会议、党员大会、多元互动平台、民情民意恳谈会、居民代表（或楼（栋）长）议事会等形式，构建社区事务协调处理机制。

2. 创新社会治理方式，提升社区党组织社会整合功能

计划经济时期，主要依靠行政手段统一配置资源。市场经济年代，社会治理应当成为主要手段。这是党重新整理、统合社会资源，更好地服务社会的过程。

开展"十百千万行动"，盘活存量资源。通过开展"十百千万行动"（树立培植十类社区组织典型；号召上百名、上千名党员和公职人员，竞任业委会、居委会成员和楼（栋）长；发挥数万名义工在社区治理中的积极作用），号召在职党员、公职人员在社区、楼栋、家门口"浮出水面、亮出身份",服务社区群众,有9306名党员公职人员到社区登记,434名党员公职人员在居委会任职,760名党员公职人员在社区业委会任职,2685名担任楼(栋)长,8000多名党员加入社区志愿者服务队。实行党员、公职人员社区挂点,过双重组织生活和竞选业主委员会委员,担任楼(栋)长,将体制内政治组织资源嵌入体制外的社区,让广大党员真正成为执政细胞。制定社区党员管理、考核、激励办法,把在职党员、公职人员服务社区工作,进行量化考核,并将其表现作为职务晋升、评优评先的重要依据,进一步优化党员服务社区的动力机制,让服务社区成为党员的责任和荣誉。

建设"六支队伍",开发增量资源。社会治理的关键,在于整合、开发和配置大量散落在各类民间组织、团体以及居民群众当中的社会资源。南山区活跃在社区的各类社会组织有1700多个,包括非政府组织、公民的志愿性社团、协会、社区组织、利益团体和公民的自发组织等。因此,应大力培育、构建多元化矛盾处理系统,把群众中蕴藏的各种力量和资源整合起来。组建了社区建设"六支队伍",从全国各地招聘第一支社会工作专业人才队伍,形成"社工带领义工,义工服务群众,群众参与义工";组织热心公益事业的老年人,尤其是"五老"群体,"五老宣讲团"、"校外辅导员"、"康乃馨小组"、"五老爱心社"、"社区学院"等,广泛分布在全区,加强了党和普通群众的血肉联系。通过对社会资源的吸聚和运作,及时把各种社会组织成员的要求、愿望、建议、批评集中起来,输入组织系统;党组织再利用这些社会资源,以最小成本取得最大治理绩效。

3. 创新利益平衡机制,提升社区党组织的协调功能

利益主体高度分化、频繁博弈,需要社区党组织更好地发挥其协调功能,强化互动与对话,平衡不同利益关系。

探索建立利益的制度化表达机制。有利益的分化,必然有利益的表达。加强利益诉求制度建设,为不同利益群体提供充分表达其利益诉求的制度性平台。率先成立了月亮湾片区人大代表联络工作站,并在全省推广,仅深圳市就成立了100多个联络站,南山区也推广建立了24个联络站;在全市建立了第一个驻社区党代表工作室。党代表、人大代表定期接访,将居民的表达愿望吸收到体制内有序释放。我们变群众上访为自己主动下访,强化对基层群体的信息采集、办理和反馈职能。

创新利益主体之间的沟通和协商机制。协商与妥协是社会治理中解决利益矛盾的重要机制。南山区尝试将各种利益主体的代表吸纳到党组织中来,通过组织网络协调与平衡利益关系。2007年4月成立的南头街道前海社区综合党委,先后吸收了社区支部、业委会支部、物业管理公司支部和社区老年协会支部等4个党支部和7个党小组,实现将矛盾纳入并化解在党委会上。

最大限度地维护基层群众利益。优先照顾弱势群体利益是社区党组织的重要责任,也是社区党建创新的一个重要前提。沙河五村历史遗留问题的初步解决就是一个典型范例。由于历史原因,沙河五村没能落实1992年的特区农城化政策,村民陷入无股份公司、无宅基地、无发展用地的"三无"困境。沙河街道党工委在5个原自然村分别组建了党支部,将原本处于涣散状态的沙河五村党员重新组织起来,引导村民以组织化形式反映诉求。该街道党工委经过深入调研,拿出科学化的解决方案,找到各方利益的平衡点,最终成立了白石洲投资发展股份有限公司。在市委、市政府的高度重视下,几十年的历史遗留问题得以解决,大大提升了党组织的威信。

完善制度化解决社会利益冲突的机制。特区建设之初,月亮湾片区被规划为工业用地和危险化学物储存地。经过20多年发展,一部分工业用地改建成居民住宅区,工业区污染问题凸显。南山探索民主协商机制,联合市能源环保有限公司、南山垃圾发电厂、南山街道办事处及部分居民代表,开创性地成立了月亮湾片区环境保护联络小组。几年来南山区环保状况得到极大改善,污染企业被关闭,无环保手续的小污染企业被搬迁,垃圾焚烧电厂成为垃圾焚烧发电行业引进国外先进设备的示范项目和样板工程。政府与居民以及企业"三位一体",齐心合力共建和谐社区和绿色家园。

(二)推行"一核多元"社区治理新模式,做到固本强基和惠民利民的有机统一

一方面,将体制内的组织资源"嵌入"社会,实现社会服务与治理的网络化;另一方面,将体制外的资源"吸纳"到体制内释放,实现各种自主参与的有序化。这种双向"进入",将自上而下的垂直管理转变为上下结合的扁

平管理,政府、公民及社会组织之间积极有效的合作,实现了公共利益的最大化,党的执政方式亦由"善政"走向"善治",社会治理成效凸显。

1. 巩固政权,扩大了党的影响力

结合移民城市特点,通过实现党员属地化管理、社区党建"三个全覆盖"以及"双重组织生活"制度等,把各种类型的党员,尤其是把非户籍人口中的党员、离退休党员,以及原先中断了组织关系的党员,纳入到社区党组织管理体系中,提高了社区党组织的动员能力、反应能力和服务能力,将社区党组织打造成群众利益表达、化解矛盾的前端,扩大了党在基层的影响力。

2. 化解矛盾,提升了党的公信力

积极引导利益主体进入有序竞争的轨道,使无序博弈变成有序政治参与。在湖南平江籍货柜车司机聚居的月亮湾片区,货柜车司机与物流公司矛盾较多,群体性事件多发。2009年,南山区建立起全市首个货柜车司机流动党支部,实行"老乡管老乡、支部管同行",收到很好效果。在"5·31"货柜车司机罢工事件解决过程中,流动党支部发挥了重要作用。而后,又在月亮湾成立了片区综合党委,有效整合了社区居民党组织、流动党员党组织、"两新"党组织和驻片区单位党组织,为处理劳资关系、解决矛盾纠纷搭建了制度平台,使各种非理性冲突向理性对话和协商转变。

3. 惠民利民,增强了党的凝聚力

在政府—市场—公民社会结构中,寻求更为有效的公共服务供给,增进共同利益。特别是将人力、物力、财力和精力进一步向基层、一线倾斜,通过开展"爱心驿站"行动、发挥"六支队伍"作用、完善基层医疗布局、发展社区慈善事业、健全社区救助体系等活动,进一步拓宽服务领域,变被动服务为主动服务,变一般性服务为针对性服务,变分散、单独的服务为综合服务,让老百姓享受实在、便利、贴身的优质服务,增强了党的凝聚力。

三 深化改革,努力将"一核多元"社区治理提升到一个新水平

2013年11月29日,中共中央政治局委员、广东省委书记胡春华在南山区

社区调研时，充分肯定了以社区综合党委（总支）为核心，社区工作站、居委会等主体为依托的"一核多元"社区治理模式，并指出，评价社区治理模式创新好坏，其中一个重要标准就是综合效果如何。只要效果好，实现了多元互动、多方参与、共建共享，即使有问题也可以通过规范、引导加以解决。①

从实践来看，"一核多元"社区治理成效明显，但从运作效果来说，还有很多值得完善的地方。一是社区治理结构不够清晰，社区党组织的领导核心作用不明显，相关主体的职责不明确，因此参与社区事务流于形式。二是尚未形成良好的工作机制，很多工作依然靠人脉、靠关系，干到哪儿算哪儿。三是社区参与的水平还非常弱，尤其是社区自治的效果较弱，社区居委会被边缘化，未能有效地吸纳社区各类组织和居民的参与。没有参与，社区治理就是无源之水。四是社区监督的能力还不够，社区各项议事成果很难得到落实。好的治理模式必须像"陀螺"一样运转起来，才有效果。

党的十八届三中全会吹响了全面深化改革的号角，为进一步深化"一核多元"社区治理指明了方向。着力完善"一核多元"社区治理模式，强化社区党组织的领导核心功能，使社区党组织能够反映多元利益诉求，从而形成一个具有领导、组织、协调能力的公共治理结构，对增强党的执政能力、夯实基层基础、推动党内民主和基层民主、促进社会和谐稳定具有重要的意义。

构建"一核多元"社区治理模式，必须通过对社区组织结构、资源力量、运作机制、治理方式等进行全方位创新，进一步强化社区党组织的领导核心地位，使社区多元利益主体在党组织的统筹协调下，形成多元互动、优势互补、共建共享的社区治理新格局，实现社区功能最大化、社区矛盾最小化，促进基层民主、群众自治、利益协调、矛盾化解等能力和水平的有效提高。

（一）进一步优化"一核多元"治理结构

理想的治理结构，应该是"定位清晰、各司其职、功能互补、和谐共生、共治共享"。

定位清晰，就是要厘清基本的治理结构。概括起来是"一核三基多元"。

---

① 《胡春华朱小丹在深圳调研》，《深圳特区报》2013年11月30日，第1版。

"一核"是进一步强化社区党组织的领导核心功能。"三基"是三个基本载体和平台，即社区工作站，负责党政工作事务；社区居委会，推动社会协同和居民自治；社区服务中心，以购买服务形式提供更优质的居民服务。"多元"是在"一核"、"三基"基础上，尽量吸收更多的社区组织（单位）和居民参与社区建设。各司其职就是要发挥好各自的职能作用；功能互补就是各种社区治理的力量在资源和力量上尽量不交叉重叠，而是互相适应、发挥所长、互补其短；和谐共生是各类主体和谐相处、共建和谐、促进发展；共治共享是共同治理社区，共同享受成果。

条件具备的社区都要成立社区综合党委（或党总支），进一步优化社区党委的组织结构，做到"五有一好"：有工作平台、专职人员、专项经费、规章制度、工作评价，工作效果好。

1. 整合社区党组织资源

加大社区社团等多元主体的党建力度，按照"1+N"形式推进党建工作，即在社区党委领导下，有条件的社区社会组织如业委会、老年协会等都要设立党支部，实行属地化管理，对组织关系不在本社区的驻社区党组织试行双重管理。探索"格中建党"新模式，依托"织网工程"等信息平台，把党小组建到网格中，扩大党组织的影响力。

2. 优化社区党组织成员结构

社区党委设书记1名、副书记若干名，并根据实际设置委员、候补委员和兼职委员，可以设专职副书记和党务专干。

3. 有序推进社区党内民主

在条件成熟的社区实行党委成员"公推直选"；创造条件，把业委会、物业管理单位、驻社区大单位、"两新"党组织等各类组织和社区居民中的优秀党员选举为社区党委（党总支）委员、候补委员或兼职委员。

（二）进一步完善"一核多元"工作平台

社区治理，必须遵循治理的基本原则，构建"政府行政介入、社区组织自治、社区公民参与"三位一体的社区治理机制[①]，必须建构四个平台。

---

① 吴志华等：《大都市社区治理研究：以上海为例》，复旦大学出版社，2008，第145页。

1. 决策协商平台

进一步明确社区综合党委的功能和定位，健全重大事项党委决策制度，探索社区重大事项由社区党委会或党委扩大会票决制度，通过制度创新，使社区各类组织、社区工作站、街道职能部门参与社区党委的决策过程，并成为党委决策的落实主体。

2. 议事自治平台

激活社区居委会的制度资源，进一步明确社区居委会的议事原则、范围、程序、纪律、监督等各个环节，通过社区党建联席会议、党员大会、民情民意恳谈会、居民代表（或楼（栋）长）议事会等形式，形成社区事务共商共管机制，推进社区居民自治。

3. 文体活动平台

加强社区党群文化阵地建设，提升党组织对党员的教育和服务功能，以及服务居民的能力。按照"三有一化"（有人、有经费、有场地、区域化党建）的要求，加强党员活动室建设，建立社区服务中心，为居民提供多种形式的服务，将其建设成为"心灵之家"、"党员之家"。同时，加大困难群众帮扶力度，切实为群众提供良好的服务。

4. 参与监督平台

构建"自上而下和自下而上"相结合的监督机制。"自上而下"就是街道党工委要明确党建工作部门，加强社区党组织日常监督。"自下而上"就是要建立社区党员和居民群众相结合的评议制度，定期评价社区党组织、居委会、工作站和社区服务中心的工作绩效，并作为考核奖惩的主要依据。

（三）进一步规范"一核多元"运作机制

加强机制建设，着重提升社区治理的"公信力、透明性、可预见性和参与水平"[1]。公信力是凝聚社区资源和力量的最基本要素，没有公信力，一切无从谈起。透明性是参与者能用最低成本获取社区工作的信息。可预见性就是

---

[1] 国际行动援助中国办公室编译《善治：以民众为中心的治理》，知识产权出版社，2007，第59页。

工作必须连贯,不能随意。参与是提高治理效果和治理的主要手段。

1. 加强机制建设,制定组织活动规范是前提

要推进社区党组织规范化建设。做到"五个正常、四个发挥作用",即做到"组织活动、议事协商、党务公开、执行落实、评议监督"正常化,并切实在"管理服务党员、密切联系群众、服务社区事务、化解矛盾纠纷"等方面发挥积极作用。进一步明确社区党组织工作职责,尤其是要完善"两新"组织、居委会、业委会、老人协会等多元主体党组织工作制度,有效推动社区党建工作。

要扎实开展党组织和党员"双亮身份"活动。旗帜鲜明地以社区党组织名义在本社区开展先进性活动,构建以"组织服务社区党员,党员服务社区群众"的"双服务"党建活动新格局。进一步完善党员、公职人员在居住地亮身份、树形象、起作用的工作机制和考核体系,有效增加党员、公职人员选任居委会、业委会成员和楼(栋)长的比重。对党员服务社区的时间、参与的活动等登记建档,完善"一册两卡"制度,多渠道、多形式搭建党员、公职人员服务社区的参与平台。

要建立以党员群众需求为导向的服务体系。社区党组织要对全体党员进行摸底,发挥党员的专业优势和特长,建立党员示范岗、党员责任区,使党员和党组织成为社区建设的风向标。要创新社区党组织的活动形式,多开展为党员、群众喜闻乐见的高层次、持久性、有意义、有生命力的品牌活动,让党员和社区群众在互动中思想有新触动,党性有新升华。

2. 加强机制建设,构建充满活力的群众自治机制是关键

要大力培育居民群众的公共精神,尤其是参与精神。采取以点带面、精英主导、逐步扩大的策略,有意识地培育一批社区精英,通过他们的带头引导,有效地增强参与的效果,从而带动社区组织和居民群众的参与。如南山区南山街道采取设立"社区专员"的形式,将社区精英引领并规范起来,赋予一定的权利和义务,收到了很好的效果。

要强化社区居委会在居民自治中的引领作用。探索居委会与业委会委员交叉任职方式。优化居委会成员结构,扩大业委会、物业管理单位、社区组织等代表为居委会成员的参与面。发挥社区工作站在整合资源方面的作用,规范引导业委会等各类民间组织建设，实现政府行政管理与社区自治良性互动。

要发挥党代表及"两会"代表委员作用。构建党代表、人大代表、政协委员服务社区平台，继续推动社区党代表工作室和人大代表联络站建设，开展政协委员进社区活动，整合各方资源，拓宽社区居民与政府沟通的渠道，强化社区事务的执行力。

要推动社区"党建带共建"工作。通过社区党建，引领工会、共青团、妇联、科协、侨联、台联、青联、总商会、文联、残联等人民团体参与和谐共建，发挥资源优势，强化其在新时期促进社会和谐的积极作用。

（四）进一步完善社区党委决策抓落实工作机制

1. 提高社区综合党委议事协调能力

街道党工委要加强指导和督促，切实提高社区党委抓党建、解难题、纾民困、促和谐的能力。社区党委领导班子要加强学习和调研，通过规范化建设，提高决策和服务水平。

2. 为社区综合党委决策抓落实提供保障

街道党工委要制定推动社区党委决策抓落实的工作办法，在本街道职权范围内进行必要的授权，使社区党委在街道及社区的干部人事、推优评先、重大事项等方面，具有一定的建议权以至否决权。社区党委经过调研，对社区事务或需要解决的问题做出的决议，街道办事处相关科室或社区工作站必须协调解决，不属于职权范围内的，必须创造条件解决。

3. 多层面支持社区党委开展工作

区级职能部门要支持社区党委建设，对其提出的问题涉及本部门的，要认真对待，切实解决。区党代表、人大代表、政协委员积极参与社区党委有关工作，对社区存在的重大问题，可通过代表建议、委员提案等方式，交由区有关单位办理。社区各类主体党组织要在社区党委的统领下，落实社区党委决议事项，提高共驻共建、共治共享水平。

4. 建立"双向互动"的社区评议监督团

可以先在条件较为成熟的社区试点，建立评议监督团。评议就是定期评议社区决策议事事项的落实程度，评议工作绩效。监督就是对各项工作过程实现全程监督。这个团应该赋予更高的职权,下可以评议监督街道社区,上可以评议监督到区级职能部门,并且评议结果对其年终绩效影响大,这样才有效。因此,一定要通过机制建设,选拔一些敢说话、有公心、有能力的社会精英才行。

5. 建立区、街联动督察工作机制

整合区纪委监察、区委区政府督察部门和人大、政协协作的区级督察机制,重点督办社区党组织和居委会涉及全区性议事事项。同时,街道办事处也要建立相应的机制,尽量解决社区议事中遇到的问题,增强议事的实效。

(五)进一步建立健全考核、监督、评议工作体系

以社区党组织建设、组织活动、制度落实、各项保障等四项内容为主,以"一核多元"社区治理规范化必须达到的基本标准为主要尺度,采用组织考核与群众满意度调查相结合的方式,对各街道、社区党组织进行综合评估。

1. 实行组织考核

建立党建工作考核指标体系,根据不同类型党组织的特点、党建工作目标任务,每年进行一次考核,提高基层党建工作制度化、标准化和规范化水平。制定党支部目标考核体系,评选教育设施完善、管理规范到位、党建特色鲜明、工作成效显著的社区党建工作示范点,在"七一"期间进行表彰。

2. 实行群众满意度调查

采取开放式社会评议的方式,委托中介组织或群众团体等第三方机构,对群众满意度进行随机抽样调查。

3. 实行年度综合评价

根据组织考核和群众满意度调查的结果,各按50%的权重,计算年度综合评估得分。党建工作的考核综合评价结果,将纳入单位责任目标考核和领导干部考核评价体系,作为衡量基层单位及主要负责人工作实绩、奖惩及任用的重要依据。

4. 建立社区治理绩效评估体系

为提高治理的有效性,按照社区组织健全度、社区参与度、沟通活力、议事决策落实率、问题的解决率、居民的满意度以及回应等,由相关区职能部门

制定评估体系,作为考核社区治理成效的"指挥棒"。

在深入推进社区治理工作中,还要注意避免几个误区:一个是社区治理与社区管理的关系,两者之间是相互促进的关系,不是讲治理而忽视管理。在治理的格局下,管理的能力更强。一个是社区治理与社区自治的关系,治理更多的是协同社会组织参与,自治更多是利益相关主体的自治。一个是社区治理与社区服务的关系,良好的治理,必将促进社区服务的发展。

B.21
盐田区促进社区融合的探索与创新

陈扬波*

摘　要： 为破解外来人员服务管理难题,盐田区永安社区大力实施公共服务均等化、服务管理一体化、居民自治制度化和社区融合无缝化,逐步形成共享、共治、共融局面,初步建成户籍人口与非户籍人口和谐共处示范社区。今后,盐田区应进一步深入探索,总结经验,切实担负起为外来人口服务管理实验、示范的使命,打造体现社会治理理念、国际化水准和法治化特征的现代社区。

关键词： 盐田区　外来人员　管理服务　永安社区　社区融合

深圳市盐田区按照省委、省政府《关于加强社会建设的决定》及七个配套文件精神,在省、市社工委的正确指导下,针对外来人员服务管理难题,以人口、产业结构均富有代表性的永安社区为试点,大力推动外来人员服务管理创新工作,以更加优质的民生服务、更加高效的社会管理、更加完善的公共治理,更好地满足人民群众对幸福生活的新期待,努力把永安社区建设成为一个外来人员和户籍人员和谐共处的新型示范社区。2010年以来,该项目荣获"广东社会管理创新突出奖"之"社会稳定推动奖",一批中央、省、市相关部门领导也先后到永安社区考察指导,并给予充分肯定和高度评价。2012年11月,该项目成为全省首批"广东省社会创新试点项目",永安社区被授予"广东省社会创新实验基地"称号。

---

* 陈扬波,深圳市盐田区社会工作委员会。

盐田区促进社区融合的探索与创新

一 项目背景：破解城市化进程中外来人员服务管理难题

随着不可阻挡的城市化进程，大量外来人员从乡村到城市寻梦、建设、栖息，既为城市高速发展注入不竭的动力，也向城市提出了公共服务、政治权利、管理参与等各种诉求，给现行服务管理模式带来挑战，有些地方甚至爆发激烈的"族群冲突"，成为社会运行的不安定因素。深圳作为全国改革开放的窗口城市，改革开放30多年来，历届市委、市政府都高度重视发展社会事业，加强和创新社会管理，取得了显著成效，探索出了有深圳特色的社会建设新路子。但同时深圳也是一座快速发展的移民城市，现已拥有1400多万实有人口，人口密度大、流动人口多，开放程度高、社会转型快，社会问题早发、多发，利益诉求复杂化、多元化，社会矛盾触点多、燃点低，社会管理面临巨大压力和严峻挑战。如何服务和管理好全市1400多万实有人口，是深圳改革发展进程中躲不开、绕不过的重大问题。社会管理说到底是对人的服务和管理。深圳作为社会管理创新的样板城市，破解城市化进程中流动人口管理难题，要落实到对实有人口的服务管理上。如果说，过去30多年深圳最重要的贡献是"摸着石头过河"，率先探索建立了比较完善的社会主义市场经济体制，基本走出了一条"以工业化带动城市化"的发展道路；那么，今后几十年深圳义不容辞的重要使命就是要以"杀出一条血路"的勇气，把社会建设摆在与经济建设同等重要的位置，吹响社会建设的进军号角，在社会管理创新上走出一条中国特色社会主义城市化发展新路，努力把深圳建设成为全国最和谐、最有序、最幸福的城市。

盐田区经济总量、城区面积和人口规模都不大，但社会管理有良好基础，自建区伊始就担负着深圳改革创新"试验田"的重要使命，成为社区治理体制改革、居住证试点、创建民意畅达机制等诸多社会体制改革的发源之地。与全市一样，盐田区是一个人口结构严重倒挂的城区，全区常住人口21.3万，户籍人口4万余人。位于盐田港后方陆域的永安社区，人口倒挂现象更为突出：总人口16906人，异地务工人员及家属15962人，户籍人口与外来人口比

为1:17;外来人口多为湖南、广东、河南、四川籍人员,主要从事港口物流运输业,拖车司机连同其家属及物流从业人员有上万人,具有明显的"同业村"、"同乡村"特征,是社会管理难度最大的区域之一。1998年建区以来,盐田区一直高度重视外来人口服务管理工作,始终紧扣破解外来人员服务管理难题这条主线,致力于用人性化的管理、优质化的服务,回馈为辖区经济社会发展做出巨大贡献的外来人口。特别是"盐田区外来人员服务管理"项目入选广东省社会创新观察项目及试点项目以来,盐田区推出系列创新举措,通过优化公共资源配置、扩大基本公共服务覆盖、保障政治参与权利、鼓励参与社区管理等有效措施,努力将外来人员无差别地纳入城市公共服务体系,使他们有序参与社会管理和服务,不断增强外来人员的归属感和认同感,推动实现"1:17的和谐"。

二 主要做法:公共服务均等化、服务管理一体化、居民自治制度化、社区融合无缝化

(一)延伸社区基本服务,加快推进公共服务均等化

外来人口对基本公共服务均等化的期盼,既是生存之需,也是尊严之要。只有将实有人口无差别地纳入城市公共服务体系,才能增强流动人口的归属感和认同感,使他们真正融入这座城市,确保社会长治久安、和谐稳定。公共服务均等化并不是强调辖区所有居民都享有完全一致的基本公共服务,而是在承认区域、户籍、人群间存在差别的前提下,保障辖区实有人口都享有一定标准之上的基本公共服务,最终实现"同城人、同待遇"。创新外来人员服务管理,首要是要尽快推动公共服务均等化。为此,2013年盐田区聘请专业机构开展了"居民服务需求调查",专门梳理外来人员的服务需求,一方面,全面落实国家、省、市关于基本公共服务的政策,另一方面,结合需求调查结果,提供一系列有特色的公共服务,许多领域已率先实现"同城同待遇"。

就业:送技能培训进企业、进社区,为永安社区居民举办了烹饪、插花、物流等培训9场;投放电子化就业信息平台"就业e通",第一时间更新企业

用工信息，让外来人员免费查询。

教育：政府无偿提供占地2700平方米的二层楼房，建设1间普惠性幼儿园，保教费每月只要650元，接近全市最低水平，园内95%以上为外来务工人员子女；一街之隔的公办乐群小学，符合条件适龄外来工子女均可免费入读，并为特困外来儿童免费提供校服。

卫生：在永安社区居住满2年的60岁以上外来人员，每3年可享受一次免费健康体检；符合条件的育龄夫妇免费享受孕前优生健康检查服务；给主动采取长效避孕节育的育龄妇女发放奖励补助；设立社区"阳光心灵工作室"，免费为社区居民提供心理疏导。

文化：建立了一个篮球场、一个大家乐舞台，设立了一个"24小时自助图书馆"和一个社区图书馆，均免费向全体实有人口开放。

交通：843路等公交线路专门为永安社区居民增设站点；非户籍老人持老人证可免费乘坐公共交通工具；辖区最富特色的公共自行车，外来人员和户籍人员一样，办理单车卡后即可免费使用。

社区服务：设立"社区服务中心"，开设"四点半学校"、实施"暑期补习计划"，为外来工子女提供看护、教育等服务，开设"老人日间照料中心"，社区老人均可到其中活动、午休。

在基本公共服务的基础上，外来人员在永安社区共可享受到56项公共服务项目，突出的有十大特色服务：①永安社区所有符合就读条件的适龄学童，不分户籍均可免学费入学义务教育阶段公办学校。②在永安社区居住的外来"三残"儿童，经市教育局指定医疗康复机构评估，有随班就读能力且符合就读条件的入学就读。③在永安社区居住、符合就读条件的外来儿童，经区民政部门核准为特困户的，由教育部门免费提供校服。④在永安社区工作站设立一个外来人员服务点，为外来人员提供就业政策咨询和基本公共就业服务。⑤开展职业培训进社区服务，在永安社区居住满3年的外来人员中，每年通过适当形式产生2000个参加免费培训的名额，相关人员可领取3小时免费实名培训券，凭培训券到定点培训机构选择感兴趣的培训课程，提升个人技能和综合素质。⑥在永安社区居住满2年的60岁以上外来人员，可享受3年一轮次的免费健康体检服务。⑦在永安社区居住并持有深圳市居住证、已婚并计划怀孕的夫妇，可免费享受包括先天性风疹、地中海贫血、G-6PD缺乏、唐氏综合征、神经管畸形等项目的孕前优生健康检查服务。⑧在盐田区居住满3个月以上的外来已婚育龄群众，且按照"已生育一个子女的育龄妇女首选宫内节育器；已生育二个以上子女的，一方首选结扎措施"规定，自觉落实长效避孕节育措施，给予提供"上环200元、结扎1000元"一次性避孕节育奖励补助；已婚育龄妇女落实节育措施失败后自觉落实补救措施的，按照"补救措施一500元、补救措施二1000元"标准给予一次性补助。⑨打造十分钟公共文化服务圈，建设"24小时城市街区自助图书馆"，实现社区文化设施"四个一"：一个图书室、一个多功能文化活动室、一个社区文化广场、一个文化长廊，全部免费向社会开放。⑩开发社区所需的公益服务岗位，拓展社区公益服务内容，让外来人员中的困难群体与户籍人员一样参与社区公益服务，满足居民对社区服务的基本需求。

（二）完善社区管理机制，加快推进管理服务一体化

坚持"管理就是服务"和社会治理的理念，政府在服务中进行管理，居民在接受管理的同时享受服务，从而使社区更和谐，管理更到位。一是强化政府职能，完善网格化管理服务。把社区分成21个网格，实行楼（栋）长制，实现电子防控全覆盖，出租屋人口信息采集率、准确率达95%以上；送居住证办理服务进工厂、进企业，上门办理居住证2.7万多张，办证率达90%以上。创新特殊人群服务管理新机制，对刑释解教人员、社区矫正对象、吸毒人员、长期缠访人员等特殊人员，整合政府力量、专业力量、社会力量，进行精准定位、精确管理、精细服务。二是依靠社会力量，加强协同式管理服务。针对永安社区主要是拖车行业从业人员的情况，社区工作站联合深圳市拖车协会、盐田区物流协会、盐田港运输行业工会联合会等社会组织，建立联合调处等机制，构建行业矛盾调解"绿色通道"，近三年来共排查化解行业不稳定信息148条，妥善解决了盐田港"闸口费"问题、拖车司机罢运等群体性事件。三是发动外来人员，激活参与式管理服务。按"外来人员服务外来人员"的理念，发展社区服务型社会组织，引导成立仓储业联谊会、民族团结联谊会等社会组织，促进外来人员实现自我管理、自我服务。成立社区治安巡逻、社区

志愿服务等8支群众自治队伍，1200多名成员中80%以上为外来人员。设立"就业一条街"，将沿街摆卖的摊贩从露天迁入板房，既保证商品依然价廉物美，又美化了社区环境。

（三）扩大社区政治参与，加快推进居民自治制度化

以"四个扩大比例"为核心，将居民基层民主参与制度化，让他们真正融入社区建设管理中。一是扩大外来人员参与社区党组织选举的比例。实行社区综合党委"兼职委员"制度，驻社区单位党组织负责人，以"兼职委员"身份进入社区综合党委领导班子；探索行业党建模式，成立物流行业联合党支部，推行公推直选；探索建立"同业村"党支部，通过构建区域统筹、条块联动的基层党组织，保证党组织的领导核心和战斗堡垒作用能动地落实到社区，夯实党在基层联系人民群众和执政的基础。二是扩大外来人员参与"两代表一委员"选举的比例。充分保障外来人员的选举权和被选举权，在区党代表、区人大代表选举中，取消户籍限制。在员工达2000人的永安社区珍兴鞋厂设立人大代表选区，外来人员被选为区人大代表。三是扩大外来人员参与社区居委会选举的比例。只要是在辖区连续居住2年以上的外来人员，都平等地享有选举权和被选举权，鼓励其主动行使权利，充分发动外来人员参加选举。四是扩大外来人员参与社区议事管理的比例。在社区综合党委领导下，成立社区实有人口和谐共建议事会，议事会中外来人员的比例不低于50%。将议事会对接"两代表一委员"（区党代表、区人大代表、区政协委员）网格化联系居民的民意畅达机制和民意畅达信息系统，及时将议事中的问题上交区有关部门协调解决，培育社区事务大家议、大家管的自治机制。

（四）打造社区和谐文化，加快推进社区融合无缝化

文化是人与人认同的桥梁、心与心融合的纽带。永安社区通过营造和谐社区文化，着力培养本地人员的"多元包容意识"和外来人员的"家园共建意识"。一是打造文化品牌，开展春节同吃大盆菜、"四海一家"物流行业晚会、社区居民歌舞表演、社区居民体育活动等交互式开展、融汇式互动的文化活动；利用"和谐幸福大讲堂"，为居民举办育儿、心理健康、家庭保健等专题

讲座，打造"和谐永安"文化品牌。二是丰富社区服务。推进社区服务中心项目建设，面向社区外来人员提供公共公益服务、自助和互助服务、志愿服务、商业服务、专项服务等11项基本服务项目。三是引导自我服务。整合社区服务中心、爱心企业、爱心门店、爱心家庭和爱心人士力量，成立"永安社区爱心联盟"和社区邻里互助会，通过"爱心接力"、"爱心结对"等多种形式，为社区居民开展义务理发、六十岁以上老人买药打八折、帮扶困难家庭等爱心活动，"永安社区爱心联盟"被评为第十届深圳关爱行动"百佳市民满意项目"。

三 主要成效：共享、共治、共融逐步实现，本地居民和外来人员和谐共处的示范社区初步建成

通过多年的努力特别是这两年的创建活动，永安社区外来人员切实感受到了城市对他们的真心关爱、真情服务、真诚接纳，逐步实现由"流动"向"安居"的转变，由"边缘"向"融入"的转变，由"社会人"向"社区人"的转变，"和谐永安、幸福永安"建设取得初步成效。

（一）外来人员切实享受改革发展的丰硕成果

通过落实国家基本公共服务要求和延伸特色公共服务，永安社区外来人员享有的公共服务范围不断扩大，目前永安社区各项公共服务均等化程度已走在全市前列。社区所有符合就读条件的适龄学童100%免学费进入义务教育阶段公办学校就读，贫困学童每年可免费获得两套夏服、两套冬服、两套礼服；办理育龄夫妇孕前优生健康检查服务138例，为37名落实节育措施的外来育龄群众发放奖励金18500元；开展技能培训9场共2213人次，推荐外来人员就业104人；为23名符合条件的60岁以上外来人员提供免费健康体检项目；社区文化设施100%免费开放，参加活动累计超过十万人次。目前，结合居民服务需求调研结果，争取在教育、卫生、就业、文体活动等群众最关心的热点领域，根据条件成熟程度对外来人员持续释放更多"利好"措施，确保外来人员服务管理政策的延续性和递增性。

（二）外来人员更加广泛参与社会建设与管理

永安社区积极吸纳优秀外来务工人员参加党组织，结合党员特点创新性地成立永安社区物流行业联合党支部，将原零星分散在各物流企业的外来流动党员全面归口管理。通过公推直选方式，选举产生社区党组织领导班子，揭阳户籍党员曾显运同志当选为永安社区综合党委委员、永安片区党支部书记。外来人员的选举权和被选举权得到充分保障，在永安社区珍兴鞋厂工作的湖南人张梦芹同志被选为盐田区第四届人大代表。充分依托社区民意畅达工作机制、社区和谐议事制度、"三会"（民主评议会、民主听证会、民主协调会）制度、居民论坛等互动平台，听其声、解其忧、谋其利。特别是以"两代表一委员"（区党代表、人大代表、政协委员）网格化联系辖区企业群众为特点的民意畅达工作中，创新性地将走访收集意见诉求工作覆盖范围由户籍人员扩大到实有人口。2013年，通过各种渠道共收集和解决外来务工人员提出的民意表达诉求32条，群众对处理结果的满意率为100%。社区保持和谐稳定的良好局面，社区从未发生到市赴省进京上访案件，连续多年保持恶性刑事案件为零、安全生产事故为零，做到"小事不出社区，大事不出街道，再大的事也不出隧道"。

（三）外来人员与本地居民更加和谐融洽相处

永安社区在促进文化融合、畅达民意诉求、发挥社会组织作用方面推出系列措施，有力促进了外来人员和户籍人员和谐相处、融合发展。倾力打造了"和谐永安"、"幸福永安"、"关爱永安"等社区文化品牌，打破外来人员和户籍人员的"族群鸿沟"，淡化"外来"和"户籍"概念，让他们无差别地参与社区文化活动，无差别地参与社区管理，并形成了共同遵守的社区公约，来自五湖四海的外来人员在永安这个"第二故乡"找到归属，找到温暖。据调查显示，96.4%的外来人员愿意继续在永安社区居住；86%的居民满意各类社区服务项目效果；82.8%的居民愿意参与各类社区服务工作；77.1%的居民认可社区邻里互助会等社会组织工作成效；76%的外来人员希望把家人迁来永安定居，成为"新永安人"，目前永安社区90%的小伙子和姑娘都跟外来人结婚,无疑成为外来人员和户籍人员融合发展的生动写照。

"盐田区永安社区外来人员管理服务"项目通过两年的运作,得到了上级的认可,受到了居民的欢迎,取得初步成效。探索和实践中有以下几点体会。

1. 形成共识是前提

对外来人员服务管理的探索,不仅仅是为了捧回一个"广东省社会创新实验基地"的牌匾,盐田区领导班子始终认为,占全区近80%的外来人口是推动辖区经济社会健康发展的中坚力量,区委、区政府有责任回馈他们、反哺他们。为此,盐田区连续两年把"永安社区外来人员服务管理"项目纳入年度社会创新重点项目,区委书记、区长多次前往调研,区委常委、区社工委主任亲自担任项目实施工作组的组长,确保发挥项目实验、示范的功能,区委书记郭永航同志反复强调:"永安模式的精髓要在全区推广。"

2. 以人为本是根本

在推进该项目的过程中,盐田区在充分调研的基础上,提出了"公共服务均等化、服务管理一体化、居民自治制度化、社区融合一体化"的项目推进思路,全方位探索外来人口与户籍人口融合发展路径。同时,为了保证措施有的放矢,聘请专业咨询机构,全面调查居民需求,紧扣"民生幸福"这个社会建设的终极目标,从居民实际需求出发,不做表面文章,梳理公共服务,设计惠民措施,让外来人口实实在在地共享发展机会、共享改革成果。

3. 敢于创新是关键

非改革无以发展,非创新无以进步。但改革创新说起来容易,做起来难。自上而下阻力小,自下而上掣肘多,许多改革少了上级的"顶层设计",基层探索举步维艰,有时虽有"想法",难有"做法"。在项目推进中,只有打破陈规,挖掘潜力,推动各部门不断释放政策的"利好空间",才能产生多项走在全市前列的公共服务均等化措施,在外来人口中涌现若干"两代表一委员"、社区综合党委成员以及活跃在社区自治组织中的"群众领袖",找到了外来人员融入社区的"通道",出现96.4%的外来人员愿意继续在永安社区居住、本外人口通婚率达到90%的和谐局面。

4. 舍得投入是保障

为居民幸福、社会和谐,投入再多都是值得的。"盐田区外来人员服务管理项目"2012年11月从观察项目入选为试点项目后,盐田区对永安社区的投入程度、重视程度不是减弱了,而是更强了;对外来人员服务管理工作的探索不是放松了,而是更紧了。2013年,市、区社工委分别下拨10万元,用于居民议事、社区自治等工作开展;区政府投资200多万元,用于社区环境提升;投资300多万元,用于建设一个面积达1200平方米的社区综合服务中心,以更好地为外来人口服务,预计将在2014年落成。

四 发展路向:体现社会治理理念、国际化水准和法治化特征的现代社区

虽然盐田在外来人员服务管理方面进行了初步探索,取得了一定效果,但在全国各地都在积极探索外来人员服务管理的背景下,既不能一蹴而就,也不可一劳永逸。要从项目的可复制性和可推广性的角度,进一步深入探索,总结经验,切实担负起为外来人口服务管理实验、示范的使命,打造体现社会治理理念、国际化水准和法治化特征的现代社区,为广东省的外来人员服务管理工作当先锋、做模范。

(一)体现社会治理理念

党的十八届三中全会指出:"要创新社会治理体制",创新性地提出了以"社会治理"取代了"社会管理"的执政理念。永安社区外来人口和本地人口的融合式发展探索尽管取得一定成效,但社区资源的配置、社区活动的开展、社区服务的供给还没有摆脱"管理式"的影子,政府是社区建设发展当仁不让的主力。未来的建设发展中,要进一步转变社区建设的思想观念,大力推动社区建设由"管理"向"治理"转变,放权于社会,信任社会力量,充分发动各个群体、各种力量参与社区建设,推动政府、居民及辖区单位、营利组织、非营利组织等基于市场原则、公共利益和社区认同,协调合作,良性互动,有效供给社区公共物品。通过制度创新和持续努力,壮大居民自组织、小团体,"自治理"解决社区问题,使社会力量逐渐成为社会治理的主体,实现社区事务主要由居民做主、由社会说了算。

（二）体现国际化水准

国际化的社区，既要有社区设施和服务的国际化，也要有生活方式和理念的国际化。以社区服务为例，未来发展要有国际视野，社区福利性服务水平要与经济发展的水平相适应，与国际通行规则接轨。永安社区是一个以港口物流业从业人员为主要居住群体的社区，往往是一个货柜车司机拖家带口，上有老下有小来到永安社区，在个人职业发展、融入城市生活、融入陌生社区、子女教育等方面有强烈的新诉求。未来的建设发展中，可参照香港等先进地区社区建设经验，构建以社区服务中心为引擎的服务模式，引进多样化的专业社会服务机构，结合外来人口融入城市的需求、本地居民与外来居民融合相处的需求以及各类人群的个性化需求等，有针对性地开设社区服务，推动服务由"政府配餐"向"居民点菜"转变，使各类人群都能就近享受、参与社区服务，建设安全、包容、文明的现代社区，使社区里的"黄发垂髫"，各得其所，各得其乐。

（三）体现法治化特征

法治的本质特征是良法善治、有法必行，落实到社区就是要形成标准化、规范化的制度体系，按照法律行事。发生在本外人口以及不同地域人口间的"族群冲突"主要起因于淡漠了"法律意识"，突出了地域、族群的"本位意识"。探索本外人口严重倒挂的背景下的和谐发展，必须进一步提升社区建设的法治水平。通过开展法律宣传进社区、法律服务进社区、法律援助进社区等工作，树立依法办事、依法处世的文化氛围和行事习惯。进一步从制度上保障居民的政治权利和民主诉求，落实外来人口参与民主选举、民主决策、民主管理、民主监督的权利，开辟、完善外来人员和本地居民协同自治的途径，让法的文化渗透到各个角落，使社区居民用法的思维解决矛盾冲突及其他问题。

B.22 宝安区社区建设问题与对策研究

深圳市宝安区社会工作委员会*

摘　要： 宝安区社区建设目前存在管辖面积和人口严重超出承受能力、行政管理任务重、考核评比压力大、管理服务设施资源缺口大等问题。这些问题的存在，既有体制的问题，也有观念的问题。改善宝安基层社区建设，应进一步调整管理幅度，逐步减轻社区行政管理压力，强化居委会服务职能，切实解决社区资源不足问题。

关键词： 宝安区　社区建设　体制机制　多元共治

长期以来，宝安区社区存在着工作任务重、管理压力大等问题。为理清宝安区社区管理服务基本现状、存在问题和原因，宝安区社工委组成专门课题组，通过问卷调查，对全区124个社区进行了全面的摸底调查。在摸底调查的基础上，根据"一站一居""村改居"社区、"一站多居""村改居"社区、"非村改居"社区、楼盘式社区四种社区类型，选择了新安街道新安湖、灵芝园、海富、西乡街道铁岗、永丰、石岩街道龙腾等6个不同类型的社区进行走访和深度访谈，解剖"麻雀"，同时多次召开专题研讨会听取社会建设研究领域专家学者及基层社区代表的意见和建议，历时3个多月，形成《宝安区社区建设问题与对策研究专题研究报告》（下称"《报告》"）。

---

* 课题组成员：林梓明、阮开江、古子熔、王烨、郭荣华，执笔：古子熔、刘淑丽。

一 宝安区社区与社区体制概况

（一）社区基本情况

1. 社区数

宝安区有6个街道、124个社区工作站，其中"村改居"社区93个，"非村改居"社区31个。

2. 社区面积

按照2012年深圳市统计公报，宝安区辖区面积390.17平方公里，平均每个工作站3.15平方公里，远高于福田区（平均每个社区0.86平方公里）、罗湖区（平均每个社区1.06平方公里）、南山区（平均每个社区1.87平方公里）。

3. 社区管理服务人口情况

按常住人口计，宝安区每个社区平均管理服务2.16万人，远高于福田区（平均每个社区1.44万人）、罗湖区（平均每个社区1.12万人）、南山区（平均每个社区1.1万人），而根据我们2013年7月的调查，宝安区每个社区平均实有管理服务人口达4.2万人，实有管理服务人口超过5万人的社区有29个，实有管理服务人口最多的西乡街道固戍社区超过25万人（面积10.1平方公里，原居民1986人）。

4. 人口结构特征

一是非户籍人口与户籍人口的比例倒挂问题严重。截至2013年12月底，宝安区户籍人口39.86万人，非户籍人口436.69万人（出租屋内登记外来人口380.7万人，出租屋外登记外来人口55.99万人），非户籍人口与户籍人口的比例高达11∶1。

二是非户籍人口受教育程度远低于深圳和全国的平均水平。综合2010年第六次全国人口普查数据、全市出租屋综管系统非户籍人口基础数据，宝安区非户籍人口中，高学历（大专以上）比例只占3.81%，不及全国平均水平的一半，而低学历（初中及以下）比例高达81.4%，分别高于全国、全市31.37个和12个百分点。

三是非户籍人口整体年轻化且流动性大。从年龄结构看，16~35岁是犯罪高发年龄阶段，宝安区实有人口中，35岁以下的非户籍人口比例高达73.77%。2013年12月底，全区出租屋综管系统注销租住人员393.3万，租住人员变动率达216.07%，上述数据反映出2013年有350多万人流出宝安或是在宝安区内流动，由于大量的流动人口法律意识、家园意识淡薄，缺乏归属感，极大地加重了社会服务管理压力。

5. 社区运作模式

实行"一元模式"（社区内有一个明显的核心人物，包括31个"非村改居"社区和65个书记兼任股份合作公司董事长的"村改居"社区）的96个。

实行"二元模式"（社区内没有一个明显的核心人物，一般为书记不兼任股份合作公司董事长的"村改居"社区）的28个。

（二）宝安区社区基层组织沿革

1. 2004年之前

2004年全市全面城市化之前，宝安区有两种基层形态。一是社区，主要是城市居民集中地，有两个基层组织：社区党支部和社区居委会；二是农村，主要是原居民集中地，有三个基层组织：村党支部、村民委员会和村经济发展公司。

2. 2004~2007年

2003年10月，《中共深圳市委　深圳市人民政府关于加快宝安龙岗两区城市化进程的意见》颁布，宝安区城市化工作正式启动。2004年，宝安区完成了农村城市化"村改居"工作。村党支部改为社区党支部，村委会改为居委会，原村民变成居民，原村经济发展公司改制成社区股份合作公司。根据《中华人民共和国居委会组织法》，社区居委会是党领导下的依法开展"自我教育、自我管理、自我服务、自我监督"和履行"民主选举、民主决策、民主管理、民主监督"的群众性自治组织。

3. 2008~2011年

2008年，按照市的要求，在社区党支部、居委会、股份合作公司之外，宝安区在各个社区设立社区工作站。根据《宝安社区工作站管理办法》，社区工作站是政府在社区的服务平台，在街道党工委、街道办事处的领导下开展工作，接受区民政部门及其他政府工作部门的业务指导，协助、配合政府及其工作部门在社区开展工作，为社区居民提供服务。

4. 2011年至今

2011年，根据市委、市政府统一部署，社区服务中心逐步落户宝安区社区。社区服务中心是一项社区综合服务社会化、专业化的创新模式。采取政府购买的形式，通过招投标由社工机构进入社区，运用多元化的综合性服务，协助社区内有需求的个人、家庭、特殊人群解决困难及问题，提升个人及家庭解决问题的能力，促进社区和谐，提高社区服务效率及质量，建立社区互助网络，打造和谐友爱、康居乐业的人文社区。目前，全宝安区现已有56家社区服务中心投入运营。

二 宝安区社区建设存在的问题

（一）社区运行机制不顺

1. 不间断的改革试水导致多个主体职责不清

2004年，宝安区完成了农村城市化"村改居"工作；2008年，社区工作站在宝安区各个社区设立；2011年，根据市委、市政府统一部署，社区服务中心逐步落户宝安区社区。不间断的改革试水造成了社区管理体制的频繁变革，也客观上导致了社区居委会、工作站及社区服务中心等多个社区主体定位不清、职能交叉，加之一些"村改居"社区是由股份合作公司承担部分社会管理职能，更加剧了社区多个主体间职能交叉的复杂性。

2. 社区居委会职能被弱化

目前，宝安区社区可分为"一站一居"（一个社区工作站管辖区域内成立一个社区居委会，新安、西乡、福永、沙井、松岗等5个街道的社区均为此种类型）和"一站多居"（一个社区工作站管辖区域内成立多个社区居委会，一般是居民小组成立居委会，石岩街道的9个社区和新安街道海裕社区为此种类型）两种类型，在"一站一居"的社区管理体制中，社区工作站与社区居委会是两块牌子一套人马,且工作内容趋于同质化,居委会功能因而被弱化。以西乡街道铁岗社区为例,访谈中社区工作人员认为,居委会和工作站,可以撤销一个机构;在"一站多居"的社区管理体制中,居委会因为经费和人员等多方面制约,不得不依附于社区工作站,功能同样被弱化。

(二)社区管辖面积和人口严重超出承受能力

1. 社区管辖面积偏大

《2012年深圳市统计年鉴》显示,福田区、南山区、罗湖区工作站平均管辖面积分别为0.86、1.87、1.06平方公里,而宝安区的管辖面积为3.15平方公里。

2. 管理服务人口多

《2012年深圳市统计年鉴》显示,按照常住人口计,福田区、南山区、罗湖区工作站平均管理人口为1.44万、1.10万、1.12万,而宝安区平均管理服务人口为2.16万。根据问卷调查,宝安区每个社区平均实际管辖人口为4.2万人。按照市、区社区工作站管理办法的规定,社区工作站管理服务人口应在1.89万人以内,在108个调查样本中,88个工作站管理服务人口超过1.89万人,占81.5%,其中管理人口超过5万的有29个。

(三)行政管理任务重

1. 行政任务多源

虽然文件规定社区工作站是"政府在社区的服务平台",但实际上社区承接了大量的行政事务,这些行政事务来自49个部门,主要涉及安监、计生、城管、卫生、维稳综治等。调查显示,目前社区承担的任务都属于《深圳市宝安区社区工作站管理办法》(以下简称《管理办法》)规定的职责范围内。

2. 职责运行错位

《管理办法》规定,社区有42项职责,可分为承担主要责任的"主要职责"(占43%)和承担"参与"、"协助"、"配合"、"指导"责任的"辅助性工作"(占57%),但社区工作站实际有143项具体工作任务,并都承担着主要责任。《管理办法》对社区工作站职责"大而全"的规定为相关职能部门下放工作提供了借口，相关职能部门下放的工作往往没有按照工作站职责分类交办，基本上都成了社区的主要工作，导致社区运行出现了严重错位现象。本应社区承担主要责任的工作任务，在实际中只是兼顾性工作；而本应社区"协助"或"配合"的工作任务，在实际中却成了社区的主要工作。任务的复杂和错位现象是社区每每抱怨、不堪重负的根本原因，也是造成宝安区基层治理相对混乱的根源。

（四）考核评比压力巨大

1. 考核工作量大

社区面临的上级评比和考核主要集中在3~6个大类，涉及计生、安全生产、综治等72个小项，考核、评比看似项目不多，但是每一项都包含了很多指标，每一项指标都对应着特定工作任务，导致社区工作量很大，如72项指标就意味着72项具体工作任务。

2. 考核指标动态

考核指标往往是动态变化的，如安全生产、计划生育、环境卫生等，不仅使社区在迎检期间承受着巨大的压力，也使社区在迎接每一层级的考核时都要重新准备一遍。

3. 考核层级多

如市级检查或考核，在市有关部门检查之前，街道要检查一次，区要检查一次，每一次的检查都要准备一遍，所以，虽然是一项市级检查或评比，对社区来说，相当于3项工作。

4. 文案工作繁重

为了应对检查，擅长于做实际工作的社区人员也不得不做大量的文案工作，而且文案工作要求越来越高，社区干部素质往往跟不上，也给社区造成了巨大的压力。

（五）管理服务设施资源缺口大

1. 办公场所面积与需求不符

调查显示，办公面积在500平方米以内的社区有21个，占20%；在500~

1100平方米的有29个，占27%；1100平方米以上的共有57个，占53%。而62个社区认为现有办公面积不足，占108个调研社区的57%，40个社区认为现有办公面积够用，占37%。与原特区内相比，宝安区社区办公场地面积均值较大，但由于管辖面积大、服务人口多等客观因素，现有办公面积仍存在一定的缺口，尤其体现在"非村改居"社区。

2. 社区活动空间利用率不高

调查显示，在数量上，80%的社区拥有图书馆，72%的社区拥有社区活动室；60%的社区拥有文体活动广场，47%的社区同时拥有图书馆、社区活动室和文体活动广场。在面积上，社区图书馆和社区活动室的面积以100~500平方米的为主，社区文体活动广场以1000平方米以上的为主。在位置安排方面，在85个有图书馆的社区中，图书馆设在1层的有31个，占38%（有效值=81个），设在2层及以上的有50个，占62%。在78个有社区活动室的社区中，社区活动室设在1层的有25个，占38%（有效值=66个），设在2层及以上的有40个，占61%。分析数据可发现，社区文体活动空间相对不少，但是由于宣传不够，社区居民知晓率低，且一半以上活动室设在二楼，导致社区图书馆和活动室的利用率不高而显得相对不足。

3. 社区管理人员不足

《管理办法》规定，按照每个社区管辖面积和管理服务人口核定每个社区工作站的工作人员数，"非村改居"社区工作站核定专职工作人员在10~19人，"村改居"社区工作站核定人数12~21人。《管理办法》还规定工作站按与专职人员1∶1的比例配备临聘人员。根据规定，社区最多配备21名临聘人员，调查显示，由于社区专职管理人员严重缺乏，79.6%的社区临聘人员远远超过21人。

4. 社区运行费用不足

调查发现，在102个有效样本中，2012年社区经费在200万元以下的有10个，占10%；在200万~499万元的有51个，占50%；在500万~1000万元的有28个，占27%；在1000万元以上的有13个，占13%。根据对108个社区经费加总结果发现，2010~2012年分别为46177万元、48587万元、52193万元，社区经费总体呈上升趋势，2012年比2010年增长了13%。但调查中发现，2012年宝安区财政安排417万元/社区，社区平均获得财政资金243万元，社区工作经费在一定程度上存在统筹分流现象。经费来源中显示，2012年，社区经费中政府划拨占58%，其他来源占42%。其中，"村改居"社区经费来源中，政府划拨经费占54%，股份合作公司提供占42%，其他来源占4%。"非村改居"的社区主要由政府划拨。"财政拨款"和"股份合作公司支持"这种近乎单一的来源决定了社区经费的被动和不足。以社区办公场所来源为例，65%的社区办公场所由社区股份合作公司提供，18%由政府提供，17%由其他方式提供。且工作站工作任务日趋繁重，虽然经费总数有所增长，但社区认为，与社区承担的管理和服务职能相比只是杯水车薪，96个社区认为经费紧缺，占108个社区的89%。其中，经费缺口在100万元以上的有44个，占54%（81个有效值）。

三 宝安区社区存在问题的原因分析

宝安的社区，是一个特殊的群体，行政上的城市化已经九年多十个年头了，但受社会发展规律影响，宝安的社区离真正意义上的城市化还有很大的差距，社区治理模式和治理能力还不能随着城市化进程的演变而转变。或者说，虽然在转变，但还是有很大差距。简单地说，可以概况为：不会变，不想变，不能变。

（一）观念与能力的滞后导致"不会变"

现代城市的管理，国际化城区的基础支撑，突如其来的高标准和民主化，对宝安区的社区干部提出了很高的要求，确实是一个巨大的挑战。虽然宝安区历年来一直在加强对他们的培训（2007年开始，宝安区先后组织社区干部18批1152人次，赴新加坡、中国香港和长三角、珠三角等实地考察，赴北京大学、浙江大学、中山大学等高校学习培训。2007年，时任市委书记李鸿忠同志对宝安区的做法做出大幅批示，要求全市各区学习推广），但人的素质提升是一个渐变的过程，不可能一夜之间脱胎换骨（除非换人）。所以，客观地说，社区干部的管理理念、管理手段等都还是很大程度上沿用城市化之前的传统模式。几十年传统做法的巨大惯性使社区干部的转变举步维艰。加上事关基层稳定，与求变相比，以稳定为主的谨慎往往占上风，既要把党委、政府的工作落实好，加强社会管理，维护社会稳定，又要发展民生，提升居民幸福感，还要推进民主进程，从为民做主转向由民做主。有些基层管理者难免会跟不上趟，这就是"不会变"。但这种"不会变"是一个普遍性问题。据了解，原特区内已经城市化20年的社区，他们的管理模式跟城市化的要求相比，也还存在差距，只不过因为比宝安早十年，好一些而已。

（二）现实条件的制约导致"不想变"

对"村改居"社区而言，由于对股份合作公司收益模式的依赖，也是出于对改变现有模式可能产生风险进而丢失选票的担心，社区干部往往不大想改变现有的社区管理方式。也就是说，集体经济的经营管理某种程度上依赖政府，社区管理服务对象仍以原居民为主，不大愿意扩展到全体实有人口，管理方式仍以粗放式为主，不想也难以做到精细化。基层社区治理与股份合作公司关系问题，宝安也一直在探索，但受制于一个关键性因素，在当前状态下，我们仍然难以实现完全脱钩，这个因素就是经费问题。从2008年开始，宝安区委、区政府每年从区财政拿出8个多亿投入社区管理，龙华新区分出去后，2012年，区财政投入社区管理经费5.17亿元，还不包括社区服务中心、社区公益服务等经费，但社区管理经费仍然普遍紧缺，其中缺口100万元以上的占54%，需要股份合作公司给予适当补贴。这说明，区委、区政府还无法把社区社会管理事务完全包起来，至少目前还做不到。

（三）自主权的缺失导致"不能变"

社区管理体制是整个社会管理体制的组成部分，涉及管理体制，自下而上就无能为力了，基层完全没有主动权，只能被动地适应上级的部署。实际上区里也没有主动权。这些年，基层管理体制的变革实在有些频繁：2004年的城市化，村变成了社区；在社区干部还没摸着城市化管理模式头绪的2007年，市里要求设立工作站，在党组织、居委会、股份合作公司等几种社区组织原本就不太明晰的关系上又加了一级，从2012年开始，市里推行社区服务中心，又多了一种组织。

我们认为，宝安区社区管理幅度过大、管理人口过多、人口结构倒挂、城市化水平偏低等多重先天性因素，客观上造成了基层社区管理体制机制不畅顺、资源配置不足、工作任务繁重的困局，这是宝安区社区建设面临问题的最大根源。

四 宝安区社区建设的对策建议

我们注意到，随着城市化进程的推进，宝安区基层的社会形态正在发生根本性变化，主要体现在以下三个方面。

一是人口结构改变，在"村改居"社区中，外来人口占绝大多数，原居民所占比例极少（平均仅占1.5%左右）。

二是物业产权变更、大量商住小区开发，以及旧村改造的推进，越来越多的外来人拥有"村改居"社区内物业的产权，原居民对社区内物业的绝对控制权被打破。

三是社会形态多元，当前，原居民在社区内占地面积很小的统建楼、新村集中居住，甚至有一些已搬离社区居住。社区内居住、工作和生活的主体已由原居民转变为外来人口。

这三种现象表明，影响社区社会形态的主体正由原居民逐步转变为外来人口，社区原居民对社区的控制力正在不断下降，对社区事务的影响力不断被削弱。这种变革，为宝安社区基层治理带来了深刻影响，我们应该清醒地认识到这种变革，在基层治理的组织架构设计、工作模式选择、服务对象确定等方面适应这种变革，做了很多探索和创新，推动变革良性发展，力争从运行机制上做出调整，解决实际工作中碰到的问题，加速推进宝安的城市化进程。

基于上述分析，《报告》提出了宝安区社区建设的对策建议。

（一）改善基层社区建设应遵循四大策略

1. 调整幅度，减轻社区工作压力

一是在人口比较集中、条件相对成熟的工业园区、居民区成立居委会。二是给予工业园区居委会必要的经费保障,以支持其逐步实现自我管理、自我教育、自我服务。三是以"尊重历史、规模适中、管理有效"为原则,条件成熟的社区适时调整社区管理范围。

2. 控制源头,逐步减轻社区行政管理压力

一是明晰部门职权,坚持费随事转。严格按照《管理办法》规定的工作职责的性质对社区工作进行梳理。应由社区主要负责的,社区责无旁贷,应由社区辅助的,职能部门要承担相应责任。对于确实需要社区协助完成的工作,应通过费随事转等方式,给社区配置相应资源。二是街道力量下沉,强化责任。打破街道机关化现象,将街道工作人员尽可能下派到社区,充实一线工作力量。明确派驻到社区工作人员的职责,赋予社区对街道下派人员的监督权,严格责任追究。

3. 底层减负,强化居委会服务职能

一是强化居委会的服务职能,采用引入物业管理公司、培育社区社会组织、引导驻社区单位切实履行社会管理责任等方式,形成多元共治的社区治理模式,变社区工作站"单打独斗"为驻社区单位"大合唱",从底层为社区减负。二是严格落实《关于从严控制和清理各项考核检查评比表彰活动的通知》(粤委办发电〔2013〕14号)的有关规定,控制各类考核检查评比表彰活动。

4. 保障经费,切实解决社区资源不足问题

一是分清责任,钱责对等。在明晰各项工作任务的基础上,对社区承担主要责任的工作任务,区直有关职能部门和街道,必须足额拨付相应经费;对社区担负辅助职责的,严格按照权责对等的原则,以费随事转、购买服务等方式,将经费落实到社区;社区要通过多元共治的平台,调动驻社区企事业单位、物业管理公司、社会组织、义工等各相关主体履行社会责任,可根据某项工作或某个目标,搜索筹集专项资金(基金),多渠道解决经费问题。二是对"村改居"社区,逐步减少股份合作公司在社会管理中的投入,明确核算社区经费支出中用于社会管理和用于股份合作公司物业管养维护方面的支出。合理界定社区管理的工作任务,在核算清楚的基础上,分清应由政府部门承接的职能和应由社区承担的职能,结合财政承受能力,合理确定政府承接社会管理事务的总体进度。

（二）推行社区治理"三步走"行动方案

通过"两减"、"三增"，实现"四有"。

"两减"：减轻社区的考核评比压力、减少社区的工作任务。

"三增"：增加活力、增加服务、增强统合能力。

"四有"：构建"管理有序、服务有效、自治有度、环境有利"的社区治理格局。

具体可分为近期、中期、远期三步实施。

1. 近期：从可操作的层面入手，短期内见成效

第一，切实提高社区工作人员待遇。《宝安区机关事业单位临聘人员管理暂行办法》已于2013年9月12日印发，其中第二十五条规定，"社区工作站临聘人员参照本办法管理"，从根本上解决了社区工作人员待遇逾期得不到调整的问题。另外，区民政局、财政局、人力资源局已联合起草《宝安区社区工作人员工资福利性经费核拨标准调整方案》。

第二，有计划改善社区办公环境，切实解决和改善社区办公场所的问题。一是由市规土委宝安管理局牵头，区住宅局、教育局、卫生局及各街道参加，对商住小区公建设施进行清查，督促开发商足额、及时移交，区住宅局已启动此项工作。二是由区发改局牵头，区民政局、财政局及各街道参加，利用固本强基资金，通过新建、改建、改造的方式解决办公场所比较困难的社区需求，出台相关方案前要加强前期调研，摸清需求；制订方案时要充分考虑社区实际；实施过程中要加强业务指导，确保资金发挥效能。三是由区发改局牵头，财政局（国资委）、住宅局及各街道参加，研究政府提供物业供社区使用、从股份合作公司划拨部分物业供社区使用的可行性。四是借办公场所清理东风，合理引导社区的办公场所需求，提高现有场地的利用效率，避免出现盲目攀比、浪费等现象。

2. 中期：重点解决四个方面问题

第一，逐步剥离股份合作公司承接的社会管理职能。一是由区社工委、民政局、财政局（国资委）负责，对社区经费开支情况进行深入调研，全面厘清社区经费开支结构，合理划分社区经费开支中社会管理支出、社区物业管养维护支出。二是由区社工委、民政局、财政局（国资委）负责，结合财政承受能力，合理确定政府承接社会管理事务的总体进度，逐步减少股份合作公司在社会管理中的投入。

第二，明确划分社区党组织、工作站、居委会、股份合作公司职责边界，各司其职。一是结合2014年社区换届，进一步明确社区党组织、工作站、居委会、股份合作公司职责。二是用好党建工作经费，建全必要的工作制度，建立相关工作机制，保证社区党组织领导核心作用的发挥。三是由区社工委、民政局负责，对社区承担的工作任务进行量化分析，清晰界定社区工作站工作任务的性质、工作量和人员配备，逐步形成社区工作站良性运行的综合环境。四是由区财政局、民政局负责，把居委会打造成枢纽型自治组织。一方面，通过合理的工作机制，使居委会成为独立的组织，拥有独立的工作力量和经费支配权，确保居委会能够引领、凝聚社区各有关社会组织，实现对社会组织某种程度上的管理。另一方面，通过政府向居委会购买服务的方式强化居委会服务群众的能力，并部分解决居委会的经费问题。

3. 远期：按照权责对等的原则，理顺上级职能部门与社区之间的关系

第一，在明晰各项工作任务的基础上，对社区承担主要责任的工作任务，区直有关职能部门和街道，必须足额拨付相应工作经费。

第二，对社区担负辅助职责的工作，严格按照权责对等的原则，以费随事转、购买服务等方式，将经费落实到社区。

第三，社区要通过多元共治的平台，调动各相关主体的积极性，整合各方力量，共同推进社区治理。

B.23 龙岗区社区服务中心长效运营机制探索

赵 雄*

摘　要： 2010年底启动社区服务中心建设以来，龙岗区经过艰辛的试点探索，逐步促成了社区服务中心建设提速提效，从社会建设的战略层面将社区服务中心项目作为"民生工程"强力推进。针对调研中基层反映亟待解决的问题，该区下一步社会服务中心建设仍将着力在规范化运营上下功夫，着力在提高居民参与度上下功夫，着力在提高服务质量上下功夫，以十八届三中全会社会事业改革要求为指导方针，以"有质量的全覆盖"为目标追求，以问题为导向开展工作，使社区服务中心真正发挥为民、利民、便民的服务功能。

关键词： 龙岗区　社区服务中心　运营机制

社区服务中心的建设与发展是社会进步的产物，也是基层社会建设的重要阵地。龙岗区将建设社区服务中心作为基层公共服务促进的实现方式，其基本定位就是一个社区群众相互联络的场所、一个公共服务聚集的平台、一个增进社会和谐共治的纽带。这是我们适应当前社会转型期发展趋势、在学习借鉴国内外先进的社区服务理念和经验基础上，不断实践探索的结果。

作为深圳市的产业大区，龙岗区在特区一体化和深度城市化进程中，从经济、社会转型的要求出发，针对特殊的产业结构、人口结构及城区发展方式，

---

* 赵雄，深圳市龙岗区社会工作委员会。

提出"由管理为主向管理与服务并重转变，由服务户籍人口为主向服务实有人口转变"的社会建设工作思路，力求不断满足全口径人口对于社区公共服务的需求。2010年底龙岗启动社区服务中心建设以来，经历了艰辛的试点探索，反复的基层动员和政策推敲，逐步建立起标准指引和推进机制，完成了南湾康乐、坂田南坑两个市级示范点的建设。按照市的顶层设计和总体部署，2012年9月全面推开社会建设"风景林工程"各项工作。作为"风景林工程"的核心工作，社区服务中心和社区家园网建设自此驶入快车道，建立了系统的组织保障和专项经费保障，启动了绿色通道，并形成区、街道、社区三级服务网络，促成了社区服务中心建设提速提效，从社会建设的战略层面将社区服务中心项目作为"民生工程"强力推进。

本文通过分析全区社区服务中心运营现状，针对调研中基层反映亟待解决的问题，围绕如何实现可持续的良性运营，为社区服务中心这一社会工程的长远发展提出对策建议。

一　龙岗区社区服务中心的发展现状及主要做法

深圳市社区服务"十二五"规划与社会建设"风景林工程"方案要求，到2015年全市将实现社区服务中心全覆盖目标。龙岗区自加压力，把社区服务中心作为民生实事工程，将"2013年实现全区106个社区服务中心有质量的全覆盖"列入当年的区政府工作白皮书和绩效督察评估系统。仅用了1年多时间推动，到2013年11月底，龙岗区实现了106个社区服务中心进驻社工机构的全覆盖，社区服务中心建设数量位居全市各区之首，在深圳市各个行政区中，率先做到了全覆盖。

（一）联动聚力，项目化管理，促民生项目落实

民生导向和行政推动是龙岗区推进社区服务中心建设的显著特征。以政府购买服务的方式，将社区服务中心作为老百姓活动的公共空间来打造，而非一般意义上政府在社区的办公场所，亦非事业制运行的项目，在软硬件上都努力避免服务中心行政化。通过区社工委的协调，将民政、基层办、工青妇的力量

联合起来，调动各街道、社区的积极性和创造性，在"为社区百姓谋福祉"上谋求共识，共同推进项目开展。区委明确将社区服务中心作为"风景林工程"的核心工作、作为"一把手"工程重点推动；区政府将全覆盖列入全年工作白皮书，纳入绩效督察评估的项目化推进系统；区委副书记、社工委主任亲自挂帅；区委督察室按进度要求每季每月督办。龙岗区提前2年完成市里提出的任务要求，成为第一个实现全覆盖的行政大区。

（二）立足现实，注重长远，想方设法解决场地问题

按照市的政策规定及特区一体化的要求，积极为社区群众营造良好的、便于联络议事的活动空间。社区服务中心建设首先面临房价高企市场环境下提供一定规模物业的难题。我们动员街道、社区想方设法，通过社区"固本强基"工程调剂、动员开发商让利、社区股份公司无偿提供、楼盘公共面积改造、向社会低价租赁场地等方式，以"加快全覆盖"为体制动力，以"重装饰轻装修"、节约建设成本为建设要求，在短时间内实现了场地提供和快速推进；同时，从长远考虑，协调街道和规划、城改等部门，研究如何从城市更新返还的公共面积、社区自有物业中解决场地问题。

（三）错时整合，共享共用，小场地配置多功能

龙岗区社区服务中心在功能室配置和划分上，强调场所的共享共用，按照不同人群不同的作息、不同的活动爱好安排差异化的内容，将同一个活动室充作不同的功能室，划分时段提供服务，将每月每周的活动做好计划管理并列表公示，将居民文娱活动、特定人群服务、社区民主议事、社区教育工作、楼（栋）长联络、党群活动开展等丰富的内容纳入平台，在服务中心空间内还同步建设了社区职工之家、志愿者之家、妇女儿童之家，要求场地混合功能、高效利用，满足居民丰富多样的服务需求，为社会协同、公众参与创造更好的条件，将社区服务中心建设成为"风景林工程"和龙岗基层社区建设的综合平台。

（四）需求导向，民主筛选，自下而上决定服务项目

社区服务中心建设不搞"一厢情愿"，服务项目的设置不做强制性、划一

的要求,强调必须根据社区群众的实际需求来提供服务。一方面,要求各社工机构做好定量分析,以社区实有人口为调查对象,发放社区服务需求调查问卷,了解社区居民最关心、最迫切的服务需求。另一方面,要求街道和工作站做好定性分析,通过走访观察、访谈调研等方式,分析提炼居民需求,并将分析的结果通过各社区的和谐共建促进会议事平台开展居民协商议事,以民主决策的方式选择自己社区的服务项目。

(五)先建后补,资源下沉,链接资源形成合力

对于社区服务中心的建设投入,我们鼓励街道调整支出结构,将更多的财力投向社区服务中心等民生项目。区里在社会建设专项资金中予以支持补贴,为推动实质性建设和调动多元主体参与,采取先建后补助的激励方式,原则上给予已建成并正常运营的社区服务中心不超过50%的补助,给予在项目创新和机制探索上取得突破的每个服务中心不超30万元的奖励。协调工青妇等部门做好各自行政资源的下沉与对接,保证配套的人财物资源整合到社区服务中心,实现"费随事转,共建共享"。鼓励社区整合星光老年之家等原有社区资源,同时链接社区共建基金、社区企业赞助、社区公益慈善等社会力量,努力形成更加广泛的资源保障和可持续发展的合力。

(六)社会协同,关联互动,发挥专业社工的作用

社区服务中心在遵循"社区综合党委统筹领导,社会组织具体运营,各单位积极配合"的原则下,强化社工与其他社区组织的互助合作,强化社工与社区居民自治组织、社区志愿者的联合,探索形成了康乐社区"爱心银行"、紫薇社区"双工一社"、中海怡翠社区"三工联动"等社区服务中心运行模式。积极推行社工本土化计划,依托区职业训练中心开展免费的社工专业资格培训,鼓励基层从事社区管理的人员、企业从事党群服务的职工、本地户籍的居民考取社工证,从政策上鼓励、引导、吸收具有社工资格的居民从事社区服务工作。

(七)拓展渠道,同步建设,实体服务平台与网络虚拟平台相结合

社区服务不能仅限于老年人、青少年和家庭妇女,如何让更多的社会中坚

力量参与到社区公共事务中来,这是我们推进社会协同不可回避的问题。我们将社区家园网搭建与服务中心建设同步开展。按照"政府主导、社会运作,统一规划、体现个性,贴近居民、实用方便"的要求,以居民为中心、以服务为导向,打造特点鲜明、内容丰富的社区家园网。搭建社区网络自治平台,通过设置网上居民议事厅等功能模块,鼓励吸引社区居民参与社区事务,增强社区稳定,促进社会融合。目前,龙岗区已建立了106个社区家园网的基本框架,部分家园网实现了常态运作。接下来将针对各个社区实际情况完善社区家园网的特色功能设计,突出政务服务,链接办事资源,让居民甚至足不出户就能办理各项事务,以网上办事带来的便利提高社区家园网的参与度,扩大用户群,增强影响力。

(八)理论指导,试点探索,推进常态化可持续运营

认真研究社会建设理论和国内外社区建设、社区营造等先进经验,组织开展了《龙岗区社会建设中长期规划(2013~2023)》、《龙岗区社区服务中心运行现状分析和长效机制研究》等专题研究,在目标方向、路径方法、规范管理等方面结合实际理性分析,吸取专家意见指导实践。将理论探索与基层实践紧密结合,在两个市级示范点基础上,又在8个街道各确立1个条件较好的社区服务中心作为区级示范点,鼓励各示范点试点先行,结合发展过程中出现的新情况、新问题积极探索,及时发掘和提炼体现社会治理创新理念,有助于促进多元共治、有利于常态化可持续运营的好做法、好经验,有效促进了点多面广的全覆盖工作,并向纵深发展。

二 龙岗区社区服务中心建设与发展中的问题

社区服务中心建设作为一项在龙岗区全覆盖的社会工程,是基层公共服务领域的改革创新。它以服务民生为导向,以政府购买服务、养事不养人的方式,提升龙岗区社区服务的专业化、现代化水平。改革的存续和发展,必须赢取群众的支持和拥护,从需求的层面评估公共服务供给的有效性。在调研分析基础上,围绕如何发挥可持续的惠民效用,我们认为应正视和解决如下问题。

（一）规划建设中存在某些"一刀切"现象，科学性欠缺

按照市统一要求，"社区服务中心室内总面积须在400平方米以上"，服务中心无论规模大小，人力配备均采取"4+2"（即4名社工加2名辅助人员）或"3+3"（即3名社工加3名辅助人员）模式；目前每年50万元运营经费由市福彩资金承担25万元，所在区财政配套25万元。《龙岗区社区服务中心管理试行办法》要求"至少提供11类（项）服务项目"。在社区服务中心建设初期，统一的建设规划是该项工作得以推进的保证，但是如果长期都按照这一标准硬性要求，有可能会适得其反，影响社区服务中心切合实际、有针对性的发展。各社区无论是管辖范围、人口数量、人口结构，还是民众服务需求、经济实力、硬件状况等都不一样，"一刀切"的建设规划与各社区现实之间存在一些非科学性问题。

（二）部分工作站与服务中心关系不顺，影响服务中心发展

一些社区工作站人员对政府购买社工机构负责运营社区服务中心有看法，认为政府如果把这些钱投给社区工作站，会比现在做得更好。现实中有不少社区工作站视社区服务中心为下属机构，任意分派本属于工作站的工作任务；也有的社区工作站与社区服务中心甚至出现互不买账、"各自为政"的现象。工作站、居委会、服务中心三者之间本该是相互独立、相互协助的关系。但目前，社区工作站和居委会基本是"一套人马，两块牌子"，在居委会基本职能淡化甚至缺位的情况下，服务中心的建设和运营在初始阶段很大程度上就只能依赖于社区工作站，事实上由工作站提供场地和基本设施相当普遍。因二者之间关系、分工、定位不明确，带来不少问题，如服务中心水电费由谁承担，硬件设施维护主体不明，资金分配比较复杂，项目活动开展的主动方不清等，这些问题容易造成社区工作站对服务中心工作配合效果不佳，社工机构专业优势发挥不够且依赖性较强，社区服务中心发展面临关系理顺的难题。

（三）运营经费使用存在问题，亟须加强政策指引并规范管理

目前，深圳市每个社区服务中心运营的经费为50万元，其中运营经费

70%用于社工工资福利待遇，10%用于办公经费，10%用于设备维护，仅10%用于服务项目活动。现实中社区服务中心的建设与运营在资金方面的问题表现为：一是社区工作站在支持社区服务中心运营上压力较大。龙岗区社区服务中心的规模普遍较大，社工机构50万元运营经费所能开支的十分有限，社区服务中心的办公、保洁、安全维护、水电开支、较大型的服务项目经费等基本上由工作站解决，甚至日常支出也需要社区工作站给予一定支持，这无疑增加了社区工作站的经济压力。目前，区里对场地建设上给予社区不超过投入总额50%的财政补贴，工作站在中心运营方面的资金缺口主要靠街道支持。二是服务项目活动经费利用不足。购买服务合同约定，社区服务中心每年项目活动经费5万元人民币，平均到每个月应在4000元左右，而实际上大部分社区服务中心每月项目活动经费不足4000元。部分社工机构要求每月社区服务活动开支在3000元以下，不少机构要求控制在2000~2500元，个别小型服务活动开支仅为100元，造成服务人群有限，服务质量不够高。三是常态运营的经费保障机制缺乏。街道社区在建设期的热情都很高，提供了大量的人财物支持建设，但社区服务中心的运营是一个长期的过程，对于今后常态化的持续运行，市、区两级政府在规范运行的标准和财力保障的政策上尚未做出明确的规定。

（四）场地属性与持续发展问题凸显，服务要求与社区实际存在矛盾

一是场地提供的规范性和持续性问题。由于推进方式的多样化，目前各社区服务中心的场地属性不一，有政府购买的场地，有政府"固本强基"工程，有股份公司无偿提供的场地，有政府临时租赁的场地，还有一部分与社区工作站合用的场地。各社区之间的不均衡，容易造成基层各方面的扯皮纠纷，并且临时租用场地的后续租赁问题、由社区股份公司无偿提供的场地能否长期无偿使用等，都给社区服务中心的持续发展埋下了隐患。二是服务场地固化与服务全辐射要求的矛盾。服务中心对辖区实有人口开放是我们秉持的工作要求。但在实际工作中，城市化社区各个小区较为封闭，存在其他小区居民进门难的问题。每个城市化社区下辖若干花园小区，社区服务中心一般设在其中一个花园小区内，给其他小区的居民接受服务造成了不便。"村改居"社区服务中心的

服务辐射率也不尽如人意,此类社区往往管理面积较大,且有的人口居住分散,一个固定的服务中心难以实现服务的全覆盖,造成一方面偏远群众享受不到或很少享受服务,另一方面社区服务中心活动排不满、场地资源浪费不同程度地存在。

(五)相关考核的制度设定和操作不够切实,造成服务机构未能提供亟须的服务

一是考核的硬性规定与社区情况之间的矛盾。部分社区服务中心在运营初期各项工作尚未步入正轨,由于忙于社区宣传和需求调查,难以将考核要求的服务项目全面铺开,而为了应对随之而来的考核,特别是第三方评估和有关部门考核要求至少提供 11 项服务,以至于对活动指标的要求很多,社工人员疲于完成考核任务,而做一些意义不大的文案作业,既耗费了时间,又耽误了本该开展的服务工作。二是服务项目与项目创新之间的矛盾。每个社区各有特点,如个别纯城市化社区流动人口很少,针对流动人口的服务项目就难以开展;工业化社区以中青年为主,服务对象主要是企业青工,残障人士、老年人类项目难以完成。考核要求的 11 个项目内容并非放在每一个社区都适用。从某种程度上看,这 11 项服务功能的要求,虽在明确服务中心工作内涵的"规定动作"上有一定的必要性,但过于死板的硬性规定会限制各社区的服务项目创新和自主发展。

(六)社区服务中心和社区家园网总体上社会知晓度不够,宣传发动力度不足

社区服务中心是深圳社会治理的新生产物,也是将要形成整体城市功能的普及型的公共服务平台。在发展初期,尤其需要投入大量宣传,组织大众体验使其深入人心,但目前市、区两级在社区服务中心在宣传方面做得还很不够。不仅对人民群众的宣传力度不足,而且公益广告、媒体发布的缺失,以至于在社区服务中心建设推开之后,大部分群众仍不知社区服务中心为何物;问卷调查显示,群众对社区服务中心组织的活动满意度为 66.67%;更有甚者,在我们体制内部,不少领导干部、基层干部对这一服务民众的设施安排和制度设计

还知之甚少，有的只是搞了一些简单的培训、参观、交流会，许多干部职工没有参与体验，未能真正深入认识该项工作本身的内涵和意义，不少社区干部对"服务中心谁来管"、"社工该由谁招聘"等常识性问题不甚了解。社区家园网"统一模板、统一后台"的规定要求，在执行层面上制约了各社区的建设进度、覆盖效果和个性特色发挥，除个别能够及时更新（有的还尝试与"织网工程"工作网对接）之外，绝大多数网站目前仍欠缺人气，有些甚至沦为摆设。

（七）社工队伍稳定性较差，社工人员综合素质有待提高

工资福利待遇较差、周边地区的高薪吸引、自身兴趣取向变化、职业前景不明带来的倦怠和怀疑等因素导致社工队伍相对不稳，流失率较高。据深圳新闻网2013年2月调查资料显示：深圳社工流失率不断攀升，五年翻了一倍，从2008年的8.2%，到2011年的17.6%，再到2012年的18.1%，龙岗区2012年的流失率近20%。社工人员的综合素质也有待提高，在服务中心社工提供服务的过程中，存在无法独立完成一些诸如心理健康咨询、法律咨询、养生康复等专业性服务，与当地群众的语言沟通能力缺乏，实际服务水平不高，服务工作呈现被动状态等问题。社工队伍普遍存在年轻化、阅历浅、经验少、心态差等现象。

三 实现社区服务中心长远"有质量"运营的对策建议

作为以行政方式为主推动的基层"去行政化"的惠民设施，社区服务中心从一开始就是顶层设计的产物，在先进的服务理念与基层的操作实践对接磨合过程中，出现这样那样的矛盾问题不足为奇、不可避免。改革创新难得突破、贵在坚持。龙岗区坚定不移、坚持不懈地推进社区服务中心建设，将其作为落实"特区一体化"公共服务促进的具体体现和社会建设领域"跨越争先"的基层实践，下一步仍将着力在规范化运营上下功夫，着力在提高居民参与度上下功夫，着力在提高服务质量上下功夫，以十八届三中全会社会事业改革要求为指导方针，以"有质量的全覆盖"为目标追求，以问题为导向开展工作，使社区服务中心真正发挥为民、利民、便民的服务功能。

(一)不断完善合理性设计和政策保障,创造良好的支持环境

1. 更加契合社区实际设定服务项目并逐步多样化

服务项目的开设是一个不断探索的过程,服务人群的扩大也是一个渐进的过程。社区服务中心首先应当满足最需要的人群的需求,他们的需求解决好了才能从源头上保证整个社会的长治久安。在项目开设上,可将目前统一设定11项服务项目转变为更具灵活性和多样性,针对各社区民众的群体素质、年龄结构、就业结构和服务需求的不同,切实在执行层面上允许各社区服务中心在项目开发上开拓、探索、创新,形成"一社区一特色"的格局,以真正惠及居民群众为落脚点。鼓励以菜单式选择设定服务项目,结合居民议事活动的开展,由居民自行协商决策,避免体制内"一厢情愿"开设项目,避免协商选择服务项目"走过场"。

2. 长短期结合排除服务场地提供的后顾之忧

当前,针对各社区服务中心场地属性不一的情况,考虑以三种方式维持:第一种是政府产权的现有场地;第二种是政府统一规定的花园小区预留公共服务场地;第三种是把临时租用和股份公司临时无偿提供的场地一律以长期租赁的方式稳定下来。短期可根据各社区特点设置场地面积及功能配备,只要用于社区服务的固定场地总体面积不低于400平方米即可,规模较大的社区可以采用"一中心多服务点"的方式。长远来看,通过规划层面的努力,在片区城市更新中放大上述第二种方式,整合各楼盘小区提交的公共服务场地,为每个社区提供包含室内外活动场地、综合配套环境较好的公共服务空间。

3. 根据社区规模按人口比例配置服务中心人力资源

以人口最少社区设定一个基数,并按社区人口比例有所浮动。比如,最少不低于2名专业社工,人口多的社区按多出人口数量的一定比例(1/5000~1/7000),增加人力配额。这样既可缓解一些人口较多、面积较大的社区社工人手不够的问题,又可解决普遍存在的各社区居民群众和社工人员心理不平衡的问题。在现有社工人数不足的情况下,鼓励在各地多发展有丰富社会工作经验的"本土社工"和社工辅助人员。同时,根据各社区实际灵活配置社工和辅助人员,打破所谓"3+3"或"4+2"社工人员配置固定模式。

4. 按服务人口比例配备营运经费并纳入财政预算

加大并稳定政府财力投入是社区服务中心正常发展的基本保障。应将目前各街道从机动财力中补贴社区服务中心的做法转变为明确的预算保障。结合"织网工程"在全区推行，根据对社会面基本数据的掌握和分析，在龙岗区社区服务中心运作费用安排上，一种方法是按全区总人口数的总比例（如1元/人）分配各社区服务中心运营经费；另一种方法是以人口最少社区设定一个合理基数，人口多的社区按多出的常住人口、流动人口比例（如常住人口0.5元/人，流动人口0.4元/人，根据承担不同程度基本公共服务保障，计算差别系数）作为经费拨发标准。根据基础信息资源库中辖区人口数据的变化，区里每年可作相应的调整。

（二）理顺基层各方关系，形成联动共促的工作合力

1. 确立社区服务中心与工作站关系的"三阶段"战略

在社区综合党委的统一领导下，社区服务中心与社区工作站分别承担服务和管理职能，两者之间既相互独立，又相互合作。社区服务中心和社区工作站的关系应该根据龙岗区社会转型及社区服务发展的客观实际，分三个阶段予以定位：初级阶段，由于社区服务中心工作刚刚启动、社工人员对社区情况不了解、工作经验少等原因，社区工作站应处于指导、监督的主导地位；中级阶段，当社区服务中心成长到基本能独立服务的时候，社区工作站就处于支持、协助、监督地位；高级阶段，双方就完全形成一种既独立又合作的伙伴关系。

2. 明确现阶段社区综合党委、社区工作站和社区服务中心之间的工作分担

就发展初期的特点而言，社区服务中心是难以也不应该完全独立自主发展的。根据基层党建改革创新的要求，结合社区换届工作，强化社区综合党委在社区事务中的领导核心作用，由社区综合党委在政治思想、服务导向上领导社区服务中心，可设专职副书记（副站长）直接管理社区服务中心，协调统筹社区工作站、居委会、和谐促进会等各方关系。社区家园网运营维护，按照市文件要求是由服务中心社工承担，但从管理实际出发，可由社区工作站民政专员带领社工共同完成。

（三）加强监管规范评估，明确社区服务中心运行规制

1. 加强对社工服务质量的监管

建立以人为本的"双评估"机制，对社工服务质量的监管应改由社区综合党委全权执行，综合党委对街道社会工作领导小组负责，区级层面制定统一监管标准。在对社区服务中心监管到位的同时，建立人性化的科学评估。一是在维持现有第三方评估机制的基础上，采取双重评估手段。由区监管部门制定统一标准，由第三方评估机构和街道社会事务办（或社会工作办）具体实施评估，双方均直接向区监管部门负责。二是提高评估中街道、社区及社区群众分值权重。由街道社会事务办（或社会工作办）进行指导监督，社区具体操作，搜集民意，测评群众满意度。考核可以按工作站人员、义工组织（含各社团）人员、居民群众（有企业的社区增加"企业员工"）等设定评分比例。第三方评估机构和街道社会事务办（或社会工作办）每年将评估信息上报区监管部门，由其核实后决定续聘还是解聘。

2. 加强对运营经费的监管

对社区服务中心运营经费的监管应实施多方审核、账目公开制度。每年初分别向区监管部门、街道社会事务办（或社工办）和社区综合党委提交本年度财政计划，并提交上一年财政收支报告；每个月定期向街道报告本月活动经费支出情况和下月财政计划，每个季度向区监管部门提交财政报表；常规活动由服务中心提出申请，综合党委审批后，报所属机构下拨经费，活动结束后在社区家园网和社区公告栏进行账务公开，接受社区居民和社区其他工作人员的监督；大型特殊活动（5000元以上）须向街道申报，社区和街道层面审批时间不应超过3天，保证运作效率。

（四）进一步整合社会资源，推进公共服务社会化

1. 将社会资源引入公共服务系统

社区服务中心建设的初衷是建设一个公共服务平台，凝聚专业机构、社会组织、爱心民众等社会资源力量，服务于民。社会组织发展和成熟是现代社会发展的必然趋势，其在提供公共服务、参与公益活动方面具有政府、市场所不

具备的独特优势。它贴近基层、贴近民众需求，服务更具有针对性和实效性，能够及时满足差别化、多样化的需求；它具有一套科学规范的服务手段和技巧，服务更加专业化和人性化；它突出非盈利性质，服务成本更加低廉；它更突出志愿性，社会组织是众多志愿者参与公共服务、表达爱心的载体和平台，服务的效果更具爱心。因此，更好地孵化、培育社会组织，让社会组织在承担公益活动中成长起来尤为重要。代表政府的区、街各部门，社区综合党委和工作站应发挥主体作用，提供必要的财政资金和平台支持，通过主动发掘基层治理的服务需求，创设公益项目，鼓励和引导社会组织参与和承接，使其发挥更大效用。

2. 畅通企业投入公共服务的渠道

企业和市场的本质在于追求经济效益，但企业和市场力量也应承担相应的社会责任，当前越来越多的企业愿意并在努力履行社会责任，参与扶贫济困、环境保护、社区改善等公益活动。应在完善相关政策的同时，积极在操作层面说到做到。一是为企业出资参与公益活动创造条件，鼓励企业以社区服务中心为平台，出资赞助或组织开展服务社群的活动，通过活动促进和谐、实现多赢。二是结合社会建设"风景林工程"社区综合党委作用的发挥，更好地动员社区内的企业把活动场地贡献出来，以资源共享的方式为社区服务的开展提供支援，从而开辟更广阔的空间，促进社会协同和共同参与。

3. 拓宽社会服务资金来源

除了政府对社区服务中心运行加大资金投入之外，还可通过整合社会资源的方式筹集资金帮助解决活动经费紧缺的问题。事实上这方面的社会资源相当丰沛，关键在于架设桥梁和畅通渠道，明确相关主体的作用并监管到位。应推广坂田街道南坑社区设立全市第一家"圆梦基金"的经验做法，在有条件的社区建立规范注册的社区级非公募基金。还可探索建立社区服务中心运行独立账户，账户资金主要来源可包括：政府对社区服务项目的运作经费、社会爱心捐助经费、某些项目的有偿服务经费等，可尝试将账户资金使用支配权交社区服务中心，监督管理权归社区居委会或社区和谐共建促进会、街坊会等居民组织，体现全体居民群众的利益和诉求。通过这些探索，可有效解决社区服务中心在拓展服务方面"有心无力"的状况，既能避免专项服务资金缺乏监督的现象,又能更多更好地使用社会资源,从而有效促进社区服务中心持续健康发展。

(五)提升各类参与者素质,壮大社区服务中心运营力量

1. 加快培养熟悉民情的本土社工

培育本土社工,一定程度上可以避免社工"异地服务"所带来的一系列问题,对于提升本地就业和促进社会稳定均有益处。从龙岗各社区的就业环境看,伴随产业升级和城区转型,富裕起来的本地居民子弟,在职业选择上有更体面的偏好,可以在实践中探索将社工"以助人自助为核心价值理念"的职业观与本乡好青年"服务社区、惠及乡里"的理想抱负进行对接,弘扬本土青年素质提升、阳光就业的正能量。本土社工对当地风土民情十分熟悉,如再加上一定的社工专业知识,其服务水平和服务效果将不言而喻。可以探索建立龙岗区社工孵化基地,从基层从事社区管理服务、企业党群服务的本地青年中选拔"预备社工",积极培育本土社工,本土社工接受专业社工的指导,要求其按期考取社工证书,之后可推荐到当地服务的社工机构,经过实训再教育,正式派驻到本社区服务中心工作。区里每个社工机构和社区服务中心都可成为龙岗区的社工孵化基地,并相应建立一整套社工孵化机制。

2. 依托社区服务中心整合基层志愿者力量

龙岗区目前已累计注册城市志愿者(义工)19.6万人,拥有团体义工队604支;另有社区平安志愿者6.6万人,党员志愿者2.06万人,巾帼互助队员3900多人,科普志愿者上千名,他们在迎办大运会等一系列重大社会动员中发挥了巨大的作用,是龙岗区社会建设的积极力量。这几支力量在区层面分属各"条",相互间在人员数据上不排除重复统计的问题;在服务社区基层上应实现"块"上整合。对于志愿者的组织管理工作,要在前期探索的"爱心银行"、"时间银行"、"双工一社"的基础上,形成基层志愿者服务支持机制。可在社区服务中心平台上,由义工联统筹,发挥志愿者服务登记信息系统和"爱心银行"的作用,加强对各类志愿者团队的统一管理和调配,在服务社区群众上形成合力。各社区服务中心在申请后,应有权调配义工力量,各社区服务中心设置志愿者服务登记刷卡机,将爱心服务记录下来。同时,建立

爱心回馈机制，让在社区从事志愿服务的人士更有尊严地享受城市生活的各项便利。

3. 积极培育社区社会组织增强社区活力

抓紧出台《龙岗区社区社会组织管理与促进办法》，充分发挥社区社会组织参与社区服务管理、提升居民自组织和再组织能力的积极作用。社区综合党委总牵头，各方主体都可组织热心社区建设的队伍，让有共同爱好和价值取向的群众组织起来，策划相关的活动，参与社区管理、社区公益，造福邻里。社区服务中心的社工机构可以发挥重要的纽带作用，如大型活动的举办由多个社工组织或社会组织参与，构成伞形的社区服务模式。

（六）立体式开展宣传互动，提高社区服务中心知晓度

区、街和社区各级共同着手，开启立体式宣传模式。应当明确地告诉基层干部，推进社区服务中心建设，完全符合十八届三中全会关于"以网格化管理、社会化服务为方向，健全基层综合服务管理平台，及时反映和协调人民群众各方面各层次利益诉求"的社会治理精神，政府购买社工机构服务社区，是要尽量减少公共社会服务的行政干预，实现公共服务社会化，加强和深化干部对社区服务中心的理解认识。在此基础上，一是重点对街道和社区负责人进行宣传培训，提高思想认识，充分认识社工的专业性、社区服务中心建设的必要性，明晰各方关系，避免街道和社区执行过程中的盲目性。二是灵活运用传统媒体和新媒体进行舆论宣传，如广电传媒、报刊、公益广告、移动电视，以及网络媒体、微信群、QQ群等，使社区服务中心、社工、义工等概念深入人心，形成家喻户晓、全民参与的良好氛围。三是加强街道、社区及社区服务中心的全方位邻里宣传。主要由社工负责，如走街串巷、活动宣传单、入户宣传等，通过社区家园网、社区LED大屏幕、公告栏等发布信息，争取社区群众前来体验，以温馨服务和邻里互动获得群众的参与和口碑。

社会组织篇

Social Organization

B.24
深圳构建现代社会组织体制的实践创新

凌冲 罗思颖[*]

摘　要： 近年来，深圳以"小步快走、增量改革"为策略，以政策创制为基础，以构建综合监管体系为保障，以政府职能转移为切入点，不断深化社会组织登记管理体制改革，为构建现代社会组织体系进行了探索和实践，成效显著。同时，推动社会组织改革发展方面存在理念滞后、法规滞后、管理滞后、能力滞后等问题。针对存在的问题，提出在2014年全面深化社会组织体制机制改革，加快构建现代社会组织体制的思路和对策。

关键词： 深圳　社会组织　体制　创新

---

[*] 凌冲、罗思颖，深圳市民间组织管理局。

"现代社会组织体制"概念,在党的十八大上首次提出,明确要"加快形成政社分开、权责明确、依法自治的现代社会组织体制",将"现代社会组织体制"与"社会管理体制、基本公共服务体系、社会管理机制"并列起来,作为社会体制改革的四大目标体系。2013年2月,党的十八届二中全会通过的《国务院机构改革和职能转变方案》进一步重申这一概念。党的十八届三中全会提出"改进社会治理方式,激发社会组织活力,创新有效预防和化解社会矛盾体制"。近年来,深圳坚持"一手抓服务,一手抓管理"的方针,以"小步快走、增量改革"为策略,以政策创制为基础,以构建综合监管体系为保障,以政府职能转移为切入点,不断深化社会组织登记管理体制改革,为构建现代社会组织体系进行了探索和实践,成效显著。

一 深圳社会组织的基本情况

近年来,深圳认真贯彻中央和省的部署要求,鲜明地提出"把社会建设提升到与经济建设同等重要的地位来谋划与推动",努力在社会建设和管理创新上取得新成绩、争当先进市。特别是,立足于深圳经济特区市场经济发育早、社会组织发展快、人民群众对公共服务需求大、对社会管理参与热情高的有利条件,把"加快培育发展和规范管理社会组织"作为推动新时期社会建设全面发展的"四个加快"之一,在全国率先推动社会组织登记管理体制改革,加快促进社会组织发展,积极引导社会组织参与社会管理和公共服务,初步走出了一条体现市场经济规律、适应时代需要、具有深圳特点的社会组织发展新路子,形成了政社协同治理的工作新格局。2010年,深圳社会组织登记管理体制改革项目荣获第五届"中国地方政府创新奖"。2014年,入选民政部首批全国社会组织建设创新示范区。

(一)从体制机制上为全国改革探路

在国内率先彻底实现了行业协会、商会的民间化、市场化改革,实行政社分开;率先突破双重管理体制,实行工商经济类行业协会、商会等8类社会组织直接登记;率先在行业协会、商会引入竞争机制,探索"一业多会"。深圳的这些实践都在国务院改革方案中体现,为全国的改革起到了"探路者"的作用。

(二)社会组织发展稳中有升

截至2013年底,全市共有社会组织6944家,其中社团3360家、民非3508家、基金会76家,是2004年开始社会组织登记管理体制改革时的3.5倍。2012年创近年增长率新高,增长率分别是2010年8.5%、2011年10.8%、2012年24.2%、2013年22.8%。从2013年的增长情况来看,文化类、体育类、社会服务类社会组织增长最快,增量率分别为50.9%、43.1%和27.2%。深圳每万人拥有社会组织6.3家,高于全国2.8家的水平。与国际先进国家和城市相比,差距很大,日本是97家,美国是63家,中国香港是28家,新加坡是18家;跟国内其他城市比,还落后于上海的7家和青岛的9.4家。

(三)社会组织分布结构日趋合理

经济类社会组织占7.1%、科学研究类社会组织占5.4%、社会事业类社会组织占59.1%、慈善类社会组织占20.7%、综合类社会组织占6.6%,深圳的社会组织从业人员约10万人,初步形成具有民间性、创新性、自治性三大特征,发展有序、门类齐全、结构合理、覆盖广泛、作用明显的社会组织体系。

二 主要做法和成效

(一)完善顶层制度设计,创新社会组织发展政策体系

深圳把社会组织服务管理纳入全市经济社会发展总体格局,主动思考谋划相关制度安排,并支持基层立足实际大胆探索,将相关工作落到实处。从2008年开始,先后三次将社会组织建设与管理问题列为市委、市政府重大调研课题。自2011年起,市委、市政府连续两年将"社会组织体制机制改革"列为全市重点改革项目加以推动,先后出台了《市委市政府关于进一步发展

和规范深圳市社会组织的意见》、《市委市政府关于进一步推进社会组织改革发展的意见》、《推进政府职能和工作事项转移委托工作实施方案》等政策文件，围绕深化社会组织登记管理体制改革、推进政府职能转移委托、加大对社会组织的扶持力度、搭建社会组织发挥作用的平台等做出了系统的制度安排。同时，充分利用经济特区立法权，健全完善社会组织法律体系，《深圳经济特区行业协会条例》已于2013年12月在市人大常委会完成三读，2014年4月正式施行；并积极推动《深圳经济特区社会组织规范发展办法》等立法工作，为创新社会组织服务管理、推动社会组织承接政府职能和公共服务提供了有力支撑。

（二）深化管理体制改革，为"政社分开"破题

长期以来，社会组织和主管部门政社不分，存在千丝万缕的利益联系，行政化色彩浓厚，妨碍了社会组织的健康发展。自2004年起，深圳市采取"小步快走"策略，通过行业协会民间化改革、行业协会由民政部门管理、行业协会直接登记、扩大社会组织直接登记范围等四个"小步走"，逐步深化社会组织登记体制改革，加快培育发展社会组织。目前，已明确工商经济类、社会福利类、慈善公益类、社会服务类、文娱类、科技类、体育类和生态环境类等8类社会组织由过去的"双重管理"转为"直接登记"。比如，2010年底壹基金公益基金会成功落户深圳经济特区，成为第一家民间发起成立的公募基金会，打破了公募基金会传统上由官办机构发起的现状，引起全国媒体的聚焦，誉此举为"中国公益慈善领域的里程碑式事件"；在2013年芦山地震抗震救灾中，该基金会第一时间发起救援活动，募集善款善物达3.8亿元，受到社会公众的广泛关注。

（三）推进政府职能转移，突出"权责明确"

结合近年来开展的行政管理体制和事业单位改革，加大政府职能转移委托力度，将政府承担的部分社会管理和公共服务职能交由社会组织行使；转变传统上社会事业"养机构、养人员"的做法，以政府采购、定向委托等不同方式向社会组织购买服务。2009年市政府机构大部门制改革以来，深圳市先后

从17个局委办取消、调整和转移了有关的评比表彰、统计考核、宣传培训、办展办会等87项事务性职责,其中69项向行业协会等社会组织进行了转移委托;目前,深圳市正在着手编制《政府转移职能目录》、《政府职能部门购买服务目录》、《符合政府转移职能承接资质社会组织目录》等"三个目录"。2013年上半年,向深圳市社会组织发出具备承接政府职能转移和购买服务资质的申报通知,共收到284家社会组织的报送材料。经审核,共有246家社会组织具备承接政府转移职能和购买服务的资质,近日将发布相关名单目录,使政府职能转移逐步实现制度化、常态化。市民政局、市财政委联合制定《深圳市扶持社会组织发展实施方案》及配套方案《深圳市社会组织奖励办法》和《深圳市社会组织购买服务办法》,大力助推深圳市行政体制改革,充分发挥社会组织功能作用。

为了让社会组织更好地发挥职能,深圳市搭建了四大支撑服务平台。

(1)建立社会组织孵化平台。设立"社会组织培育实验基地",对民间公益组织进行为期10个月的能力建设,先后有两批共12家民间公益组织"入壳孵化"。

(2)畅通政府与社会组织的沟通平台。建立市政府领导与行业协会定期交流座谈、政府职能部门与行业协会沟通协商、组织社会组织代表参加各种听证会和论证会等机制;在市、区两级党代会、人大和政协中适当增加社会组织的代表、委员比例。

(3)建设人才培养平台。从2006年起,连续7年实施社会组织人才培养项目,累计培训社会组织管理人才近5000人次。

(4)构建税务服务平台。民政与国税、地税部门建立"三方合作机制",目前联合认定具有免税资格的公益组织293家、具有公益捐赠税前扣除资格的公益组织51家。

(四)健全内部治理结构,强化"依法自治"

1. 不断完善以章程为核心的法人治理结构

2011年下半年以来,先后制定出台了《深圳市行业协会法人治理指引》等政策文件,指引社会组织完善内部治理结构,规范换届选举,加强自身建设。如深圳市钟表行业协会，从会长、理事到秘书长全部实行差额选举，选举前各候选人互相握手，承诺无论当选与否都要支持协会工作，通过不断完善内部治理机构，有效提升了协会参与社会事务的能力。

2. 探索建立行业廉政建设委员会，促进行业自律

2011年以来，深圳市以行业协会为突破口，选取了家具、建筑、物流、物业管理、建设工程监理、不动产评估、律师、注册会计师等24个行业协会作为试点，成立行业廉政建设委员会，主要负责监督检查行业的廉政建设情况，督促指导行业协会做好行业预防腐败宣传教育，推进行业自律、行业规范和违规惩戒，推动建立完善行业准入门槛，建立行业诚信体系。

3. 积极推动社会组织信用体系建设和行业自律体系建设

如市零售商业协会与全市零售商业企业共同发起签署《深圳市零售企业促销自律公约》，联合打击恶性竞争，走出"打折怪圈"。

4. 以市社会组织联合党委为依托，不断加强社会组织党建工作，以党的建设带动社会组织自身能力建设

截至2013年12月底，市社会组织联合党委有党组织76个，其中二级党委1个、党总支2个、党支部73个，管理党员499名。

（五）构建综合监管体系，提升"发展质量"

为确保社会组织实现规范运作，深圳市探索建立了政府行政监管、社会公众监督、社会组织自律"三位一体"的综合监管体系。特别是由民政与公安、外事、市场监管等部门联合成立了市社会组织管理服务领导小组和协调联络工作组，建立了沟通联系、预测预警、联动执法等7项社会组织管理服务长效机制，2013年，共对297家社会组织的违法违规行为进行查处。其中，撤销登记48家，责令改正216家，警告29家，责令限期停止活动1家，移送案件3家。建立社会组织综合评估机制，近两年开展了两批次共93家社会组织评估，并将评估结果作为承接政府转移职能和购买服务的主要依据；建立社会组织信息公开平台，接受舆论和公众监督，有效促进了社会组织的健康发展。

（六）发挥社会组织作用，强调"激发活力"

围绕服务政府、服务会员、服务经济、服务社会，积极引导和支持社会组织在促进产业升级、提供公共服务、规范市场秩序、推动社会管理创新、参政议政、参与精神文明建设、倡导生态环保、开展对外交流合作等方面发挥作用。

1. 社会组织已成为研发推广新技术、承办行业展览、制定行业标准等的重要"推手"

如市家具、钟表、服装、黄金珠宝等行业协会依托技术和公共服务平台，通过设计与技术驱动，有力推动了"深圳制造"向"深圳创造"的转型；2012年深圳市在国内率先探索登记的"深圳基因产学研资联盟"和"深圳超材料产业联盟"，通过建立产业链上下游的资源共享机制，推动产业政策、行业标准、服务体系的出台，突破一批重大共性技术、关键技术、行业标准、产业化应用等难题，为推动深圳基因、新材料等战略性新兴产业发展发挥了重要作用。

2. 社会组织特别是行业协会通过制定行规行约，加强行业自律，倡导诚信准则，有力地维护了市场秩序

如在财政、法院、海关等部门的支持下，深圳市拍卖业协会建立了公共资源拍卖平台，实行"政府联合监督、机构集中进场、资产公开交易、协会运行管理"，做到"四个统一"，即统一进场交易、统一网络平台、统一发布公告、统一接受监管，使公共资源拍卖"公开、公平、公正"进行；深圳市银行同业公会与市中级人民法院联合开展创建"无金融执行积案"专项活动，仅2012年就配合清收回15亿余元的陈年不良贷款，为深圳市营造了安全、和谐的金融生态环境，最高人民法院专门推广深圳市经验。

3. 许多社会组织扎根于群众，直面群众需求，有效弥补了政府和市场失灵，及时把握社会脉搏，提高公共产品服务供给效率

如罗湖区德福居家养老服务中心开创了"没有围墙的养老院"模式，着力于提供"十分钟服务圈"的快捷优质服务，近两年来不仅为全区1350名老人提供了专业化的居家养老服务，而且解决了166名下岗失业困难人员的再就业问题。

4. 社会组织通过平等对话、沟通协商等办法参与社会管理，起到了缓解社会矛盾、增强社会弹性、促进社会融合的作用

如深圳外商投资企业协会于2007年成立商事调解委员会，在我国率先建立商会调解与商事仲裁紧密衔接的争议解决机制，六年来共处理各类咨询1000余例；市蓝天生态环保志愿者协会在大运会举办期间，积极响应市委、市政府提出的号召，开展了"绿色大运、和谐深圳、低碳出行"系列宣传活动，并率先向全市社会组织发起"绿飘带行动"，共动员49万辆车主参与该项活动，保障了大运会期间的蓝天白云、交通畅顺。

5. 社会组织正逐步形成公众参与民主管理的有效渠道

2010年和2011年市、区两级党委、人大、政府、政协换届时，行业协会等社会组织专（兼）职工作人员中有200余人当选为各级党代表、人大代表、政协委员，占到了全市总数的20%以上。

6. 行业协会等社会组织积极"走出去"，在深化国际经贸文化合作、参与国际规则制定、协调解决贸易纠纷、拓展海内外市场等方面发挥了积极作用

如深圳市工业设计行业协会成为国际工业设计联合会的第一个来自中国的行业协会，成为首家打入伦敦"百分百"设计展的中国行业协会。

三 问题和对策

（一）存在问题

近年来，深圳市在推动社会组织改革发展方面做了一些工作，但也还面临一系列困难和问题。

1. 理念滞后

一些部门对发展社会组织的重要性认识还较滞后，或多或少存在重视不够、信任不够、放权不足的现象。

2. 法规滞后

相关的法律法规还较滞后，目前作为社会组织管理服务法律依据的三个条例，都是 20 世纪 90 年代前后出台的，已无法满足实际工作的需要，导致深圳市社会组织登记、管理的创新面临于法无据的状况。

3. 管理滞后

社会组织管理体制也较滞后，特别是管理方式和管理力量不相适应，在双重管理体制向直接登记和综合监管体制转变过程中，相关职能部门对社会组织的监管职责常常难以到位。

4. 能力滞后

一些社会组织还存在着结构不够合理、职责不明确、从业人员素质不高、服务能力需要加强、行为有待进一步规范等问题。

（二）对策

2014 年，深圳市民间组织管理局将贯彻落实好十八大、十八届二中全会、十八届三中全会《决定》和市委副书记戴北方同志主持召开规范发展社会组织会议精神，结合《民政工作改革创新三年计划（2013~2015）》，全力推动改革，从方向明、见效快的改革入手，拿出自我革命的勇气，冲破固有的思维定式，以改革创新为动力，以政策创制为重点，以简化登记流程为切入点，以职能转变为抓手，以综合监管为保障，以激发社会组织活力为目标，推动社会组织体制机制系统改革的"升级版"，打造社会组织规范发展的"深圳质量"。并以 2014 年为起点，全面深化社会组织体制机制改革。

1. 出台一批政策法规

一是《深圳经济特区行业协会条例》将于 2014 年 4 月出台，并组织行业协会贯彻实施和普法宣传。

二是推动《深圳经济特区社会组织规范发展办法》立法工作。

三是争取 2014 年底出台关于社会组织综合监管责任制的相关规定。

四是争取民政部授权深圳市民间组织管理局开展国际经济类社会组织在前海地区的登记和备案，出台《关于国际经济类社会组织在前海深港现代服务业合作区集聚发展的方案》。

五是争取 2014 年底出台《深圳市社区社会组织管理与促进办法》。

六是争取 2014 年上半年出台《深圳市社区基金会培育发展工作暂行办

法》。

2. 构建一个综合监管体系

为避免取消业务主管单位后,"无主管"变成"无监管"。

一是将根据社会组织综合监管责任制的相关规定,推进建立完善民政、公安、国安、财政、税务、市场监督管理、法制、纪检监察、外事（港澳）等部门分工负责、密切协作的跨部门社会组织监管体系,共同形成对社会组织人员、活动、资金等的完整监管链条,并强化社会组织年检和行业协会异常名录制度工作,对存在的问题进行整改,规范社会组织运作。

二是扎实做好2013年度年检工作,规范社会组织发展。

三是大力推进社会组织评估工作,按照分类评估的原则,开展两批市级社会组织评估工作,计划评估社会组织200家以上。

四是总结推广市家具行业廉政建设委员会等试点经验,在重点行业协会再成立一批廉政建设委员会,充分发挥其监督协会、监督行业、监督政府权力运作等职能作用,助推廉洁城市建设。

五是联合市、区两级登记管理机关对全市社会组织开展专项检查工作,通过上门复查、走访、巡查、约谈负责人等方式,自查自纠、上门核查、落实整改的三步骤,对社会组织内部建设、财务状况、业务活动情况展开系统检查。

3. 在前海开辟一块试验田

为充分发挥前海合作区的政策和体制机制优势,争取民政部支持,在前海深港现代服务业合作区探索境外社团代表机构备案管理,开展国际经济类社会组织落地试点,并逐步建立健全符合国际社会组织尤其是国际经济类社会组织发展规律的法律政策环境和金融扶持体系,探索在前海设立高端国际经济类社会组织总部基地,在服务现代国际行业类组织、汇聚国际智库和国际标准化组织、公益慈善领域的金融服务支持等方面发挥积极作用。

4. 升级一项服务方式

探索升级社会组织登记申请服务方式。实行电话、网上预约登记申请服务；设立专门的登记申请接待室,为申请人提供一对一的专业指导和服务；并建立一支专业的登记员队伍,每天每人至少安排2个小时受理登记申请。简化行政服务大厅窗口工作内容，将窗口部分工作后移。通过升级服务方式，帮助申请人更好地了解相关政策程序，缩减登记申请时间，提高服务质量，践行群众路线，切实回应群众诉求。

5. 编制一批政府职能转变和购买服务目录

从2014年起每年编制公布一批新增目录，并公布取消资质的社会组织名单。同时，配合市编办出台《深圳市政府转变职能目录》，配合市财政委出台《深圳市政府职能部门购买服务目录》，建立健全政府向社会组织购买服务的奖励、资助机制。

6. 建设一个社会组织创新示范基地

扩建市级社会组织孵化基地，打造集社会组织培育交流、品牌集聚和成果展示、政策研究、人才培养等功能为一体的大型、综合性社会组织服务基地。并以市社会组织创新示范基地、社会组织孵化基地为龙头，构建市、区、社会三级联动的社会组织孵化器集群，助推深圳市社会组织跨越式发展。

7. 搭建一个信息平台

社会组织信息化建设是基础性工作，也是管理和监督社会组织的重要手段。为加快推动社会组织信息化平台建设，建立社会组织法人数据库，进一步完善社会组织信息公开机制，将社会组织的登记信息、年度报告信息、等级评估信息、撤销登记、行政处罚信息及其他监督管理等信息向社会公开。逐步实现全市社会组织年检、年报数据的网络化管理、系统分析和实时统计以及部门间的数据交换，公布行业协会活动异常名录和活动异常永久名录。依托社会组织信息网络平台，建立社会组织公众监督机制，加强社会组织分类指导和监督管理，争取在2014年建成启用社会组织管理信息平台。

8. 激活一个工作平台

进一步激发社会组织总会的活力，发挥其在联系政府与各社会组织中的桥梁纽带作用，把社会组织总会打造成全市社会组织的综合性服务平台。

9. 发挥一批社会组织的作用

在2014年重点培育发展行业协会和枢纽型社会组织，试点培育社区基金会。积极培育发展社会组织相关服务业，建立社会组织相关服务业统计指标体系，将社会组织相关服务业打造成为深圳市经济发展的新亮点；制定完善相关政策，利用产业、科研、教育和资本资源等不同领域成员各自的要素优势，推动民办科研机构、民办学校、民办医院发展。

四 思考和启示

总结过去几年深圳市构建现代社会组织体制的过程，有如下几点启示。

一是深圳市委、市政府的高度重视，敢于突破，先行先试，是推动社会组织发展的关键。

二是把社会组织建设与管理工作作为全市综合配套改革的重要组成部分，与政府行政体制改革、事业单位改革和社会管理体制改革共同推进。

三是把社会组织建设与管理工作作为社会建设的重要内容，与经济建设统筹考虑。

四是充分调动政府、社会和企业各方面的积极性，跨界合作，共融共生，共同参与社会组织建设。

五是让渡空间、培育扶持，为社会组织营造好的发展环境。

六是公民参与、社会协同是社会组织的发展方向。

B.25 关于专业社工队伍建设的实践探索与思考

李汉宗 潘 丽*

摘 要： 2007年10月，深圳市委、市政府颁发了《关于加强专业社工队伍建设推进社会工作发展的意见》以及七个配套试行文件，成为全国首个构建起社会工作制度框架体系的城市。之后，"政府推动，民间运作"的社会工作体系逐渐形成，专业社工队伍建设取得初步成效。但与美国等社会工作先发国家相比，深圳市专业社工队伍依然规模小，职业化和专业化水平低，社工行业公信力尚需提升，政府监管保障机制有待完善。提高社会工作发展的质量意识，完善政府监管保障机制，加大专业社工队伍建设公共财政支持，拓展专业社工队伍培养渠道，推动社会资源进入专业社工队伍建设领域，进而促进社会和谐稳定和社会管理创新。

关键词： 社工队伍 "1+7"文件 教育培训 薪酬待遇

社会工作是一种帮助个人、家庭、社区以及其他社会群体恢复和发展社会功能的专业服务活动，目的在于维护社会公平公正，促进社会和谐稳定，实现人与社会环境的良性互动。中共中央组织部等18个部门印发的《关于加强社会工作专业人才队伍建设的意见》明确指出："社会工作专业人才是具有一定

---

* 李汉宗，北京大学深圳研究生院；潘丽，深圳市社会工作委员会。

社会工作专业知识和技能，在社会福利、社会救助、慈善事业、社区建设、婚姻家庭、精神卫生、残障康复、教育辅导、就业援助、职工帮扶、犯罪预防、禁毒戒毒、矫治帮教、人口计生、纠纷调解、应急处置等领域直接提供社会服务的专门人员。"

自党的十六届六中全会提出"建设宏大的社会工作人才队伍"的重大方略以来，深圳市与兄弟省市一样，在推进社会工作职业化和专业化发展以及专业社工队伍建设方面进行了积极探索。2007年10月，深圳市委、市政府颁发了《关于加强专业社工队伍建设推进社会工作发展的意见》以及7个配套试行文件（简称"1+7"文件），深圳成为全国首个构建起社会工作制度框架体系的城市。

近年来，《深圳市社工督导人员工作职责手册》等行业文件以及《深圳市社会工作事业发展"十二五"规划》相继出台，进一步推动和规范了社会工作事业发展，专业社工队伍建设突飞猛进，规模逐步壮大，结构趋于合理，素质显著提升。

一　深圳市专业社工队伍建设的主要做法和经验

为落实《中共中央关于构建社会主义和谐社会若干重大问题的决定》，在改善民生和创新管理中加强社会建设，深圳市率先探索构建社会工作政策框架，形成"政府推动，民间运作"的社会工作体系，专业社工队伍建设取得初步成效。

（一）建立健全社会工作政策框架，为专业社工队伍建设营造良好的制度环境

2007年10月，深圳市委、市政府出台了《关于加强专业社工队伍建设推进社会工作发展的意见》以及《深圳市社工职业水平评价实施方案（试行）》、《深圳市社会工作人才教育培训方案（试行）》、《深圳市社会工作专业岗位设置方案（试行）》、《深圳市社会工作人才专业技术职位设置及薪酬待遇方案（试行）》、《深圳市发挥民间组织在社会工作中作用的实施方案（试行）》、

《深圳市财政支持社会工作发展的实施方案（试行）》、《深圳市"社工、义工"联动工作实施方案（试行）》等7个配套文件。"1+7"文件是当时全国首个围绕建立健全社会工作人才培养、评价、使用、激励的政策措施和制度保障而出台的综合性地方文件，体系完整，标志着深圳市初步建立了科学合理的专业社工队伍建设政策框架，完善了社会工作岗位设置和社会工作人才配置机制，明确了培育和发展公益性民间组织、志愿者队伍的配套政策措施，建立了党委领导、政府负责、民间运作的社会工作管理体制。

自"1+7"文件颁发以后，《深圳市社工机构行为规范指引》、《深圳市社工督导人员工作职责手册（试行）》、《深圳市社工守则》、《深圳市社工登记和注册管理办法》、《深圳市社工继续教育实施细则（试行）》、《深圳市社会工作行业投诉处理规范（暂行）》、《深圳市社会工作服务机构聘请顾问管理办法（试行）》、《深圳市社工督导助理选拔指引》、《深圳市社工协会章程》等社会工作行业规范性文件相继出台，进一步完善了社会工作政策框架，为健全社会工作领导管理体制、明确社会工作运行机制、完善公共财政支持体系提供了制度保障，促进了社会工作的法制化建设，扩大了社会工作的影响力和认知度，为专业社工队伍建设营造了良好的制度环境。

（二）优化职位设置和激励机制，不断壮大专业社工队伍

1. 合理设置社工专业技术职位

一是完善社工职级体系。深圳市社工专业技术职位分为五级：士级、助理级、中级、副高级、正高级。其中，士级一档，助理级分二档，中级分三档，副高级分三档，正高级分四档，共十三档，对应了相应的资格条件和晋升程序，为专业社工创造了合理的职业晋升空间，有利于维持其良好的工作意愿。二是加强专业社工人才的宏观调控与指导工作。建立了统一的社会工作人才数据库和信息网络，设置了就业指导窗口，定期举办社会工作人才专场招聘会，及时发布社会工作人才供求信息，搭建起社会工作人才和聘（雇）任（用）组织双向选择的平台，引导社工人才有序流动。

2. 建立专业社工人才队伍激励机制

一是探究建立了多层次、全方位的社会工作人才薪酬保障机制。对事业单

位聘用的社工，执行专业技术人员工资标准；对在社会组织工作的社工，采取资历、学历、资格、岗位、业绩等多种指标相结合，按照以岗定薪、以绩定奖、按劳取酬的原则，保证其薪酬水平不低于同等条件专业技术人员薪酬水平。二是健全社工队伍社会保障制度。按国家有关社会保障的法规和各项制度要求，由社工所在事业单位或社会组织按时足额交纳应由本机构承担的社会保险费用。三是建立社会工作人才表彰奖励机制。将专业社工人才表彰奖励纳入人才奖励体系，与其他各种类型的人才同等对待。对于业绩突出的社工及机构，采取多种形式予以表彰，吸引社会优秀人才从事社会工作。

3. 社工队伍现状

目前，深圳市大约有96家社会工作服务机构，专业社工已达3378人，分布在老年人、残疾人、儿童、青少年、妇女、家庭、外来工、社区矫正、禁毒、信访、计生、人民调解等14个服务领域的600多个服务点和300多家社区服务中心，广泛开展职业化、专业化社工服务，在推动政府转变职能、创新社会管理、改善民生服务、促进社会和谐方面发挥了越来越重要的作用，特别是在服务亟须社会关爱、政府难以覆盖的特殊人群方面，达到了"花小钱办大事"的效果。

（三）加强社工岗位开发和设置，专业社工队伍结构趋于合理

社工岗位开发与设置是加强专业社工队伍建设、加快发展社会工作的基础性工作。深圳市围绕"按对象设岗位、以需求定数量"的原则，在与社会工作相关的党政机关、人民团体、事业单位和社会公益性民间组织中探索设立社工岗位。结合不同社工岗位服务对象、工作难易程度等，设计相应岗位数量、岗位等级，以及与社工岗位要求相适应的配置比例，形成相对科学的专业社工岗位配备结构和设置标准。

1. 大力开发体制内社工

在市、区、街道的民政、教育、卫生、劳动、文化、信访、人口计生、公安、司法、团委、工会、妇联、残联等部门，根据工作需要，设置一定数量的社工岗位，配备具有社工专业或社工职业水平证书的公务员、职员、雇员。社区工作站按照"一站一社工"配置。对现有在岗人员，动员和引导他们参加

专业社工资格考试，获得社工职业水平证书。

2. 设置社会化社工岗位

在社会福利与社会救助机构、医院、学校、社区等设置社工岗位。对涉及社会工作服务对象较多的事业单位，在社工岗位限额内，对在编、在岗社会工作人员进行能力提升培训，可派驻专业社工开展相关工作。医院、学校原则上按"一院一社工"、"一校一社工"比例配备。社区根据服务对象按比例设置社工岗位。学校、医院、社区以政府购买的形式由社会组织派驻专业社工，具体比例为：每70名吸毒人员、70名社会矫正人员、70名问题青少年、5000个家庭、10000名外来务工人员、200名低保对象、500名60岁以上户籍老年人、50名中重度户籍残疾人分别配1名社工。

（四）创新职业评价和教育培训，不断提升专业社工队伍素质

职业水平评价和教育培训是专业社工队伍职业化、专业化发展的重要保障，有助于全面提升专业社工队伍的素质。

1. 建立专业社工水平评价制度

一是建立专业社工登记制度。社工应遵守社工守则并接受主管部门或其委托机构的管理，若违反有关法律、法规、规章制度或职业道德，由登记机关取消登记，并由发证机关收回职业水平证书。二是实行社工岗位职业资格聘任制度。深圳市社工岗位原则上聘用具有社工职业水平证书并登记为专业社工的人才。三是完善社工人才考核评估机制，明确考评标准、机构和纪律措施。按照德才兼备的原则，以社工能力、操守、业绩为主要考核评估内容，结合职业素质、专业水平，由社工所属机构和服务单位进行综合考核评估。

2. 制订专业社工队伍教育培训规划

一是加强教育培训。全面落实在职、在岗社工全员教育培训，建立健全社工教育培训制度，充实教育培训内容，创新教育培训模式，完善教育培训激励约束机制。二是发挥本地高校在社工人才培养中的作用，加强社会领域学科建设，充实师资力量，提高教学质量。按照深圳市专业技术人员继续教育有关规定，建立健全社工人才终身学习培训机制。四是建立专业社工督导制度，进一步提升专业社工业务水平和职业道德素养，积极开展与发达国家和地区的交流

与合作，特别是加强与香港社会工作人才及机构的交流与合作，学习借鉴成功经验和做法。

目前，深圳市社工机构的管理人员与社工都是专职人员，社工基本上都接受过系统的专业化教育培训，绝大部分具有本科以上学历和社工资格证书，社工督导也是从香港聘请的具有相关职业背景的专业人员。2012年末，深圳已经培养出70多名优秀的社工初级督导，从2011年开始已逐步替代香港督导。

（五）扶持社会公益性民间组织，为专业社工队伍发展培育载体

社会公益性民间组织是社会工作的重要主体，也是社工人才培育与发展的重要载体。

1. 大力培育直接提供社会服务的民间组织

一是大力培育社工协会等直接为专业社工和社会组织提供管理服务的民间组织。二是按照"多种渠道、整合资源"的思路，结合深圳事业单位分类改革，将一批可以承接政府公共服务的事业单位转化为社会公益性民间组织；选择一批民间组织，按照承担社会服务的要求规范整合，使之成为符合条件的社会公益性民间组织；鼓励、支持符合条件的组织和个人，创办社会公益性民间组织。

2. 优化社会公益性民间组织培育发展的政策土壤

一是改革社会公益性民间组织登记办法，简化登记手续，鼓励社会力量举办社会公益性民间组织。二是完善政府向社会组织购买服务制度，通过招标、竞标，由主管部门授权有关业务部门向社会组织购买服务，并以合同方式确定双方权责关系，促进公益资源合理配置。三是建立社会公益性民间组织的管理服务体制，推行相关的质量体系认证，保证其健康持续发展。民政、人事、劳动保障等部门应积极推动民间组织建立并完善从业人员有关的人事、保障、福利等制度，加强人才培训，吸引更多优秀人才。四是构建"民间组织孵化基地"，满足符合孵化条件的社会公益性民间组织进驻需要。

（六）推行"社工＋义工"联动服务模式，为专业社工队伍扩展服务力量

推进社会工作发展，既要发挥专业社工的力量，还需要社会公众的广泛参与，义工更是推进社会工作的一支重要力量。目前，深圳已形成市、区、街道、社区四级义工服务网络，对推广"社工＋义工"联动模式具有重要意义。应进一步整合社工、义工资源，实现互动合作，促进共同发展，推动社会工作良性循环。

1. 探索建立"社工引领义工服务、义工协助社工服务"模式

一是通过向义工组织申请义工和招募新义工等方式，使每一名社工固定联系一定数量的义工，有针对性地开展工作。二是建立"社工＋义工"联动模式，由市、区两级民政局、社工委和共青团组织牵头，有关社工机构和义工组织参加，定期召开联席会议，统筹协调"社工＋义工"联动工作。

2. 充分发挥义工在社会服务中的辅助作用

一是在"义工联"内设置一定数量的社工岗位，负责义工的组织、管理、培训、监督工作等，所需经费纳入政府购买服务范围。二是将义工培训纳入社会工作培训计划，有计划、分层次、多角度地对义工开展社会工作专业知识与技能培训，提升义工社会工作专业化水平。三是对有从事社会工作意愿且符合相关条件的优秀义工，在其通过社工职业水平考试并登记后，推荐其优先录用为专业社工。

二 深圳市专业社工队伍建设面临的问题

深圳是全国社工行业发展的先锋城市，各方面的探索比较超前，但与此同时，也较早地遇到一些问题和不足。从全国范围看，深圳社会工作民间化运作程度最高，专业社工队伍规模、结构、素质最突出，得到中央、省级部门高度肯定，引起广泛关注。但与美国等社会工作先发国家相比，差距依然明显。深圳市专业社工队伍规模小、职业化和专业化水平低、社工行业公信力尚需提升、政府监管保障机制有待完善。

（一）专业社工队伍总体上规模偏小

深圳市常住人口超过1000万，拥有义工超过25万人，但目前专业社工只有3700人，远远无法满足社会工作需要。香港700万人口拥有注册社工超过1.4万人，美国配备专业社工的标准为每1000人配备2.3个专业社工。一方面，深圳专业社工教育培训规模较小。即使按通常人口与社工1000∶1的低标准配比，深圳也需要专业社工1万多人，全国则需要130多万人，但目前全国每年高等院校社工专业毕业生大约只有2万人，而深圳高校资源缺乏，只有深圳大学输出少量的社工专业人才。另一方面，深圳的社工发展激励机制仍需加强，社工职业晋升体系仍需完善，而各地对社工人才的争夺越来越激烈，新招收社工越来越困难，社工人才流失逐渐加剧。

（二）专业社工队伍职业化和专业化水平偏低

深圳市社工机构和社工队伍整体水平仍然处于初级阶段。社工机构整体专业水平不高，优秀实务的管理人才缺失，加之优胜劣汰机制尚未成型，导致深圳市社工机构整体进取心不足，对政府资源的依赖性高，服务质量参差不齐，机构职业化、专业化有待提升。一部分专业社工没有接受过系统的社会工作专业教育，社会培训课时不达标，培训效果不理想，工作方式、方法比较落后，难以提供系统化、多样化、个性化的专业服务。调研数据显示，87.2%的受访社工培训课时在15天以下，尚未达到"1+7"文件规定的一年内培训课时最低标准；48.6%的受访社工未取得社会工作师资格，其中工作经验在两年及以下的占81.1%之多。这必然会影响社会工作的效率和质量，影响社会工作行业认知度和公信力的提升。

（三）专业社工的薪酬待遇竞争力不强

目前，深圳市一线社工实际收入平均为3800元/月。从行业比较来看，薪酬不低，但与周边城市相比，竞争力不强。2007年以来，深圳市社工岗位经费购买标准从6万元、6.6万元一直增至7万元。由于社工机构的筹资渠道比较单一，主要还是依靠政府购买，以致一线社工的增资难度较大。再加上生活成本较高、工作压力较大等原因，随着其他城市（如北京、上海、广州、东莞、珠海、中山等）购买社工服务的标准不断提高，深圳市专业社工人才流失严重。据统计，深圳市专业社工人才流失率逐年攀升，2008年为8.2%，2009年为9.8%，2010年为13.4%，2011年为17.6%，2012年为22%，仅2012年外流到广州、东莞的社工已达80多名，其中督导助理以上优秀社工达23名，早期来深社工仍在岗的已不足30%。与此同时，社工机构普遍面临巨大的财务压力。据2011年委托专业财务机构开展的审计，深圳市一半以上的社工机构亏损。可见，目前的社工机构提高社工薪酬的能力十分有限，财力也难以支持有效开展专业培训和业务研发，社工机构应在筹资渠道、管理成本、规模经营等方面努力。

（四）政府监管保障机制有待完善

首先，缺乏监控与保障实施层面的政策法规。主要是按照国家对社会组织的监管政策，对社工机构进行监管，保障专业社工权益。在国家层面，尚未有监控社会工作服务机构的细节化政策法规出台。其次，各职能部门的监控、保障职能未充分发挥。各职能部门的权责规定不清晰，有碍于对社会工作服务机构的监控。再次，社会工作服务机构自治与自我监督乏力。机构管理机制不健全，监事会与理事会作用未完全发挥。最后，社会力量监督不足。社会工作服务机构信息公开不充分，机构运营流程不透明，社会舆论混乱，媒体监督失职。调研数据显示，38.9%的受访社工尚未注册，37.2%的受访社工尚未取得社会工作者登记证书，42.8%的受访社工反应遇到过拖欠薪酬的情况，87.2%的受访社工参加教育培训的时间无法得到保障。

三 思考与建议

《国家中长期人才发展规划纲要（2010~2020）》将社会工作人才队伍建设列为需要重点建设的六类人才队伍之一，并确定了发展目标：适应构建社会主义和谐社会的需要，以人才培养和岗位开发为基础，以中高级社会工作人才为重点，培养造就一支职业化、专业化的社会工作人才队伍。到2015

年，社会工作人才总量达到200万人；到2020年，社会工作人才总量达到300万人。

深圳作为全国推动科学发展、促进社会和谐的排头兵，加强专业社工队伍建设，不仅可以提升民生保障水平，而且可以促进深圳质量建设，提高深圳的国际影响力和竞争力。针对当前深圳市专业社工队伍建设面临的形势和任务，重点应进一步加强社工机构的规范运作，支持社工机构建立公开透明的财务制度，完善政府监管保障机制，拓展专业社工队伍培养渠道，推动社会资源进入专业社工队伍建设领域，促进专业社工队伍健康发展。

（一）进一步提高对加强专业社工队伍建设重要性的认识

在发达国家，社会工作有上百年历史，是一个被广为接受和认可的正式职业，是社会发展不可或缺的重要力量。专业社工被称为"社会医师"，同医生、律师一样，专业社工必须获得社会工作执业资格，否则不能从事社会工作事务。与发达国家相比，深圳社会工作的发展比较短暂，社会工作的影响力、公信力和认知度较低。

目前，深圳的专业社工主要分布在残障、卫生、妇女儿童、民政、教育等领域，已成为现代社会管理与公共服务的重要力量，几年间，服务总量已达200多万人次。在这些领域，政府在行政体系内难以提供直接、到位的专业服务，而社会工作则可以根据每个个体的具体情况解决具体问题，以人性化、个性化、柔性化的管理和服务方式填补政府服务的诸多"盲区"。大多专业社工服务在基层一线，成为社会政策的传递者，使各项社会福利、社会救助、慈善事业和其他社会保障政策真正落到实处，提高人民的满意指数和幸福指数。

随着深圳经济社会快速发展，各类社会问题大量产生，就业、收入分配、社会保障、医疗、教育、住房、社会治安等方面的社会矛盾问题日益突出，如不及时解决，很有可能引发严重的社会问题。为了最大限度地减少不和谐因素，政府部门需要积极转变职能，更多地关注和加强社会建设，进一步保障和改善民生，创新社会管理，运用社会工作方法和专业人才协助预防和解决社问题,维护社会稳定,增进社会和谐。因此,加强专业社工队伍建设、推进社会工作发展成为构建社会主义和谐社会的迫切要求之一。

(二)完善专业社工队伍建设制度保障

1. 健全专业社工队伍建设工作机制

建立组织部门牵头抓总,民政部门具体负责,社工委、机构编制、教育、财政、人力资源保障、工会、共青团、妇联、残联等部门和单位密切配合,社会力量广泛参与的社会工作格局。将专业社工队伍建设纳入国民经济和社会发展总体规划,并作为全市人才队伍建设的重要内容,纳入社会建设工作实绩考核体系。

2. 建立多元化的资金扶持机制

一方面,公共财政要在现阶段发挥扶持社工队伍建设的主渠道作用,通过转移政府职能,完善政府购买和资助服务制度,构建公平竞争机制,发挥社工组织在承接政府转移职能、提供专业社会服务方面的重要作用。另一方面,要落实对社会工作服务机构等社会组织的相关税收优惠政策,引导社工组织开发多元融资渠道,弥补政府购买服务资金的不足,推动公益慈善工作发展。

3. 加强对社会工作的宣传推广

充分利用电视、广播、报纸、互联网等多种形式,整合"岭南社工节"和"深圳社工宣传周"活动,广泛开展社会工作宣传活动。推动开展社会工作政策制度和理论研究,完善社会工作登记注册、职业水平评价、教育培训、专业岗位设置、薪酬待遇等制度安排,培育在国内外具有一定影响力和权威性的社会工作专业研究机构。

(三)提升专业社工队伍服务能力

1. 加强专业社工队伍教育培训

组织部、社工委、民政等部门要根据社会工作的发展趋势和现状,制订社会工作专业教育培训规划,合理配置教育培训资源,完善教育培训质量评估办法和指标体系,严格教育培训监督。专业社会工作业务主管部门、社工协会和社工机构要把社工人才的专业素养提升放在重要位置,不断完善高校学历教

育、专业培训和知识普及相结合的社会工作专业人才培养体系,提升社会工作专业化水平。

2. 有序扩展专业社工队伍规模

按照《深圳市社会事业发展"十二五"规划》,到 2015 年,全市社工服务机构要达到 150 家,每万人持证社工达到 5 人,一线从业专业社工达到 5000 人,其中督导助理以上高中级专业社工达到 600 人;由政府资助购买的专业社工数量达到 4000 人以上,所有执业社工拥有初级社工师以上资格,中级社工师占专业社工总量的 15% ~ 20%。下一步,要重点抓好规划的落实,及时协调解决规划落实过程中发现的问题。

3. 完善专业社工职业水平评价制度

进一步健全社会工作人才登记注册制度,将取得职业水平证书的社工专业人才包括基层和社区工作人员纳入专业技术人员管理范畴。实行社工岗位资格聘任制,建立完善社工人才职称体系和专业服务分类考核制度。

4. 强化服务绩效评估和监管

制定统一的绩效评价指标体系和办法,对全市社会服务绩效统一实行第三方评估。加强社会和舆论监督,建立服务监理机制,强化经常性、过程性监管,建立社会机构和社会工作者"优胜劣汰"制度,将服务绩效评估结果作为政府购买服务的主要依据。

(四)完善专业社工队伍建设激励机制

1. 拓展专业社工的晋升机会

对"1+7"文件中关于社工职级设置的相关内容进行修订,适当细化专业社工技术职位设置,设立多层次、多渠道的晋升体系,适当拉大不同专业技术级别之间的薪酬待遇,完善专业社工选拔、流动机制。

2. 建立专业社工薪酬待遇调整机制

社工协会应制定并发布社会工作专业岗位平均薪酬指导标准,督促社工机构按照相关标准落实相关待遇,稳步优化、提高专业社工的薪酬待遇。根据经济社会发展水平,科学设定并动态调整政府购买社会工作服务经费标准,建立科学灵活的购买服务制度。

3. 将专业社工纳入全市人才引进战略和深圳鹏程杰出人才、高层次专业人才、人才安居工程等奖励体系

定期对有突出贡献的专业社工进行表彰奖励，逐步提高社会工作人才的社会地位。

（五）加大社会工作项目开发力度

1. 拓展专业社会工作服务领域

推动社会工作服务进入教育、社区、卫生、禁毒、养老、残疾人等领域，率先在教育领域全面推进社会工作服务和服务项目化，逐步实现社会工作人才在全市社会服务领域和社会服务机构的全覆盖。积极探索环保、民族和宗教等社会工作服务新领域。大力推进社区服务中心建设，完善社区服务中心购买社会组织服务办法。到2015年，全市建成社区服务中心700家，承载和吸纳专业社工达2500人以上。

2. 推进社会工作服务项目化

将社会组织作为社会工作服务和社会工作人才培养使用的主体，结合政府职能转移，鼓励开发以市民需求为导向的社工服务项目，提升市民的福利水平。积极探索在企业、民办医院、民办学校及公益慈善类社会组织等领域开展社会工作服务。政府采取以部分购买方式配套资金，免费提供场地设施、培训，配备督导或顾问等形式，支持社会服务机构整合社会资源。

B.26
深圳社会工作服务机构监控体系研究报告

余智晟　骆冰　王小刚 等*

摘　要： 随着我国经济社会的发展，社会工作从试点实施到蓬勃发展，发生了翻天覆地的变化，社会工作者和社会工作服务机构的数量显著增加。然而，社会工作服务的专业化、职业化水平不够，社会工作者流失情况比较严重，社会工作服务机构发展不平衡、不完善的问题开始凸显。本文主要研究和总结深圳社会工作服务机构监管中出现的问题与经验。

关键词： 社会工作　社会工作者　社会工作服务机构　社会工作服务机构监控体系

2007～2013年，我国在社会工作教育、社会工作相关法规等社会工作体系的建设上均有了很大进步。我国部分地区在中央的大政方针指导下，不断创新和发展监控体系，已初步形成各具特色的地方社会工作服务机构监控体系，其中北京、上海、广州、深圳等地的建设情况较为引人注目。

一　深圳社会工作服务机构监控体系概况

在改革开放前沿的深圳，伴随着经济和社会的全面发展，一系列社会问题

---

* 余智晟、骆冰，深圳市民政局；王小刚，深圳市乾德企业管理咨询有限公司。课题组成员：林江、李夏飞、李杰麟、委吉文、赵亮、崔书玉、杨艳燕、周瑶等。

在悄然凸显,社会治安、城市管理、人口管理、社会建设方面存在大量问题。为了尽最大力量预防和解决这些社会问题,维护社会稳定,促进社会公平,增进社会和谐,深圳市委、市政府在2007年出台了《关于加强社会工作人才队伍建设推进社会工作发展的意见》("1+7"文件),该文件明确了深圳市社会工作服务机构和社会工作人才队伍建设的发展规划,指明了社会工作服务机构和社会工作人才队伍建设的发展方向,为整个深圳市社会工作服务机构和社会工作人才队伍的建设提供了一个制度框架。

社会工作人才队伍建设的"1+7"文件出台后,深圳的社会工作行业从业人员和社会工作服务机构的数量一直呈递增趋势。2007年,深圳的社会工作行业从业人员只有约31名,社会工作服务机构只有区区的9家。至2008年,深圳市社工行业从业人员数量已经达到540名,涨幅达到惊人的17.5倍,社会工作服务机构数量也达到14家。至2013年,深圳市的社会工作行业从业人数约3700人,比起2007年,涨幅达到118倍,社会工作服务机构数量达到96家,比起2007年,涨幅达到10倍。已经初步构建了"党委领导、政府推动、部门协同、民间运作、社会参与"的社会工作体系。

从深圳市社会工作服务机构和社会工作行业从业人数增长趋势中可以看出,2007~2013年,深圳市社会工作服务机构和社会工作行业从业人数不断在增加,增长的趋势是先快后慢,逐步放缓。深圳市社会工作服务机构2008~2009年、2011~2012年增长幅度最为显著,分别达到143%和62%,其他年份的涨幅比较平缓;深圳市社会工作者数量2007~2008年、2010~2011年涨幅几乎均达到100%,其他年份涨幅较为平缓。

随着深圳市社会工作者队伍和社会工作服务机构的逐步壮大,深圳市的社会工作服务机构监控体系也逐步确立起来。这个体系的第一个层面是通过政策文件来规范社会工作服务机构,深圳市民政局先后下发《深圳市社工机构行为规范指引》、《深圳市社区服务中心运营与评估标准》、《2011年度深圳市社会工作服务机构绩效评估实施办法》等,这些政策文件对社会工作服务机构的成立、运营、实施、评估等各个方面进行了规范,体现了政府的监控职能;第二个层面是通过社会工作行业的自律来规范社会工作服务机构,深圳市社会工作行业的自律主要靠社会工作者协会和各个社会工作服务机构,深圳市社会工作者协会自1992年成立以来,先后出台了《深圳市社会工作服务机构聘请顾问管理办法(试行)》、《深圳市社会工作者协会章程》、《深圳市社会工作行业投诉处理规范》等制度性文件,在社会工作行业内形成了工作规范,在一定程度上促进了行业自律;第三个层面是通过透明开放的运营和财务状况报告来寻求公众的监控,从深圳市社会工作者协会编印的《深圳社会工作发展报告》和各个社会工作服务机构的年度发展报告中均可以看到深圳市社会工作上一年度的工作成效、出现的问题和未来的发展规划,通过这份报告,公众还可以进一步了解深圳市的社会工作服务机构,也实行了对深圳市社会工作服务机构的监控;第四个层面是由深圳市社会工作者协会接受社会工作者、社会工作服务机构和民众的投诉,通过这种方式,进一步规范了社会工作行业的秩序,强化了社会工作行业的自律;第五个层面是由市民政局和各区委托第三方机构进行社会工作岗位服务绩效评估和社会工作服务机构绩效评估,2011年,第三方委托机构对1028个社会工作岗位服务和42个社会工作服务机构进行了绩效评估,岗位服务评估的范围包括岗位管理、服务实施、服务水平、服务推广、发展空间、各方支持、影响力度和受认可度等方面,社会工作服务机构的评估包括了机构组织基础、财务运营、内部治理、外部关系、服务管理、服务产出有效投诉、信息真实、社区服务中心运营状况及对主管部门工作的响应度等方面。经过这些评估,深圳市社会工作服务机构存在的一些不足和问题被挖掘出来,社会工作更加顺畅。

二 深圳市社会工作服务机构监控体系存在的问题

(一)社会工作服务机构自律性不够强

通过对国际发达地区社会工作服务机构管理服务体系的情况分析,可以看出其独立性非常强,自我监控能力也非常强。美国社会工作者协会、香港社会服务联会等机构都会制定自己的行业标准,拥有自己的出版社和宣传策略,通过构建一系列研究中心和教育培训机构来加强自身的机构建设。因为其财政基本上独立,从政府得到的财政补助非常少,因此基本上不用接受政府的管理。

如美国的非营利组织主要是在法律规范的引导下,通过公开透明的制度,实现社会工作服务机构信息的公开,同时也通过行业组织联盟进行行业自律。反观深圳市,其社会工作服务机构监控体系是以政府主导、社会工作服务机构为辅。一方面,虽然深圳市社会工作者协会通过出台一些行业内规章、构建投诉制度和发布年度发展报告来进行行业内的监控,但是其监控程度远远不足,很多方面还要靠政府来监控,如民政局对岗位社工和社会工作服务机构的绩效评估报告;另一方面,深圳市社会工作服务机构收入大部分来源于政府补助,行政化意味非常浓厚,社会工作服务机构没有危机意识,缺乏自我监控、自我提升和发展的动力。

(二)政策法规落实不到位

2007~2013年,深圳市的社会工作服务机构如雨后春笋般地建立起来,为了推动这些社会工作服务机构的发展,解决社会工作服务机构中存在的问题,深圳市先后出台了《深圳市社工机构行为规范指引》等法规,这些政策法规解决了一部分社会工作服务机构存在的问题,推动了社会工作服务机构的发展,但是法规中的条例存在部分实施不了、贯彻不下去的问题。一旦这些法规贯彻不下去,那么对社会工作服务机构进行监控就是一句空话。这些问题的根源在于法规的制定太过刚性。国际发达地区如美国、日本等地初期也是由政府引导,制定规章制度对社会工作服务机构进行监控,但是后来都演变成为行业内的规则,这些规则比政府的政策文件更加有效。政府制定社会工作行业的规则是牛鼎烹鸡,政府有很多公共事务要去处理,不可能有太多的精力来全身心地监控社会工作,而且政府的日常工作远离社会工作的一线岗位,如果让政府这个"皇帝"来制定相关的政策,还不如让社会工作行业这个"将军"来制定相关的政策,这样一方面政府可以分出心来做其他的事情,另一方面,社会工作服务机构因为其一直从事一线社会工作,制定的政策会更加贴近实际,更加有效。

(三)监控体系构建不统一

深圳市对于社会工作服务机构的评估有多种标准,在市一级的层面,有

《2011年度深圳市社会工作服务机构绩效评估实施办法》，在区一级的层面，也有多种评估标准，如光明新区有《光明新区社会工作绩效评估实施办法》。市、区的评估办法不尽相同，缺乏统一的评估标准，造成社会工作服务机构在应对评估时需要多面应对，浪费大量人力物力，得不偿失。多种政策看上去较为完善，但是落实起来却困难重重，政策的重复性造成执行力度下降，责任分工不甚明确。多重政策易造成标准不同，社会工作服务机构在执行服务标准时，往往不知道该执行哪套标准，如果有的社会工作服务机构在各个区都有社会工作人员，那么该机构只能执行多套标准，既要执行市里面的标准，又要兼顾各个区的标准，非常麻烦。在发达地区，如中国香港，只有一套服务素质标准，社会工作服务机构和社会工作者只需要按照这一套标准来执行，大大减少了社会工作服务机构的工作程序和工作效率。此外，重复性的政策会影响政策使用者对政策的印象，大大降低政策的有效性。对于社会工作服务机构的监控者来说，会减弱其专业性和公信力，浪费政策制定者的时间和精力。

三 深圳市社会工作服务机构监控体系的经验与启示

在大陆地区，北京、上海、广州、深圳的社会工作发展情况较好，其中深圳更是以突出的规模速度、民间化运作机制和良好的专业化职业化水准，引起了广泛关注。深圳市的社会工作服务机构已经达到了一定的规模，其监控形式突出了五个结合，构建了以政府监管为主导、社会工作行业自律为补充、社会多方参与的系统性监控体系，改变了过去政府大包大揽的监控模式。深圳市在社会工作服务机构监控体系构建方面具有以下经验与启示。

（一）战略规划与实践推进相结合，建立基础性政策支持体系

深圳出台了社会工作"1+7"政策框架文件，确立以"政府推动、民间运作"为主要特征和专业化职业化发展思路，并先后出台了社会工作服务机构行为规范、社会工作者职业晋升和督导人才培养、社会工作者登记注册、政府评估监管等多项政策制度文件，对社会工作者的岗位设置、职业水平评价、薪酬待遇、财政支持、社会工作服务机构以及社会工作者与义工的关系等方面

都进行了明确的规范，为深圳的社会工作构建了较为系统、全面的政策制度体系。同时，深圳市率先在全国改变了双重管理的登记制度，对于公益慈善类组织取消了业务主管部门，直接在民间组织管理局登记即可成立民办社会工作服务机构，深圳全方位为民办社会工作服务机构搭建了充分开放的服务平台。

（二）动态跟踪与静态规范相结合，创立多元评估主体的评估机制

深圳自2010年开始引入独立第三方机构来进行社会工作服务机构的综合评估工作，评估工作迈上了新台阶，而政府对社会工作服务机构的监控方式由直接向间接转变。评估工作中的指标包括"组织建设"、"服务管理"、"财务审计"、"公共关系"、"服务产出"五项基本指标和"政府资助项目评价"、"投诉处理"、"年检情况"三项附加指标。第三方对社会工作进行独立评估既展现了深圳社会工作评估工作的公平公正，又为规范和指引民间社会工作的发展带来了实际的促进作用。深圳民办社会工作服务机构在场地设施、工资福利和绩效考核政策、组织治理架构、员工晋升培训制度、服务程序等各方面都逐步提升，整体的服务水平随之上升，一批品牌机构脱颖而出，以点带面地促进了深圳社会工作服务机构的整体性发展。

（三）行业规范和发展倡导相结合，形成行业诚信自律的氛围

深圳市社会工作者协会充分发挥行业自我规范、自我管理的行业服务职能，通过协会（常务）理事会和会员代表大会以会员代表民主表决的方式通过了一系列的行业规范：有行业从业准入规范《社会工作者的登记注册管理办法》、《社会工作者守则》；有行业晋升选拔管理规范《督导助理选拔指引》、《初级督导选拔和考核管理办法》；有《行业投诉处理办法》，协会选举产生行业纪律工作委员会，负责处理公众和各方监控主体对社会工作者和社会工作服务机构违规行为的投诉；同时在行业内发布《深圳市社会工作服务机构诚信自律倡议书》，协会带头公开行业服务信息和财务信息，倡导社会工作服务机构诚信自律。通过上述行业规范，深圳市明确了以行业规范和行业倡导相结合的形式引领社会工作行业自律，从而树立起社会工作服务机构阳光透明的公益形象，推动社会工作服务机构的公信力建设。

（四）观念培育与舆论强化相结合，建构多方参与的社会监督体系

深圳已经初步建立了社会工作的社会监督体系，从社会角度促进了社会工作的发展。深圳的社会工作服务机构均制定了利益相关方的沟通反馈机制和公众的监督评价机制。社会工作服务机构设有网站平台，在网站中向社会民众公开了机构简介、机构内部组织架构、机构活动、机构相关项目研究等信息，部分社会工作服务机构网站中还有监督电话以便社会民众对其进行监督，向民众提供了参与监督的渠道，培育社会公众对社会工作监督的参与意识。同时，在深圳社会工作的发展过程中，媒体在社会舆论监督方面扮演了重要角色，深圳社会工作强化了媒体对社会工作监督的参与，不论是对社会工作服务的宣传表彰还是对社会工作服务问题的跟踪报道，深圳社会工作一直受到媒体的高度关注，媒体的监督角色得到了充分实现。媒体的关注，社会公众的参与促使社会工作发展中所出现的部分问题得到正视与解决，有利于社会工作健康、稳定地发展。

（五）"放水养鱼"与"物竞天择"相结合，引导社会工作服务机构自我提升

依照时间的不同，深圳市社会工作服务机构的监控策略也是不同的。2007～2008年，深圳市的社会工作刚刚处于起步期，社会工作服务机构以政府扶持成立为主。随着时间的推移和社会工作服务机构数量的增加，深圳市政府逐渐采用"放水养鱼"的方式来培育社会工作服务机构，在某些层面对社会工作服务机构充分放权，既要对其监控、扶持，更要其放开手脚，培养社会工作服务机构的独立自主、自力更生精神。深圳市政府对社会工作的购买以市、区两级政府为主体，购买种类为"岗位购买"和"项目购买"两种，购买方式则采用"公开招标"，社会工作服务机构要靠自己真正的实力来竞标，如果机构自身在机构综合评估中成绩不佳，不注重提升自己的服务能力、不加强机构和社工人才队伍建设，机构要获得政府购买服务项目是非常困难的。

此外，深圳市民政局在培养社会工作服务机构的基础上，对社会工作服务机构逐渐引入市场机制、竞争机制。每年对机构进行年审，对于年审不通过的机构不再购买社会工作服务。在深圳市民政局的主观推动下，社会工作服务机

构的竞争更加激烈,整个深圳市社会工作行业形成了"优胜劣汰,物竞天择"的发展趋势,部分社会工作服务机构认识到单纯靠政府购买的风险,开始逐步摆脱单靠政府"埋单"的状况,积极吸纳各种社会资源。如2009年的深圳市致诚社会工作服务中心就积极探索,重点开发了"企业社工"这一相对新鲜的事物,企业社工与传统的社工岗位购买不同,改变了传统社会工作岗位靠政府单一购买的情况,政府只支出岗位费用的一半,另外一半则由企业负担。企业社工在一定程度上将社会工作服务机构推向了市场,吸纳了更多的社会资源,社会工作服务机构的抗风险能力进一步提升。

四 深圳市下一步构建社会工作服务机构监控体系的对策建议

(一)优化提升深圳市社会工作政策文件,释放政策红利

2007年深圳市委、市政府颁布了《关于加强社会工作人才队伍建设推进社会工作发展的意见》("1+7"文件)。这个文件包含了1个主体文件和7个具体的实施方案,包括社会工作者职业水平评价、培训、岗位设置、薪酬待遇、民间组织、"社工+义工"联动以及财政支持方案。但是,随着深圳市社会经济的高速发展和城市化进程的进一步加快,社会工作者人才队伍建设的一些矛盾和问题逐渐显露,"1+7"文件的贯彻落实也面临部分阻力。发现"1+7"文件中的不足和问题,继承提升"1+7"文件,使其与深圳市社会经济的发展相契合,成为当前迫切需要解决的问题。需要优化提升的内容包括社会工作服务机构的扶持和监管、社工晋升制度、社工注册登记制度等一系列制度。这些优化提升措施,旨在摒除"1+7"文件实施过程中的阻碍因素,完善政策本身,使政策的执行逐步进入正常状态,政策红利进一步释放,政策功能可以得到充分发挥,社会工作服务机构监控体系更加完善。

(二)加强社会工作服务机构行业公信力建设,查处违规行为

面对社会工作服务机构公信力不强的问题,下一步,深圳市将重点加强机

构的公信力建设，严厉查处违规行为。首先，优化社会工作服务机构的理事会、监事会等内部治理结构，规范指引其开展财务和事务公开；其次，加强社会工作行业能力建设，推进社会工作服务机构实体化，政府购买社会工作服务逐步转化为以项目购买为主，鼓励社会工作服务机构自主开展专业服务，发展特色服务，分领域制定实施社会工作服务标准，推动社会工作服务的标准化、规范化和程序化；再次，加强评估监管，委托第三方专业机构对社会工作服务绩效实行统一评价，并作为政府购买服务的主要依据，强化优胜劣汰，强化社会工作服务的经常性、过程性监管，建立社会工作行为的"红线"制度，严厉查处违规行为。

（三）加强社会公众对社会工作服务机构的监控，强化监控效果

通过印刷发放宣传资料、订购专业书刊、与媒体合作等方式，增进社会了解与认知。继续推动公益创新项目电视选拔大赛，运营深圳市公益服务平台，并举办不同类别的社会工作培训项目，如岗前培训、机构管理人员培训、党政干部培训、本土督导人员培训等。创立2~3个集教学、研发、交流为一体的国家级、省级、市级社会工作培训中心、培训示范基地或者实训基地，实施社会工作人才培养重点工程。发动各方力量对社会工作服务机构进行监控，鼓励民众参与监控，将政府监控逐步向社会公众监督和社会工作服务机构行业自律为主、政府监控为辅的监控体系过渡，强化监控效果。

（四）加强社会工作服务机构能力建设，提升机构自律

确定社会工作服务机构的公益目标，培育其志愿精神和社会使命感。扩大社会工作服务机构的服务范围，加强社会工作服务机构的责任感和为社会事业服务的热情，形成自我管理、自我发展、自我约束的机制。不断提高社会工作服务机构的自治能力，逐步实现自立、自养，多方位强化机构能力建设，多渠道扩大其社会资源，改变其收入单一化的现象。在一些政府接触不到的领域引入社会工作服务机构，探索军队、环保、少数民族和宗教等社会工作服务新领域。摆正社会工作服务机构的位置，让其成为政府的好帮手、好助手、好参谋，为政府分忧，共同促进社会工作的建设。此外，鼓励社会工作从业人员参

加国家社会工作职业水平评价考试和深圳市社会工作者资格考试，完善社会工作人员培训制度，将一大批具备专业化社会工作能力的人才充实到社会工作服务机构中去。不断提高社会工作者人才薪酬待遇，用良好的待遇留住人，不断提升社会工作服务机构的专业化和职业化能力，固本清源，在做好机构自身能力建设的同时，提升机构自律机制的建立。

B.27 深圳工会推进群众化、民主化建设的实践与思考

王同信[*]

摘　要： 深圳市较早建立起社会主义市场经济体制，在劳动关系领域也较早出现一系列问题，越来越成熟的企业工会组织，在代表工人、维护工人和团结工人方面发挥了重要作用。但由于企业工会组织建设的规范化不足，不少工会更多是代表资方利益而非工人利益，严重影响了工会组织的公信力和权威性。面对越来越复杂的局面，深圳市进行大胆改革创新，在工会建设过程中充分发扬民主，取得了显著成效，工人群体的自组织能力得到大幅度提升。

关键词： 工会　民主化建设　劳资关系　群众路线

改革开放30多年来，深圳在率先建立起充满活力的社会主义市场经济体制的同时，经济社会发展的不平衡、不协调、不可持续等深层次矛盾和问题也日益突出，劳动关系领域尤其呈现了越来越复杂的局面。作为工人集体权利的代表者和行使者，工会在劳动关系健康运行中的作用不可替代。企业工会的建设实质上就是工人集体权利的建设。把企业工会组织建设好，充分发挥企业工会的作用，是从源头上治理劳动关系的社会基础工程。

深圳市总工会坚持把企业作为工会工作的主战场，落实工人的民主权利，

---

[*] 王同信，深圳市总工会。

通过规范化的民主选举,提高企业工会的代表性,并通过"真谈实谈"的集体协商,实现职工群众法定权利之上的集体利益增长。在这种思路指导下,形成了一批优秀的企业工会组织,在代表工人、维护工人和团结工人方面发挥了重要作用。

一 深圳劳动关系的状况对工会建设提出的挑战

深圳是典型的企业大市、用工大市。据市场监督管理部门2012年的统计,深圳市企业总数(不含个体工商户)48万多家,其中非公企业占97%以上。全市职工总数约1000万,其中80%以上是外来务工人员,而外来务工人员中,又约有70%是新生代劳务工,"80后"、"90后"已成为劳动大军的主力。

从总体上来看,深圳市的劳动关系是平稳的,但由于一些影响劳动关系的源头性、基础性问题的存在,劳动者权益的实现还有许多不尽如人意之处。2012年,深圳市劳动争议仲裁机构受理案件3.34万件,涉及6.96万人,同比分别上升14%、22%;集体争议案件651件,涉及3.47万人,同比分别上升57%、28%。劳动信访部门共受理群众来信来访70778宗,涉及133756人次;处理重大集体信访275宗,涉及16255人次。同年,深圳市总工会受理法律援助案件2038件,涉及员工7697人,涉案标的额为1.44亿元;信访共接待来电、来信数分别是5989次、2278件,接待来访员工6689人次。在相关政府部门和工会组织的共同努力下,大量劳资纠纷被化解在基层。以龙岗区为例,2012年全区发生劳资纠纷约2万宗,工会组织参与处理7600多宗。从劳动纠纷的内容上看,以前单一的围绕"劳动报酬"的劳动争议,已经变为多样化的争议,除劳动报酬外,还有劳动全责、工伤待遇、追索保险金、补办退休手续、签订无固定期限劳动合同、要求带薪年假待遇、劳务派遣工要求同工同酬、企业搬迁引发的员工安置、申请撤销劳动仲裁,以及确认辞退开除决定无效并恢复工作等新的诉讼内容。近年来发生的如富士康员工坠楼事件、古驰虐工事件、海量存储停工事件,也都直接或间接与劳动关系有关。可以认为,劳资矛盾已经成为影响深圳社会和谐稳定诸多矛盾的重要因素。

深圳劳动关系中的矛盾和问题可以概括为三个特点。一是劳动用工高度市场化，但劳动关系的市场化远未完成。二是多层次的劳动关系同时存在，但无论是在何种劳动关系中，劳动者的权益均未得到全面落实。三是劳资矛盾从个体向集体转变，调整集体劳动关系成为当前解决劳动关系问题的重点。2007年4月，深圳盐田国际工人发起的一次罢工成为深圳劳动关系发展中的标志性事件。在这次罢工中，工人们第一次提出增加工资、工时补偿、分享企业发展成果的诉求，并要求组织起来，成立自己的工会。自此以后，深圳劳动关系发生了一个重大变化，进入了更高级的阶段，开始了有组织的利益博弈。深圳在2007年以前发生的重大劳资纠纷中，主要是法定权益受到侵害，提出增长工资则十分鲜见，而现在，要求增长工资和分享企业发展成果的占到一半。

在成熟市场经济国家中，制度化的集体权利是劳资平衡和稳定的基础。如果没有集体权利的赋予，工人只能通过个体或者无序的集体抗争的方式来反对和抵抗资本的盘剥，这必然使市场经济运行受到来自劳动关系问题的影响。因此，工会作为工人集体权利重要的代表者和行使者，在劳动关系方面的作用是不可替代的，工会的建设实质上就是工人集体权利的建设，而发挥好工会作用，就是在提高劳动关系市场化的程度，从而为市场经济的进一步发展扫清障碍。

但是，工会的现状并不乐观，深圳还有相当一部分企业工会无法发挥作用。比如，企业工会组织建设不规范，还存在相当多的"老板工会"。在2012年深圳职工队伍状况的调查中，企业负责人，包括厂长（总经理）、副厂长（副总经理）和人力资源部门负责人任工会主席的占48.4%，兼任其他厂级正副职务的占16.7%。这种"老板工会"与工会的基本性质不相符，其地位和立场与职工利益存在冲突，无法充分地履行自身职责。又如，工会干部角色定位不清晰，认知出现偏差。在受访的工会主席当中，对"工会代表工人的利益，而不是企业雇主的权益"这一项，表示中立和不同意的达53.5%，表示同意和有些同意的占37.5%，而表示非常同意的仅占8.9%。这些问题严重影响了工会组织的公信力和权威性，导致工会在处理劳动关系问题时进退失据。

党的群众路线指明，衡量群众组织工作好坏的标准，就看为党赢得了多少群众。联系的群众越多，说明工作做得越好。群众组织作用发挥好了，党的群众工作基础就稳固，任何时候都不能动摇和偏离为党做群众工作这一根本职能。在深圳目前的劳动关系形势下,工会发挥作用已经到了刻不容缓的时候,面对劳动关系出现的新情况、新问题,转变工会工作的方式,包括体制机制和运行方式,更好地适应市场经济发展的要求,在构建和谐劳动关系中发挥作用,这是新时期深圳工会必须解决好的问题。

二 深圳工会群众化、民主化建设的思路与实践

现代社会和谐劳动关系的形成有四个基本要素:其一是具有代表性的工会组织和雇主组织,而具有代表性的工会又是首要的;其二是一个完备的劳动法律制度;其三是执行这些法律的体制基础;其四是劳资双方的沟通协商机制。在这四个要素中,深圳市最薄弱的是工会和雇主组织的代表性问题及劳资双方的沟通协商机制,而解决工会组织的代表性问题又最为迫切。

2007年以来,在深圳日趋激烈的劳资博弈背景下,理光、盐田国际、先端精密等一批优秀企业工会应运而生,生动地揭示了深圳工会工作顺应时代要求、适应社会变化而进行的改革。2012年和2013年,部分国家和省市领导人先后到理光公司调研,对理光工会工作给予了高度的评价,称赞理光公司工会"有地位、有作为",是与一流企业相适应的一流工会,让人"刮目相看"。理光工会的经验,归结起来就是通过真正意义上的民主选举产生工会,规范化运作,凝聚和团结工人,体现工会作为"职工自愿结合的工人阶级的群众组织"的应有面貌。

理光等优秀工会的做法,为深圳市探索市场经济条件下,如何建设好企业工会提供了鲜活的经验。2012年初,深圳市总工会对以往的工会组织建设进行了认真的总结和梳理,确定了"民主选举产生、规范化运作、向职工群众负责"这样一个基层工会组织建设的工作思路。这个思路的核心就是以职工为本,尊重和落实职工的民主权利,让工会回归到"职工群众组织"的本来面目,更好地打造一批像理光这样的工会组织,把工会组建的选择权交给工人,让企业工会在构建和谐劳动关系中切实发挥作用。

企业工会建设的关键在于企业工会是如何产生的。根据《工会基层组织选举工作暂行条例》、《企业工会主席产生办法(试行)》和《深圳市实施

〈工会法〉办法》等规定，深圳市总工会要求企业工会委员会必须经过规范化的民主选举产生。首先，要求会员代表民主产生，这是最基础也是最关键的环节。企业一般以车间或部门为单位，按照一定比例（常常规定了一线员工比例）选出工会会员代表。其次，工会委员候选人民主产生。强调候选人民主产生办法以及候选人建议名单公示制度，候选人通过采取组织推荐、会员联合推荐、会员自荐等方式进行提名，并最终通过会员代表选举产生正式候选人。最后，工会主席民主产生。工会委员会的主席、副主席，可以由会员（代表）大会差额选举产生，也可以由基层工会委员会差额选举产生。企业工会委员会由民主竞争、公开选举产生，强化了工会作为职工权益的代表者和维护者的特性。

企业工会成立以后，就必须规范化运作。一方面，企业工会需要建立集体协商制度，与企业展开真谈、实谈的集体协商，致力于提高工人福祉，保证工人工资制度性增长，同时围绕集体协商组织工人和团结工人；另一方面，企业工会必须致力于内部的规范化建设，包括组织体系、活动内容、议事规则以及经费使用等，应当形成一整套符合企业职工情况的制度和机制。工会作为工人自己选举出来的群团组织，必须按章办事，公开透明，自觉接受广大会员民主监督，重大事项都由会员来决定，真正取信于工人。一个规范的制度要比一个好的工会主席更重要，制度不但可以规范劳动关系各方主体行为，最重要的是树立起一种规则意识，大家共同尊重规则、遵守规则，创造出一种规范有序的环境，并最终形成工人群体强大的自治力，不断提高工人群体自己做主的能力和水平。

工会的所有工作还必须回到向职工负责的终点。企业工会主席和工会委员会最重要的职责，就是保证《工会法》和《工会章程》所规定的各项职责落实到位。工会干得好不好，必须要由职工来评价，从而增强企业工会工作的刚性约束，把企业工会工作纳入职工群众民主监督的轨道，把工会工作的评判权交给会员群众，真正实现企业工会向职工群众负责。因此，企业工会考核工作由上一级工会组织和领导、企业工会自行组织实施，通过开展"会员评家"等活动，充分调动会员群众民主参与的热情和活力，把测评结果作为对企业工会组织、工会干部考核、评先评优和规范化建设达标的重要依据，真正实现把工会工作的评判权交给会员群众。2009年，深圳在全国首创了基层工会干部岗位津贴制度，按深圳社会平均工资的5%补贴企业工会干部。实践证明，这项措施对提高工会干部的责任意识，效果明显。

如果把深圳企业从劳动关系的角度做一个分类，可以发现，不同层次企业的劳动关系的状态是不同的，这也决定了深圳市总工会的工作重点。其中的先进制造业企业和现代服务业企业，多为资金密集型、劳动密集型、技术密集型的结合体，如沃尔玛、富士康、海量存储及港口类企业等大型骨干企业，是深圳市经济战略发展的重点。这类企业的个体和群体劳动纠纷都时有发生。在这些劳资纠纷中，没有看到企业刻意规避法律责任，也没有侵害员工权利的意图，出现的问题，也似乎与企业本意相违。但问题就是发生了，原因在于，企业把主要精力放在经营和发展上，对劳动用工采用了最简单的方式去处理，没有认真考虑员工的需要和感受。这是当前劳动关系最重要的问题之一。处于产业链低端的中小企业、劳动密集型企业，侵犯职工合法权益的现象主要表现为克扣拖欠工资、随意处罚和解雇员工、欠缴社保、欠薪逃匿等。如何贯彻落实好劳动法律法规，加大对劳动用工的执法监察力度，依法化解劳资矛盾，对这类企业来说尤为紧迫。

深圳市总工会在谋划和推进工会工作改革创新时，把关注的重点放在千人以上企业。总工会在2012年初做过一项统计，深圳市千人以上的企业有745家，覆盖职工约230万，约占全市职工总人数的1/4。无论从企业规模、职工人数，还是从社会影响面来看，这部分企业的劳动关系和职工队伍状况不仅关系到全市劳动关系建设的和谐程度，更影响到深圳这个"企业社会"的和谐稳定。千人以上企业大都属于先进制造业企业和现代服务业企业，由于管理层级多，高级管理者日益远离工作场所，对工人的不满无从感知，一旦发生恶性劳资事件时，反应速度缓慢。因此，企业高层迫切需要及时了解和掌握工人的诉求和不满，便于企业管理者随时反思和调整管理方针和政策，从而缓解由于自上而下的权威管理所带来的劳动关系风险。而这又是通过企业的行政管理系统无法完成的，只有独立于企业行政之外的工会承担起这样的工作。同时，千人以上企业工人的利益诉求已经不再仅仅是以往的"以法维权"，而是更加关注企业利润的增长是否给自己带来了更多利益，包括增长工资、改善工作条件、缩短工作时间、提高福利待遇等，其劳资矛盾的触发点大多具有"增利"的特征。在千人以上企业的大生产体制中，工人的集体意识更强烈。共同的劳动场所、集中的住宿环境、高度同质化的利益诉求、大工业所要求的协作精神和纪律都使得工人自发地产生集体意识，而这种集体意识恰恰是建立工会最重要的推动力。以往在罢工事件中要求"建立工会"和"重整工会"的，往往都发生在千人以上企业。千人以上企业也是孕育、培养工会积极分子的土壤。工会主席除了要有工人立场和工人情感外，还必须具备一定的管理能力和领导能力。显然，拥有大量中基层管理干部的千人以上企业更有利于民主建会过程中工人精英分子的脱颖而出。通过千人以上企业的实践形成以点带面的区域劳动关系稳定机制，增强上级工会与企业工会的紧密互动，才能最终把工人始终团结在工会周围。

三 深圳工会群众化、民主化建设的成效

2013年下半年，深圳市总工会组织了一次大样本问卷调查，分别在两类企业展开。一类是按照民主程序进行规范化建会的企业（简称甲类企业），一类是没有不按民主程序进行规范化建会的企业（简称乙类企业），以检验发扬民主对于工资增长、职工稳定、工会组织建设等劳动关系结果的实际影响。

从回收的问卷数据看，甲乙类企业在数据上并没有呈现巨大的反差，对于才实行不到两年的制度而言，巨大的反差既不现实也没有说服力。但即便如此，还是发现，几乎在每个问卷问题上，甲类企业与乙类企业都有差别，反映了发扬民主带来了普遍且积极的劳动关系效果。数据中所呈现的甲类企业在工人工资、工人稳定性、工会作风以及工人工会意识等多方面的变化，为深圳市总工会继续坚定不移地推行企业工会民主化建设的工作思路树立了信心。

（一）工人工资制度性增长

集体协商是保证工人工资制度性增长最重要的手段，推动集体协商也成为

在工会建设中发扬民主的一项重要职能。从数据上看，遵循民主程序建设的企业工会更加重视集体协商的工作，集体协商工作也切实为工人带来了利益增长，从而加大了工人对于集体协商的关注和支持。图1和图2中，66%的甲类企业工人知道近年来通过集体协商增长工资，同时有70%的甲类企业工人的工资是通过集体协商工作得到了增长，这些数据都高于不按民主程序建会的乙类企业。值得注意的是，在图3中，"哪种方式最能帮助您涨工资"的问题中，甲类企业工人更多选择"集体协商"的方式，而乙类企业工人在"最低工资标准上涨"以及"老板和管理层决定"的选择上比例也较高。

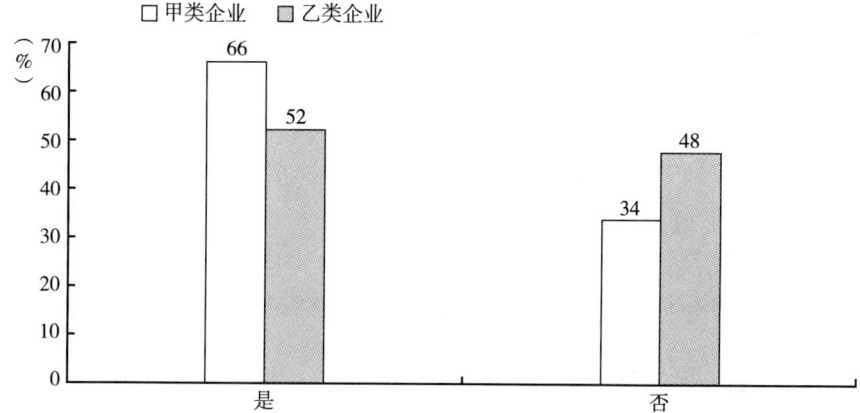

图1　您是否知道您工作的企业，近年来都会通过集体协商增长工资

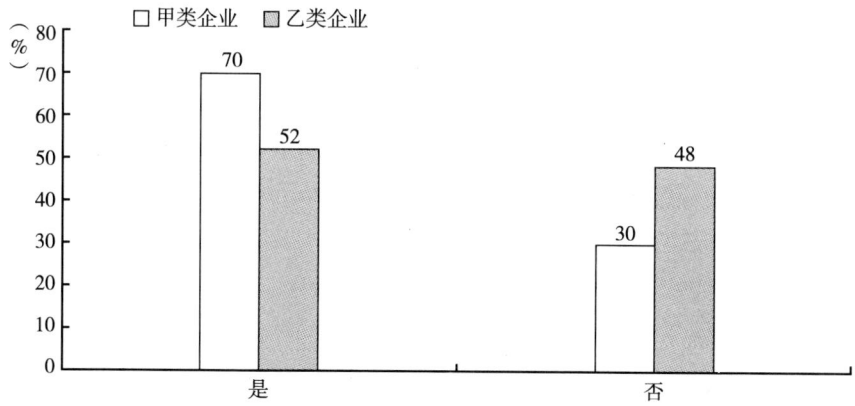

图2　最近两年，您的工资是否通过集体协商得到了增长

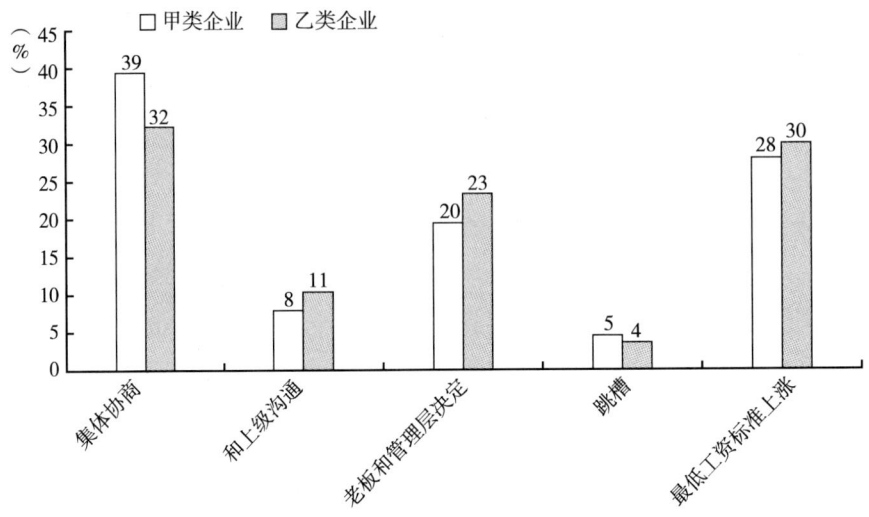

图3 以下哪种方式最能帮助您涨工资

（二）工人队伍的稳定性增强

工人队伍的稳定一直是判断劳动关系稳定的重要标志，在工会建设中发扬民主的目的也是为了稳定企业劳动关系，从而形成一批稳定的职工队伍。从数据上看，在工会建设中发扬民主的企业工人会对企业有更多的认同感和忠诚感，企业的管理政策也会体现更多的柔性，工人更愿意在可预期的未来继续留在企业工作。图4和图5中，68%的甲类企业工人，表示按照民主程序建设工

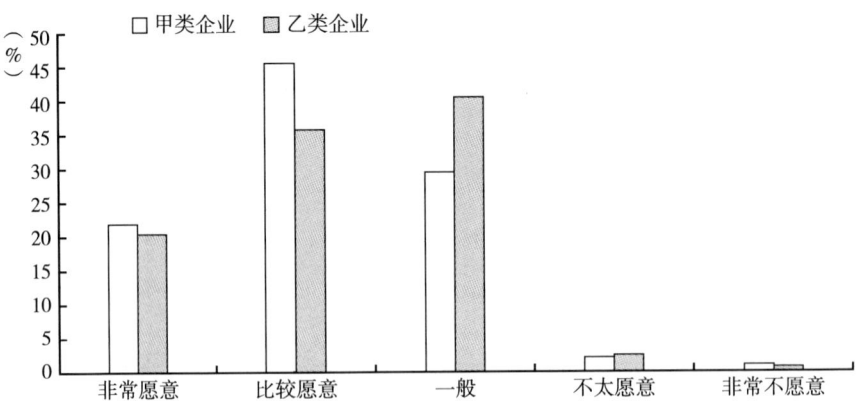

图4 按照民主程序建设工会之后，您是否更愿意留在公司工作

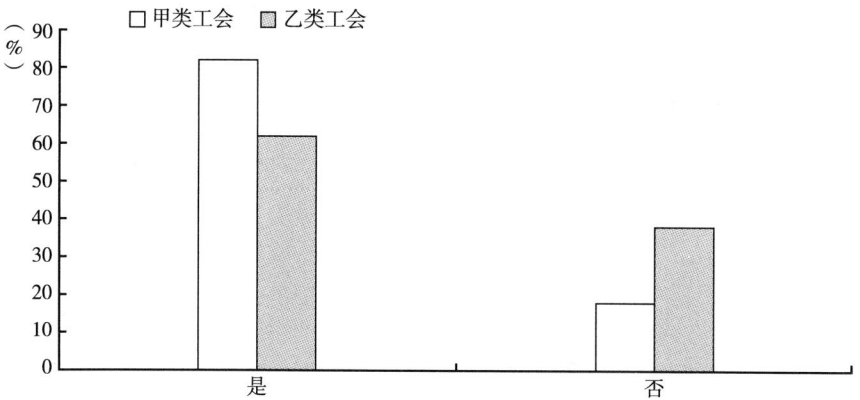

图 5　贵公司近两年工资增长之后是否能够吸引更多的员工到贵公司就业

会之后非常愿意或比较愿意留在公司工作，同时81%的甲类企业工人认为近两年的工资增长能够吸引更多的员工来就业，这些数据都高于不按民主程序进行工会建设的乙类企业。值得注意的是，在图6中，建立工会以来，企业是否在管理上有所改善、更加关心工人的问题上，更多的甲类工人持肯定态度，而更多的乙类工人持否定态度。

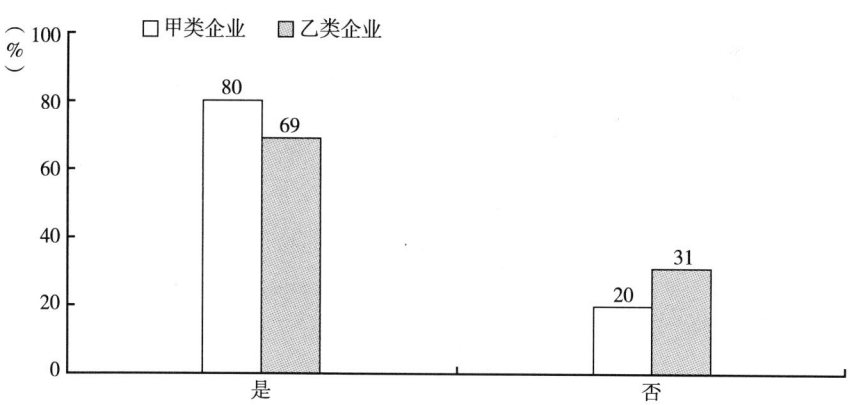

图 6　建会以后，企业是否在管理上有所改善、更加关心工人

（三）工会工作作风更加务实

工会作为工人自己选举出来的组织，就必须具备强烈的工人意识，在日常工作中时刻想着如何贴近工人和服务工人。从数据上看，按照民主程序建设的企业工会工作的压力会更大，工会的自身运作会更加高效，工会与工人的互动会更加紧密。图7和图8中，60%的甲类企业工会至少每月开会讨论工会工作事宜，而54%的甲类企业工人会就自身权益事宜与工会主席或工会委员沟通，这些数据都高于乙类企业。值得注意是，一旦工会深入工人群体，致力于维护和提高工人的权益，则会面临越来越大的压力，并进一步转变自身作风。图9中，65%的甲类企业工人认为工会在集体协商中考虑了自身对工资或福利待遇的意见，而在图10中，则有高达77%的甲类企业工会认为自己的压力与日俱增。

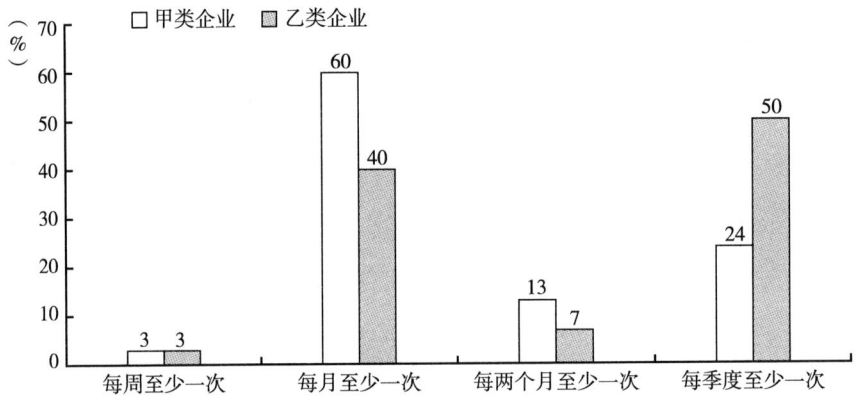

图7 建会后，工会委员（包括主席、副主席）集体讨论/开会的频率为

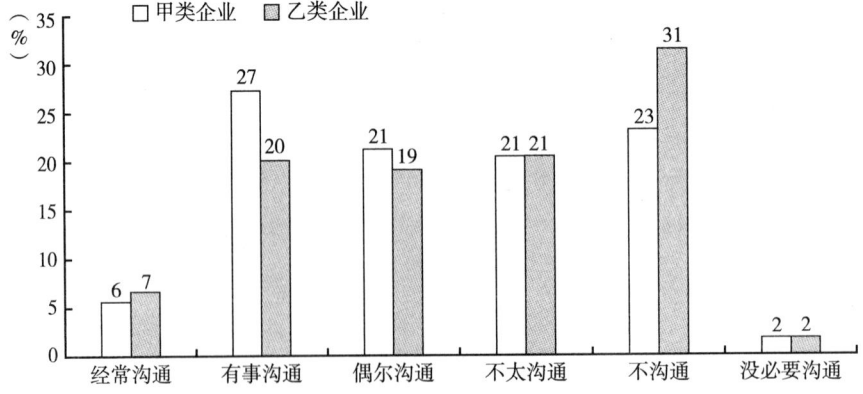

图8 您是否经常能和工会主席或工会委员沟通

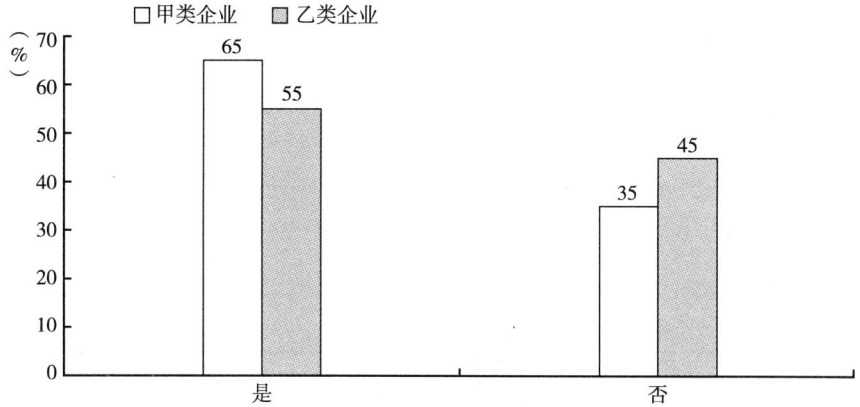

图9 在集体协商过程中，工会是否考虑了您对工资或福利待遇的意见

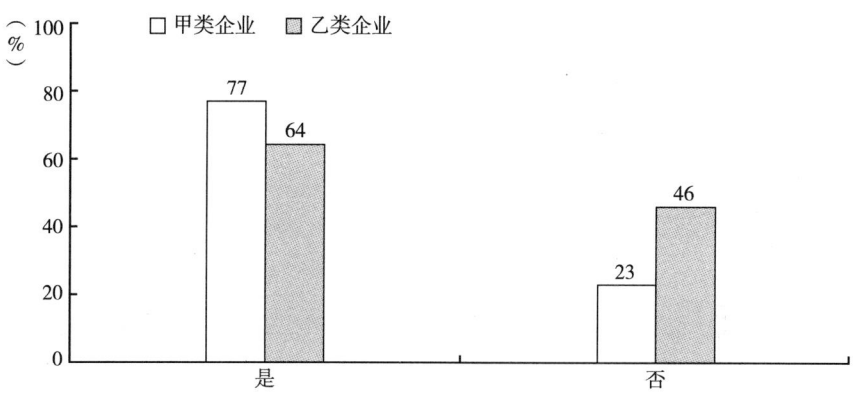

图10 建立工会后，工会的压力是否与日俱增

（四）工人逐步形成工会意识

工人一旦把工会作为自身利益诉求的制度性渠道，就会形成团结意识和工会意识，从而信赖和依靠工会。从数据上看，甲类企业工人对工会有更多的体验和更深入的看法，工会与工人有更多的互动过程，使工人更加了解和支持工会。图11和图12中，在甲类企业中，41%的工人找工会的次数更多了，从而让73%企业工人由此更加了解工会的工作和职能。图13中，甲类企业43%的工人选择缴纳工会会费，这是非常重要的衡量工人工会意识的指标，以此凸显

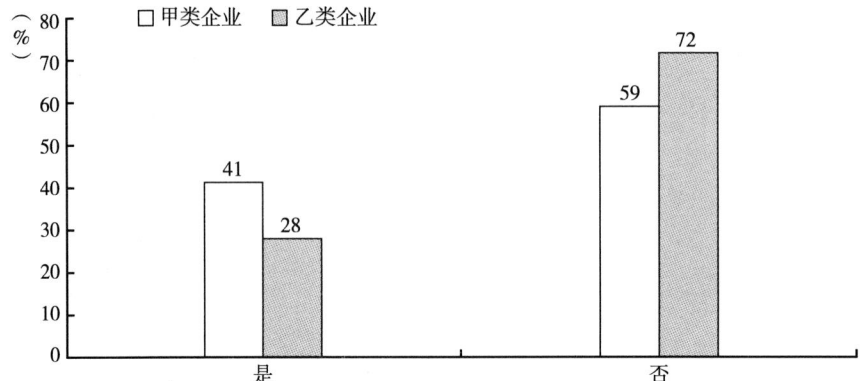

图 11　您去找工会的次数是否更多了

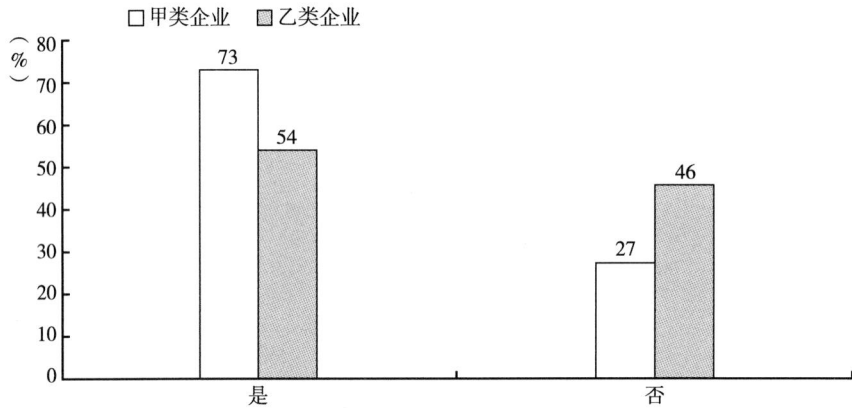

图 12　您是否更了解工会的工作和职能

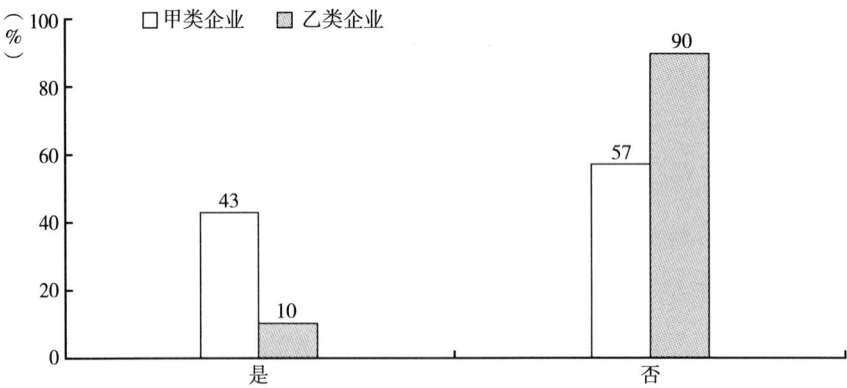

图 13　您是否每月都交工会会费

工人对工会的参与和支持。不仅如此，图14和图15中，更多的甲类企业工人对于工会工作也会持肯定态度，而对"有工会与没工会确实不一样，您同意这句话吗？"这句话，甲类企业工人显然有更强烈的感受。

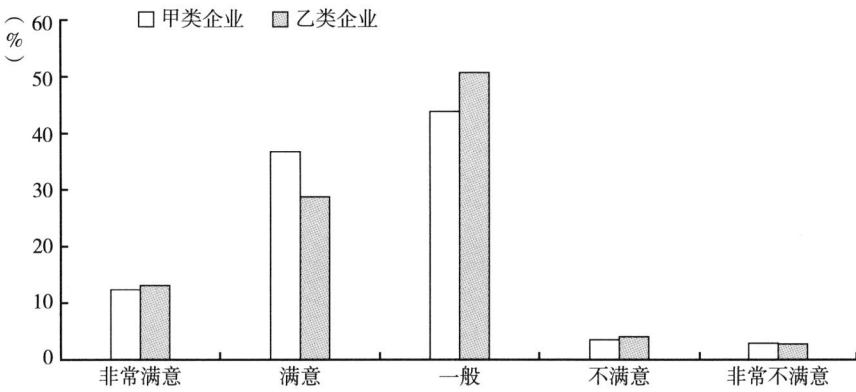

图14　您对现在的工会工作是否满意

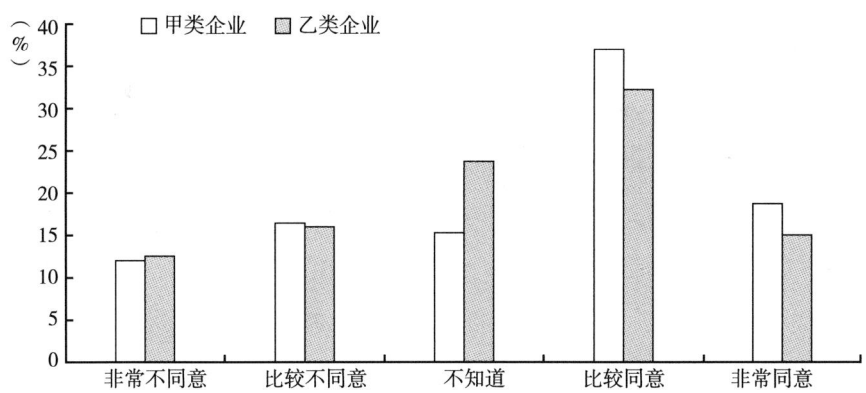

图15　有工会与没工会确实不一样，您同意这句话吗

四　深圳在工会群众化、民主化建设的一些启示

工会在本质上是一个自组织，是市场经济发展、劳资矛盾演化过程中工人"自组织"的形式，其领导下的工人自组织程度也决定了劳动关系的成熟程

度,工人自组织程度越高,劳动关系越成熟。从某种意义上说,深圳推进工会的群众化、民主化建设正是工人群体自组织过程中的一种实践。

(一)工人群体的自组织是工人个体的内在需求

在劳资博弈过程中,个体的工人无法与强大的资本抗衡。利益从来都有组织化冲动,分散的个体工人本能地希望团结在一起,运用"团结就是力量"来提高自身的博弈能力,寻求工资和劳动条件的提高和改善。因此,工人对于组织起来充满了热情和期待,尤其日益增长的共建共享意识成为促成工人组织起来的强大动力,这体现在工人对工会选举的高度参与以及对于候选人的鲜明态度上。2012年,深圳赛意法公司一个车间200多名会员为争当11名会员代表,前后进行8轮角逐。在这过程中,一批受信赖、有能力、敢担当的工人精英分子不断走向前台,工人开始形成自组织和自治状态。

(二)工人群体的自组织有效整合了工人个体利益

通过工人群体的组织化,可以将众多个体的利益主张和信息在团体内部进行集中、归纳和提炼,使相同的利益主张被叠加,相反的利益主张得到协调,可以使分散的利益得到更加集中的表达,这意味着组织化可以获得更大的"话语权"。在这个过程中,工人利益主张被放大,工人的力量也在增强。在理光、盐田国际、沃尔玛等企业工会集体协商前,必然经过集体协商代表推荐、职工意见广泛征求、归纳整理甚至会议表决协商议题等环节。2012年,深圳市欧姆公司工会关于企业薪资架构调整的征求意见中,曾收集到来自工人的173份意见,工会对这些意见归纳汇总为35个问题点,然后再审议整理出7个主要问题作为与资方进行协商的重点内容,这为企业进行最终的薪酬结构调整打下了良好基础。

(三)工人群体自组织推动企业形成了劳资平衡的局面

工人的组织化过程使原本处于一盘散沙状态的工人群体产生强烈的自我意识,利益诉求被高度统一和同质化,从而形成制约雇主的集体力量。而一旦这种力量形成,雇主就不能不有所顾忌,他面临的不是一个工人,而是工会领导下的一群工人,这就会很大程度改变单边主义决策的思维方式,形成团体交涉的理念和习惯,尤其在工资奖金、劳动条件、福利项目方面切实考虑工人的实际感受,听取和吸收工会的意见。以深圳市先端精密公司为例,成立工会前,几十个工人自发地要求涨工资,结果悉数被企业辞退。而在成立工会以及建立集体协商机制后,企业感受到了工人的团结力量,企业的态度随之发生了很大变化。企业董事会专门致函工会,"有鉴于法律规定,工会组织为职工利益的代表者,凡先端精密职工的利益诉求,请通过工会组织表达和协调;今后凡涉及员工利益的重大事项,如工资、福利、规章制度、岗位设置、组织架构调整等,企业将与工会集体协商后确定"。

(四)工人群体的自组织带给了工人理性力量

过去的工人群体事件中,由于缺乏有效的组织对分散的利益诉求进行整合,无法引入理性对话、谈判和协商的冲突解决技术,那些平时有礼貌、有涵养、守规则的人会变得情绪化和非理性化,常常做出极端之举,变成一帮"乌合之众"。这种非理性的利益表达往往偏离行动的初始目标,而且很难得到控制,具有很大的破坏性,极易引发社会的不稳定。而工人组织化的过程则带来了工人理性认识,在工会组织领导下的维权更有章法,也更有力量。2007年和2013年,盐田国际两次发生群体事件,第一次,工人们情绪激动、高呼口号、围堵办公场所,需要大批警力维持秩序,选出的协商代表反复被工人否决;而第二次罢工,没有警车、没有汹涌的人潮,没有人喊口号,企业工会代表工人与企业开展协商,平静而迅速地解决了问题。在市场经济条件下,劳资利益冲突不可避免,建立劳资冲突解决和协调机制才是关键。盐田国际的罢工事件充分表明,经过了六年的规范化工会组织建设历练,培养了工人的集体意识和理性能力,尽管仍是一场无预告的行动,但与六年前相比,罢工的场面和处理的难度都大相径庭。

深圳推进工会的群众化、民主化建设实践正在形成一批好的企业工会。这些好工会,第一,经过民主选举,从工人中来,把工会建立在坚实和广泛的工人参与基础上;第二,通过集体协商为工人带来切实的利益;第三,必须形成规范化的运行体系、民主监督的良好氛围和权利明晰的规则意识;第四,因为工会的存在，企业的劳资纠纷可以在企业内部制度化地解决，形成真正的源头预防和化解机制；第五，工人始终参与工会运作的全过程，工人才是工会的主人。有了工会，工人集体权利得到了保障，工人的个体权利意识和民主意识也会随之增强，劳资之间才能形成动态的利益平衡局面。但利益诉求是无止境的，在寻求工人利益和企业利益平衡点的过程中，对好工会的评价标准已经不是简单的工人满意不满意，而是要看工人接受不接受。这标准看似低了，却是企业民主制度质的飞跃。

B.28
深圳市志愿服务发展的现状与展望

黄晓鹏[*]

摘　要： 深圳是全国志愿服务的发源地之一，志愿服务经历了起步、推广、健全、提升等四个阶段，取得了全国领先的创新发展，这种发展是在一定的客观环境下，行动团体把握重大契机，通过创新制度安排实现的。但也应看到，在创新发展的道路上，深圳志愿服务事业仍然面临一系列严峻挑战，存在一些亟待解决的问题，应通过专业化、制度化、社区化、信息化、国际化等途径谋求志愿服务创新发展的新突破。

关键词： 深圳　志愿服务　创新发展

深圳是全国志愿服务的发源地之一，自其起步之日起，就承载着改革创新的希望和使命。纵观深圳志愿服务的发展，经历了起步、推广、健全、提升等四个阶段。起步阶段（1989~1995年），注册成立市义工联，注册志愿者2万余人。推广阶段（1995~2000年），发展志愿者组织网络，注册志愿者15万余人。健全阶段（2000~2010年），完善体制机制建设，注册志愿者25万余人。提升阶段（2011年至今），服务大运会，建设"志愿者之城"，注册志愿者达94万余人。可以说，一部深圳志愿服务的发展史就是一部创新史。创新既是四个发展阶段的产物，同时也成为引领四个阶段发展的风向标。本文尝试回顾深圳志愿服务创新发展的历程，探索其内在机理，分析存在的问题，提出工作建议。

---

[*] 黄晓鹏，共青团深圳市委员会。

一 历程回顾

改革创新是深圳的根、深圳的魂。在这块改革开放的热土上,深圳诞生了内地第一个法人志愿者组织、第一批国际志愿者、第一部地方性志愿服务法规、第一个"义工服务市长奖"、第一本青少年志愿服务教育读本、第一个"志愿者之城"建设目标……这些内涵丰富、意涵深刻的创新成果,正是深圳25年志愿服务创新发展的精彩浓缩。每一个创新成果的背后,都有其深厚的创新价值,共同构成一个有机的创新体系。

(一)率先探索社会化运作

改革开放以来,深圳志愿服务率先走社会化之路,在社会化运作上积累了宝贵经验。一是组织运作的社会化。例如,市义工联以社团方式运作,由社会人士担任理事会理事长。以"直营"方式推动志愿服务直属组织发展,以"加盟"方式吸纳其他志愿服务团体,广泛联系社会各类公益性社会组织。二是参与群体的社会化。调查显示,全市注册志愿者中,在校学生占18.0%,政党机关和社会团体占22.4%,企业员工占26.6%,其他社会人士占33%;非户籍人口占59%,户籍占41%。三是资金保障的社会化。比如,2012年底注册成立的深圳市志愿服务基金会,财政支持启动资金500万元,面向社会募集资金超过900万元。

(二)率先探索建立法制规范

得益于深圳发育较早较成熟的市场经济,历任主导者具备强烈的法制观念和规范意识,将法制规范提上重要议事日程。一是推动志愿服务组织法人化。市义工联1989年成立,1990年注册为法人。通过提供资金、场地、信息等支持,推动各类志愿服务组织注册法人。目前,全市法人志愿服务组织62个,常年参与志愿服务的法人社会组织1407家,约占全市社会组织的20%。二是构建志愿服务法制框架。2005年颁布实施《深圳市义工服务条例》,从法理上进一步规范了志愿服务工作,推动深圳市志愿服务迈上法制化发展轨道。三是完善社团法人治理结构。以市义工联为例,其最高议事机构是全市义工代表大会,实行理事会领导下的总干事负责制,并设立监督委员会、道德委员会等机构。

(三)率先探索国际志愿服务交流机制

志愿服务具有穿透制度藩篱和文化隔阂的精神力量,成为深圳国际化城市建设的重要组成部分。一是开展国际化项目。2002年,深圳派遣内地第一批国际志愿者,发起并参与"中国青年志愿者海外服务计划",多次派遣国际志愿者赴老挝、缅甸、多哥等国家和地区开展国际志愿服务项目。二是建立国际化队伍。积极吸纳在深工作的外籍人士参与志愿服务,涌现了福田外籍人士志愿者队、盐田外国语学校斯科特老师等优秀外籍志愿者和志愿服务组织。三是加强国际化交流。发挥地缘优势,与我国港澳台地区和韩国、法国等建立互访项目和交流机制,每年有数批次互访团队参与国际交流。2009年,成功举办了"首届义工发展国际论坛(深圳)"。

(四)率先探索志愿者长效激励机制

孔子讲,"君子喻于义,小人喻于利";荀子讲,"德莫高于博爱人,政莫高于博利人"。完善志愿服务激励,既是"博爱"志愿者的道义驱动使然,也是"博利"志愿者的利益驱动需要。一是政府激励。2006年,推出全国首个"义工服务市长奖"。2010年,在全国率先出台志愿服务积分入户政策。志愿服务纳入市民文明行为公约、簕杜鹃勋章评选等方面内容。二是组织认证。率先构建志愿者荣誉认证体系。全市形成志愿者组织认定"一星级到四星级"、"深圳市五星级志愿者"、"深圳市百名优秀志愿者"等多层次、广覆盖的志愿者荣誉认证体系。三是社会关爱。联合中国银行、中国电信、深圳通公司等推出电子义工证,持证的志愿者免费获得实名制红马甲以及在市内参加服务期间的10万元保险,实现了志愿者证件、服装、保险等系统保障。

(五)率先探索志愿文化推广模式

推广志愿文化,润物细无声,是发动群众服务群众、组织群众服务群众的重要推手。一是推广志愿服务理念。"送人玫瑰，手有余香"的志愿服务理念入选深圳"十大观念"，"来了就是深圳人，来了就做志愿者"成为城市宣传的"流行语"，"有困难找义工，有时间做义工"让数以百万计的深圳人耳熟能详。二是推动志愿服务课程化。2013年，28.6%的注册志愿者为28岁以下的青少年。为此，我们编制了全国第一本《青少年志愿服务读本》，16所中小学开展志愿服务课程化试点，3所高校开设志愿服务选修课程。三是全媒体传播志愿文化。在全市主要交通枢纽、公交车身及站台等设立2000多块志愿服务广告，志愿服务广告占全市公益广告数量的3%。全市各级志愿者组织积极开通微博，粉丝数超过120万。聘请易建联、李云迪、陈定等知名人士担任深圳志愿者形象大使。调查显示，97.5%的市民听说过志愿者，90.8%的市民愿意参加志愿服务活动。

（六）率先探索社区志愿服务常态化

立足社区，服务居民，让志愿者来自社区、服务社区，对于推动志愿服务常态化发展具有基础性、战略性意义。一是打造社区志愿服务实体阵地。2013年7月，团市委、市社工委、市民政局联合出台《关于推动志愿服务社区化的意见》，将志愿服务纳入社会建设和社区工作格局，依托社区服务中心启动社区U站建设。目前，已建成7类社区U站98个。二是社区志愿者队伍不断壮大。积极推动党员志愿者、公务员志愿者、文化志愿者进社区，全市社区志愿服务队超过1000支，社区志愿者达35万人，占全市注册志愿者的39%。三是社区志愿服务项目常态化开展。开发社区矫正、社区平安、社区教育等7类常规服务和20项"菜单式"特色项目，37%的社区每周开展1次志愿服务，志愿服务成为社区服务的重要内容。

二　机理分析

事物发展是有其规律的。并且，规律是反复起作用的，只要具备必要的条件，合乎规律的现象就必然重复出现。正因为此，有必要从深圳志愿服务的创新发展过程中，分析其内在机理，把握其规律，从而更好地指导实践。深圳志愿服务的创新发展是在一定的客观环境下,行动团体把握重大契机,通过创新制度安排而实现的。

(一)客观环境:独特的城市禀赋奠定了志愿服务创新发展的良好基础

一是经济基础。深圳是我国改革开放的"窗口"和"试验田",特区成立前30年GDP年均增长达25%,从一个边陲小镇发展为国内经济总量第四大的城市,生产力发展水平和经济体制改革进程走在全国前列,为开展志愿服务提供了良好的经济环境。二是地缘优势。深圳毗邻港澳,受西方志愿文化影响较大。特别是20世纪90年代初,学习借鉴香港经验,建立了社会化程度较高的志愿服务体系,并逐步建立了"社工+义工"联动、志愿服务组织法人化等工作机制。三是人口特征。作为一个移民城市,深圳人口结构严重倒挂。占城市较大比例的外来人口在从"熟人社会"向"陌生人社会"转变的过程中,亟须寻求新的社会网络支持,而参与志愿服务正是其中的重要途径。四是社会文化环境。深圳城市开放性、包容性较强,社会组织蓬勃发展。城市的文明水平较高,公益文化氛围浓厚,志愿服务的社会参与程度高。这些因素共同构筑了深圳志愿服务创新发展的"热土"。

(二)制度安排:自下而上的内在制度和自上而下的外在制度共同构成了志愿服务的创新制度体系

所谓内在制度,是指群体内随经验而演化的规则,如习惯、内化规则、习俗和礼貌等;所谓外在制度,是指外在的、设计出来的并靠政治行动由上面强加给社会的规则,如法律、专门指令、程序性规则等。就深圳志愿服务的创新发展而言,是通过自下而上的内在制度和自上而下的外在制度,共同构建了志愿服务的创新制度体系。一方面,党委政府及相关职能部门把握形势,推陈出新,适时出台相关外在制度,不断完善制度体系。比如,2005年颁发《深圳市义工服务条例》,为志愿服务发展提供了有力的保障,明确了市义工联作为全市义工服务活动组织协调主体的法律地位。2011年底印发《中共深圳市委深圳市人民政府关于建设"志愿者之城"的意见》,进一步明确了全市志愿服务的发展方向和路径。志愿服务积分入户政策、《市民文明行为促进条例》等有效激发了志愿者的积极性。组织、宣传、政法、社工委、发改、机关工委、民政、共青团、妇联等部门制定出台多项促进志愿服务发展的政策文件，各区、各高校也下发了建设"志愿者之区"、"志愿者之校"文件，基本构建了建设"志愿者之城"的制度体系。另一方面，大量的志愿服务内在制度根据经验不断演化并控制着人们的相互交往。广大志愿者、市民在参与和接受志愿服务的过程中，不断积累经验。当认可一项经验的人数超过一个临界点之后，该经验就会转变为一项行为规则。而一旦这些行为规则扩散开来，得到了广泛的遵守，就使得广大志愿者、市民的交往更加容易。"参与、互助、奉献、进步"成为深圳志愿者普遍认同的精神追求，"送人玫瑰、手有余香"、"来了就是深圳人、来了就做志愿者"、"人人尊重义工，人人争当义工"、"有困难找义工，有时间做义工"等渐渐耳熟能详，为广大志愿者、市民所认同，乃至成为深圳城市精神、城市核心理念的重要组成部分，就是最好的例证。有意识制定的，乃至立法通过的外在制度和广大志愿者、市民自发演化形成的内在制度相互作用，共同构建了志愿服务的创新制度体系。

（三）行动团体：初级行动团体和次级行动团体的共同努力推动了志愿服务创新发展

所谓初级行动团体是指决策启动制度安排创新进程的团体；而次级行动团体则是指帮助初级行动团体实施制度安排创新的团体。就志愿服务的创新发展而言，初级行动团体主要包括党委政府、共青团和志愿者核心骨干等；而次级行动团体主要包括相关职能部门、社会公益组织和志愿者普通成员等。志愿服务萌芽于民间，团市委敏锐地把握先机，推动19名志愿者核心骨干发起成立了市义工联，并支持、推动其不断创新发展壮大。历届市委、市政府高度关注，引导志愿服务事业创新发展。历任市委、市政府主要领导、分管领导都十分重视，亲自指导志愿服务工作。例如，在筹办大运会期间，省委常委、市委书记王荣同志提出建设"志愿者之城"的目标，并担任"志愿者之城"建设工作领导小组组长，亲自推动"志愿者之城"建设。与此同时，一批又一批的志愿者不断加入志愿者队伍，市义工联的社会影响力不断扩大。有关职能部门顺应社会需求,不断加大对志愿服务的政策扶持力度,推出前述各项创新举措,组织党员、公务员、平安、医疗、助残等义工队伍直接参与志愿服务。随着社会对志愿服务的关注日益提高,更多的社会公益组织和社会人士加入到志愿服务的行列中来。

(四)重大契机:具有影响力的重大事件是推动志愿服务创新发展的重要里程碑

在深圳志愿服务创新发展的进程中,一系列重大事件发挥了重要的推动作用,如1990年市义工联的成立、1999年首次组织高交会志愿服务、2005年《深圳市义工服务条例》的出台、2008年参与汶川地震救灾等。以2011年大运会志愿服务为例,成功组织大运会志愿服务对全市志愿服务的创新发展产生了深远影响。一是带动了全民参与。127万赛会志愿者、城市志愿者和社会志愿者直接服务大运,20%左右的市民以参与社区治理、文明引导、绿色出行等多种方式践行志愿服务,演绎成为志愿服务的全民总动员。大运会之前,深圳注册志愿者人数年均增长16%左右,2011年之后深圳市注册志愿者人数年均增长达64%。二是营造了良好的社会氛围。"红马甲"、"向日葵"、"小青葱"们在大运会上的出色服务成为志愿服务的最佳展示,志愿服务"不一样的精彩"引领着城市和谐和文明进步。志愿服务成为深圳城市风尚,"参与、互助、奉献、进步"的深圳志愿精神、"来了就是深圳人、来了就做志愿者"等志愿口号深入人心。三是推动了服务终端的建立。大运会保留下来的58个城市U站成为深圳志愿服务的靓丽名片,至今已形成159个城市U站、社区U站、绿道U站构成的U站品牌连锁体系,累计有45万人次的志愿者依托U站服务市民近455万人次。大运会后,市委、市政府乘势而上,提出到2015年初步建成"志愿者之城"的目标,推动形成全市上下共建志愿者之城的生动局面。

三 存在问题

古往今来,任何一个组织、一个事业都是在发现问题、解决问题中发展壮大,在忽视问题、回避问题中瓦解消亡。必须清醒地认识到,在创新发展的道路上,深圳志愿服务事业仍然面临一系列严峻挑战,存在一些亟待解决的问题。毛泽东同志指出,"问题就是事物的矛盾"。"在复杂的事物的发展过程中,有许多矛盾存在,其中必有一种是主要矛盾,由于它的存在和发展,规定或影响着其他矛盾的存在和发展。"在现阶段,就是要抓住影响志愿服务的主要矛盾和矛盾的主要方面,找准存在的问题,明确创新的主攻方向。

(一)志愿服务供需信息不对称

志愿服务的需求方不了解志愿者"何时来"、"谁来"、"来了能做什么"等类似问题。而作为志愿服务供给方的志愿者也不了解需求方的岗位、特点、专业要求等信息。其结果必然是大多数志愿服务停留在简单劳动,甚至是重复劳动的层次。

(二)志愿者个人技能与志愿服务岗位不匹配

一些具有专业技能的志愿者没有找到匹配的专业服务岗位,而从事一些简单、重复的志愿服务,没有实现其服务价值的最大化。问卷调查显示,52.6%的市民认为志愿服务水平有待提高,45.7%的市民认为需要提高专业化程度。

(三)志愿服务缺乏常态化的制度安排

不少志愿组织开展志愿服务多存在活动式、运动式、"一阵风"的情况,与社会对志愿服务的需求、市民参与志愿服务的需要、志愿服务的发展趋势不相适应。问卷调查显示,14.5%的市民曾经接受过志愿者服务,这也就意味着还有大量的市民未接受过志愿服务。

(四)志愿服务视野不开阔

大多数志愿服务组织开展服务活动局限于一城一地,跨区域的交流合作较少,对其他地区先进经验的学习借鉴不足。并且,志愿服务理论研究欠缺,对实践指导乏力,也一定程度地限制了志愿服务的广度和深度。

四 工作建议

党的十八届三中全会做出全面深化改革的决定,提出改进社会治理方式、激发社会组织活力、支持和发展志愿服务组织。市委五届十八次全会提出,以市场化、法治化、国际化和前海开发开放平台等"三化一平台"为牵引,加快建设现代化国际化城市、争当全面深化改革的排头兵。正可谓,改革大潮浩浩荡荡,逆水行舟不进则退。作为全国志愿服务的先锋城市,深圳既不能满足于过往的成绩,也不能困窘于当前的问题,而要进一步解放思想,敢为人先,加强顶层设计和摸着石头过河相结合,遵循发展规律,以问题为导向,集中力量谋求志愿服务创新发展的新突破。

(一)以专业化提升志愿服务"含金量"

天下大事,必作于细。在分工日益精细化的今天,志愿服务触角遍及社会各个领域和城市各个角落,"万金油"式的一般服务难以满足广大市民日益提升的专业志愿服务需求。因此,一是支持和发展专业志愿服务组织。推动降低法人志愿服务组织的注册门槛,进一步放宽注册资金、登记地点、会员人数等条件限制,力争到2015年专业志愿服务组织达到40个以上。二是鼓励专业人才加入志愿者队伍。鼓励各行业部门出台支持专业人才参与志愿服务的政策措施,引导社工、医生、教师、律师等成立专业志愿服务队伍,使拥有专业资质的志愿者在队伍中的比例由目前的15%提高到30%。三是加强志愿服务理论研究。参考北京、广州等地做法,探索建立志愿服务研究机构,组建志愿服务专家库,加强志愿服务的理论研究。四是推动志愿服务项目化管理。坚持需求导向、问题导向,从社会最关注、最热点的需求和问题出发,建立志愿服务项目库,通过"自下而上"、"自上而下"相结合的方式,建立策划一批、储备一批、实施一批的项目滚动管理机制。五是打造志愿服务品牌。拓展大运会志愿服务"U"品牌的内涵,打造深圳志愿服务"U爱"品牌,在扶残助残、文化娱乐、心理咨询、帮困助弱等领域,开展"U爱康行"、"U爱传声"、"U爱阳光"、"U爱包"等系列项目。进一步丰富城市U站、社区U站的服务内容,推广绿道U站试点,加快构建U站品牌连锁服务体系。

(二)以制度化保障志愿服务"历久弥新"

无规矩,则不成方圆。加强志愿服务制度建设,要处理好破和立的关系,形成系统完备、科学规范、运行有效的制度体系。一是完善组织管理制度。适时启动《深圳义工服务条例》修订工作。建立志愿服务组织管理标准，对全市志愿服务组织实行标准化管理，探索建立退出机制。在推广电子义工证的基础上，进一步规范志愿者注册、培训、服务时间记录等相关制度。二是完善激励机制。在社区推广"爱心银行"，探索建立志愿服务积分通存通兑、延时使用机制。推动将参与志愿服务作为入党入团的基本要求和党团员教育管理的重要内容。推动出台《深圳经济特区文明行为促进条例》实施细则，将志愿服务纳入社会诚信体系、市民文明行为档案，探索以志愿服务折抵不文明行为的罚款处罚。三是完善培训制度。坚持通识基础培训和专业技能培训相结合，坚持志愿文化培训和志愿知识培训相结合，坚持骨干领袖培训和普通义工培训相结合，形成多维度、多层次的培训体系。

（三）以社区化实现"志愿服务就在身边"

社区是城市的细胞，是居民工作生活的场所。推动志愿服务社区化，让市民就近就便服务所居住、工作的社区，打通志愿服务的"最后一公里"。一是加强社区U站建设。在全市所有社区服务中心建设社区U站，推动将社区U站纳入社会建设"风景林工程"，将社区志愿服务纳入社区服务中心的评估范畴。开发"菜单式"的社区志愿服务项目，丰富不同类型社区U站的工作内容，提升社区U站的活力。二是开发社区志愿服务岗位。鼓励各行业部门在社区综合服务中心、社区党员活动室、社区图书室等开发设置志愿服务岗位，如社区日间照料、家庭调解、四点半学校等，便于志愿者居家或在工作单位就近参与志愿服务。三是发展社区志愿服务队伍。重点发展志愿服务的专职社工队伍，采取专职社工任社会服务项目经理的方式，推行"医务社工+志愿者"、"环保社工+志愿者"、"学校社工+志愿者"等服务形式，加快构建"社工+义工10分钟服务圈"。

（四）以信息化促进志愿服务"触手可及"

在日新月异的互联网时代，信息手段成为联结志愿服务供需双方的纽带，需要进一步加强信息化建设，提升志愿服务的科学化水平。一是建设智慧型

"志愿者之城"信息平台。结合深圳智慧城市建设，整合中国电信、中国银行、深圳通等社会资源，以"一库——志愿服务数据库"、"一证——电子义工证"、"多应用——服务项目PC端在线发布、POS智能机实时考勤、志愿服务地图动态更新"为核心内容，建设智慧型"志愿者之城"信息平台。二是建立信息化管理机制。全面推广电子义工证，完善全市统一的志愿服务信息平台和志愿者数据库，实现全市志愿者注册、招募、培训等的信息化管理，实现志愿服务项目发布、参与、绩效评估的信息化管理。三是完善供需对接机制。加快推动志愿服务数据的多终端应用，实现志愿服务项目的"无线发布"和"地图式"展现，实现志愿服务组织、志愿者和市民的有效对接。

（五）以国际化推动志愿服务"打开那扇窗"

志愿服务立足深圳、放眼全球，不仅是应该具备的胸怀和气魄，更是在国际化城市建设背景下志愿服务发展的必由之路。一是建设国际志愿者队伍。由共青团、外事部门联合组建一批国际志愿者队伍，积极服务国际赛会展会，参与国际交流，参与举办"深圳周"等国际性活动，助力国际化城市建设。开展"市民讲外语"等活动，提高志愿者的外语水平。二是鼓励开展国际志愿服务项目。坚持"走出去"，继续推动教育、文化、卫生、外事等部门，派遣志愿者参与国际志愿服务项目。坚持"引进来"，推广福田组建外籍人士志愿者等做法，引导境外志愿者组织有序参与深圳志愿服务。三是加强志愿文化国际推广。建立一套便于国际交流、符合深圳形象的志愿者形象识别系统，促进深圳志愿精神的国际传播。推动动漫、新媒体、数字出版等产业，创作一批符合国际主流、体现深圳特点的志愿服务主题文艺作品。在公共传播渠道增加反映志愿服务的公益广告、主题演出数量，增强志愿文化的社会渗透力和时尚影响力。

B.29 发挥妇联在创新社会治理中作用的探索

马 宏*

摘　要： 在深化改革、社会转型、诉求多元的新形势下，在创新社会治理体制的大背景下，妇联如何团结与引领妇女社会组织积极参与社会治理，是亟须深入研究的课题。近年来，深圳市妇联将联系和服务广大妇女作为妇联工作的生命线，通过创新服务手段，主动融入社会治理大局，通过实施"五个一"计划，即一个服务品牌、一批社会组织、一个枢纽平台、一支编外队伍和一张资源网络，延伸了服务手臂，拓宽了工作领域，在参与社会治理创新中发挥枢纽作用，在凝聚和引领社会组织服务更多妇女儿童方面做了有益的探索，但也存在一些不足，需要在实践中不断完善。

关键词： 社会治理　社会组织　妇女　妇女联合会

十八届三中全会《决定》提出"改进社会治理方式"和"充分发挥工会、共青团、妇联等人民团体作用，齐心协力推进改革"。在中国妇女十一大上，习近平总书记强调，推动妇女事业发展，做好妇联工作，必须有改革创新精神。在深化改革、社会转型、诉求多元的新形势下，在创新社会治理体制的大背景下，妇联组织如何更好地组织、动员、服务广大妇女群众，如何更好地团

---

* 马宏，深圳市妇女联合会。

发挥妇联在创新社会治理中作用的探索

结和引领妇女社会组织积极参与社会治理,是亟须深入研究的课题。

近年来,深圳市妇联按照习近平总书记要求,将联系和服务广大妇女作为妇联工作的生命线,通过创新服务手段,主动融入社会治理大局,通过实施"五个一"计划(一个服务品牌、一批社会组织、一个枢纽平台、一支编外队伍、一张资源网络),延伸了服务手臂,拓宽了工作领域,在参与社会治理创新中发挥枢纽作用,在凝聚和引领社会组织服务更多妇女儿童方面做了有益的探索,但也存在一些不足,需要在实践中不断完善。

一 主要做法

(一)打造一个阳光服务品牌,提供多元化服务

1. 设计多样化服务项目

针对女性不同群体,设计"阳光妈妈"、"阳光家庭综合服务中心"、"阳光女工"、"阳光心灵工作室"、"阳光家长"等不同服务项目,满足妇女群众多元需求。其中,"阳光妈妈"为单亲特困妇女、失业女性提供技能培训、就业指导等服务;"阳光家庭综合服务中心"(以下简称"阳光家庭")提供亲子教育、婚姻调适、家庭调解、权益保护等一站式服务;"阳光心灵工作室"提供心理调适、心理辅导、个案咨询等服务;"阳光女工"为外来女工提供素质提升、心理调适、危机干预等服务。迄今,"阳光"系列服务项目已直接服务140多万人次,其中帮助5000多名贫困妇女实现再就业,为逾30万人次提供了心理咨询调适,为642户困难家庭提供了一对一个案辅导和服务。

2. 实行项目化管理运作

根据"政府购买、政府委托、社团申请"的原则,在项目流程中,市妇联主要负责项目设计、申请申报、管理和指导工作。在先行调研、撰写可行性报告的基础上,主动设计服务项目,选择实施社区,向政府申请社工和专项资金,签订项目服务合同,组建社工团队,推进项目实施,制定绩效考核制度,做好督导评估,保证服务项目取得预期效果。比如,实施"阳光家庭"项目,专门制定了《深圳市"阳光家庭综合服务中心"标准化建设规范(试行)》,

逐步建立起一套标准化的操作流程、指标体系和管理模式，提高了项目向更大范围推广的效率。

3. 采取妇工+社工+义工的服务模式

项目运作的三支重要力量包括妇工、社工和义工，我们对三者的工作关系和职责均做出明确定位：妇工（妇联干部）发挥指导、协调和服务作用，主要是协调社工与社区工作站、基层妇联的关系，提供办公活动场地，推动工作的全面展开。社工发挥专业性作用，主要是运用专业化手段为社区居民提供优质、系统、长效的专业服务。义工发挥群众性作用，协助社工服务居民，有效弥补社区资源的不足。妇工、社工、义工三者之间通过优势互补，实现合作共赢，聚集了妇工的经验优势、社工的专业优势、义工的人力资源优势，形成了职责分明、协同配合的工作格局。

4. 进行专业化指导提升

对一线社工进行岗前培训，定期开展性别意识、妇女维权、婚姻家庭等方面的业务培训，与南京大学、香港城市大学和香港社会服务机构等建立合作关系，充分利用他们的专家、顾问、资深社工等资源开展主题鲜明、内容丰富的培训与实践，组织社工到香港相关机构进修，帮助社工实现专业成长，提升服务技能。服务过程中采用"先调研后定项目、先宣传推介后实施服务、先小组社区活动后个案介入"等社会工作专业手法，依托阳光服务网络建立起资源型、支援型和治疗型服务等三个层级的服务架构，提升了服务水平。

（二）扶持一批社会组织，更好地服务妇女儿童

1. 培育社会组织服务妇女儿童

妇联通过精心设计项目，选派法人代表，落实资金、场地扶持措施，指导起草章程，制定工作标准，孵化培育各类服务妇女儿童和家庭的社会组织。如培育成立深圳市妇女儿童心理健康服务中心，帮助项目选点，提供项目启动资金，前期选派妇联干部担任法人代表，在中心发展壮大后主动退出，不再担任法人代表，支持其自主管理，不断发展壮大。目前，该中心拥有100多名专业心理咨询师，在全市各区的大型社区建立了35个阳光心灵工作室，已成为妇

联组织在基层社区服务妇女儿童和家庭的重要力量。

2. 将自有品牌项目注册成立社会组织

对妇联成熟的品牌项目,及时注册成立社会组织,进行实体化运作。如设计、开发"阳光家庭综合服务中心"项目,在项目成为全市重要社会服务品牌后,注册成立了一家名为"深圳市阳光家庭综合服务中心"的民办非企业单位,负责对全市的阳光家庭综合服务中心进行统一管理,同时支持其积极参与全市公共服务项目的招标,这样既保留了妇联的工作品牌,又增强了妇联的服务实力。

3. 帮助优质社团注册成立社会服务类社会组织

从妇联传统的女性联谊组织中择优挑选与社会服务较为密切、服务妇女儿童和家庭较为直接的几个,指导、帮助其注册登记成为真正意义上的社会组织。如指导市女企业家、女律师、女医师等行业特点鲜明,各方面条件比较成熟的女性联谊组织,注册成立为社会组织,支持其承接社会服务项目,满足妇女群体的多元化需求,其中市女医师协会筹集社会资金700多万元,与美国防癌协会、华大基因合作开展"深圳女性人群宫颈癌筛查国际合作项目",与南澳街道合作建立"消灭宫颈癌示范街道",为全市2万多名贫困妇女开展宫颈癌免费筛查,发挥为妇女群众办实事的作用。

(三)创建一个枢纽平台,凝聚妇女社会组织参与社会治理

1. 创办妇女社会组织服务基地,主动培育和服务

坚持"你为妇女儿童服务,我们为你服务"的工作宗旨,集中人力、物力、财力创办"深圳市妇女社会组织服务基地",为全市妇女社会组织提供早期培育、场地支持、信息咨询、资源链接、能力建设等综合性服务。基地集培育、服务、指导功能为一体,内设培育区、展示区和功能区等,服务面积达1150平方米,现已吸引78家妇女社会组织进驻,成为全国妇联系统规模大、功能全、设计新、运作规范的服务基地之一。

2. 成立妇女社会组织促进会,有效凝聚和引领

为聚合更多的妇女社会组织,发挥专业优势服务妇女儿童,注册成立深圳市妇女社会组织促进会,以社会组织管理社会组织,实现无缝链接。会员组织

均以服务妇女儿童和家庭为主要业务,分布于权益维护、亲子教育、心理辅导、婚恋服务、公益支持等行业。促进会着力加强信息平台建设,建立了动态的妇女社会组织服务信息库,使信息资源得到共享,提高了服务的针对性;着力加强培训体系建设,对妇女社会组织带头人开展系统培训,引导社会组织完善内部治理结构,增强其服务能力和核心竞争力;着力提升承接项目能力,指导社会组织与政府要求对接,与妇女儿童需求契合,积极承接政府公共服务项目,争取更多的政府资源服务于妇女儿童和家庭。

3. 支持协助社会组织,创立专业和特色服务项目

发现、聚合有影响、有规模的妇女社会组织,在开展妇女维权、素质提升、家庭服务等方面,鼓励和协助社会组织创办专业化、特色化的服务项目,实现合作共赢。如针对家庭暴力不断上升的趋势,扶持成立了国内第一家民间的家庭暴力防护机构——深圳市鹏星家庭暴力防护中心,并通过为其免费提供办公场地,支持其建立家庭暴力预防和保护体系,具体包括危机干预、心理辅导、法律援助、个案管理、社区宣传教育等,通过宣传和干预来预防和减少家暴事件的发生;如针对深圳毗邻香港、跨境儿童较多的情况,与香港社工组织进行合作,建立了"罗湖跨境儿童服务中心",妇联组织提供人员和场地,香港社工组织从香港社会福利署申请专项资金,有效解决了深圳跨境儿童面临的实际困难,获得了社会肯定。

(四)设立一支编外队伍,发动妇女群众服务社会

一是培养一支社会组织领军骨干队伍。注重发现和培养一批在社会上有影响力、创新敢为、乐于奉献、热心公益的社会组织领军人物,推动他们树立超前眼光、制定发展战略,提高承接政府购买服务的能力,并畅通社会组织的需求反馈渠道,让领军人物的"能量"不断增大,带动和影响更多的社会组织更好地服务社会。二是建立一支熟悉妇女社会工作的社工队伍。每个"阳光家庭"均配备5~10名专业社工,社工已成为妇联社会服务项目中专业化服务的重要力量,借助他们的专业知识和方法为妇女群众提供长期、系统、优质的专业服务。市妇联借鉴香港经验,为每个"阳光家庭"配备1名香港督导,不定期召开妇女社会工作交流研讨会,举办社工实务培训班,出版《妇女社

会工作实务——以深圳为例》作为深圳社工培训的必备教材,提升了社工服务妇女的能力。三是招募一支热心服务妇女儿童的志愿者队伍。壮大巾帼志愿者队伍,招募一批热爱妇女事业、乐于奉献助人、具有不同专长的妇女志愿者,通过妇女群众服务妇女群众、回馈社会,既传递聚合正能量,又弥补了妇干人手不足的缺陷。全市现有18万巾帼志愿者,既有医师、心理咨询师、律师等专业人士,也有热心公益事业的普通家庭妇女。

(五)编织一张资源网络,保障项目顺利实施

一是拨付自身的业务经费,在力所能及的情况下,尽量能调剂出一部分,用于社会组织的发展和壮大以及一些优质项目,如社会组织服务基地的装修及运营费用,基本源于妇联自身的业务经费。二是申请公益金。设计好服务项目,向公益金办申请专项资金,如"阳光"系列服务项目的主要资金将来源于市政府的公益金,深圳市鹏星家庭暴力防护中心的项目资金来自福利彩票基金。三是向慈善会、基金会争取资金。2013年儿童节期间,争取11家基金会,组织开展"爱在深圳,牵手雅安"系列活动,邀请四川雅安地震灾区儿童和眉山洪雅地区的来深建设者们的留守儿童来深共度"六一",举行大型会演。四是与爱心企业合作。2009年10月,市妇联积极拓宽融资渠道,与旅程天下控股集团签订捐赠协议,由该集团捐赠180万元,共同建立1家"阳光家庭服务中心",开创了整合社会资源、寻找企业合作、由企业提供运作经费来开办"阳光家庭服务中心"的新模式。五是整合社会组织内部资源,通过牵线搭桥,花样盛年慈善基金会向天使家园特殊儿童关爱中心捐赠45万元,深圳市联兴盛投资发展有限公司与深圳市汉阳馆饮食连锁有限公司各捐助8万元给深圳市凤凰涅槃艺术团,为这些社会组织开展公益活动提供支持。

二 问题分析

近年来,我们积极探索和实践,取得了一些成绩,但也存在不少问题,有些属于政策层面的问题,有些属于我们工作的问题。

（一）政府转移职能和购买服务的力度不够

2012年6月1日，广东省在全国率先推出了《政府向社会组织购买社会服务暂行办法》，明确了政府向社会组织购买服务的范围、程序方式和资金安排等。同年8月，省财政厅发布《2012年省级政府向社会组织购买服务项目目录》，基本公共服务、社会事务服务、政府履职所需辅助性和技术性服务等262项服务项目被纳入第一批政府采购服务范围。美中不足的是，没有将工青妇列为政府购买服务的主体。作为群团组织，工青妇的资源极度匮乏，导致在广东省首批政府购买服务目录的262项中，妇女儿童项目为零的尴尬局面。同时，由于政府购买服务的政策只面向正式注册的社会组织，而服务社会领域的工青妇则被排除在外，所以，不能参与政府购买服务，导致联系群众的桥梁纽带作用和联系社会组织的枢纽作用受到局限。这个问题直接关乎能否更好地发挥工青妇等群团组织作用的问题，值得认真探索。

（二）工青妇等群团组织发挥枢纽性作用资源不足

近年来，广东省委提出，工青妇等群团组织要带动和引领相关领域社会组织参与社会建设。妇联系统按照有关文件精神，积极开展枢纽型组织建设，以此拓展妇联的职能作用。妇联在联系相关社会组织方面具有很多优势，但在发挥枢纽作用时，因缺政策、缺经费、缺项目，对社会组织的吸引力不足。在工作推进中还存在一些具体问题，比如党委政府对工青妇群团组织构建枢纽型组织体系在定位、职能、评估条件等方面还需进一步明确，同时在政策指引、项目委托、资源保障、经费支持等方面还需要进一步支持等。

（三）社会组织自身发展能力不足

近年来，在各级党委、政府大力推进社会建设的大背景下，深圳市社会组织迅猛发展，但总体上还处于初级阶段，数量偏少，结构有待优化。从内部看，不少社会组织的内部治理水平不高，管理运营、项目开发和专业服务能力不足，财务管理缺乏规范和透明度，对政府的依赖性依然较大，公信力亟须提高，一些社会组织还带有一定程度的行政化色彩，与经济社会发展、有效承接政府转移职能还有较大差距。从外部环境看，一是扶持社会组织发展的配套政策（如税收、筹募资金等）滞后，一方面加重了社会组织的税收负担，另一方面限制了社会组织的自身活力；二是财政支付体系及相关政策滞后，政府在购买服务合同执行过程中，购买服务经费拨付滞后的常态化加剧了社会组织的运营困境。

（四）社会工作人才队伍建设还需大力加强

社会工作人才被认为是社会工程师。受益于邻近香港的因素，深圳在社工人才队伍培养方面走在全国前列，现有超过100家专业社工服务机构，专业社会工作从业人员近6000人。但与发达国家和地区相比，还存在诸多不足。一是人才队伍总量小。每千人拥有的专业社工数量，香港是2名，美国是2.3名，而深圳距此还有较大的差距。二是社会认知度不高。多数群众对社会工作、社会工作人才的概念、工作情况一知半解，即使自身存在需求也很难想到向专业社工求助。三是专业化程度有待提高。在提供个性化、多样化、系统化服务以及行业自律和评估方面有待提高，以有效应对和解决复杂的社会问题。四是社会组织从业人员待遇普遍较低，尤其是社工薪酬、公共福利偏低，且不能纳入政府的人才管理体系，深圳成为专业社工人才流失最严重的城市。五是专职妇干队伍在社会工作理念、方法、技能等方面与做好新形势下群众工作的要求存在差距。六是促进社会工作人才队伍建设的政策亟须调整，要利用政策优势吸引更多的专业社会工作人才留在深圳，为深圳市民服务。

三 对策思路

深圳在贯彻落实《中共中央关于全面深化改革若干重大问题的决定》的实施意见中，提出"完善社会组织承接政府职能配套政策，加快社会组织承接政府职能转移和购买服务事项，支持工青妇等群团组织承接政府基本公共服务项目"。下一步，我们将通过深化改革，及早谋划承接社会职能，积极探索妇联转型发展的新路径：一是管理机制从垂直管理向纵横合作转变，二是工作方法从大众化服务转向专业化、项目化转变，三是服务对象从妇女、儿童群体向妇女、儿童和家庭以及相关妇女社会组织转变，形成与时俱进的妇联工作新格局。

（一）加强协调推动，完善群众团体承接公共服务的机制

国务院公布的《关于政府向社会力量购买服务的指导意见》提出："纳入行政编制管理且经费由财政负担的群众团体，也可根据实际需要，通过购买服务方式提供公共服务。"虽然没有明确相应的配套资源，但也说明，越来越多的政府转移职能将交由群团组织承担，这既是加快推动政府职能转变的必然要求，也是充分发挥群团组织积极作用的关键之举。我们要加强协调，推动政府职能转移机制的完善，将工青妇等人民团体列入购买服务主体，支持工青妇等人民团体承接对应其职能的基本公共服务项目，联系和指导一批运营规范、服务专业的社会组织，畅通政社沟通渠道，推动相关配套政策落地，构建一个政府调控机制同社会协调机制互动、政府行政功能同社会组织功能互促、政府管理力量同社会组织作用发挥互联的社会治理网络。

（二）构建枢纽组织体系，积极探索转型发展

省委胡春华书记反复强调，工青妇群团组织要主动适应社会治理体制改革，进一步增强感召力和吸引力，积极探索转型发展的新路。市委王荣书记在深圳市妇女第五次代表大会上的讲话中也强调，妇联要不断更新工作思路，创新工作方法，为新时期枢纽型社会组织建设探索出一条新路。我们要根据新的形势要求，积极探索参与社会治理的路径，通过枢纽型组织建设，在竞争中开辟新领域，在转型中提升能力，在协同中推动善治。在妇联枢纽组织体系建设上，要积极适应妇女、儿童和家庭的新需求，根据覆盖人口数、服务半径合理配置资源，把工作重心放在社区，以家庭服务为主要内容，以妇女、儿童之家为切入点，建立市、区和街道社区三级网络。一是市级层面要形成整体规划设计，为营造政策环境发挥宏观指导，进行总结推广，出台服务标准，培育社会组织、建立服务网络、培训人才。二是区级层面要根据上级要求和部署，结合当地实际，多方整合资源，设计特色项目，指导社区根据需求开展服务，接受督导评估。三是街道社区层面要建立工作团队、实施基本服务项目、及时反馈

特殊需求、培养社区妇女社会工作带头人。整套枢纽组织体系，既要做到政策标准从上至下的贯彻落实，又要做到服务需求从下至上的反馈。将服务终端植根到社区，服务到家庭，能最广泛地联系群众，提供最贴近的服务，真正做实党的群众工作。

（三）打造枢纽平台，增强参与社会治理的能力

在小政府、大社会的社会治理创新中，妇联可以在党委政府、社会组织和妇女群众之间，打造资源、人才、信息、培育四大枢纽平台。

1. 打造资源平台

主动推动参与社会政策的制定及实施，争取政策、经费和项目支持，配合政府的"简政放权"，积极承接政府转移的相关职能，推动政府将涉及妇女、儿童和家庭的事务列入政府购买服务项目。整合社会各界资源，通过向政府机构定向推介，搭建社会组织与企业、基金会等资源对接平台，实现社会资源的优化配置。

2. 打造人才平台

发挥妇联干部的主力作用，鼓励妇干考取社会工作师等专业技术职称，提高专职妇干社会工作的专业化水平。同时建立三支工作队伍：培养一支专注妇女、儿童及家庭服务的社会组织领军骨干队伍，建立一支熟悉妇女、儿童及家庭社会工作的专业社工队伍，招募一支具有奉献精神、具备不同专业能力的志愿者队伍。同时，还要探索更好地发挥妇女代表和执委作用的途径，最大限度地整合资源，联合各界妇女推进妇女事业。

3. 打造信息平台

注重运用信息化手段，共享党政信息平台和资源，积极促进妇联组织与党政部门的信息协调联动机制，做到精准服务。建立项目观察、更新的机制，形成动态的妇女社会组织信息库，将妇女群众欢迎的服务项目，推动纳入政府的民生实事工程。

4. 打造培育平台

根据新时期的社会需求，充分发动社会力量积极参与，培育、联系各类社会组织，进一步丰富妇女、儿童的社会组织类型。如通过成立资助型的基金

会，发挥其募集资金的功能，吸纳外部资源，为更多的社会组织和妇女、儿童提供支持；通过成立服务型的民办非企业单位，针对不同的社会需求，提供多元化、个性化的妇女、儿童服务；通过成立互助型的社团，联合不同的群体，互相提供交流，帮扶，形成富有活力和创造力的组织群。

（四）发挥枢纽作用，凝聚和引导妇女社会组织参与公共服务

枢纽型社会组织能否充分发挥枢纽功能，关键在于其是否具有足够的枢纽能力。枢纽能力的核心指标可分为组织枢纽力、管理枢纽力、业务枢纽力和文化枢纽力，要从组织结构、制度规范、战略目标、管理风格、人员队伍、专业技能和共同价值观等7个方面系统加强枢纽型社会组织的枢纽能力建设，提升其整体枢纽能力和枢纽式管理服务水平，从而实现对社会组织的引领和带动。因此，妇联组织在参与社会治理中要转理念、转角色、转方式，变行政服务为专业服务，变单一服务为多元服务，变直接服务为间接服务，广泛团结和凝聚广大妇女社会组织，更好地服务妇女、儿童和家庭。在政治上发挥桥梁纽带作用，发挥妇联组织特有的政治优势、组织优势以及公信力优势，联系引导妇女社会组织，增强妇联组织的社会动员能力，打通政府与社会组织之间的壁垒。在业务上发挥龙头带动作用，重点扶持服务型、公益型妇女社会组织的发展，积极设计、集中承接涉及妇女、儿童和家庭的基本公共服务项目，通过项目化的运作模式，协助党委政府解决妇女、儿童和家庭领域的社会问题。在服务上发挥系统支持作用，以妇女社会组织服务基地和妇女社会组织促进会为载体，通过开展信息咨询、链接资源、培训交流、监督评估等系列工作，建立支援型网络，不断健全服务规范、服务指标和考核机制等，为妇女社会组织的发展壮大提供系统支持。

专题研究篇

Special Reports

B.30
外来务工人员市民化问题研究

陈东平　王蒲生　何良俊　于江莲　蔡文慧*

摘　要： 外来务工人员市民化是深圳经济社会转型期面临的重要课题。为系统了解深圳市外来务工人员市民化的现状与问题，课题组就政策制度、经济生活、社会交往、文化价值等多个维度进行了问卷调查。调研发现，制度政策障碍、自身能力障碍、文化价值障碍、社会交往障碍、居住形态障碍、生活方式障碍、社会参与障碍等制约着市民化进程。推进外来务工人员的市民化，必须加强舆论宣传引导、推动户籍制度改革、保障合法劳动权益、提升劳动者技能水平、推进各项基本公共服务的均等化、增强城市人文关怀、增强基层民主参与。

关键词： 外来务工人员　市民化　城市融入

---

* 陈东平、何良俊，深圳市社会工作委员会；王蒲生、于江莲、蔡文慧，清华大学深圳研究生院。

2012年12月中央经济工作会议提出,要构建科学合理的城市格局,把有序推进农业转移人口市民化作为重要任务抓实抓好。2013年《中国共产党十八届三中全会全面深化改革决定》进一步提出,让广大农民平等参与现代化进程、共同分享现代化成果。为落实中央精神,切实推进外来务工人员市民化,课题组对深圳外来务工人员市民化问题进行了广泛调研,提出了深圳市"推进外来务工人员市民化"的对策建议。

综合各家观点,课题组认为,外来务工人员市民化是指在城市承载力和经济因素许可的前提下,逐步使外来务工人员获得与城市居民相同的合法身份和社会权利,包括居留权、受教育权(本人及子女)、劳动就业权、社会保障权、选举权等,实现从经济生活、社会生活、政治生活、文化心理、价值观念等各方面向城市市民转化的过程。

一 深圳市外来务工人员市民化现状与问题

深圳外来务工人员占总人口比例之高,举世无双;其市民化任务之巨,前所未有。为系统了解深圳市外来务工人员现状与问题,课题组进行了文献调研与个别访谈,就政策制度、经济生活、社会交往、文化价值等多个维度进行了问卷调查。为相互比照,分别设计了外来务工人员问卷和深圳户籍人员问卷,采取分层整群抽样和街头拦截相结合的方法发放问卷,样本范围基本涵盖深圳全市各行政区。其中,外来务工问卷发放850份,有效回收620份;深圳户籍人员问卷发放300份,有效回收213份。

通过综合分析,归纳出外来务工人员市民化的主要障碍有以下几个方面。第一,城乡二元分割的户籍制度使外来务工人员难以享受与户籍人口同等的福利与权益,且差距显著;社会保障不充分,使其成为城市中的脆弱群体。第二,文化素质低、职业技能弱,导致外来务工人员就业手段少、经济收入低、居住条件差等状况,不免使其沦为城市底层族群。第三,长期接受以传统性为特质的乡土文化陶养,对现代性为特质的城市文化有排异反应,身份认同困境凸显,缺少未来归属感和城市认同感,以赚钱为目的的"过客"心态普遍,缺乏自主融入城市的能力与动力。第四,文化素质、价值取向、行为方式的差异，使其形成比较封闭的社会网络，与城市居民交往融通频率和程度较低，不利于他们习得城市性与现代性。第五，无持久稳定住所，集中居住在城市边缘和角落，妨碍他们融入城市主流社会。第六，总体来说，关怀外来务工人员的子女教育、提高最低工资标准、推进基本公共服务居住人口全覆盖，改善居住环境，是当前市民化进程中的着力点。

（一）制度政策障碍

20世纪50年代初我国宪法中取消了公民自由迁徙权，农业人口基本丧失了自由进入城市的途径。改革开放以来，农民获得了实际上的迁徙权，国家还出台一系列农业转移人口在城镇就业和居住的政策，但因户籍制度变革涉及巨大成本和多重利益而举步维艰。近年来，深圳城市户籍与非户籍人群的福利差距虽有逐渐缩小之势，但城乡二元的户籍制度障碍依然根深蒂固，农民工依然无法享受与城市居民相同的福利和权益。

1. 福利与权益差距显著

受访的外来务工人员中73.7%认为深户与非深户的福利和权益存在差异，其中57%的人认为差异非常大。受访深圳户籍人员约70%也认为两个群体间存在福利和权益差异。不同的是，20.7%的户籍人员认为差异非常大，48.8%的人则认为虽然存在差异但是差异并不大。说明无论外来务工人员还是户籍人口，都能感受到两类人群的福利差距，只是认知程度有所不同。

关于户籍制度改革，深圳近年来推出了若干创新举措。其中2008年实施的《深圳市居住证暂行办法》，旨在弱化"户籍"概念，强化"居住"概念，为流动人口融入城市开辟了一个通道。调查显示，外来务工人员办理深圳居住证的比例接近70%，足见该制度深入人心。

积分入户政策是深圳实施户籍制度改革的又一举措。其宗旨是将素质、贡献和责任能力符合条件的外来人口转变为市民，打破了长期存在的户籍壁垒。对于这一制度，超过一半的外来务工人员表示了解。但了解该政策并正准备办理的比例仅占总数的10.7%。其原因可能是，加入深圳户籍对大多数外来务工人员来说依然高不可攀、遥不可及。

外来务工人员对于有关农民工的政策和规定，不满意者和不了解者居多，其中不满意的比例为38.4%，不了解的比例则高达51.2%，满意的比例仅占10.4%。可见，有关农民工的政策、制度尚需不断完善，同时还必须加强宣传，注重宣传的实效性。

2. 总体参保率不高，社会保障不充分

受访的外来务工人员或多或少参加了不同类型的社会保险，仅有8.46%没有参加任何险种。其中参加医疗保险、养老保险和工伤保险的比例略高，参保比例分别为73.17%、56.75%和49.11%。但总体参保率不高，失业保险参保率仅为32.68%，生育保险仅为16.42%（见图1）。

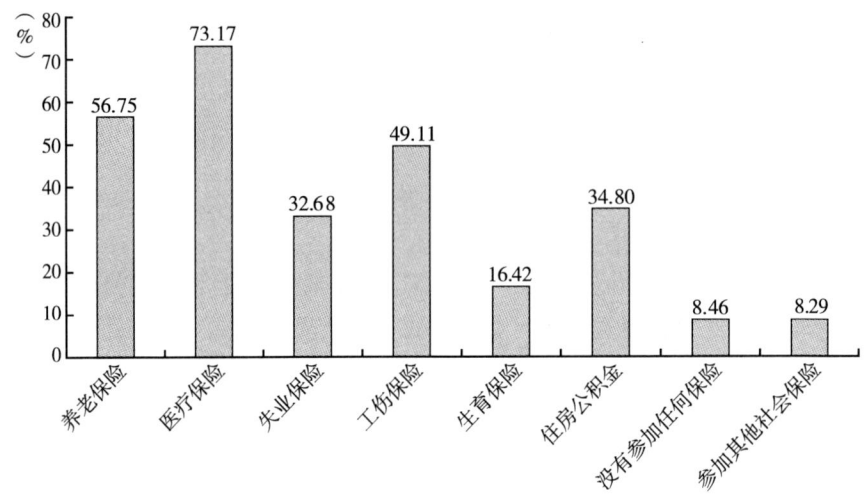

图1　您参加了哪些社会保险

此外，42.6%的外来务工人员没有享受过城镇医疗保险，57%没有享受过新型农村合作医疗保险。相关部门应当加强这两种医疗保险的覆盖率。

鉴于深圳人口容量的制约，以及非深户人口转入户籍人口所需的巨大成本，完全放开户籍现实中不太可能。因而，加快基本公共服务常住人口全覆盖、加强现有惠及农民工政策的可及性，应是一种较好的选择。

（二）自身能力障碍

外来务工人员市民化，不仅仅靠制度政策等外力来推动，还要求外来务工人员的人力资本、素质禀赋、责任能力符合现代城市性的要求。当前，深圳大多数外来务工人员自身能力和素质羸弱，与现代城市的要求还有较大距离。

1. 受教育程度偏低

同全国各地一样，深圳外来务工人员受教育程度偏低。调查显示，接受过大专及以上教育的外来务工人员不足20%，而初中及以下则超过30%（全国农民工初中及以下的比例是63%）。深圳户籍人员则正好相反，83.02%接受过大专及以上的教育，初中文化程度的人不到1%，两者差距明显（见图2）。

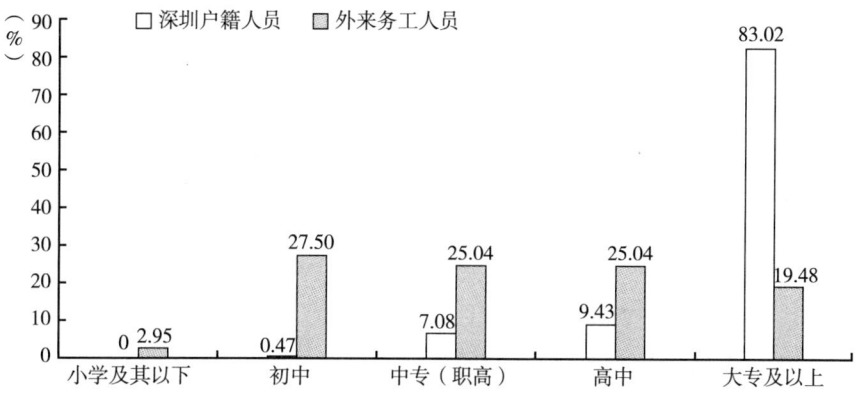

图2 深圳户籍人员与外来务工人员的受教育程度对比

根据本次调查，外来务工人员受教育程度越高，经济收入也越高，职业越稳定，与当地人交往更多，积分入户更容易，对政策的理解更透彻，享受的政策优惠也越多。因此，市民化最直接的途径是提高自身的受教育水平。

深圳户籍人员的受教育程度与经济收入表现出同样的正相关关系。但同等教育程度下，深圳户籍人员3500元以上的比例要显著高于外来务工人员。由此推断，深圳户籍人员的就业环境以及享受的就业政策，相对优于外来务工人员（见表1）。

表1 外来务工人员受教育程度与税后月平均收入的关系

单位：%

学　历	1600元以下	1600~2500元	2501~3500元	3501~6000元	6001~1000元	10000元以上
小学及其以下	27.8	50.0	22.2	0	0	0
初中	18.5	43.5	31.5	4.2	1.2	1.2
中专	3.3	35.9	51.0	9.2	0.7	0
高中	3.9	25.7	52.0	15.8	2.0	0.7
大专及以上	0.8	22.7	46.2	19.3	9.2	1.7

2. 工作技能较差

职业技能培训不足、劳动技能弱也是深圳外来务工人员的普遍特征。57.17%的受访外来务工人员没有上岗证和专业技术职称。随着产业结构优化升级，这些人很难短期内在深圳实现市民化（见图3）。

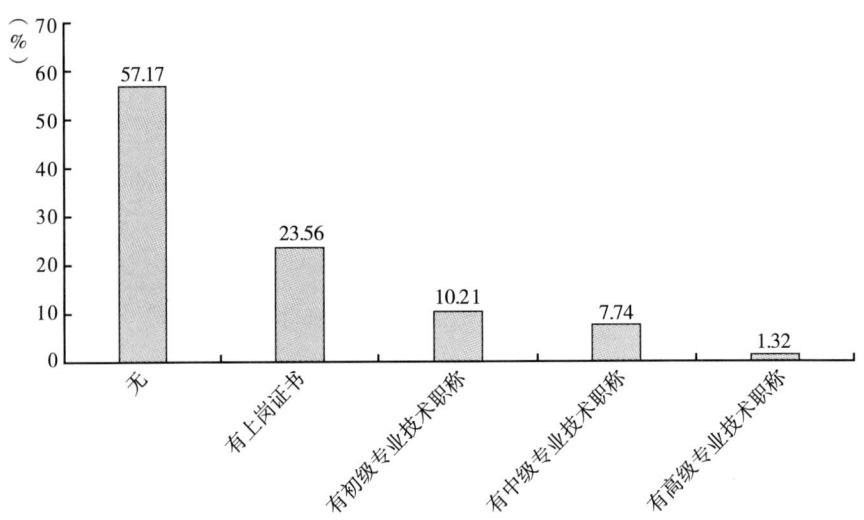

图3　外来务工人员是否拥有专业技术职称或上岗证书

3. 职业培训与自身提高手段匮乏

对外来务工人员的调查显示：24.96%的人到深圳后从未接受过职业培训；41.48%的人参加过单位的培训；22.43%的人参加的是自费培训，但鉴于自身经济实力，参加自费培训的次数有限；仅1.35%的人参加过深圳政府组织的免费培训，政府提供的免费职业培训，成了聊胜于无的点缀（见图4）。

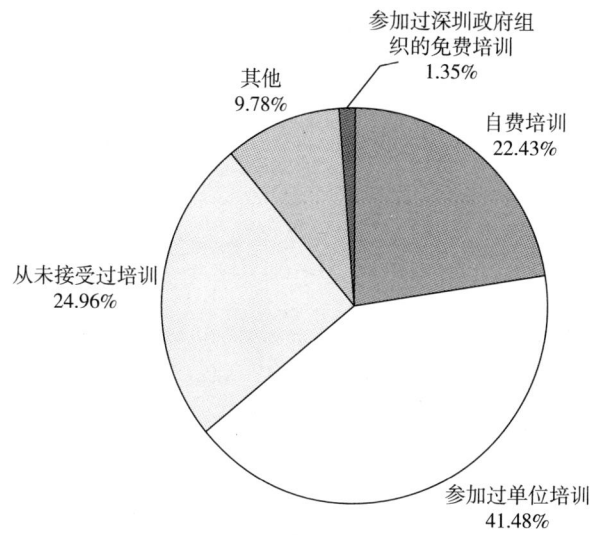

图 4　外来务工人员来深后参加过的职业培训

4. 经济收入低

受访人群中,外来务工人员 85.3% 收入在 3500 元以下,而深圳户籍人口 68.1% 收入在 3500 元以上。两者收入水平相差悬殊(见表 2)。对于收支关系,外来务工人员有 68.3% 的人表示基本够用或略有结余,有 29.2% 的人表示完全不够用。

表 2　外来务工人员与深圳户籍人员月收入情况比较

单位:%

平均月收入	外来务工人员	深圳户籍人员
	有效百分比	有效百分比
1600 元以下	7.8	2.9
1600~2500 元	33.4	11.4
2501~3500 元	44.1	17.6
3501~6000 元	11.2	31.0
6001~10000 元	2.7	23.8
10000 元以上	0.8	13.3
总　计	100.0	100.0

收入水平是一切社会及其个人发展的基础。低收入水平严重制约了个人发展,导致其在就业和社会参与中始终处于不利地位,恶性循环,劣势累积。市

场经济中，个人收入由自身能力和贡献决定，政府可通过不断提高最低收入标准来改善外来务工人员的经济状况。

5. 个人未来社会角色的期望比较单一

外来务工人员的未来理想角色，48.85%的人表示想要自己做公司老板。仅12.34%的人想要成为政府官员或一名公务员。想要成为科学家、教授，娱乐明星的寥寥无几，且年龄集中在20~30岁。这说明，多数外来务工人员能够认识到自己的素质和能力缺陷，较少期望需要知识素养和专业技能的职业如学者、公务员和明星，而成为老板则有身边大量现实样板（见图5）。

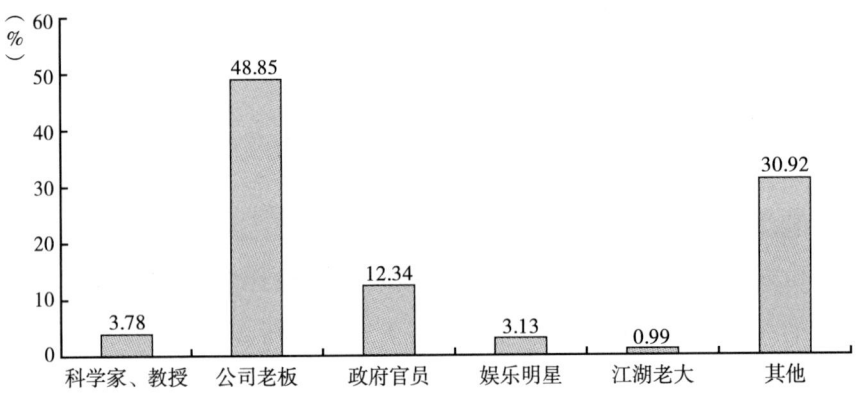

图5 外来务工人员最希望成为哪一类人

总之，除了少数精英，多数外来务工人员因能力缺陷，仍不免沦为城市底层。面对积分入户政策，文化程度及技能评分缺失太多，能够达到合格线的人数极少，加入深圳户籍只是难以企及的奢望，因而也很少关注相关政策。晚年归乡是大多数人的不二选择。

（三）文化价值障碍

长期的城乡隔离，形成了我国城乡之间截然有别的文明形态。外来务工人员长期接受以传统性为特质的乡土文化陶养，进入现代性为特质的城市文化后，常常会产生文化排异反应，期望与迷惑交织，心有所向而无所归依，城市与乡村两种身份难以整合，身份认同困境凸显。他们往往缺少城市居民的群体归属感，没有自主融入城市的能力与动力。

1. 身份认同困境

大多数外来务工人员对深圳缺少认同感。受访外来务工人员近60%认为自己是家乡人，仅有13.59%的人认为自己是深圳人，而近45%的深圳户籍人员认为自己是深圳人（见图6）。相应地，高达近74%的外来务工人员不愿意为获得深圳户口而失去家乡土地（见图7）。需要注意的是，由于深圳是个迅速扩张的移民城市，即使户籍人员，仍有30%认为自己是家乡人。特别是，在户籍人员和外来务工人员中各有25%左右说不清楚自己现在到底是哪里人。这说明身份认同整合过程存在障碍。这种障碍常常会导致焦虑、困惑和失重感，进而造成社会的不稳定状态。

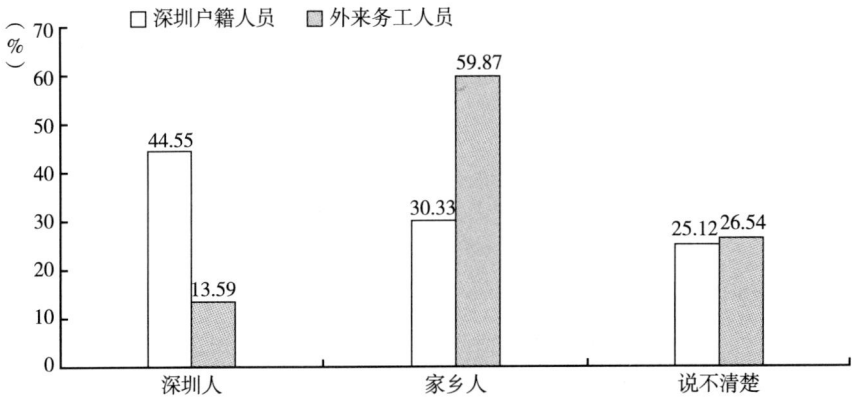

图6 深圳户籍人员与外来务工人员各自觉得自己是哪里人

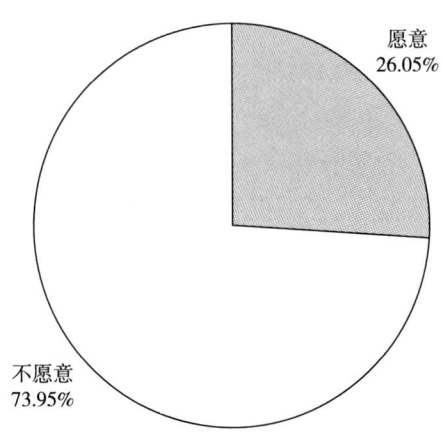

图7 外来务工人员是否情愿为获得深圳户口而失去家乡的土地

相应地，外来务工人员更关注家乡的新闻。他们与深圳户籍人员一样，对国家新闻的关注率较高，分别为45.56%和45.44%，但对家乡和深圳的关注率则差异显著。22.18%的外来务工人员最关注老家的新闻，18.25%最关注深圳新闻，而深圳户籍人员43.33%最关注深圳新闻，只有1.67%关注老家新闻（见图8）。

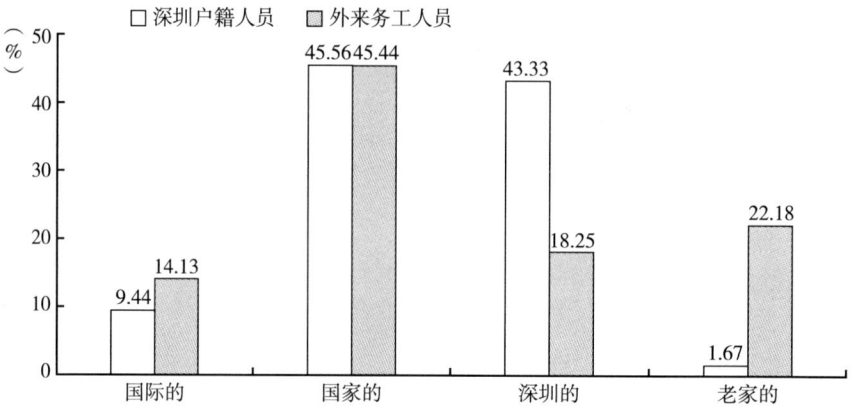

图8 深圳户籍人员与外来务工人员分别最关注哪里的重大新闻或社会事件

2. 缺乏归宿感

大多数外来务工人员缺少归宿感。约62%的人不知道将在深圳待多久，要视情况而定，对未来去向比较迷茫。约25%的人表示年长之后或挣些钱后，最终将返回故乡。仅13.09%的人愿意在深圳长期工作和生活（见图9）。另外有58%的人表示，假期返乡后不情愿离开家乡，表现出对原居住地的依恋。

外来务工人员在回答"在深圳生活的最大困难"问题时，比例最高的前三位是，担忧今后生活的占22.18%，家人难以团聚占20.95%，收入低、生活质量差的占19.89%。前两项均反映出精神层面的迷惑与失落，归属感严重缺乏（见图10）。

"我生本无乡，心安是归处"，外来务工人员文化心理的融通、心灵世界的安宁、精神家园的和谐应成为促进市民化的重要指向。

3. 频繁的流动与漂泊

外来务工人员有近90%来深圳不到10年，近一半不到3年，15年以上的仅6.0%。表现出流动性大、根植性小的特征（见表3）。

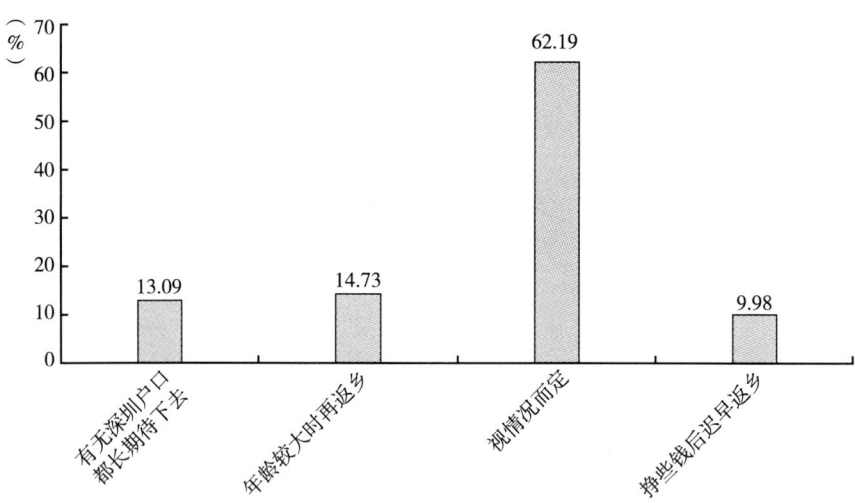

图9　外来务工人员想在深圳待多久

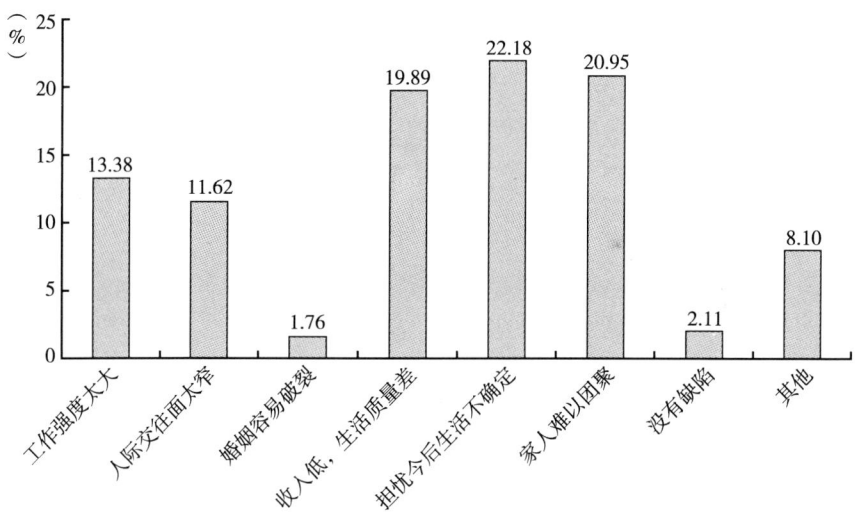

图10　外来务工人员感觉在深圳生活的最大困难

表3　外来务工人员来深年数

单位：%

来深年数	有效百分比	累计百分比	来深年数	有效百分比	累计百分比
0~3年	48.5	48.5	10~15年	4.5	94.0
4~6年	21.5	70.0	15年以上	6.0	100.0
7~10年	19.5	89.5	总计	100.0	—

4. 城市人群的文化排斥

由于文化价值与行为方式不同，部分城市居民对外来务工人员存在偏见，甚至将个别流动人口犯罪和败德行为归罪于农民工群体，由此导致外来务工人员与城市原居民两大群体间的隔阂、疏离和冲突。

外来务工人员给深圳本地人带来的冲击，或者利益损害，深圳户籍受访者认为主要有三项：首先是造成房屋价格上涨，其次是导致学位紧张，再次是社会秩序及治安情况恶化。但他们并不担心被抢走就业机会（见图11）。

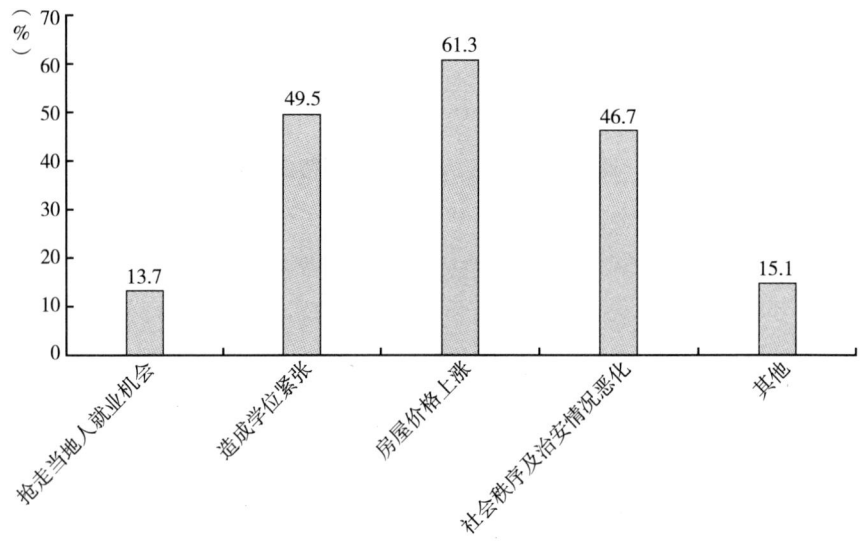

图11 市民化对本地人的冲击

深圳户籍人员对外来务工人员的不好印象，主要是卫生习惯差、不守公共秩序、素质低（见图12）。外来务工人员对本地人的不良印象主要是傲慢冷漠、自私和缺乏公益心。

相对来说，由于深圳是一座典型移民城市，现有户籍人员对外来务工人员的接纳程度还比较高。71.2%认为外来务工人员对深圳的贡献要大于回报，22.6%的人认为两者基本相等；约24%的人赞成降低外来务工人员加入深圳户籍的门槛，29%的人不赞成，剩余的人则表示无所谓。

以上分析可见，在市民化的过程中，必须提升外来务工人员的文明素质和

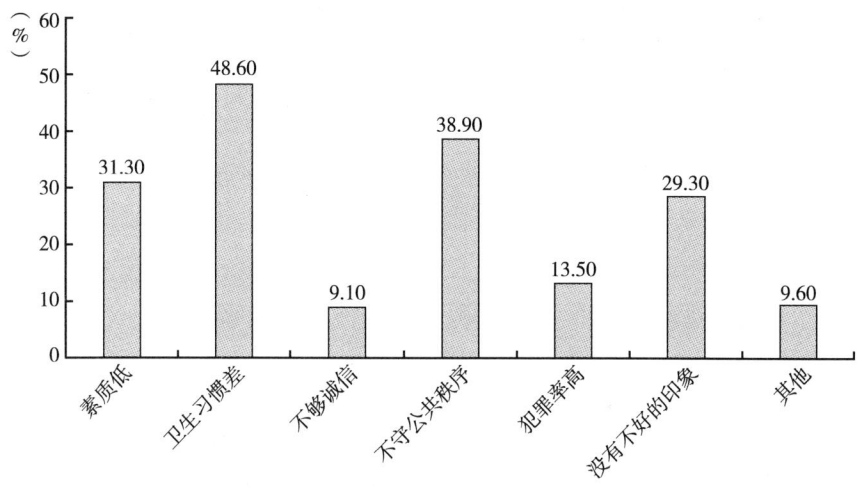

图 12 深圳户籍人员对外来务工人员的印象

城市责任，客观上减少对原居民生活的冲击。同时，两类群体应加强宽容与和解意识，形成和睦共处的社会氛围。

（四）社会交往障碍

基于文化价值障碍，外来务工人员的社会交往通常局限于由地缘、血缘构成的社会网络。由于生活方式同质、工作和生活环境相似、价值观念相近，外来务工人员在深圳的人际交往，大多是亲戚、老乡和外乡工友，城市生活中与深圳本地人鲜有交集，与城市居民存在较大的社会距离，很难融合到城市社会网络之中，形成了现代城市中的城乡二元分隔。

调查显示，外来务工人员交往最多的是亲戚朋友和外乡打工的朋友，占84.4%。与深圳本地人交往的只有4.2%。同样，受访深圳户籍人员表示与外来务工人员之间的交流不多，44.8%的受访者没有任何的农民工朋友，22.6%的人只有一两个，只有32.5%的人表示有3个以上的农民工朋友（见表4）。

外来务工人员的恋爱对象（配偶），同乡或外劳务工的占58.7%（37.2%为单身），深圳本地人仅为4.1%。可见，外来务工人员与深圳户籍人员之间普遍缺乏交往，两类人群之间的通婚更是少数现象。

表 4 外来务工人员交往最多的人与深圳户籍人员的农民工朋友数

单位：%

外来务工人员交往最多的人	有效百分比	深圳户籍人员农民工朋友数量	有效百分比
亲戚和老乡	34.3	0 个	44.8
外乡打工朋友	50.1	1 个	7.5
深圳本地人	4.2	2 个	15.1
其他	11.3	3 个以上	32.5
总计	100.0	总计	100.0

外来务工人员认为与本地人交往的主要障碍包括：交往机会很少、方言和口音、社会地位存在差异等。也有 13.5% 的人认为与本地人的交往没有障碍。外来务工人员遇到困难时，也主要是得到地缘、亲缘等初级社会关系的帮助。他们主要的求助对象是亲友，占 60.3%；其次是工作单位的同事或领导，占 21.4%；向政府或相关部门求助和深圳当地人求助的，分别为 4.2% 和 3.0%；选择向"媒体网络"和"社会组织"求助的人最少，分别为 1.0% 和 1.3%。

外来务工人员家庭生活的分离状态也非常明显。73.4% 的外来务工人员的父母居住在老家；有子女的外来务工人员中，57% 将孩子放在老家，34.85% 将孩子带到深圳。这种家庭成员的两地分隔现象，加剧了外来务工人员的心理不稳定感，也造成了诸多留守儿童和留守老人的社会问题。

（五）居住形态障碍

居住是人类生活的基本要件。《黄帝宅经》曰："宅者，人之本。人以宅为家，居若安即家代昌吉，若不安即门族衰微。"拥有稳定住所，能够安宅乐居是消减流动性、增加根植性、深度融入当地社会的重要标志。如果以住在自购商品房和租住商品房作为典型的城市居住形态，那么享用城市居住方式的外来务工人员寥寥无几。调查显示，他们 40% 住在"集体宿舍"，39% 住在城中村，还有少量住在亲戚朋友家或工作场所。居住在自购商品房和租住商品房的不到 18%。而深圳户籍人员住集体宿舍的仅有 7.6%。住在自购商品房和租住商品房的比例分别为 33.3% 和 18.6%，两项总和约为 52%，3 倍于外来务工人员（见表 5）。

外来务工人员市民化问题研究

表5 外来务工人员与深圳户籍人员居住形态比较

单位：%

住房类型	外来务工人员		深圳户籍人员	
	频数	有效百分比	频数	有效百分比
自建房	0	0	8	3.8
租住城中村	237	38.5	49	23.3
租住商品房	85	13.8	39	18.6
政府保障性住房	2	0.3	14	6.7
自购商品房	24	3.9	70	33.3
亲戚朋友家	19	3.1	7	3.3
集体宿舍	243	39.5	16	7.6
工作场所	5	0.8	7	3.3
总计	615	100.0	210	100.0

从居住形态来看，外来务工人员居住条件整体较差。集体宿舍多数在企业或工厂之中或周边，位于城市边缘或角落，形成一个比较封闭的社会交往圈，不利于居住者获得城市现代性。城中村则是城市快速发展中残留的乡村形态，原居民多为在城市扩张而失地的农村转移人口，虽已转为城市户籍，但尚未完全脱离乡土性，城市性不足。而且城中村无论生活环境还是社区治理，均不具备现代城市属性。因此，居住在集体宿舍和城中村的外来务工人员，实际上与生活在村镇没有两样，很难习得现代都市的文明属性与进步的生活方式。

外来务工人员的住房面积也偏小。居住面积在3平方米以下的为21.4%，4~8平方米为35.0%，9~15平方米为19.3%，16~25平方米为14.9%，26平方米及以上仅为9.5%。也就是说，90%以上的外来务工人员居住面积在26平方米以下（见表6）。

表6 外来务工人员与深圳市户籍人员的人均住房面积比较

单位：%

人均住房面积	外来务工人员		深圳户籍人员	
	频数	有效百分比	频数	有效百分比
3平方米及以下	131	21.4	7	3.3
4~8平方米	214	35.0	20	9.4
9~15平方米	118	19.3	50	23.5
16~25平方米	91	14.9	68	31.9
26平方米及以上	58	9.5	68	31.9
总计	612	100.0	213	100.0

据报道，深圳人均住房面积达 28 平方米，绝大多数外来务工人员达不到平均水平。耐人寻味的是，深圳户籍人员居住面积在 26 平方米以上的比例为 31.9%。可见即使户籍人口，居住条件也有明显差距。因此，在深圳相关部门公布居民居住面积时，应当用中位数，而不是平均数，否则会严重扭曲实际情况。

（六）生活方式障碍

1. 消费能力与意愿

外来务工人员的主要支出项目为基本生活、通信、住房和交通，相对户籍人员，用于人情交往、娱乐消遣、教育和医疗的支出较少。

对于"意外获得 200 万元将作何用途的"假定情境，外来务工人员的首选投资或创业，其次在家乡置业，再次是子女教育。而深圳户籍人员的首选是在深圳买房买车，其次是投资或创业，再次是子女教育。外来务工人员选择在深圳置业的比例不到 13%（见图 13）。对于 5 年内在深圳购房的预期，尚未在深圳购买住房的外来务工人员中，仅有 1.5% 的人认为非常有可能，8.7% 认为有可能，其余接近 90% 的人表示不太可能或完全不可能。由此可看出，大多数外来务工人员根植深圳的能力和意愿不强。

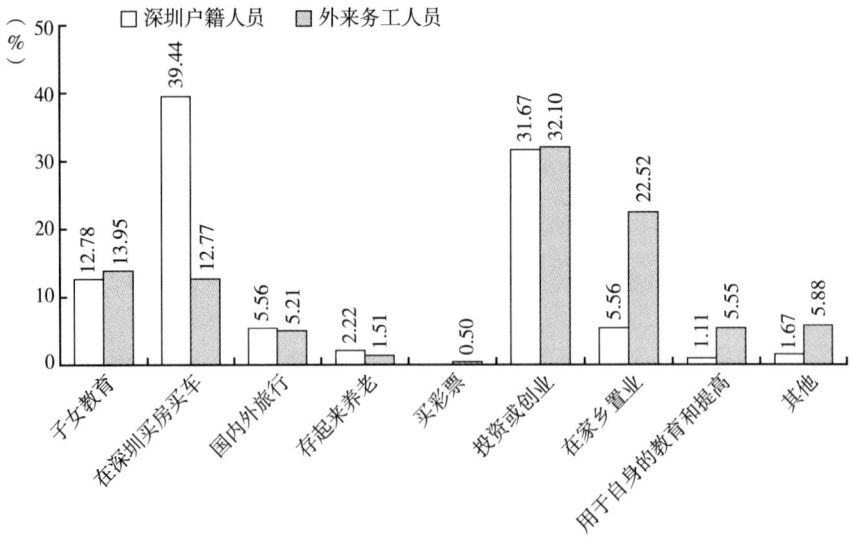

图 13　深圳户籍人员与外来务工人员分别会将 200 万元首先用于哪里

2. 劳动方式

（1）就业途径。外来务工人员最近一次获得工作的途径，主要是通过亲朋好友或老乡介绍，占38.3%；其次是通过招工启事，占28.6%；仅有15.1%的人是通过"劳动力市场"获取现在的工作。依赖传统的血缘和地缘关系，依然是寻求就业的主导方式，而公共就业服务机构未能发挥应有作用。

（2）就业目标。外来务工人员就业的首要标准是工资高低，占33.2%，其次是晋升和发展空间，占30.7%；再次是工作环境，占19.7%；对权益保障的诉求则很低，占9.6%。

（3）劳动时间。外来务工人员每日工作时间（不含通勤时间），有过半数以上超过8小时，其中有13.2%的日工作时间为10~12小时，还有5.0%超过12小时。

（4）劳动合同。46.4%外来务工人员与单位或雇主签订了固定期限劳动合同，18.5%签订了以完成一定工作任务为期限的劳动合同，还有25.5%没有签劳动合同或根本不知道劳动合同为何物。这固然有外来务工人员法律保护意识淡薄之因，更可能是他们在劳动力市场竞争中处于劣势，只求找到活干，而不敢理直气壮地主张自己的权利。

3. 出行方式与闲暇生活

外来务工人员出行时以公交、地铁为主，与户籍人员没有较大的差异。差异较大的是，外来务工人员使用自行车、电瓶车和步行的比例较高，户籍人员使用私家车的比例则较高，达到30.0%，而外来务工人员仅为7.0%。

外来务工人员的主要休闲方式与深圳户籍人员基本相同，主要是上网、看电视，阅读书籍和杂志的比例也大体相当。稍有不同的是户籍人员选择运动健身、旅游比例更高。

（七）社会参与障碍

1. 社会参与度低

外来务工人员从未参加过社会活动的人高达38.0%，明显多于深圳户籍人员的17.5%。两个群体参加"单位或社区组织的活动"以及"周围人自发组织的活动"均较多（见表7）。

表7　外来务工人员与深圳市户籍人员参加社会活动比较

单位：%

项　目	外来务工人员		深圳户籍人员	
	频数	有效百分比	频数	有效百分比
义工	61	9.9	33	15.6
单位或社区组织的活动	162	26.3	102	48.1
社会机构组织的活动	35	5.7	26	12.3
通过网络组织的活动	41	6.7	24	11.3
周围人自发组织的活动	149	24.2	86	40.6
没有参加过	234	38.0	37	17.5
其他	109	17.7	36	17.0
总　计	791	128.50	209	162.40

2. 维权意识较强

外来务工人员在对"农民工维权"的意识较强。有一半的人表示会积极参加，33.2%的人表示同情但不参加。这一方面说明，外来务工人员由于身居社会结构的底端，其权利常常遭受侵害，进而产生较强的维权表达，另一方面说明，这种负向的社会表达方式，也暗含着某种社会不稳定因素。

（八）提供关怀、融入城市的途径

对于如何加强对外来务工人员的关怀，外来务工人员选择的顺序是：提高最低工资标准、关注子女教育、缩小与户籍人员的福利权益差距、享受更多基本公共服务、改善居住环境。深圳户籍人员的顺序依次是子女教育、提高最低工资标准、享受更多的基本公共服务和缩小福利和权益差距。两者大体相同。

从图14可以看出，子女是影响进城务工人员市民化的重要问题。当前我国义务教育阶段实行的是由县、乡财政负担的"分级办学、分级管理"教育体制。由于进城务工人员没有城市户口，其子女很难享受由流入地政府财政负担的教育经费。因此，关注子女教育、提高最低工资标准和享受更多的基本公共服务，改善居住环境，应当是当前深圳推进外来务工人员市民化的着力点。

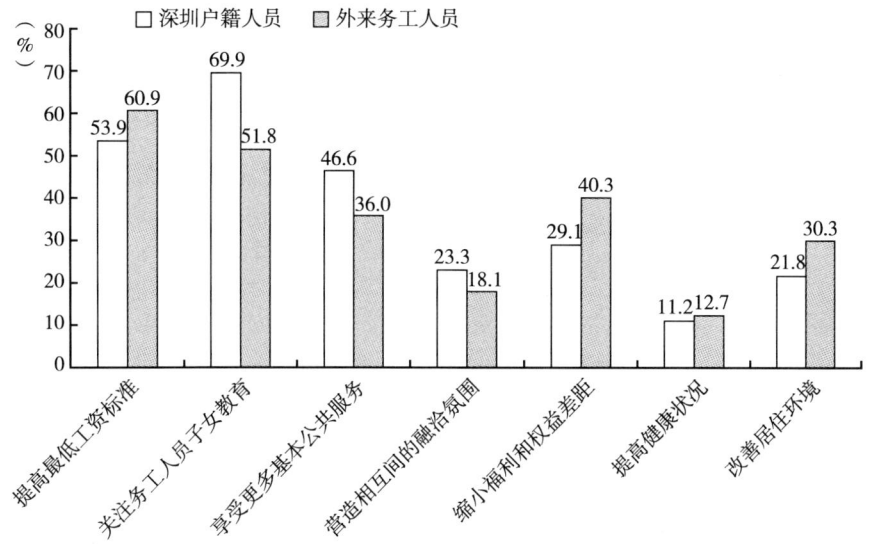

图14 对外来务工人员提供关怀的主要途径

二 推进外来务工人员市民化的对策措施

根据以上的现状分析,深圳市应以十八届三中全会精神为指导,以坚持中国特色新型城镇化道路为方向,以外来务工人员市民化与人口结构优化、产业结构优化协调共进为宗旨,以多元参与、多元共治为手段,按照以人为本、量力而行、优质提升、多元参与、协同发展、循序渐进的原则,稳步推进有能力在深圳稳定就业和生活的常住人口有序实现市民化。

(一)加强舆论宣传引导,营造良好社会氛围

1. 提高认识,树立外来务工人员"市民"观念

各级政府和相关部门应充分认识外来务工人员市民化的重要性和必要性,大力维护外来务工人员的切身利益,平等对待外来务工人员和城市居民。引导全社会树立外来务工人员的"市民"观念,将外来务工人员市民化作为文明城市建设的重要环节和指标。深圳政府的政策文件中应统一口径,将"外来务工人员"变为"农业转移人口",与中央的表述保持一致。

2. 尽快制定相关政策并实时跟踪反馈

适时出台《深圳市推进外来务工人员（或农业转移人口）市民化的若干意见》，落实并宣传外来务工人员服务与管理的各项法律法规和政策措施；注重政策实效，对各项政策措施效果进行跟踪、反馈和测评，同时应加强对外来务工人员市民化的动态跟踪研究。

3. 增强外来务工人员对深圳的认同感和归属感

加大对外来务工人员市民化的宣传力度。表彰外来务工人员对经济社会建设所做的贡献和付出；激发外来务工人员作为城市建设者的荣誉感、自豪感；引导外来务工人员树立以城市为家的观念，积极改变陈规陋习，不断提高自身素质，尽快融入城市生活。从观念上消除城市居民自身优越感和对外来务工人员的歧视和排斥，树立平等、开放、亲善、包容的观念，引导他们在公平的环境中与外来务工人员和谐相处、公平竞争。

（二）推动户籍制度改革，确保实现公民平等

1. 巩固居住证制度，确保市民待遇

在资源和财力可测范围内，进一步巩固和完善现行的居住证制度，坚持强化"居住"、弱化"户籍"的政策导向，逐步剥离捆绑在户籍上的福利待遇。

2. 完善积分入户政策，优化城市人口结构

在积极落实《积分入户试行办法》的同时，结合深圳适度人口规模指标与产业结构优化趋势，根据每年来深务工人员的特点进行适度调整，通过设置必要的门槛，吸引外来务工人员群体中的优秀人才和急需人才，同时防止外来人员的盲目涌入。坚持推行并不断完善2012年《深圳市企业评定的技术技能人才积分入户试点工作方案》，探索将企业评定的技术技能人才纳入积分入户范围的路径，将稳步扩大户籍人口与优化深圳人口结构有机结合。

（三）改善群体经济状况，保障合法劳动权益

1. 完善工资支付保障制度，提高收入水平

全面推广外来务工人员劳动合同制度，建立规范的劳动关系，落实"同工同酬"政策；建立"绿色通道"，加大对克扣和拖欠外来务工人员工资案件

的查处力度；适时提高并严格执行最低工资标准，大力推行工资集体协商制度，建立企业职工工资正常增长机制。

2. 强化安全意识，保障劳动安全卫生权益

严格执行国家职业安全和劳动保护规程及标准，建立和完善职业安全督察制度、工伤事故预防与处理措施；强化用人单位职业安全卫生主体责任，督促企业落实安全生产和职业病防护措施；加强外来务工人员安全生产、劳动保护教育培训；对职业病多发行业和从事可能产生职业危害作业的劳动者实施职业健康监护。

3. 依法加大维权力度，维护合法权益

建立健全企业职代会制度，保障外来务工人员平等享有参与本企业民主管理、评定技术职称、晋升职务和评选劳动模范及先进工作者等各项民主权利；严厉查处侵犯外来务工人员合法权益的违法行为；完善法律援助网络，强化市级、区级等各级政府法律援助中心建设；强化工会、共青团、妇联等群团组织在外来务工人员维权中的作用。

（四）提供多种就业服务，提升劳动技能水平

1. 完善就业服务网络，提高就业服务质量

进一步推进基本公共服务全覆盖，完善公共就业服务网络，开展多层次、多形式、全程免费的公共就业指导和服务，及时发布劳动力需求信息和空岗信息、举办专场招聘会、开展职业指导、创业指导和创业帮扶等，由单项的就业服务推向建立综合性服务平台；宣传并免费开放劳动保障部门下属的公益性职介机构；完善劳务合作平台功能，发挥深圳市省内外劳务基地作用，逐步实现与外来务工人员来源地的信息共享，优化深圳市人力资源结构；制定管理办法，突出就业后续服务，形成比较完善的服务管理体系和工作机制。

2. 开展职业技能培训，加大教育培训力度

建立政府支持、企业主导、个人自愿、社会参与的培训机制。政府应组织开展职业技能培训专业方向的分类、引导和需求统计工作，并对用人单位、教育培训机构及社会力量开展的外来务工人员职业技能培训予以补贴；通过企业

和外来务工人员的评价、资质认定等办法，动态地确定一批培训质量高、就业效果好的技能培训机构。

（五）健全社会保障制度，维护社会公平正义

1. 健全立法保障，加强对企业按要求缴纳社会保险的监管力度

充分利用深圳特区立法权，出台针对外来务工人员的社会保障法，依法将外来务工人员纳入全市社会保险范围，严格落实企业参（投）保情况与相关许可证审查核发、企业评优评先相挂钩制度。

2. 建立有效覆盖外来务工人员的社会保险制度

在保证外来务工人员按照要求参保的基础上，适当将他们在深随迁亲属纳入全市社会保险保障体系。将符合计划生育政策的外地户籍学龄前儿童列入本市少儿医保范围；调整和完善医疗保险政策，稳步推进外来务工人员门诊医疗纳入综合医保范围；逐步缩小非深户和深户在退休待遇上存在的较大差距。

3. 制定符合外来务工人员特点的社会保险政策

在确定社会保险缴纳比例时，允许收入偏低的农民工自愿申请按低标准办法参保缴费，或免除个人缴纳部分；积极推行低门槛进入、低标准享受、有差别可选择、适合外来务工人员特点的养老保险政策。

（六）统筹公共教育资源，实现教育权利公平

1. 统筹安排，实现基本教育公平

统筹安排外来务工人员子女来深就读，统一学籍管理和教育管理，多途径解决外来务工人员子女教育问题，促进公办和民办教育协调发展；进一步减少户籍因素对适龄儿童在深接受义务教育的影响，逐步打破现行积分入学标准中与学生及家长户籍、住房、就业等情况相连接的入学壁垒，确保外来务工人员子女与城市居民子女基本公共教育权利的公平实现。

2. 扩充资源，满足基本教育需求

定期开展外来务工人员子女入学需求统计，根据社会需求状况，增加学位资源，缩小不同学校间教育质量的差距；对符合就读条件、在民办学校就读的外来务工人员子女实行与公办学校相同标准的免费补助等。

（七）增加公共卫生资源，提高整体健康水平

1. 完善公共卫生服务体系

完善公共卫生服务体系，合理增配公共卫生资源，把外来务工人员纳入深圳市社区卫生服务和公共卫生服务范围；落实重大传染病属地管理措施，加强外来务工人员疾病防控，开展适龄儿童计划免疫工作，预防传染病疫情及其他突发公共卫生事件发生。

2. 加强计划生育与生殖健康服务

按照属地化管理的要求，为外来务工人员提供计划生育免费服务；加大对新生代外来务工人员特别是女性群体生殖健康问题的关注力度，加强生殖健康的科普宣传，普及避孕节育、艾滋病、性病的相关知识和对于早孕、流产等行为的认知，倡导安全、健康、道德的性行为。

（八）扩大住房保障范围，改善城市居住条件

1. 多渠道扩大住房保障范围

坚持政府主导，充分整合资源，逐步将符合条件的外来务工人员（如在深圳市连续缴纳社会保险达到一定年限）纳入住房保障体系，最终实现外来务工人员与本市居民大致同等的住房保障水平；鼓励企业和社会参与，在外来务工人员集中的开发区、工业园区建设集体宿舍和公寓。

2. 加强出租房屋管理，改善居住环境

建立出租房屋信息服务管理体系，规范房屋租赁市场秩序，加强房屋租赁中介组织管理；全面实施出租房屋房东责任制、租赁登记制和信息报送制，按照"谁出租、谁负责"原则，通过与房东签订责任书和建立责任追究制度，督促房东落实住房安全保障和各项管理责任；逐步改善居住条件，确保公共卫生，防止出租房发生消防等安全事故和违法犯罪活动；整合社会各方面力量，采用物业公司委托管理、用人单位自主管理、村级自治管理等模式，强化出租房屋社区式的服务和管理；每年定期不定期地组织专项检查和整治活动，确保外来务工人员的居住安全。

（九）增强城市人文关怀，培育健康市民文化

1. 加强城市户籍人员与外来务工人员之间的沟通交流

建立健全有利于外来务工人员融入城市的新政策、新举措，主要着眼于农民工融入企业、农民工子女融入学校、农民工家庭融入城市社区的"三融入"。开展关怀留守儿童与留守老人、社区普法教育、义工、志愿者文化服务帮扶、心理健康辅导等活动，加强城市户籍人员与外来务工人员的沟通交流，消除影响农民工与当地居民关系的潜在隔阂，营造城市户籍人员和外来人员间相互交流、融洽相处的和谐氛围。

2. 丰富外来务工人员的精神文化生活

将丰富外来务工人员的精神文化生活统一纳入全市文化事业发展规划和公共文化服务体系范围，推动街道、社区公益性文化体育设施面向外来务工人员开放；组织开展电影、文娱演出进社区、进工地、进单位等活动，丰富外来务工人员的文化业余生活，充实闲暇时间。扶持用工单位自办文艺表演团体，发展业余演出队。依托社区、企业、行业协会、文化组织，有针对性地开展社会公德、法制宣传、科普知识、诚实守信、市民素质等建设及教育活动，引导外来务工人员遵守市民规范，增强法制观念，履行社会义务。

3. 增加外来务工参与城市管理的机会和渠道

为不同社会群体提供参与城市管理的机会，听取他们对城市发展的意见和建议，继续保持从外来工中招聘公务员、职员的政策，以地籍为纽带建设党（团）组织，吸收外来务工人员成为党代表、人大代表、政协委员，把他们的利益诉求纳入体制内的表达渠道，增加外来务工人员参与城市管理的机会和渠道。

（十）发挥社会组织作用，增强基层民主参与

1. 充分发挥社区服务中心的作用

强化社区服务中心的作用，形成制度健全、监管有力的社会化社区服务体制，构建跨部门、综合性的社区服务模式，促进外来务工人员融入社区、融入

社会，整合各类公共服务资源，为其提供包括就业支持、心理咨询、托老托幼、留守关爱等在内的全方位社区服务；在外来人员集聚的社区，倡导外来务工人员与本地居民互帮互助，逐步建立起和谐融洽的关系。

2. 建立居民议事制度，扩大参与基层民主的途径

发挥深圳社会建设"织网工程"和"风景林工程"的示范作用，建立社区居民议事会制度，纳入户籍及非户籍居民代表、社区各类组织（包括社会组织）代表，讨论决定社区公共事务和涉及居民公共利益的事项，鼓励外来务工人员参与互动，扩大他们参与基层民主的途径，保障他们与城市居民享有同等的政治民主权利。

3. 发挥工会组织作用

增强工会化解劳资矛盾、构建和谐劳动关系的社会责任。鼓励外来务工人员积极参与工会选举，成为工会事业发展的支持者、参与者和受益者，尊重和落实自身的基层民主权利；健全和完善工会的组织功能，使工资奖金协商制度成为现实，不再是资方的附庸和摆设。

4. 发挥志愿服务组织的作用

鼓励外来务工人员参加深圳志愿服务组织（义工组织），开展深圳志愿服务组织（义工组织）与外来务工人员之间的沟通交流，通过参与城市义工活动，扩大外来务工人员的交际范围，扩大社会网络，进而了解深圳、认同深圳、融入深圳。

（十一）提高外来务工人员素质，增强城市融入能力

1. 开展普法教育，依法维护公民基本权利

针对外来务工人员特别是新生代人员，开展政府支持、企业主导的普法教育，强化法治观念、增强法律常识和法律意识，使外来务工人员能够在法律规定的范围内行事，并依法维护自身作为"公民"的基本权利。

2. 加强道德建设，倡导文明行为，强化社会责任

不断提升外来务工人员整体道德水平，使他们在追求经济条件改善、生活质量提升的城市生活进程中，担当起共建文明城市的社会责任。加强中华民族传统美德的宣传和城市文明公德的教育，使外来务工人员在背井离乡的过程

中，既能保持原有的美风良俗，又要摒弃与城市生活不相适应的陈规陋习，自觉培育与现代城市文明相适应的科学、文明、健康的价值理念和生活方式。

3. 实施文化素养工程，全面提升外来务工人员的综合素质

在全社会实施文化素养工程，通过企业或社区，分期、分批向外来务工人员进行免费的文化素养教育，普及基本文化知识，提高文化素养和道德品质，使他们进一步认识城市文明、城市规则和城市生活，提高城市融入能力。

B.31 地方社会信用体系建设存在的问题与解决路径：以深圳为例

李朝晖 李朝星*

摘　要： 近年我国加大了社会信用体系建设步伐，但地方社会信用体系建设过程中存在统筹不足、政府包办、资源整合重点偏差、信息共享过宽、制度建设相对滞后等问题，影响了社会信用体系建设的步伐。必须厘清政府在社会信用体系建设中的权责，加强社会共建；加快相关法规标准制定，实现制度先行、依法推进；重视社会信用体系建设的国际趋势，与国际接轨；重视与国家法律法规、部门规章、国家标准的衔接，避免制度冲突；将政务诚信建设和开放政府持有公共信用信息作为近期工作重点，发挥引领作用；社会信用体系建设不可能一蹴而就，要循序渐进。

关键词： 社会信用体系　信息共享　制度先行　社会共建　解决路径

一　我国社会信用体系建设概况

我国20世纪80年代就已经提出社会信用制度建设问题，但由于当时市场经济体制还没正式确立，信用的价值和作用还不被关注。90年代中期以来，一方面金融信用在经济发展中的作用凸显出来，另一方面市场经济发展中失信

---

* 李朝晖、李朝星，深圳市社会科学院。

行为开始泛滥，加强社会信用体系建设的呼声开始高涨。到了90年代末，随着消费信用的发展，个人信用制度建立的呼声也因应而出。21世纪以来，国家发改委、商务部、工信部、中国人民银行、国家工商总局、国家税务总局、建设部、原国家经贸委、原国家信息办、原外经贸部等国家部委相继启动本系统征信系统建设。目前，影响力最大的是中国人民银行征信中心建立的覆盖全国的、以信贷信息为主要内容的企业信用信息系统和个人信用信息系统。截至2013年11月底，中国人民银行的征信系统已经收录了8.3亿多自然人、2000万户企业及其他组织的信用信息。所收录信息不仅包括来自商业银行、农村信用社、信托公司、财务公司、汽车金融公司、小额贷款公司等各类放贷机构提供的信贷信息，还包括社保、公积金、环保、欠税、民事裁决与执行等公共信息，其信息查询端口遍布全国各地的金融机构网点。与此同时，各地也相继启动社会信用体系建设，上海率先在全国开展企业和个人征信系统建设，深圳紧随其后建立了地方企业信用信息系统和个人信用信息系统，海南、湖南、内蒙古、江苏、浙江等省（自治区、直辖市）也较早启动了以信用信息系统建设为核心的社会信用体系建设。

但是局部的社会信用制度建设在短期内未能阻止社会信用和信任的恶化。近年来各种违法失信现象触目惊心，社会信任面临瓦解，加强社会信用体系建设越来越迫切。2007年国务院办公厅出台了《关于社会信用体系建设的若干意见》，2011年11月国务院常务会议部署制定社会信用体系建设规划，2014年1月15日，《社会信用体系建设规划纲要（2014~2020年）》经过两年多努力终于在国务院常务会议上原则通过。目前，我国绝大多数省份都已把社会信用体系建设作为重要工作之一。广东省2012年开始开展"三打两建"活动，社会信用体系建设作为其中一项重要内容开始强力推进，制订了《广东省社会信用体系建设工作方案》，出台了《广东省社会信用体系建设规划（2013~2020年）》。

深圳市在全国较早启动了社会信用体系建设。早在2001年底，深圳就制定出台了《个人信用征信及评级业务管理办法》，2002年底又出台了《企业信用征信和评估管理办法》。之后不久，建立了个人征信系统和企业征信系统，这两个系统已经初步发挥失信惩戒作用。与此同时，深圳通过法治政府、廉洁政府建设提升政务诚信，通过社会组织评估推进社会组织信用建设，鼓励行业协会建立行业自律机制促进企业和行业信用建设，大力开展诚信宣传教育推进诚信文化建设，社会信用体系建设迈出较大步伐。但是，跟全国其他地区一样，深圳社会诚信方面仍存在大量问题。当前，深圳正根据广东省的整体部署大力推进社会信用体系建设，制订了《深圳市社会信用体系工作方案》和《深圳市社会信用体系建设规划（2013~2020年）》，建立了1个统筹协调小组和12个专责小组具体推进社会信用体系建设。

二 当前深圳社会信用体系建设存在的问题

2012年以来，深圳尽管在社会信用体系建设方面投入了大量人力、物力、财力，但社会信用体系建设进展不快，建设进度滞后于工作方案，许多具体任务未能在工作方案和年度工作计划确定的时间表内完成；部分成员单位积极性不高，一些成员单位对自身在社会信用体系建设中的作用不明、职责不清，参与积极性、主动性不强，特别是垂直管理的中国人民银行深圳中心支行、运营深圳市个人信用信息系统的鹏元征信股份有限公司等由于体制上的原因，只是表面化地参与；部分工作小组出现工作力不从心，由于社会信用体系建设涉及很多法律问题和技术问题，有的专责小组牵头单位不具有相关的知识能力，在工作推进中力不从心。到目前为止，社会信用体系建设未取得实质性进展。事实上，目前许多地方的社会信用体系建设都存在同样问题。《深圳社会信用体系建设工作方案》和《深圳社会信用体系建设规划（2013~2020年）》在很大程度上可以说是依葫芦画瓢于《广东省社会信用体系建设工作方案》和《广东省社会信用体系建设规划（2013~2020年）》，整个广东省的社会信用体系建设都有类似问题。其他省份推进社会信用体系建设的方式虽然略有不同，但建设过程中也面临相似困境。存在这些问题，主要是因为在社会信用体系建设中，存在一些认识和做法上的误区。

（一）统筹不足：统而不筹、筹而不统

统筹就是统一筹划，是从一件事的整体出发对各方面进行筹划。社会信用

体系各方面相互关联，在作用发挥上相互促进也相互制约。社会信用体系建设要统筹规划、稳步推进，这也是社会信用体系建设的基本原则。所谓统筹规划，是要立足于实际，着眼长远发展，进行科学规划，明确社会信用体系建设的总体思路、目标和步骤，形成总体制度框架。在统筹过程中，既要统筹不同事项的责任单位，还要统筹不同事项之间的衔接。所谓的稳步推进是在明确总体思路目标的基础上制定阶段性任务，有序推进社会信用体系建设。因此，社会信用体系建设，首先要明确总体思路目标、形成总体制度框架以及各项任务之间的联系，在此基础上，层层推进。

对这一点，广东省以及深圳社会信用体系建设中已经认识到，在工作方案和规划中都确定了统筹规划的原则。但在具体操作上，却存在统而不筹、筹而不统的问题。理论上认识到社会信用体系建设是一个系统工程，需要整合各方面力量，从各方面共同推进。但实际工作体制上，统筹机构不具有统一筹划整体工作的能力，主要工作就是汇总，出现统而不筹；在工作方案和规划的制订中，没有从整体上筹划各方面工作，各项工作的筹划分别进行，出现筹而不统。具体表现在：一方面，社会信用体系建设虽然制订了中长期规划，并明确了总体思路目标，但思路非常空泛，没有明确社会信用体系建设的一些基本问题。例如，政府在社会信用体系中的职责边界、征信模式及征信监管机构、纳入公共信用信息系统信息的范围、个人信息主体权利的保护、信息安全管理制度、社会参与共建的方式、信用服务行业的准入制度和监管等都不明确。与此同时，社会信用体系建设的流程设计也不合理。为了迅速动员各部门、社会各界参与社会信用体系建设，实行各项工作同步启动同步推动，制度先行成为一句空话。由于缺乏实质内容的思路，没有完整的社会信用体系制度框架，各项工作实际上是割裂的。在具体工作中，一些基本问题没有厘清之前，各项具体工作也在开展，结果是受困于基本问题，在制订具体工作方案中举棋不定，影响了工作进度。例如，信用信息化建设专责小组在制定公共信用信息管理系统以及公共信用信息征集指标目录过程中，因不明确公共信用信息的范围，对哪些信息应当纳入指标目录认识模糊，无法及时、科学地制定出相关指标目录，影响了整项工作的进度。有些小组工作虽然能够推进，但各小组的工作未必协调。

（二）政府包办：政府推动力强、社会参与自主性弱

社会信用体系建设的一项重要原则是"政府推动、社会参与"或者"政府推动、社会共建"。所谓的政府推动，主要是"充分发挥政府在规划引导、制度完善、示范带动、宣传教育等方面的推动作用"。而所谓的社会参与或社会共建，主要是"发挥企业、行业组织、中介机构等在行业信用建设、信用产品开发使用和信用服务中的重要作用，以及新闻媒体和社会公众的宣传、参与和监督作用"。① 但是在实际工作中，"政府推动"方面的工作做得较多，"社会参与"或"社会共建"方面进展较慢，甚至"政府推动"几乎演变为政府包办。从已经制订的工作方案看，政府除综合规划、制度建设、政务诚信、政府持有信用信息化建设、宣传教育外，还直接负责推动企业信用建设、个人信用建设、事业单位信用建设、社会组织信用建设、联合征信系统建设、信用服务市场建设、资本市场信用建设。② 而后几项需要社会参与共建。但从目前的状况看，社会参与积极性不高，有些是因为相关制度还未明确，社会各界还处于观望状态，如关于发展信用服务行业，由于市场准入和监管制度不明确，有些则本来就属于企业和社会组织已经开展的事务，由于政府强力介入，反使企业和社会组织无所适从；还有些则因为社会参与能力有限，不知如何参与。

（三）资源整合重点偏差：重社会向政府整合、轻政府向社会开放

当前政府部门之间信息不共享、信息标准不一致、信息对社会公开不充分是制约社会信用体系形成的重要因素，资源整合、共建共享的目标重点应当是推进政府信息的数据化、推进政府部门之间的信息共享和政府信息的标准化、公开化，从而提高政府行政效率、监管效率和社会利用政府信息的便利性。但是，目前深圳社会信用体系建设中，虽然也在做这方面的工作，但没有从社会

---

① 参见《广东省社会信用体系建设工作方案》、《广东省社会信用体系建设规划（2013～2020年）》、《深圳市社会信用体系建设工作方案》、《深圳市社会信用体系建设规划（2013～2020年）》等文件的基本原则部分。
② 参见《深圳市社会信用体系建设工作方案》。

资源整合的高度认识这项工作的重要性，相反将资源整合的目标设定为信贷、企业、个人三大系统平台的整合。这三大系统本来由不同的主体运营，各有侧重，满足差异化的市场和社会需求，是完善的社会信用体系较好的信用服务形态，通过政府行为整合三大平台，既不符合信用服务行业发展的方向，操作上也存在诸多障碍。

（四）信息共享过宽：以为共享越全面越好，不够重视信息主体权益保护

尽管在深圳社会信用体系建设工作方案中明确了"依法依规、确保安全"的原则，并强调确保信息开放与权益保护的平衡。但从方案和规划具体内容与实际工作情况看，只注意约束信用服务市场活动，强调提高中介机构执业操守及专业水平，确保信用报告的准确性、公平性和相关性，保障信用信息主体的隐私权和平等机会；不注意政府作为大量持有个人和企业信息的机构，应如何改善技术、如何建立完善的管理制度以确保信息安全，很少研究讨论如何限制政府机构对个人和企业信息的收集和使用以保障个人隐私和企业商业秘密。从国家层面看，也是如此。目前，关于个人信息保护的部门规章、国家标准都不适用于政府机构。政府部门在社会管理和公共服务中持有大量个人信息，其中许多信息属于个人健康信息、个人财产信息或者反映个人生活消费习惯的信息。这些信息的安全问题一直受到关注，近年来曾经多次发生信息批量泄露问题，引起社会恐慌。与此同时，政府为了方便社会管理也一直探讨加强信息共享，但对共享内容和范围一直没有明晰的界限，大多数部门持谨慎态度。在社会信用体系建设过程中，一些部门机构打着共享共建的旗号，试图进行全面的信息共享，对个人隐私、个人安全构成极大威胁。

（五）制度建设相对滞后：制度未定，具体工作已铺开

上述问题只是表象，其深层次问题是社会信用体系建设涉及的基本制度框架不明，导致许多具体工作没有基本理念支持，具体工作人员缺乏社会信用体系相关知识，工作缺乏明确方向。社会信用体系建设是一个庞大的系统工程，涉及社会生活的方方面面，需要与经济制度、行政管理制度、民事法律制度等

各项制度衔接；社会信用体系建设在我国是较新的领域，在国际上也没有统一的做法，有许多问题需要结合我国实际进行探索，确定总体制度框架，才能确保整项工作沿着既定的方向逐步推进实现。制度先行是社会信用体系建设的一项基本原则。但是，目前的社会信用体系建设没有做到制度先行，而是各项工作同步推进。在总体制度框架没有搭建起来、基本法律问题没有明晰的情况下，各项具体工作已经分别开始推进，出现各专责小组各行其是的状况也就不奇怪了。

三 完善社会信用体系建设的路径

（一）厘清政府在社会信用体系建设中的权责，加强社会共建

社会信用体系建设是社会建设的重要内容，社会建设已经成为各界共识，社会信用体系建设应当充分发挥社会力量参与共建。与此同时，政府要在转变职能放手企业和社会参与社会信用体系建设上下功夫。各级政府对于政府转变职能的要求已经耳熟能详，但是在具体行政活动中还没有走出扩权、越权的惯性，还存在遇到急事、难事就采取行政包办的行为模式。因此，现在需要的是将转变职能的要求转变为行政思维和行动，不能因为社会信用体系建设被领导高度重视，不能为了加快社会信用体系建设步伐，就实行政府包办各项相关事务，使企业和社会组织的自主权受到挤压，使企业和社会组织在还不明白自己在社会信用体系中能发挥什么作用、怎样发挥作用的情况下，被政府安排完成这样那样的事务。要跳出政府主导、政府包办的思维，要厘清政府在社会信用体系建设中的权责，明确责任边界，该由政府担的责任，一定要担好，不该由政府办的事，要坚决放权，让企业和社会承担。

从我国政府职能转变的目标和世界各国社会信用体系建设的经验看，政府的主要职责是规划引导、制度完善、示范带动、宣传教育以及开放信息等，即做好社会信用体系建设规划，完善相关法律制度，建立政务诚信以此带动社会诚信建设，开展社会诚信宣传教育，推动诚信价值观的形成，营造诚实守信的舆论氛围。信用服务市场建设方面，政府的重点工作是明确市场准入、市场标

准和加强市场监管，营造公平健康而又宽松的市场环境，有了这样的环境，信用服务行业会自然而然地发育发展。政府还应当做好所持有公共信用信息的开放工作，以统一标准公开相关信息，方便信用服务企业收集、取用。企业信用建设、个人信用建设、资本市场信用建设以及征信系统建设等方面，在发挥政府引导作用的同时，要充分发挥企业和社会组织的作用，发挥征信企业在企业信用建设、个人信用建设、征信系统建设方面的作用，发挥行业协会在企业信用建设、资本市场信用方面的作用。

（二）加快相关法规标准制定，实现制度先行、依法推进

社会信用体系建设涉及许多法律问题，如征信模式及征信监管机构的确定、纳入公共信用信息系统信息的范围、个人信息主体权利的保护、信息安全管理制度、信用服务行业的准入制度和监管等。这些问题明确了，社会信用体系整体制度框架才能建立起来，社会信用体系建设的各方面工作才能有明确的目标方向。例如，必须明确征信模式，才能确定征信机构、征信系统怎么建；必须明确公共信用信息的范围，才能对政府持有的信息进行梳理，形成公共信用信息指标目录；必须有完善的个人信息保护制度和信息安全管理制度，社会信用体系建设才会得到公众的支持并自觉参与其中；必须明确信用服务行业市场准入制度和监管制度，信用服务行业才能健康发展。因此，社会信用体系建设必须法制先行，在所涉及的基本法律问题明确之后，依法推进，可以起到事半功倍的效果。

（三）重视社会信用体系建设的国际趋势，与国际接轨

征信制度的建立和征信体系的完善是社会信用体系建设的重要内容。选择怎样的征信模式、如何建立征信制度、形成怎样的征信体系是理论界和实务部门一直探讨的问题。综观全球，历史以来主要形成三种征信模式：一是美国的市场化征信模式，二是欧洲大陆的公共征信模式，三是日本行业协会征信模式。但近年来，征信模式选择和征信机构的设立在国际上出现两大发展趋势：一个是传统征信制度比较完善的国家，市场化征信机构发展迅速，特别是传统上实行公共征信模式的欧洲国家，其私营征信机构发展迅速，业务快速扩张；

另一个是新兴国家和地区大多采取政府推进方式建立公共征信系统，促进征信体系的迅速建立，新加坡以及中国香港、中国台湾都属于这种类型。

我国征信体系建设已经有十几年，国家部委和地方层面分别建立了一些征信机构和征信系统，但对于征信模式的选择一直没有在立法上予以明确。从已经建立的征信机构看，既有类似于公共征信机构的，如中国人民银行征信中心、深圳市企业信用信息系统；也有私营征信机构，如鹏元征信有限公司。其他地方的征信系统或是事业单位，或是国有企业，多类似于公共征信机构。①我国数据规模最大的中国人民银行征信中心最初建立时的发展目标是市场化，但2013年出台的《征信业管理条例》明确了其不以盈利为目的的性质。② 也就是说，目前我国除了数据类型最丰富的个人征信系统的运营机构——鹏元征信有限公司是私营机构，其他征信机构都类似于公共征信机构。

这就面临着，深圳社会信用体系建设中征信机构设置是走公共征信模式，还是维持目前公共征信机构与私营征信机构并存模式的问题。应当说，鹏元征信机构的运作还是比较成功的，其提供的多样化个人信用报告满足了多样化的市场需求，可以说是国内征信服务行业发展的硕果。从国际发展趋势看，虽然政府强力推动是新兴国家和地区征信体系快速建立起来的途径，但发展私营征信机构是征信制度建立起来后的发展趋势，因此，深圳不仅不应当将鹏元这样的私营征信机构并入公共征信机构，而且应当创造条件推动其发展壮大，成为能够与国际信用服务机构竞争的本土龙头信用服务机构。

（四）重视与国家法律法规、部门规章、国家标准的衔接，避免制度冲突

近年来，国家层面与社会信用体系建设相关的法规规章以及标准制定的步伐加快，出台了一系列征信业和信用信息收集、归集、使用等相关的法规规章

---

① 说类似，而非就是公共征信机构，是因为这些机构在性质上像公共征信机构，但运作中都有市场化行为，有盈利的现象，不是纯粹的公共机构。
② 《征信业管理条例》第二十七条规定"金融信用信息基础数据库由专业运行机构建设、运行和维护。该运行机构不以营利为目的，由国务院征信业监督管理部门监督管理"，而中国人民银行征信中心正是金融信用信息基础数据库的运行机构。

和标准，除了国务院2013年1月发布的《征信业管理条例》（2013年3月15日起施行）和中国人民银行2013年11月发布的《征信机构管理办法》（2013年12月20日起施行）外，还有全国人大常委会2012年12月通过的《关于加强网络信息保护的决定》（颁布之日起施行）、工业和信息化部2013年6月通过的《电信和互联网用户个人信息保护规定》（2013年9月1日起施行），以及全国信息安全标准化技术委员会2012年11月发布的《信息安全技术　公共及商用服务信息系统个人信息保护指南》（2013年2月1日起实施）。这些法规规章和标准的实施为社会信用体系建设中一些具体问题明确了基本制度，地方在社会信用体系建设中，要学习掌握、深刻领会相关制度和法律精神，在具体制度设计中与国家法规规章和标准衔接，避免出现制度冲突。例如，《征信业管理条例》第十三条第二款规定，"企业的董事、监事、高级管理人员与其履行职务相关的信息，不作为个人信息"。深圳原来预定的重点涉信人群信用信息纳入个人信用信息系统的做法显然与此规定冲突，需要作调整。事实上，在国家相关制定不断明晰的情况下，地方开展社会信用体系建设只要依循相关规定进行具体化的落实，就可以快速推进。

（五）将政务诚信建设和开放政府持有的公共信用信息作为近期工作重点，发挥引领作用

社会信用体系建设是一个系统工程，而其中许多内容涉及国家基本制度的建立和执行，如征信机构的监管、个人信息保护法的制定、地区间的信用信息共享等，不是地方政府力所能及。地方社会信用体系建设的重点一是建立政务诚信，以政务诚信带动社会诚信；二是开放政府持有的信用信息，为信用服务行业发展提供保障。目前，深圳以法治政府、廉洁政府建设为核心的政务诚信建设已经取得较好成效，今后在进一步加强法治政府、廉洁政府建设的同时，还应当推进决策科学化，以科学决策保障政策的连续性、执法的有效性，取信于民、取信于社会。在政府信息公开方面，继续加大政府持有的公共信用信息公开力度，建立政府信息公开统一平台，制定统一的政府信息公开技术标准和数据元标准，既方便部门之间信息交换共享，又方便公众查阅调用；既方便政府监管工作，又方便信用服务行业收集信用信息。

（六）社会信用体系建设不可能一蹴而就，要循序渐进

社会信用体系建设是一个宏观的、系统的社会工程。一方面，社会信用体系建设涉及的一些基本法律制度超出了地方的立法权限，需要国家层面的立法予以解决；另一方面，社会信用体系渗透在社会生活、经济生活、政治生活的方方面面，在跨区域市场交易日益频繁、人口流动日益加剧的今天，一个地方很难独自形成完善的社会信用体系，需要整个国家社会信用环境的改善，地方能做的只是在某些方面先行，在全国产生示范作用，带动其他地区不断完善社会信用体系，逐步显示整个国家社会信用体系的完善。

当前地方社会信用体系建设应当根据地方事权和市场经济发展、社会组织发育发展的现实情况，采取不同领域不同节奏步伐的方式循序推进，不同领域不同工作完成的程度和时限应分别确定，不可追求步调一致、同步完成。政务诚信建设、公共机构持有的信用信息标准化和共享平台建设可以先行，信用服务市场准入制度和监管机制建立可以同时跟进，行业信用根据行业组织的发展程度逐步发挥作用。全国市场一体化程度较高的领域，重点做好与国家相关监管机构及其派驻本地机构的协调和工作衔接，相互推进信用制度的建设；主要属于地方事权的领域，重点做好相关监管工作和失信信息公开与共享机制的建立。

需要强调的是，社会组织是社会信用体系建设的重要主体，特别是行业协会在行业信用建立中具有举足轻重的作用。但是，由于目前我国社会组织还不发达，社会组织本身的信用和影响力还有待提升，因此短期内不可过于倚重社会组织，但要积极培育和发展社会组织，使社会组织在提升自身信用和影响力过程中逐渐发挥监督社会信用、塑造社会信用的作用。

B.32 深圳市社会质量发展调研报告[*]

王小刚 林卡 等[**]

摘　要：

社会质量理论源于欧洲，是关于民众日常生活质量的理论，2006年之后开始在亚洲传播，并作为社会发展研究的新范式引起了国内学界，乃至政界的关注和重视。本报告以欧洲社会质量指标体系为基础，从社会经济保障、社会凝聚、社会包容、社会赋权四个角度，对深圳的社会质量现状进行实证调研。同时针对调研中深圳社会发展质量存在的问题，围绕"深圳速度"到"深圳质量"的转变，以"深圳质量"为标杆，提出提高深圳社会质量相应的对策建议。

关键词：

深圳市　社会质量　对策建议

深圳作为中国改革开放的前沿城市，其原有利益格局的变化以及社会资源的重组，使得社会阶层分化趋势日益明显，"社会断裂"现象突出。同时，深圳作为一个由移民组成的现代化大都市，很大程度上体现了中国的社会变迁过程：社会阶层矛盾日益加剧、人员贫富差距日益扩大、地区发展不均衡等。在"深圳速度"前进的脚步中一些社会问题凸显，对深圳未来的发展极为不利。鉴于此，深圳市政府提出了"创建深圳质量，打造质量强市"的口号，以实现从"深圳速度"向"深圳质量"的跨越，建设现代化、国际化的质量强市，

---

[*] 此课题为深圳市哲学社会科学"十二五"规划立项课题。

[**] 王小刚，深圳市乾德企业管理咨询有限公司；课题组成员：王小刚、林卡、李杰麟、委吉文、赵亮、崔书玉、杨艳燕。

为质量强国战略提供有效实践经验。社会质量是深圳质量的立足点与着力点之一,研究社会质量理论、发展深圳城市社会质量对于研究深圳质量、加快深圳质量建设步伐具有十分重要的意义。因此,本文旨在艾伦·沃克社会质量理论的基础上,对深圳社区社会质量情况进行实证调查分析,为更好、更快地建设深圳质量提供理论依据。

一 研究背景

(一)研究理论体系

20世纪中后期,由于欧洲经济政策与社会政策之间逐渐出现的不平等关系,社会性被排斥,引发了学者对于发展问题的讨论。20世纪90年代,西方社会科学界认为国家和地区不应将经济增长确立为单一的中心目标,而应该更加重视综合的社会发展,强调以人为本,以经济社会的均衡发展为重点,注重参与赋权和良好的社会关系的构建,在这一基础上逐步发展,最终形成了社会质量理论。这一理论提出后,被欧洲众多国家采纳,将社会质量指标体系作为衡量其国家社会质量的依据,对相关政策进行调整。

根据欧洲学者的定义,社会质量是指民众能够参与社区的社会、经济与文化生活的程度,通过这些参与发挥主观能动性,提升其福祉和个人潜能[①]。社会质量理论包含了主观和客观的多元综合指标,主要分为三个方面的因素(见表1),即建构性因素、条件性因素、规范性因素。首先是建构性因素。它是自我实现过程与各种集体认同的形成过程互动的结果,包括个人保障、社会认知、社会反应及个人能力。其中个人保障与人的制度保障、安全有关;社会认知关系到人与人之间的尊重;社会反应则是考验群体、社区的开放性程度;个人能力主要在于人的生理与精神方面的能力。

---

① Beck, Wolfgang, Laurent van der Maesen, Fleur Thomese, Alan Walker (eds). *Social quality: a new vision for Europe*, The Hanue/ London/ Boston: Kluwer Law International, 2001.

表1　社会质量因素

建构性因素	条件性因素	规范性因素
个人（人类）保障	社会经济保障	社会正义（平等）
社会认知	社会凝聚	团结
社会反应	社会包容	平等价值观
个人（人类）能力	社会赋权	人的尊严

资料来源于林卡：《社会质量理论：研究和谐社会建设的新视角》，《中国人民大学学报》2010年第2期。

其次是条件性因素。社会质量理论体系包括95个指标，涉及18个领域和45个亚领域，共分为4个维度（见图1）：一是社会经济保障，指制度和组织系统为社会成员提供各种形式的物质资源和环境资源，包括金融资源、住房与环境、健康与照顾、就业及教育等5方面，指向社会正义，以抗拒社会给个人造成风险，共计24项指标；二是社会凝聚，指以团结为基础的集体认同，基于共享价值和规范的社会关系本质，包括信任、其他整合的规范与价值观、社会网络、认同等4方面，指向一个社会的社会关系在何种程度上能保持整体性和维系基本价值规范，共计20项指标；三是社会包容，指人们在何种程度上可以获得来自制度和社会关系的支持，包括公民权、劳动力市场、服务、社会网络等4方面，关乎个体平等的权利和价值，以减少社会排斥，共计27项指标；四是社会赋权，指个体在参与社会、经济、政治和文化活动中所具有的能

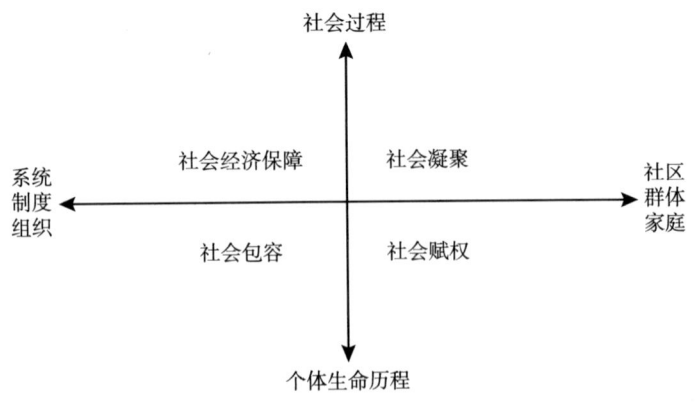

图1　欧洲社会质量的理论

力以及个人对自己行动能力的认知程度,包括知识基础、劳动力市场、制度的开放性和支持性、公共空间、人际关系等5方面,关注的是社会为个体发挥自身能力而提供的机会是否平等,指向人的尊严,共计24项指标。

最后是规范性因素。规范性因素用来判断社会质量的适当性和必要性程度,起着导向的作用。包括社会正义、团结、平等价值观及人的尊严。这些规范性因素具有很强的意识形态意义,无论从个体层面还是社会层面,对于社会质量都有重要影响。

(二)调研说明

深圳社会发展质量调查采用随机抽样的方法,在深圳10个区随机抽取2000居民为数据样本,然后按照简单随机原则,再选择100个家庭作为受访对象。调研对象包含深户和非深户居民,其中男性比例占46.3%,女性比例占53.7%,年龄多为18~45岁,学历以高中或中专、大专和本科居多。最终,调研收回问卷2000份,有效问卷1912份,有效率为95.6%。

二 深圳社会质量发展调研结论

(一)社会经济保障

社会经济保障关系到民众最为直接的利益问题,是大多数民众关注的核心问题。从《中国城市竞争力报告(2013)》可以看出,在2012年中国293个城市综合经济竞争力排名中,深圳的城市综合经济竞争力处于第二位。2013年1~8月,全市实现公共财政预算收入1538.35亿元,公共财政预算支出1246.35亿元,这样较高水平的经济实力,能够较大程度提升城市环境和民众的福祉。但是总体来看,当前深圳社会经济保障状况还是存在一些问题的,城市中低收入水平仅能保证一般的生活品质,工作生活的节奏较快,就业、住房保障和食品安全仍旧落后于民众的预想需求。

1. 居民平均收入水平难以保证高质量生活

调研数据显示,大部分收入中等的和收入较低的家庭主要支出在健康,其平均收入水平仅能保证一般的生活品质。调研中发现，48%的居民每月日常生活支出在2001～3000元，29%的居民生活支出在1001～2000元，参照2012年深圳市的平均职工工资水平（4917元/月）分析，仅仅能够保证一般的生活品质。另外一项调研基本指标"每月的收入能够保证的生活品质"印证了这个说法，在这项指标中，高达55.9%的民众认为自己的生活质量一般，另有16.1%的居民认为自己的生活质量较差，这个比例代表了深圳普通民众关于收入的基本心理预期。

2. 就业市场安全被产业结构牵制

据第六次全国人口普查数据①显示，截至2011年底深圳常住人口约为1046万人，其中非户籍就业人口数量超过700万人，其规模和比重在全国各大城市中继续保持领先地位，依然是全国城乡剩余劳动力的重要吸纳地。

从调研指标"具体就业情况"中可以看出，深圳的具体就业比例为86.5%，整体就业情况良好。根据《2013年深圳统计年鉴》整体分析，目前第一产业的就业比重已不足1%；第二产业在50%左右，仍为吸纳劳动力比重最高的产业；第三产业的就业比重在49%左右，较之前有所上升，与第二产业之间的差距不断缩小，从产业转移趋势上来看，深圳已经进入产业转型的第三阶段，随着经济的不断发展进入高层次阶段，劳动力将由第二产业向第三产业转移。

调研数据显示，指标"深圳具体就业环境评分"的加权平均分为6.3（10分满分）。深圳人口规模发展所带来的矛盾和压力比较突出，就业任务仍然面临问题。其主要体现一是人口规模膨胀带来的压力仍未缓解，土地、资源、环境的承载力问题仍旧十分严峻；二是产业结构的优化升级面临问题，产业技术含量低和低附加值、高能耗、高污染行业的持续萎缩释放出的劳动力，造成严重的人力资源浪费；三是一些高科技、服务型、战略型产业将在未来带来较多的就业机会，这些产业将成为深圳以后发展的重点。

3. 住房问题给居民带来巨大压力

深圳是我国快速城市化的标本，2004年实现全面城市化，成为我国第一

---

① 参见《深圳市2010年第六次全国人口普查主要数据公报》，http://www.sz.gov.cn/tjj/tjj/xxgk/tjsj/pcgb/201105/t20110512_2061597.htm，2011年5月。

个没有农村的城市。但是，由于城市化转地的不彻底造成了大量城中村的产生，深圳现在共有城中村私宅近40万栋，总面积达到近1.1亿立方米，占据深圳住房的50%~60%。住房和家庭收入、财富有关，更重要的是检验外来人口能否融入城市，成为城市居民的先决条件，相对于深圳原住民，以大中专毕业生、农民工为主体的城市外来人口面临着巨大的住房压力。调研中发现，分别有25.65%和38.97%的居民认为自己的住房负担为较重和一般，说明深圳居民存在巨大的住房压力。

深圳普通民众的住房现状显现出三个特点：一是城市人口居住面积小，据调研显示，有较大程度的城市民众住房人均不到10平方米；二是城市外来人口居住面积远远小于城市家庭，居住环境和卫生水平也与城市居民有较大差异，深圳居民大多面临居住空间小、周边环境差的问题；三是住房形式多样，个人租住占据了67.7%的比例，住房流动性很强，严重缺乏保障，租用房屋的水电价格非常昂贵，严重影响民众的生活品质。

4. 食品安全成深圳质量短板

公共食品安全是深圳民众最为关注的话题之一，关系到民众的福祉与安全、健康与生命，甚至关系到市场的发展和稳定。民众对于深圳食品安全抱有忧虑，仅有2.1%的民众认为深圳当前食品安全没有问题，而认为深圳食品安全存在一定问题和严重问题的民众分别占58.3%和30.2%。深圳当前的食品安全重要聚焦在"添加泛滥"和"人为污染"两个方面。最近曝光的深圳市"食品安全黑名单"显示，大部分都是在生产和销售中添加了有毒、有害的化学物品，添加了这些有毒化学制剂的食品有肉制品、槟榔、饮料、面食，均是民众日常生活中的饮食必需品，这不得不让民众非常担心。从深圳市场监督管理局2013年食品安全抽样检验情况我们也看出，面制品、盐焗食品、烧卤熟肉制品等均存在部分不合格产品。面制品抽取87批次，合格76批次；盐焗食品抽取79批次，合格59批次；烧卤熟肉制品抽取100批次，合格78批次，合格比例仅为78%。生产加工单位在加工制作过程中违反加工工艺、产品原料的自身问题成为食品安全的主要问题。

5. 城市环境建设不容乐观

深圳现阶段仍旧处于工业化、城镇化的进程中，虽然在环境污染治理方面采取了一系列措施，取得了明显成效，但总体形势仍旧不容乐观。调研数据显示，民众对于深圳社区、绿化满意度不高。影响深圳环境问题的主要因素有三个：一是城中村的生态环境影响到深圳整体形象。由于城中村缺少规划，造成城中村的环境异常恶劣，严重影响深圳的整体形象。二是紧缺的土地资源储备量制约深圳整体发展，深圳目前的土地大多来自原来的村庄土地和集体土地，原来的国有土地、村庄土地和集体土地已经全部转换成国有土地，这部分土地资源迅速耗尽，土地资源的利用程度已经远远超过警戒线，现在已经基本上无地可用。三是过量增长使深圳土地资源消耗殆尽。过去30年里，增量土地增员的扩张型利用支撑了深圳的快速工业化、城市化，实现了深圳速度的奇迹。一些建筑协调性差、建筑质量差、空间归属性不强的土地占了相当一部分比例。

6. 交通环境和生活节奏影响居民健康

随着深圳经济社会的发展，民众对于身心健康越来越重视，对健康所包含的身体、心理和社会适应这一概念也越来越清晰。深圳市民健康状况良好，但是也有一部分人处于亚健康状态。

目前，影响深圳民众的健康问题主要包含以下几个方面：一是慢性非传染性疾病成为市民健康的主要威胁，受访的高年龄人群较大比率都有血压、血脂、血糖水平过高的倾向。二是职业病的发病状况不容忽视，深圳快节奏的生活工作环境造成了大量民众的职业病。三是工作生活的交通环境较差，仅有三成居民对深圳的交通环境较为满意，道路交通拥堵和公交、地铁上班时的极度拥挤成了深圳城市发展的一个顽疾，这个问题给深圳的经济和社会发展造成巨大的损失，其根源在于机动车辆的迅速增加和外来人口的急速膨胀。

（二）社会凝聚

社会凝聚是社会生存发展的最基本的前提。首先，社会凝聚力把分散的个人力量聚合为整体组织的力量和社会的力量，呈现"一加一大于二"的效应。其次，社会凝聚具有稳定社会的功能，它使社会成员团结一致，摒除社会中的分裂和冲突，从而使社会结构更加稳定。最后，社会凝聚力还可能产生巨大的社会发展动力。结合深圳目前社会发展转型阶段，社会凝聚的作用愈发关键。

1. 深圳公共安全基本令人满意

深圳居民对深圳公共安全的总体评价良好,认为深圳公共安全状况较好和一般的居民占比为42.7%和43.8%。截至2014年,深圳公共安全总体令人满意,自然灾害带来的直接经济损失占本地生产总值(GDP)的比例控制在2‰以内;亿元本地生产总值(GDP)生产安全事故死亡率控制在0.04%以下;工矿商贸就业人员十万人生产安全事故死亡率控制在1.0%以下,火灾十万人口死亡率控制在0.08%以下,道路交通万车死亡率下降到1.7%以下;到2015年建成室外应急避难场所163处,室内应急避难场所415处。

2. 深圳居民家庭代际关系融洽但暗藏矛盾

家庭是社会的最基本细胞,而"代际团结"是促进幸福家庭生活的关键因素。调查数据显示,深圳受访居民中近九成(很好51.1%,较好33%)人与家庭中的长辈或晚辈关系良好。虽然数据体现了深圳居民代际团结情况较好,但是在目前深圳居民的家庭环境中,仍然有一些现实情况影响代际关系:一是代际间的相处和交流少,深圳生活节奏快、社会观念前卫,加深了新老两代之间的代沟;二是隔代化照料加深代际相处矛盾,由于经济社会进一步深化发展,深圳居民工作时间所占比例越来越大,未成年子女的日常照料责任大部分被迫向上一代转移,增加了矛盾碰撞的频率;三是复杂的社交网络引发代际相处危机,科技不断发展,人际沟通方式多样,智能手机、互联网与移动通信网络等设备与设施的不断进化也一定程度上淡化了家庭内部的关系,拉远亲代之间的距离。

3. 业缘与亲缘是居民社交圈的主要结构

以朋友、家庭成员和工作同事为代表的业缘与亲缘构成深圳居民的主要社交圈,且深圳居民个人在社会网络中获取资源程度不高。首先,深圳居民获得社会资本频率不高,本次调研显示,经常在人际交往中获得帮助和利益的群体仅占不足两成。其次,正式社会网络利用程度低,在居民获取社会资源方面,居民多倾向于选择亲属朋友、同事等非正式社会网络,对政府部门、非营利组织等正式社会网络利用程度较低。现阶段深圳城市社会资本存量不高,网络相对封闭,且存在明显的阶层、城乡及代际差异。

4. 深圳社会整体信任度较高

深圳市民对社会的信任度较高，对社会信任度表示积极评价的居民占38.5%，负面评价的仅占15.7%。在特殊信任方面，深圳居民对家庭成员、朋友与工作同事三个主要社交圈的人群信任群体最多。而可以信任组织主要是以政府部门为主，其中信任执法机关的居民最多，其次是行政与事业单位，信任社会组织的居民最少，尤其是媒体。

5. 助人观念深入人心

深圳居民在帮助他人解决困难方面非常积极，利他主义观念较强。作为全国第一个成立义工组织的城市，截至2013年8月，深圳市的注册义工已达到84.6万，占常住人口8.02%。相比2011年大运会开幕前的25万名注册义工，增长了2倍多，深圳居民助人精神由此也可见一斑。深圳居民理性助人，调查数据显示，深圳居民在大部分情况下都愿意帮助他人，除了一些非力所能及或者对有生命危险的事项外，深圳居民大多愿意为社会或者有需要的人提供帮助。

（三）社会包容

社会包容是衡量社会质量高低的重要标志，一个城市的社会包容度越高，不同群体与个体间的和谐度就越大，社会之间的排斥也就越小，意味着城市社会发展就愈加健康稳定。本次调查显示，作为中国首个经济特区和改革开放的窗口，深圳城市的社会包容程度是比较高的，包容性的发展精神得到了很好的诠释。

1. 男女平等在深圳城市社会发展中体现较好

数据统计显示，传统的男尊女卑、重男轻女思想在深圳城市发展中并不强烈，且在100个家庭随机走访调查中，女性独生子女比例高达50%；而对于男性比女性更适合经商、高等教育对男生的重要性大过女生等问题，大部分市民表示不认同，普遍认为在商业环境自由开放的深圳，部分领域女性所发挥的作用远远大于男性，如高端服务业。整体而言，深圳社会对性别包容度较高，男女平等思想在城市社会发展中得到了很好的体现。

2. 深圳社会歧视程度较低，但个别因素歧视现象不可忽视

经过调研数据的加权分析，深圳居民受歧视程度计分为30.5分（"很多"100分，"较多"80分，"一般"60分，"较少"30分，"没有"0分），这表明深圳市居民在城市生活中受到歧视较少。在对受歧视的内容调查中，受歧视最多的三个方面是学历、社会地位和性别，比例分别为26.3%、25.3%、18.9%。深入分析，出现这一结果也正是当前深圳城市质量发展的目标要求使然，高标准的发展要求势必使政府和企业需要高质量的发展人才，但部分市民却将此视为对自己的歧视，如若这一思想得不到合理引导并不断加深，必将产生较为严重的阶层矛盾和社会排斥，阻碍深圳质量建设。综合而言，深圳整体社会歧视程度较低，特区城市的发展魅力和自由气息为城市居民融合发展提供了良好的自然因子。

3. 社会福利待遇与社会包容度不对称

在对社会包容度的调研中，居民整体评价深圳城市社会包容度为6.6分（加权值，1分最差、10分最好），这说明移民城市的深圳有着较高的社会包容性。如在社会保障方面，深圳市民社会保障基本全部缴纳，其中养老保险覆盖率高达90.2%，医疗保险覆盖率达88%。但在部分领域，社会包容性因城市发展政策限制存在偏颇，如在幼儿、小学、中学教育问题上，有超过一半的居民认为其门槛较高，有失公平；亦有23.7%的居民认为深圳积分入户的政策标准较高。包容性的发展环境，不但为深圳群体阶层间和谐交流提供了契机，也为深圳城市公开、透明的社会治理带来了好的开始。如表2所示，居民"深圳人"的主人翁角色已经在深圳城市社会发展中与日俱增。

表2 活动参与情况

单位：%

项目	非常频繁	经常	偶尔	非常少	从来没有
与朋友、同事或邻居讨论政治和社会问题	10.4	15.6	42.7	30.2	1
通过博客、微博、社交网、论坛等表达自己的观点	9.4	31.3	22.9	32.3	4.2
向政府部门或传媒表达自己的意见	8.3	8.3	17.7	25.0	40.6
参加例如游行、示威、罢工的活动	14.6	5.2	4.2	11.5	64.6

（四）社会赋权

赋权即增能，意味着使每个人，尤其是处于弱势的个体能够控制自己的生活，能够利用各种机会增加选择的空间。社会赋权是衡量社会质量的重要内容，指通过增进社会关系来推动人们社会行动能力的进一步提高，既要保障人们参与社会的权利，又要促进人们在社会参与中获得发展。[①] 本次调查表明，深圳的社会赋权整体水平较高，但在个别方面仍存在一些不足。

1. 深圳环境有利于个人自致成功

调查中发现，民众认为产生贫困的原因既包括自身能力的缺乏，也包括社会制度的影响，同时也有近八成民众认为在深圳个人可以通过努力来改善自身地位，并获得成功。深圳设置经济特区至今已 30 余年，出台的一些优惠政策吸引了众多人才来深圳创业。倪鹏飞教授主编的"城市竞争力蓝皮书"显示，近十年来深圳的城市竞争力排名均保持在前五名以内。良好的经济发展环境、优越的营商环境以及不断提升的文化竞争力让越来越多的人认识到家庭出身、父母职业等先赋性因素不再是影响个人社会地位的决定性因素，自身后天的努力才是关键。

2. 非政府组织对于建设深圳质量有积极作用

社会质量理论强调公民社会的建设，公民社会的组织化形式即为非政府组织，如慈善团体、专业协会、工会等非营利性团体等，发展非政府组织是社会赋权和社会增能的基本途径[②]。在走访调查中发现，超过74%的民众认为发展非政府组织对于建设深圳质量具有必要性，其中 23.4% 的民众则认为非常有必要。非政府组织作为连接国家与社会的纽带，是国家和人民相互了解的有效途径，使政府能够不断吸收民间信息，推动政府改革创新。同时，非政府组织可以制约政府公共权力、监督政府行为，推动政治民主化进程。对于大量闲置的社会资源，非政府组织可以实现合理、有效整合，对政府的管理"真空区"、能力不足方面进行弥补，及时解决社会矛盾、参与公共建设。由于非政

[①] 金桥：《社会质量理论视野下的政治参与——兼论西方概念的本土化问题》，《社会科学》2012 年第 8 期。

[②] 林卡：《社会质量理论：研究和谐社会建设的新视角》，《中国人民大学学报》2010 年第 2 期。

府组织具有多元化的特点，其成员均来自社会不同阶层，为了实现共同目标而在一起工作，有利于增强民族团结和社会凝聚力。

3. 民众参政议政权利有待加强

社会赋权其中一个指标是民众所具有的参政议政权利，指的是民众能够参与决策制定的过程，能够准确获得信息和资源。调查中发现深圳在这方面仍存在一些不足，首先，被调查对象分别为政府的执法能力、办事效率、行政透明度及满意程度进行评分（10分为满分），结果分别是6.3分、6.0分、4.7分、5.3分，可见民众对政府信息的公开化和透明化并不十分满意，对政府整体满意度也仅达到中等水平。其次，调查数据经过加权处理分析显示，民众获得政治资讯的难易程度为5.5（"1"为最难，"10"为最易），大部分居民认为准确获得政治资讯仍有一定难度，说明民众对于信息的准入性仍有待提高。最后，在所做抽样调查中，仅有4.3%的民众行使过选举或被选举权，高达95.7%的民众则没有行使过，这也表明深圳居民的政治参与程度不高，参政议政权利有待加强。

4. 居民诉愿制度渠道亟须完善

在个人自主表达意愿的自由度方面，大部分居民认为深圳自主表达意愿的程度处于居中水平（"1"为最不自由，"10"为最自由），同时，在深圳当前反映意见渠道的满足度方面，仅有14.7%的民众觉得深圳反映意见的渠道满足其要求，而85.3%的民众则认为渠道很少，其中16.8%的民众认为这些渠道严重不足。以上数据说明深圳在倾听民意、广开言路的政策法规及方式方法上需进一步改善。

三 关于提高深圳社会发展质量的对策建议

提升深圳社会发展质量，要深刻理解"深圳质量"的内涵，把速度、效益优势转化为质量优势，实现从速度优先向质量优先转变。同时，要着眼于城市品质的塑造，最大限度地增加民众的生活舒适度，增强社会民生保障，强化社会服务管理，完善教育就业规划，确保深圳发展成为一个绿色与艺术同生、物质与精神共荣、个性与品位并存的品质时尚之都。

（一）围绕深圳质量加快提升民众生活品质

民众的生活舒适度和满意度是衡量城市生活品质的关键要素，深圳质量是提升城市生活品质的理念和标杆，要围绕深圳质量，从生活质量和价值上去提升民众生活品质，让发展成果更多地惠及全体民众。

1. 增加医疗服务资源，提升医疗服务水平

推进全市重大卫生项目建设，完善医疗资源布局。加快宝荷医院、新安医院等重点项目建设，出台社会办医相关配套措施。提高医院诊疗服务水平，提升基层医疗服务能力，实行"双向转诊"和分级医疗制度，优化医疗服务流程。扩大家庭医生责任制试点，提高社康中心家庭医生服务覆盖率。

2. 改善交通出行环境

以轨道交通为基础、常规交通为重点，建立交通规划建设和养护管理的一体化标准体系，完善城市交通网络。加快"七横十三纵"干线路网的建设步伐，打通一体化交通瓶颈，完成二线主要关口交通设施改造，增强中心发展轴交通联系。到2015年底，全市公共交通占机动化出行分担率达到56%。

3. 优化城中村生态环境

规划不力、环境污染、建筑混乱、基础设施不完善是城中村最为严重的问题。要从可持续发展的角度，对城中村进行科学规划改造，综合整治固、液废弃物，改善高耗能、高污染行业带来的生态环境问题，合理布局公共空间，设立居民游玩设施，推进城中村环境园林化、生态化，推动城中村道路交通安全化、规范化。

（二）从社会民生保障角度提升社会发展质量

社会民生保障工作是深圳社会发展质量的出发点和落脚点，建设品质深圳，必须要健全社会民生保障工作，解决好民众最关心、最直接、最现实的利益问题，最大限度地满足民众工作生活需求。

1. 健全社会保障体系和服务体系

健全社会保险制度，提高整体保障水平。加快制度社会养老保险条例和失业保险条例相关配套政策，完善社会养老保障和服务体系，统筹规划养老服务机构及设施的建设，整合资源，弥补养老服务覆盖面的不足。建立照护保险制度，提高老年人生活品质。

2. 健全多层次住房保障体系

严格执行国家房地产调控政策，落实差别化金融、税收政策支持居民首次购房需求，探索中低收入者消化吸收小产权房办法，稳步推进小产权房合法化、商品化，使小产权房在解决民众住房安全方面发挥更大作用。增加保障性住房有效供给，完善安居型商品房、公共租赁房轮候办法，确保公平分配，缓解民众住房压力，加快外来人口融入深圳的步伐，增加其安全感、归属感。

3. 加快推进社会福利事业进程

缩小收入差距，促进社会公正，增进社会团结，创新慈善事业管理体制，做好社会救助和优抚安置工作，提升深圳社会凝聚力。

（三）以深圳质量为基准强化社会服务管理

当前，随着深圳社会转型和经济的全面发展，一系列社会问题悄然凸显，基层矛盾频频发生。发展社会质量就要以深圳质量为基准，构建高品质社会服务，确保矛盾消除在萌芽阶段，为民众提供一个安定和谐的生活环境。

1. 提升社区服务品质

推进社区基层管理体制改革，继续实施社会建设"风景林工程"和"织网工程"，积极推进社区公共设施建设，提高社区配套服务水平。优化基层管理和服务资源，满足居民多层次的生活需要，提高居民生活质量。

2. 营造安定和谐生活氛围

深入开展"三打两建"专项行动，全面加强城市安全与应急管理，不断提升市民安全感。完善市场监管体系，推进社会信用体系建设，营造法治化、国际化的营商环境。强化安全生产意识，提高突发事件应对能力，降低重特大安全事故的发生概率。

3. 加快社会治安立体防控体系建设

依法打击各类违法犯罪，重点整治治安较差地区。建立食品安全追溯系统和黑名单制度，对食品生产、加工、流通、消费进行全过程监管，提高检测能力，加大抽检力度与频率，严管重罚。同时，推进药品电子监管，提升药品安全保障能力。

（四）畅通民众意见表达，做好教育与就业规划布置

民众的意愿诉求是联系人民和政府的重要渠道之一，构建具有深圳质量的社会环境，就要畅通群众的利益表达和权益维护，规划布置好民众关心的教育和就业工作。

1. 及时倾听民众呼声

要畅通民众反映意见的渠道，增强信访部门的影响力和办事能力，健全完善人大代表制度，使其真正代表其所在选区选民的利益。提升弱势群体和中间群体的话语权，拓宽利益诉求表达机制的现代化渠道，真正做到"民有所求，当有所应"。

2. 提升教育质量水平

实施全民素质提升计划，促进优质教育资源共享，加快深圳"智慧校园"建设。提升基础教育均等化水平，普及高中阶段教育，发展现代职业教育，推进高等教育创新发展，形成学有所教、学有所成、学有所用的终身教育体系。

3. 推动更高质量的就业

健全人力资源市场，完善就业服务体系，健全劳动标准体系和劳动关系协调机制，构建和谐劳动关系。深入贯彻劳动者自主就业、市场调节就业、政府促进就业和鼓励创业的方针，积极开发公益性岗位，加强就业指导与技能培训。发展高科技、服务型、战略型等第三产业，缓解深圳人口发展带来的就业压力。

参考文献

深圳市委、市政府：《深圳经济特区一体化建设三年实施计划（2013～2015年）》，2013。

深圳市发展和改革委员会：《关于深圳市2012年国民经济和社会发展计划执行情况与2013年计划草案的报告》，2013。

胡锦涛：《坚定不移沿着中国特色社会主义道路前进为全面建成小康社会而奋斗——在中国共产党第十八次全国代表大会上的报告》，2012。

B.33 深圳市电梯安全监管方式改革探索

廖远飞*

摘　要：

2013年以来，深圳市市场监管局结合深圳实际，围绕构建"企业责任落实、市场有效调节、政府高效监管、各方监督到位、社会救助及时"的多元共治新格局，以进一步理顺、明晰各主体权责关系为核心，改革电梯维保、检验和监督模式，创新行政管理方式，在全社会形成改革共识，强化电梯安全共治共建，实现电梯安全运行成果共享，有效提升全市电梯安全运行的整体水平。其社会共治、信用监管、立法先行、凝聚共识的做法，是新时期对十八大报告"在改善民生和创新管理中加强社会建设"的积极探索与践行。

关键词：

深圳市　电梯　安全监管　改革　社会管理

引　言

十八大报告提出"加快形成党委领导、政府负责、社会协同、公众参与、法治保障的社会管理体制"，"要加强和创新社会管理"，"强化公共安全体系和企业安全生产基础建设，遏制重特大安全事故"。建立健全公共安全体系对于提升民生福祉具有重要意义，是社会建设以及创新社会管理的重要着力点。在探索社会管理创新的过程中，当前学术界以及各地已逐渐形成一个共识，那

---

* 廖远飞，中共深圳市委员会办公厅。

就是在社会建设领域，要特别注重操作性、应用性研究，只有把理论研究、政策研究更加深入地与地方实践结合起来，才能产出更有分量、更有借鉴意义的成果。① 有鉴于此，结合此前在深圳市市场监管局工作的经历，笔者拟对深圳推进电梯安全监管方式改革的案例进行深入剖析，并总结其在探索社会管理创新方面的经验。

一 深圳电梯安全监管方式改革的背景

电梯是重要的垂直交通工具，与公共安全密切相关。作为一个国际化城市、作为改革开放前沿，如何保障民生安全，是深圳必须积极面对、妥善解决并力求交出满意答卷的重要问题。

截至2012年底，深圳市电梯具有如下特点：一是总量大、增速快。全市的电梯保有量已达10万多台，年增量近万台，总量位居北京、上海之后，列全国第三，全省第一。二是品牌杂、中低档电梯数量多。全市电梯品牌176个，高档知名品牌如日立、上海三菱、奥的斯、通力、迅达等约占市场份额的36.2%，中低档约占63.8%。三是人流量大，使用频繁。仅地铁而言，二期线路的开通，每天有超过200万的乘客乘坐地铁电梯。四是行业准入门槛低，市场竞争激烈。全市登记注册的电梯维保单位数量激增，从2003年的60多家发展到2012年的253家。五是相关环节多，主体多样化。在深圳开展业务的电梯相关单位（含外地企业）中，制造单位176家，安装单位323家，维保单位324家，使用单位约2.5万家，从业人员4万余人。

电梯安全监管方式改革前，深圳市电梯安全主要存在五方面的问题：一是电梯安全责任主体不明确，安全责任无法得到有效落实。以往的特种设备监管思路侧重于强调行政监管、政府管理的作用，企业作为生产利益主体在安全生产方面需承担的义务和责任没有真正落实到位，社会公众对特种设备的监督和约束作用没有得到充分体现，导致一些企业在生产使用、维护保养、自行检验

---

① 张明军、陈朋：《社会管理研究在中国：进路与焦点》，《学术界》2012年第1期；《加强创新社会管理 建设社会主体和谐社会》，《中国社会科学报》2013年10月18日，第B02版。

检测工作中缺乏责任感，法律意识和诚信意识淡薄，违规作业的现象时有发生。二是购、建、管、用分离，设备选型不合理、管理维护不到位。三是维保行业恶性竞争，维保使用管理工作不到位。四是老旧电梯数量大，容易发生运行故障。截至2012年底，深圳市超过15年的电梯有6000多台。五是部分使用单位守法意识较差，市民乘坐电梯安全知识普及度不高。

综上，深圳市电梯安全监管形势十分严峻，激增的电梯数量和相对不变的政府有限监管力量与市民对生命财产安全需求之间的矛盾日益凸显，按照传统的政府大包大揽的监管模式，显然已难以实现有效治理。寻求制度创新和监管方式创新才是电梯安全监管的根本出路。

二 电梯安全监管方式改革的总体思路及主要内容

2013年以来，在各级上级部门的正确指导和大力支持下，深圳市市场监管局结合深圳实际，围绕"企业责任落实、市场有效调节、政府高效监管、各方监督到位、社会救助及时"的原则，以进一步理顺、明晰各主体权责关系为核心，改革电梯维保、检验和监督模式，创新行政管理方式，在全社会形成改革共识，强化电梯安全共治共建，实现电梯安全运行成果共享，有效提升全市电梯安全运行的整体水平。目前，《深圳市电梯安全监管方式改革实施方案》（2013年9月26日经市政府同意，2013年10月25日公布实施）、《深圳经济特区特种设备安全条例》（2013年10月29日通过，2014年1月1日起施行，以下简称《条例》）先后出台，确立了"企业承担安全主体责任、政府履行安全监管职责和社会发挥监督作用"三位一体的特种设备安全工作新模式，突出了社会治理，实现了"五大创新"。

（一）实现特种设备监管制度的创新

《条例》确立了9项特种设备安全监管制度。

1. 使用单位首负责任制度

当特种设备发生事故造成人身伤害时，使用单位应及时救治安置伤亡人员并垫付相关费用。

2. 老旧电梯安全评估制度

规定电梯使用满15年、安全评估后继续使用满5年、发生一般等级以上事故、使用单位认为有必要等情况下，必须启动电梯安全评估程序。安全评估结论可以作为申请电梯修理、改造、更新经费的依据，进一步调动业主、使用管理单位启动电梯安全评估的积极性。同时，确立老旧电梯更新改造经费由业主分摊和政府可出台相关补贴政策相结合的原则，建立"业主为主、政府推动"的老旧电梯更新改造模式，实现公平与效率兼顾。

3. 安全标准化评价制度

特种设备安全监管部门制定特种设备安全管理标准化评价标准并推行安全管理标准化工作。

4. 信用监管制度

对特种设备行业的相关单位和人员推行信用监管，实现诚信褒扬、失信惩戒。

5. 安全技术委员会制度

组织成立安全技术委员会，委员会主要由行业专家组成，可邀请有关方面的代表和社会人士列席有关专题会议，委员会可以提出不低于国家安全技术规范和标准基本要求的补充建议，可以对安全隐患、事故原因进行分析，提出整改或者预防措施。

6. 监督抽查制度

对特种设备产品质量、安装、修理、改造和维护保养质量及检验、检测结论实施监督抽查，监督抽查可以委托第三方检验、检测机构进行。

7. 公共白皮书制度

市特种设备安全监管部门将年度重点安全监督管理工作纳入部门年度公共服务白皮书，并向社会公布。

8. 兼职监察员制度

特种设备安全监管部门可聘任特种设备兼职安全监察员，协助开展安全监督管理工作。

9. 电梯维保单位服务明示制度

电梯维护保养单位发现电梯存在安全隐患应及时通知电梯使用单位，并提出处理建议，明示整改项目和经费。

（二）实现特种设备责任体系的创新

深圳推行电梯安全监管方式改革，按照"企业承担安全主体责任、政府履行安全监管职责和社会发挥监督作用"三位一体的特种设备安全工作新模式进行权责配置。

1. 政府履行安全监管职责

政府主管部门应专注于监管的掌舵，回归规则制定、执法查处和宣传引导本位。基于上述理念，深圳市市场监管局一方面积极推动电梯改革方案和《条例》的出台，另一方面持续加大对特种设备违法行为的查处力度，并采取多种形式加强电梯安全的宣传工作。就政府部门对特种设备监管的职责，《条例》作了清晰细致的规定：首先，明确市特种设备安全监督管理部门及其派出机构履行特种设备安全监督管理职责，派出机构可以自己的名义做出具体行政行为；其次，特别强调了市、区人民政府应加强对特种设备安全和节能工作的领导、指导、监督、支持特种设备安全监督管理部门依法履行安全监督管理职责；再次，补充了市、区其他有关部门和机构，以及街道办事处在有关特种设备安全监督管理范畴的责任。

2. 企业承担安全主体责任

特种设备安全主要依靠安全责任主体来落实。《条例》突出强调了企业的主体责任，以明确使用管理主体的首负责任为突破口，对特种设备的生产、销售、使用等各个环节做了明确规定，增加了对销售单位这一环节的监管要求和责任内容，形成了特种设备生产、使用、检验检测各环节责任主体间权责的紧密衔接和相互约束，以明晰的权责关系，倒逼企业责任的主动落实，从而破解长期以来权责不清导致的相互推诿扯皮、影响电梯日常维护和更新改造、降低安全运行水平等难题，实现电梯安全的标本兼治。在整个责任链条中，业主、使用单位和维保单位这三个主体最为关键，《条例》针对上述主体创设了相关制度。

（1）使用单位。建立使用单位首负责任制度，当特种设备发生事故造成人身伤害时，使用单位应及时救治安置伤亡人员并垫付相关费用。上述规定既突出使用管理者的企业安全主体地位以防止事故发生后相关方推卸责任、受害者维权难，又明确首负责任方仅限于垫付救治、安置伤亡人员的相关费用，在事故责任认定后，使用单位有权按照事故责任划分对相关责任方进行追偿，尽可能兼顾使用管理者的权益。明确使用管理主体的首负责任成为深圳电梯安全监管方式改革的突破口。

（2）业主。电梯业主应保证电梯使用管理、日常维保、隐患整改、更新改造所需的安全投入，对因安全投入不足而造成的停梯、故障多发或事故承担相应责任。

（3）维保单位。规定其应按合同约定依法开展电梯维保工作，及时发出书面停梯通知或隐患整改建议，对因未及时发出书面停梯通知或隐患整改建议而造成的事故承担相应责任，并创新电梯维保运作和监督模式，规范电梯维保市场竞争行为：一是着力构建以制造单位为主导的电梯维保体系。推动建立制造单位从设计、制造、安装、改造、维修到维保的全过程终身服务负责制。电梯制造单位自行维保本单位制造的电梯，其维保质量由制造单位负全部责任；由其授权、委托的维保单位维保的电梯，其对授权、委托范围内的电梯的维保质量承担连带责任，倒逼制造单位从源头抓好电梯质量关。二是建立"一承诺八明示"制度。在电梯显著位置张贴由维保单位、使用单位联合签署的"电梯维保合格"标志，向社会承诺其确认电梯安全运行状况，明示电梯安全管理人员、维保人员、维保记录；同时，通过公告栏或网站等方便公众查询的方式明示事故隐患、重大故障的原因及处置、维修项目、费用支出、电梯年度自检报告，方便广大市民特别是电梯业主参与电梯监督管理，督促电梯使用、维保单位认真履行安全主体责任，及时发现并消除隐患，确保电梯安全运行。三是推出约定故障率指标的"全包式"维保模式。调动维保单位采用成本更低的预防性维修模式的积极性，降低电梯"带病运行"的概率。

3. 社会发挥监督作用

一方面，引入保险公司这一专业的第三方力量，另一方面，从信息公示和公共安全教育着手，使社会公众能及时掌握与电梯安全相关的信息，形成针对电梯行业特别是维保单位及其工作人员、使用单位的社会监督网络，并通过信用监管手段，成倍放大监督效果，促使电梯行业相关主体主动履行职责，不断提升电梯安全质量。

（1）建立电梯从业单位和人员信用监管制度，强化市场和社会的约束作用。建立特种设备安全信用制度和信用信息系统，记录检验、检测、监督抽查、安全管理标准化评价和违法违规、行政处罚、事故等信息，实现信用信息共享。对信用记录良好、安全管理标准化达标的单位或者个人予以表彰，并向社会公示。建立累积记分制度。对特种设备相关单位和个人违反特种设备安全法律、法规和安全技术规范要求的，依法给予行政处罚，并按违法行为的轻重予以记分，实施分类监管；对累积记分达到规定值的单位暂停受理安装、修理、改造和维护保养业务，对个人暂扣作业人员证，进行安全法律法规教育，并通过网站、报刊或者其他方式公布其有关信息。充分发挥信用的社会引导和监督作用，让违法违规企业、个人寸步难行，让诚信守法者拥有更大的发展空间。

（2）建立电梯事故责任险制度，强化社会风险管理。发挥保险机制在电梯安全事故救济上的积极作用，并通过保险制度引入专业的社会力量对电梯安全进行监督。2013年11月15日，在深圳市市场监管局和深圳市特种设备行业协会推动下，平安保险公司按照江泰保险经纪公司制订的统保方案分别与深圳市泰然物业管理服务有限公司、深圳市赛格物业有限公司签订了保险协议，这是深圳市第一批电梯保险保单，也是在全国范围内率先推出的电梯事故责任险统保方案和保单。根据《国务院关于保险业改革发展的若干意见》（国发〔2006〕23号），"保险具有经济补偿、资金融通和社会管理功能，是市场经济条件下风险管理的基本手段，是金融体系和社会保障体系的重要组成部分"。社会风险管理主要包括风险识别和评估、风险防范和化解、风险分散和转移等三个环节。引入保险这一专业的第三方力量，对于社会风险管理具有相当重要的意义：首先，实现了社会风险控制主体多元化；其次，保险业的核心专长就是风险管理，保险公司通过对长期积累的风险案例和数据进行综合科学分析，并依靠保险精算专业人才和风险估值模型，充分发挥"风险定价"和保险条款设计的杠杆作用，用市场化的手段引导资源合理配置，促进安全设防和备灾减灾，提高社会风险意识。① 随着保险公司社会风险管理能力的提高，

---

① 吴定富：《发挥保险社会风险管理功能　服务社会管理体系建设》，《中国保险报》2011年5月20日，第002版。

其对防范和救济电梯安全事故、提高电梯安全水平的作用将更加凸显。

（3）创新公共教育方式，提高公众电梯安全意识。将电梯安全教育纳入幼儿园、中小学安全教育课程。强化新媒体、互动式的电梯安全宣传，扩大公共教育覆盖面，让每一个市民都成为电梯安全有力的建设者、维护者、监督者和传播者。

（三）实现特种设备监管手段的创新

《条例》通过着眼于与特种设备质量密切相关的指征，要求特种设备的生产、使用、维保等主体主动启动特种设备的召回、报废、修理等程序，并相应制定了严厉的罚则，迫使上述主体从"要我管"转变为"我要管"，实现了监管手段的创新，大大提高了监管效能：一是《条例》明确了特种设备召回制度的实现方式。一经发现特种设备存在可能危害人身、财产安全同一性缺陷的，生产单位不仅要立即停止生产，向社会公告，且要通过退货、换货或者修理方式消除产品缺陷。二是《条例》对特种设备报废情形进行了补充规定。设备超过生产单位规定的使用期限，大型游乐设施和客运索道无生产单位使用期限规定且投入使用满十年的应当报废。三是《条例》建立了老旧电梯的退出机制。规定对投入使用15年以上的电梯必须进行安全评估，评估结论可以作为电梯修理、改造、更新经费申请的依据，为老旧电梯的修理、改造、更新提供了依据。

（四）实现特种设备行政执法的创新

首先，在法律责任认定中，体现了三个原则。一是明确采用定额处罚原则，避免了行政处罚自由裁量权使用不当产生的行政风险，提高执法办案效率。二是明确采用违法即罚原则，改变以往违法、整改、再执法的方式，扭转了安全工作被动消极的局面。三是明确采用以台数为计数单元的处罚原则，以涉及违法台数为计数标准，客观体现对违法情节的认定，加大对违法行为的处罚力度。其次，《条例》体现了安全管理工作以人为本、以保护人的生命健康优先的原则，特种设备安全监督管理部门除了对有明确证据表明不符合安全技术规范的特种设备进行查封外，对其认定存在严重事故隐患且可能发生人身伤害危险的情况,也可采取紧急封停措施,直至事故隐患消除后予以解封。在一般事故调查方面,体现了属地原则,突出了事故发生所在地区级政府的组织领导责任,理顺了一般事故调查处理程序,提高了事故调查效率。

(五)实现特种设备监管中引入信息技术的创新

通过信息技术的使用,实现电梯安全监管的创新,进而提升电梯安全监管水平。如《条例》规定,要在人流密集场所安装安全运行监控系统(黑匣子),此规定旨在运用物联网技术确保使用、维保单位第一时间掌握电梯安全状况,快速消除故障和隐患,保障重点场所电梯应急处置的及时高效,加强对电梯全局性、系统性风险的分析研判,提升风险防控能力。为落实法规规定,深圳市市场监管局促成了深圳市一兆科技发展公司和泰然物业管理公司合作,共同建设物联网电梯远程监控系统(黑匣子)。这个"黑匣子"将与电梯有关的监管部门、生产厂家、物业公司、维保公司等全部联系起来,通过救援手机、电梯监控终端、维保终端、应急救援中心等,可时刻全方位监控电梯运行。"黑匣子"可以实时监控电梯运行情况,及时向乘客告警。在电梯断电、手机无信号时,可以自动报警,并通知就近维修人员前往维修。监控中心可以通过视频安抚被困乘客,开展自救。此外,还可使用信息手段监管维保作业,为监管部门提供决策依据。

三 电梯安全监管方式改革于社会管理创新的启示

截至目前,深圳电梯安全监管方式改革已取得初步效果。据统计,2013年下半年深圳市电梯维保工作质量监督抽查合格率为91.5%,这是自2012年开展随机抽查工作以来,抽查合格率首次突破90%,同时2013年底电梯的定检率也达到了99.3%,双双创出历史新高。上述成效的取得,得益于电梯安全监管方式改革中科学的顶层设计、便于操作的具体制度以及稳妥的推进方式。深圳电梯安全监管方式改革于社会管理创新的启示,可概括为"社会共治、信用监管、立法先行、凝聚共识"。

（一）社会共治

研究社会管理创新，首先要对"社会管理"进行定义。笔者认同一直倡导"治理"理念的何增科教授的定义："社会管理是政府和民间组织运用多种资源和手段，对社会生活、社会事务、社会组织进行规范、协调、服务的过程，目的是满足社会成员生存和发展的基本需求，解决社会问题，提高社会生活质量"。从这个定义看，它"富有审视性地强调要探索政府与社会在社会管理中的互动与合作，通过合作来寻求治理绩效的提升乃至善治"。[①] 从根本意义上讲，社会管理创新是在追求政府和社会的良性互动。深圳电梯安全监管方式改革，围绕"企业责任落实、市场有效调节、政府高效监管、各方监督到位、社会救助及时"的原则，让企业承担安全主体责任，政府履行安全监管职责，社会发挥监督作用，以社会多元共治的顶层设计，构建特区电梯安全监管共识、共治、共建、共享的格局。尤其值得强调的是，其社会共治的理念是以相关主体合理、清晰的职责定位来体现和支撑的，如果相关主体之间的职责定位不够合理、不够清晰，徒有共治的理念，则非但不能实现社会共治，反而可能出现"集体负责也就是集体不负责"的局面。

（二）信用监管

在电梯安全监管方式改革的过程中，《条例》对特种设备相关的单位和个人，在信用信息的采集、公示和使用等方面做出一系列规定，着力通过信用监管的乘数效应，成倍放大监管效能，使诚信者得到褒扬并处处通行，使失信者受到惩戒并处处受阻。深圳目前已建立信用平台、信用信息、信用制度三大支柱支撑的信用监管体系：在信用信息方面，深圳已建成全国计划单列市最大企业征信数据库。目前，系统已集成200万家（含注、吊销企业）商事主体的登记、监管、资质认证、表彰与处罚、纳税、信贷、诉讼立结案和执行等共2.8亿项信用信息。在信用平台建设方面，2013年7月3日，中国人民银行信贷征信系统和深圳市企业信用信息系统成功对接，深圳已构建起商事主体信用

[①] 张明军、陈朋：《社会管理研究在中国：进路与焦点》，《学术界》2012年第1期。

信息数据库、个人信用征信系统、金融业统一征信平台互联互通的统一的市场信用信息平台。在信用制度方面，深圳已在一些具体的领域进行探索并取得成效，如食品安全领域实施"黑名单"失信惩戒制度，2013年9月1日和12月18日，深圳市市场监管局先后公布两批"食品安全黑名单"，涉及的20家商事主体和41名经营者在政府办事、银行信贷等领域受到限制，在食品行业内引发震动。同时，深圳市市场监管局正积极推进《深圳市企业信用信息管理办法》的出台，该《办法》旨在对深圳市企业信用信息系统信息征集、披露和使用活动进行规范。综上，深圳在推进信用监管方面具有得天独厚的优势，《条例》规定对特种设备相关单位和个人实行信用监管制度、对特种设备行业将形成深远影响，可有效提升深圳市电梯安全水平。

（三）立法先行

如前文所分析，传统监管方式面临突围，寻求制度创新和监管方式的创新是特种设备安全监管的根本出路，而安全监管创新又特别需要法律法规支持作为根本保障，因此深圳市市场监管局在酝酿电梯监管方式改革时，已确定了"电梯监管改革与特区立法双轨并行，以改革推动立法，以立法深化改革"的思路。一方面，电梯安全监管方式改革的创新举措，为《条例》立法提供了丰富的内容。如改革中确立的使用单位首负责任、老旧电梯安全评估、安全标准化评价、信用监管制度、监督抽查、维保单位服务明示等制度，分别写入了《条例》的相关条款。另一方面，《条例》又为全面推行电梯监管方式改革提供强有力的法律保障。如《条例》确立的定额处罚、违法即罚、紧急封停等原则和规定，又反过来确保改革措施能落到实处。

社会管理创新的价值不仅在于社会领域自身所蕴含的化解社会矛盾、维持社会稳定、加强民生福祉，也在于其为经济发展提供一个稳定的社会环境，进而以良好的社会管理和社会保障推动城乡居民消费结构的转型升级，实现消费对经济的促进作用，进而推动经济结构的转型升级。[1] 从这个角度

---

[1] 刘淑珍：《社会管理创新的顶层问题思考：价值、核心、使命及目标》，《理论学刊》2013年第4期。

来认识社会管理创新的战略意义，更要求社会管理创新要统筹考虑，多方兼顾，立法先行，保障改革的平稳推进。2013年12月26日举行的深圳市委五届十八次全体会议提出："在全面深化改革的新时期，深圳作为市场经济的先发之地，必须加快建设一流法治城市，确立法治在城市治理和社会管理中的基础性、规范性、保障性作用，积极推进城市治理体系和治理能力现代化，努力形成安全有序可预期的发展环境，使一流法治成为深圳经济特区新时期最为显著、最为核心的竞争优势"。政府守法是建立现代法治社会的第一要义，政府守法的重要体现就是监管方式的改革当以立法先行予以支撑、保障。在推进改革的过程中，一定会对既有利益格局进行重新调整，不可避免会出现不同的声音乃至激烈的抵抗，以立法先行的思路来推进改革，是保障改革能统筹兼顾、妥善处理各方利益调整并最终平稳实现改革目标的关键所在。

（四）凝聚共识

推行社会管理创新改革，不可避免会触动原有利益格局并遭遇阻力，因此，要稳步推进改革，"凝聚共识"很重要。深圳电梯安全监管方式改革触动了电梯市场原有的利益格局，最初遭遇的阻力很大，改革实施方案向社会公开征求意见时，就遇到某行业协会公开抨击"使用管理者首付责任"制度。深圳市市场监管局采取多种方式加强宣传，一是如实宣传深圳电梯安全的现状和存在问题，引发社会公众对电梯安全的关注以及对改革的认同，为改革奠定良好的群众基础。二是明确指出目前电梯市场的恶性竞争将毁掉整个市场，只有理顺各方权责关系，营造良性竞争的市场环境，才能有利于电梯行业和企业的发展。三是反复强调电梯安全监管方式改革强调权利和责任对等，包括"使用管理者首付责任"制度，虽然使用单位增加了首付责任，但法律同时也明确业主投入维修资金、维保单位发现存在隐患和问题的责任，以及建立制造单位全过程终身服务负责、"全包式"维保、"一方投保、多方受益"的电梯安全责任保险等制度，合理配置各方权责，共治共建实现多方共赢。通过大力宣传，最大限度地凝聚社会共识，为电梯安全监管方式改革营造良好的社会氛围，才最终确保了改革的顺利推进。

结　语

十八届三中全会形成的《中共中央关于全面深化改革若干重大问题的决定》提出"创新社会治理体制","改进社会治理方式","深化安全生产管理体制改革,建立隐患排查治理体系和安全预防控制体系,遏制重特大安全事故"。深圳电梯安全监管方式改革所践行的"社会共治、信用监管、立法先行、凝聚共识"是社会管理创新的一次探索,其成效已经日益显现。创新社会治理体制是时代交给我们的命题,倘若深圳电梯监管方式改革在提升深圳市电梯安全监管水平的同时,能为在其他领域探索社会管理创新提供参考,那将是对该项改革的最大肯定。

权威报告　热点资讯　海量资源

当代中国与世界发展的高端智库平台

皮书数据库　　www.pishu.com.cn

皮书数据库是专业的人文社会科学综合学术资源总库,以大型连续性图书——皮书系列为基础,整合国内外相关资讯构建而成。该数据库包含七大子库,涵盖两百多个主题,囊括了近十几年间中国与世界经济社会发展报告,覆盖经济、社会、政治、文化、教育、国际问题等多个领域。

皮书数据库以篇章为基本单位,方便用户对皮书内容的阅读需求。用户可进行全文检索,也可对文献题目、内容提要、作者名称、作者单位、关键字等基本信息进行检索,还可对检索到的篇章再作二次筛选,进行在线阅读或下载阅读。智能多维度导航,可使用户根据自己熟知的分类标准进行分类导航筛选,使查找和检索更高效、便捷。

权威的研究报告、独特的调研数据、前沿的热点资讯,皮书数据库已发展成为国内最具影响力的关于中国与世界现实问题研究的成果库和资讯库。

皮书俱乐部会员服务指南

1. 谁能成为皮书俱乐部成员?

● 皮书作者自动成为俱乐部会员
● 购买了皮书产品(纸质皮书、电子书)的个人用户

2. 会员可以享受的增值服务

● 加入皮书俱乐部,免费获赠该纸质图书的电子书
● 免费获赠皮书数据库100元充值卡
● 免费定期获赠皮书电子期刊
● 优先参与各类皮书学术活动
● 优先享受皮书产品的最新优惠

3. 如何享受增值服务?

(1)加入皮书俱乐部,获赠该书的电子书

　　第1步 登录我社官网(www.ssap.com.cn),注册账号;
　　第2步 登录并进入"会员中心"—"皮书俱乐部",提交加入皮书俱乐部申请;
　　第3步 审核通过后,自动进入俱乐部服务环节,填写相关购书信息即可自动兑换相应电子书。

(2)免费获赠皮书数据库100元充值卡

　　100元充值卡只能在皮书数据库中充值和使用
　　第1步 刮开附赠充值的涂层(左下);
　　第2步 登录皮书数据库网站(www.pishu.com.cn),注册账号;
　　第3步 登录并进入"会员中心"—"在线充值"—"充值卡充值",充值成功后即可使用。

4. 声明

　　解释权归社会科学文献出版社所有

皮书俱乐部会员可享受社会科学文献出版社其他相关免费增值服务,有任何疑问,均可与我们联系
联系电话:010-59367227　　企业QQ:800045692　　邮箱:pishuclub@ssap.cn
欢迎登录社会科学文献出版社官网(www.ssap.com.cn)和中国皮书网(www.pishu.cn)了解更多信息

社会科学文献出版社　皮书系列

"皮书"起源于十七、十八世纪的英国，主要指官方或社会组织正式发表的重要文件或报告，多以"白皮书"命名。在中国，"皮书"这一概念被社会广泛接受，并被成功运作、发展成为一种全新的出版形态，则源于中国社会科学院社会科学文献出版社。

皮书是对中国与世界发展状况和热点问题进行年度监测，以专业的角度、专家的视野和实证研究方法，针对某一领域或区域现状与发展态势展开分析和预测，具备权威性、前沿性、原创性、实证性、时效性等特点的连续性公开出版物，由一系列权威研究报告组成。皮书系列是社会科学文献出版社编辑出版的蓝皮书、绿皮书、黄皮书等的统称。

皮书系列的作者以中国社会科学院、著名高校、地方社会科学院的研究人员为主，多为国内一流研究机构的权威专家学者，他们的看法和观点代表了学界对中国与世界的现实和未来最高水平的解读与分析。

自20世纪90年代末推出以《经济蓝皮书》为开端的皮书系列以来，社会科学文献出版社至今已累计出版皮书千余部，内容涵盖经济、社会、政法、文化传媒、行业、地方发展、国际形势等领域。皮书系列已成为社会科学文献出版社的著名图书品牌和中国社会科学院的知名学术品牌。

皮书系列在数字出版和国际出版方面成就斐然。皮书数据库被评为"2008~2009年度数字出版知名品牌"；《经济蓝皮书》《社会蓝皮书》等十几种皮书每年还由国外知名学术出版机构出版英文版、俄文版、韩文版和日文版，面向全球发行。

2011年，皮书系列正式列入"十二五"国家重点出版规划项目；2012年，部分重点皮书列入中国社会科学院承担的国家哲学社会科学创新工程项目；2014年，35种院外皮书使用"中国社会科学院创新工程学术出版项目"标识。

法律声明

"皮书系列"(含蓝皮书、绿皮书、黄皮书)由社会科学文献出版社最早使用并对外推广,现已成为中国图书市场上流行的品牌,是社会科学文献出版社的品牌图书。社会科学文献出版社拥有该系列图书的专有出版权和网络传播权,其 LOGO( )与"经济蓝皮书"、"社会蓝皮书"等皮书名称已在中华人民共和国工商行政管理总局商标局登记注册,社会科学文献出版社合法拥有其商标专用权。

未经社会科学文献出版社的授权和许可,任何复制、模仿或以其他方式侵害"皮书系列"和 LOGO( )、"经济蓝皮书"、"社会蓝皮书"等皮书名称商标专用权的行为均属于侵权行为,社会科学文献出版社将采取法律手段追究其法律责任,维护合法权益。

欢迎社会各界人士对侵犯社会科学文献出版社上述权利的违法行为进行举报。电话:010-59367121,电子邮箱:fawubu@ssap.cn。

社会科学文献出版社

社长致辞

我们是图书出版者,更是人文社会科学内容资源供应商;

我们背靠中国社会科学院,面向中国与世界人文社会科学界,坚持为人文社会科学的繁荣与发展服务;

我们精心打造权威信息资源整合平台,坚持为中国经济与社会的繁荣与发展提供决策咨询服务;

我们以读者定位自身,立志让爱书人读到好书,让求知者获得知识;

我们精心编辑、设计每一本好书以形成品牌张力,以优秀的品牌形象服务读者,开拓市场;

我们始终坚持"创社科经典,出传世文献"的经营理念,坚持"权威、前沿、原创"的产品特色;

我们"以人为本",提倡阳光下创业,员工与企业共享发展之成果;

我们立足于现实,认真对待我们的优势、劣势,我们更着眼于未来,以不断的学习与创新适应不断变化的世界,以不断的努力提升自己的实力;

我们愿与社会各界友好合作,共享人文社会科学发展之成果,共同推动中国学术出版乃至内容产业的繁荣与发展。

社会科学文献出版社社长
中国社会学会秘书长

2014 年 1 月

社会科学文献出版社 皮书系列

"皮书"起源于十七、十八世纪的英国，主要指官方或社会组织正式发表的重要文件或报告，多以"白皮书"命名。在中国，"皮书"这一概念被社会广泛接受，并被成功运作、发展成为一种全新的出版形态，则源于中国社会科学院社会科学文献出版社。

皮书是对中国与世界发展状况和热点问题进行年度监测，以专家和学术的视角，针对某一领域或区域现状与发展态势展开分析和预测，具备权威性、前沿性、原创性、实证性、时效性等特点的连续性公开出版物，由一系列权威研究报告组成。皮书系列是社会科学文献出版社编辑出版的蓝皮书、绿皮书、黄皮书等的统称。

皮书系列的作者以中国社会科学院、著名高校、地方社会科学院的研究人员为主，多为国内一流研究机构的权威专家学者，他们的看法和观点代表了学界对中国与世界的现实和未来最高水平的解读与分析。

自20世纪90年代末推出以经济蓝皮书为开端的皮书系列以来，至今已出版皮书近1000余部，内容涵盖经济、社会、政法、文化传媒、行业、地方发展、国际形势等领域。皮书系列已成为社会科学文献出版社的著名图书品牌和中国社会科学院的知名学术品牌。

皮书系列在数字出版和国际出版方面成就斐然。皮书数据库被评为"2008~2009年度数字出版知名品牌"；经济蓝皮书、社会蓝皮书等十几种皮书每年还由国外知名学术出版机构出版英文版、俄文版、韩文版和日文版，面向全球发行。

2011年，皮书系列正式列入"十二五"国家重点出版规划项目，一年一度的皮书年会升格由中国社会科学院主办；2012年，部分重点皮书列入中国社会科学院承担的国家哲学社会科学创新工程项目。

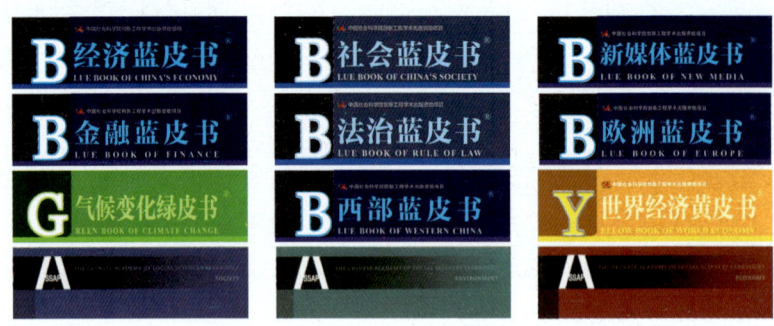

经济类

皮书系列
重点推荐

经 济 类

经济类皮书涵盖宏观经济、城市经济、大区域经济，提供权威、前沿的分析与预测

经济蓝皮书
2014年中国经济形势分析与预测

李 扬 / 主编　　2013年12月出版　　定价：69.00元

◆ 本书课题为"总理基金项目"，由著名经济学家李扬领衔，联合数十家科研机构、国家部委和高等院校的专家共同撰写，对2013年中国宏观及微观经济形势，特别是全球金融危机及其对中国经济的影响进行了深入分析，并且提出了2014年经济走势的预测。

世界经济黄皮书
2014年世界经济形势分析与预测

王洛林　张宇燕 / 主编　　2014年1月出版　　定价：69.00元

◆ 2013年的世界经济仍旧行进在坎坷复苏的道路上。发达经济体经济复苏继续巩固，美国和日本经济进入低速增长通道，欧元区结束衰退并呈复苏迹象。本书展望2014年世界经济，预计全球经济增长仍将维持在中低速的水平上。

工业化蓝皮书
中国工业化进程报告（2014）

黄群慧　吕　铁　李晓华 等 / 著　　2014年11月出版　　估价：89.00元

◆ 中国的工业化是事关中华民族复兴的伟大事业，分析跟踪研究中国的工业化进程，无疑具有重大意义。科学评价与客观认识我国的工业化水平，对于我国明确自身发展中的优势和不足，对于经济结构的升级与转型，对于制定经济发展政策，从而提升我国的现代化水平具有重要作用。

皮书系列
重点推荐 经济类

金融蓝皮书

中国金融发展报告（2014）

李　扬　王国刚 / 主编　　2013 年 12 月出版　　定价 :65.00 元

◆ 由中国社会科学院金融研究所组织编写的《中国金融发展报告（2014）》，概括和分析了 2013 年中国金融发展和运行中的各方面情况，研讨和评论了 2013 年发生的主要金融事件。本书由业内专家和青年精英联合编著，有利于读者了解掌握 2013 年中国的金融状况，把握 2014 年中国金融的走势。

城市竞争力蓝皮书

中国城市竞争力报告 No.12

倪鹏飞 / 主编　　2014 年 5 月出版　　定价 :89.00 元

◆ 本书由中国社会科学院城市与竞争力研究中心主任倪鹏飞主持编写，汇集了众多研究城市经济问题的专家学者关于城市竞争力研究的最新成果。本报告构建了一套科学的城市竞争力评价指标体系，采用第一手数据材料，对国内重点城市年度竞争力格局变化进行客观分析和综合比较、排名，对研究城市经济及城市竞争力极具参考价值。

中国省域竞争力蓝皮书

"十二五"中期中国省域经济综合竞争力发展报告

李建平　李闽榕　高燕京 / 主编　　2014 年 3 月出版　　定价 :198.00 元

◆ 本书充分运用数理分析、空间分析、规范分析与实证分析相结合、定性分析与定量分析相结合的方法，建立起比较科学完善、符合中国国情的省域经济综合竞争力指标评价体系及数学模型，对 2011~2012 年中国内地 31 个省、市、区的经济综合竞争力进行全面、深入、科学的总体评价与比较分析。

农村经济绿皮书

中国农村经济形势分析与预测 (2013~2014)

中国社会科学院农村发展研究所　国家统计局农村社会经济调查司 / 著
2014 年 4 月出版　　定价 :69.00 元

◆ 本书对 2013 年中国农业和农村经济运行情况进行了系统的分析和评价，对 2014 年中国农业和农村经济发展趋势进行了预测，并提出相应的政策建议，专题部分将围绕某个重大的理论和现实问题进行多维、深入、细致的分析和探讨。

经济类　皮书系列 重点推荐

西部蓝皮书
中国西部经济发展报告（2014）

姚慧琴　徐璋勇/主编　　2014年7月出版　　估价：69.00元

◆ 本书由西北大学中国西部经济发展研究中心主编，汇集了源自西部本土以及国内研究西部问题的权威专家的第一手资料，对国家实施西部大开发战略进行年度动态跟踪，并对2014年西部经济、社会发展态势进行预测和展望。

气候变化绿皮书
应对气候变化报告（2014）

王伟光　郑国光/主编　　2014年11月出版　　估价：79.00元

◆ 本书由社科院城环所和国家气候中心共同组织编写，各篇报告的作者长期从事气候变化科学问题、社会经济影响，以及国际气候制度等领域的研究工作，密切跟踪国际谈判的进程，参与国家应对气候变化相关政策的咨询，有丰富的理论与实践经验。

就业蓝皮书
2014年中国大学生就业报告

麦可思研究院/编著　王伯庆　周凌波/主审
2014年6月出版　　定价：98.00元

◆ 本书是迄今为止关于中国应届大学毕业生就业、大学毕业生中期职业发展及高等教育人口流动状况的视野最为宽广、资料最为翔实、分类最为精细的实证调查和定量研究；为我国教育主管部门的教育决策提供了极有价值的参考。

企业社会责任蓝皮书
中国企业社会责任研究报告（2014）

黄群慧　彭华岗　钟宏武　张蒽/编著
2014年11月出版　　估价：69.00元

◆ 本书系中国社会科学院经济学部企业社会责任研究中心组织编写的《企业社会责任蓝皮书》2014年分册。该书在对企业社会责任进行宏观总体研究的基础上，根据2013年企业社会责任及相关背景进行了创新研究，在全国企业中观层面对企业健全社会责任管理体系提供了弥足珍贵的丰富信息。

皮书系列 重点推荐　社会政法类

社会政法类

社会政法类皮书聚焦社会发展领域的热点、难点问题，提供权威、原创的资讯与视点

社会蓝皮书
2014年中国社会形势分析与预测

李培林　陈光金　张　翼/主编　2013年12月出版　定价:69.00元

◆ 本报告是中国社会科学院"社会形势分析与预测"课题组2014年度分析报告，由中国社会科学院社会学研究所组织研究机构专家、高校学者和政府研究人员撰写。对2013年中国社会发展的各个方面内容进行了权威解读，同时对2014年社会形势发展趋势进行了预测。

法治蓝皮书
中国法治发展报告No.12（2014）

李　林　田　禾/主编　2014年2月出版　定价:98.00元

◆ 本年度法治蓝皮书一如既往秉承关注中国法治发展进程中的焦点问题的特点，回顾总结了2013年度中国法治发展取得的成就和存在的不足，并对2014年中国法治发展形势进行了预测和展望。

民间组织蓝皮书
中国民间组织报告（2014）

黄晓勇/主编　2014年8月出版　估价:69.00元

◆ 本报告是中国社会科学院"民间组织与公共治理研究"课题组推出的第五本民间组织蓝皮书。基于国家权威统计数据、实地调研和广泛搜集的资料，本报告对2013年以来我国民间组织的发展现状、热点专题、改革趋势等问题进行了深入研究，并提出了相应的政策建议。

皮书系列 重点推荐

社会政法类

社会保障绿皮书

中国社会保障发展报告（2014）No.6

王延中 / 主编　2014 年 9 月出版　定价 :79.00 元

◆　社会保障是调节收入分配的重要工具，随着社会保障制度的不断建立健全、社会保障覆盖面的不断扩大和社会保障资金的不断增加，社会保障在调节收入分配中的重要性不断提高。本书全面评述了 2013 年以来社会保障制度各个主要领域的发展情况。

环境绿皮书

中国环境发展报告（2014）

刘鉴强 / 主编　　2014 年 5 月出版　　定价 :79.00 元

◆　本书由民间环保组织"自然之友"组织编写，由特别关注、生态保护、宜居城市、可持续消费以及政策与治理等版块构成，以公共利益的视角记录、审视和思考中国环境状况，呈现 2013 年中国环境与可持续发展领域的全局态势，用深刻的思考、科学的数据分析 2013 年的环境热点事件。

教育蓝皮书

中国教育发展报告（2014）

杨东平 / 主编　2014 年 5 月出版　定价 :79.00 元

◆　本书站在教育前沿，突出教育中的问题，特别是对当前教育改革中出现的教育公平、高校教育结构调整、义务教育均衡发展等问题进行了深入分析，从教育的内在发展谈教育，又从外部条件来谈教育，具有重要的现实意义，对我国的教育体制的改革与发展具有一定的学术价值和参考意义。

反腐倡廉蓝皮书

中国反腐倡廉建设报告 No.3

李秋芳 / 主编　2014 年 1 月出版　定价 :79.00 元

◆　本书抓住了若干社会热点和焦点问题，全面反映了新时期新阶段中国反腐倡廉面对的严峻局面，以及中国共产党反腐倡廉建设的新实践新成果。根据实地调研、问卷调查和舆情分析，梳理了当下社会普遍关注的与反腐败密切相关的热点问题。

行业报告类

行业报告类皮书立足重点行业、新兴行业领域，提供及时、前瞻的数据与信息

房地产蓝皮书
中国房地产发展报告 No.11（2014）

魏后凯　李景国 / 主编　　2014年5月出版　　定价：79.00元

◆ 本书由中国社会科学院城市发展与环境研究所组织编写，秉承客观公正、科学中立的原则，深度解析2013年中国房地产发展的形势和存在的主要矛盾，并预测2014年及未来10年或更长时间的房地产发展大势。观点精辟，数据翔实，对关注房地产市场的各阶层人士极具参考价值。

旅游绿皮书
2013~2014年中国旅游发展分析与预测

宋瑞 / 主编　　2013年12月出版　　定价：79.00元

◆ 如何从全球的视野理性审视中国旅游，如何在世界旅游版图上客观定位中国，如何积极有效地推进中国旅游的世界化，如何制定中国实现世界旅游强国梦想的线路图？本年度开始，《旅游绿皮书》将围绕"世界与中国"这一主题进行系列研究，以期为推进中国旅游的长远发展提供科学参考和智力支持。

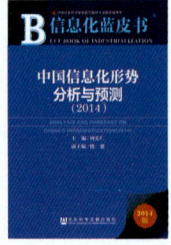

信息化蓝皮书
中国信息化形势分析与预测（2014）

周宏仁 / 主编　　2014年7月出版　　估价：98.00元

◆ 本书在以中国信息化发展的分析和预测为重点的同时，反映了过去一年间中国信息化关注的重点和热点，视野宽阔，观点新颖，内容丰富，数据翔实，对中国信息化的发展有很强的指导性，可读性很强。

行业报告类　皮书系列重点推荐

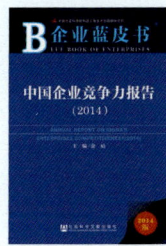

企业蓝皮书

中国企业竞争力报告（2014）

金碚/主编　　2014年11月出版　　估价:89.00元

◆ 中国经济正处于新一轮的经济波动中，如何保持稳健的经营心态和经营方式并进一步求发展，对于企业保持并提升核心竞争力至关重要。本书利用上市公司的财务数据，研究上市公司竞争力变化的最新趋势，探索进一步提升中国企业国际竞争力的有效途径，这无论对实践工作者还是理论研究者都具有重大意义。

食品药品蓝皮书

食品药品安全与监管政策研究报告（2014）

唐民皓/主编　　2014年7月出版　　估价:69.00元

◆ 食品药品安全是当下社会关注的焦点问题之一，如何破解食品药品安全监管重点难点问题是需要以社会合力才能解决的系统工程。本书围绕安全热点问题、监管重点问题和政策焦点问题，注重于对食品药品公共政策和行政监管体制的探索和研究。

流通蓝皮书

中国商业发展报告（2013~2014）

荆林波/主编　　2014年5月出版　　定价:89.00元

◆ 《中国商业发展报告》是中国社会科学院财经战略研究院与香港利丰研究中心合作的成果，并且在2010年开始以中英文版同步在全球发行。蓝皮书从关注中国宏观经济出发，突出中国流通业的宏观背景反映了本年度中国流通业发展的状况。

住房绿皮书

中国住房发展报告（2013~2014）

倪鹏飞/主编　　2013年12月出版　　定价:79.00元

◆ 本报告从宏观背景、市场主体、市场体系、公共政策和年度主题五个方面，对中国住宅市场体系做了全面系统的分析、预测与评价，并给出了相关政策建议，并在评述2012~2013年住房及相关市场走势的基础上，预测了2013~2014年住房及相关市场的发展变化。

国别与地区类

国别与地区类皮书关注全球重点国家与地区，提供全面、独特的解读与研究

亚太蓝皮书

亚太地区发展报告（2014）

李向阳/主编　　2014年1月出版　　定价:59.00元

◆ 本书是由中国社会科学院亚太与全球战略研究院精心打造的又一品牌皮书，关注时下亚太地区局势发展动向里隐藏的中长趋势，剖析亚太地区政治与安全格局下的区域形势最新动向以及地区关系发展的热点问题，并对2014年亚太地区重大动态作出前瞻性的分析与预测。

日本蓝皮书

日本研究报告（2014）

李 薇/主编　　2014年3月出版　　定价:69.00元

◆ 本书由中华日本学会、中国社会科学院日本研究所合作推出，是以中国社会科学院日本研究所的研究人员为主完成的研究成果。对2013年日本的政治、外交、经济、社会文化作了回顾、分析与展望，并收录了该年度日本大事记。

欧洲蓝皮书

欧洲发展报告(2013~2014)

周 弘/主编　　2014年5月出版　　估价:89.00元

◆ 本年度的欧洲发展报告，对欧洲经济、政治、社会、外交等面的形式进行了跟踪介绍与分析。力求反映作为一个整体的欧盟及30多个欧洲国家在2013年出现的各种变化。

国别与地区类　　皮书系列重点推荐

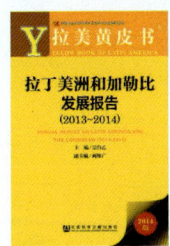

拉美黄皮书
拉丁美洲和加勒比发展报告（2013~2014）

吴白乙 / 主编　2014年4月出版　定价：89.00元

◆ 本书是中国社会科学院拉丁美洲研究所的第13份关于拉丁美洲和加勒比地区发展形势状况的年度报告。本书对2013年拉丁美洲和加勒比地区诸国的政治、经济、社会、外交等方面的发展情况做了系统介绍，对该地区相关国家的热点及焦点问题进行了总结和分析，并在此基础上对该地区各国2014年的发展前景做出预测。

澳门蓝皮书
澳门经济社会发展报告（2013~2014）

吴志良　郝雨凡 / 主编　2014年4月出版　定价：79.00元

◆ 本书集中反映2013年本澳各个领域的发展动态，总结评价近年澳门政治、经济、社会的总体变化，同时对2014年社会经济情况作初步预测。

日本经济蓝皮书
日本经济与中日经贸关系研究报告（2014）

王洛林　张季风 / 主编　2014年5月出版　定价：79.00元

◆ 本书对当前日本经济以及中日经济合作的发展动态进行了多角度、全景式的深度分析。本报告回顾并展望了2013~2014年度日本宏观经济的运行状况。此外，本报告还收录了大量来自于日本政府权威机构的数据图表，具有极高的参考价值。

美国蓝皮书
美国问题研究报告（2014）

黄平　倪峰 / 主编　2014年6月出版　估价：89.00元

◆ 本书是由中国社会科学院美国所主持完成的研究成果，它回顾了美国2013年的经济、政治形势与外交战略，对2013年以来美国内政外交发生的重大事件以及重要政策进行了较为全面的回顾和梳理。

地方发展类

地方发展类皮书关注大陆各省份、经济区域，提供科学、多元的预判与咨政信息

社会建设蓝皮书
2014年北京社会建设分析报告
宋贵伦/主编　2014年9月出版　估价：69.00元

◆ 本书依据社会学理论框架和分析方法，对北京市的人口、就业、分配、社会阶层以及城乡关系等社会学基本问题进行了广泛调研与分析，对广受社会关注的住房、教育、医疗、养老、交通等社会热点问题做了深刻了解与剖析，对日益显现的征地搬迁、外籍人口管理、群体性心理障碍等进行了有益探讨。

温州蓝皮书
2014年温州经济社会形势分析与预测
潘忠强　王春光　金浩/主编　2014年4月出版　定价：69.00元

◆ 本书是由中共温州市委党校与中国社会科学院社会学研究所合作推出的第七本"温州经济社会形势分析与预测"年度报告，深入全面分析了2013年温州经济、社会、政治、文化发展的主要特点、经验、成效与不足，提出了相应的政策建议。

上海蓝皮书
上海资源环境发展报告（2014）
周冯琦　汤庆合　任文伟/著　2014年1月出版　定价：69.00元

◆ 本书在上海所面临资源环境风险的来源、程度、成因、对策等方面作了些有益的探索，希望能对有关部门完善上海的资源环境风险防控工作提供一些有价值的参考，也让普通民众更全面地了解上海资源环境风险及其防控的图景。

地方发展类　皮书系列重点推荐

广州蓝皮书
2014年中国广州社会形势分析与预测
张　强　陈怡霓　杨　秦/主编　2014年9月出版　估价:65.00元

◆ 本书由广州大学与广州市委宣传部、广州市人力资源和社会保障局联合主编，汇集了广州科研团体、高等院校和政府部门诸多社会问题研究专家、学者和实际部门工作者的最新研究成果，是关于广州社会运行情况和相关专题分析与预测的重要参考资料。

河南经济蓝皮书
2014年河南经济形势分析与预测
胡五岳/主编　2014年3月出版　定价:69.00元

◆ 本书由河南省统计局主持编纂。该分析与展望以2013年最新年度统计数据为基础，科学研判河南经济发展的脉络轨迹、分析年度运行态势；以客观翔实、权威资料为特征，突出科学性、前瞻性和可操作性，服务于科学决策和科学发展。

陕西蓝皮书
陕西社会发展报告（2014）
任宗哲　石　英　牛　昉/主编　2014年2月出版　定价:65.00元

◆ 本书系统而全面地描述了陕西省2013年社会发展各个领域所取得的成就、存在的问题、面临的挑战及其应对思路，为更好地思考2014年陕西发展前景、政策指向和工作策略等方面提供了一个较为简洁清晰的参考蓝本。

上海蓝皮书
上海经济发展报告（2014）
沈开艳/主编　2014年1月出版　定价:69.00元

◆ 本书系上海社会科学院系列之一，报告对2014年上海经济增长与发展趋势的进行了预测，把握了上海经济发展的脉搏和学术研究的前沿。

皮书系列 重点推荐

地方发展类·文化传媒类

广州蓝皮书
广州经济发展报告（2014）

李江涛 朱名宏/主编　2014年6月出版　估价:65.00元

◆ 本书是由广州市社会科学院主持编写的"广州蓝皮书"系列之一，本报告对广州2013年宏观经济运行情况作了深入分析，对2014年宏观经济走势进行了合理预测，并在此基础上提出了相应的政策建议。

文 化 传 媒 类

文化传媒类皮书透视文化领域、文化产业，
探索文化大繁荣、大发展的路径

新媒体蓝皮书
中国新媒体发展报告 No.4(2013)

唐绪军/主编　2014年6月出版　估价:69.00元

◆ 本书由中国社会科学院新闻与传播研究所和上海大学合作编写，在构建新媒体发展研究基本框架的基础上，全面梳理2013年中国新媒体发展现状，发表最前沿的网络媒体深度调查数据和研究成果，并对新媒体发展的未来趋势做出预测。

舆情蓝皮书
中国社会舆情与危机管理报告（2014）

谢耘耕/主编　2014年8月出版　估价:85.00元

◆ 本书由上海交通大学舆情研究实验室和危机管理研究中心主编，已被列入教育部人文社会科学研究报告培育项目。本书以新媒体环境下的中国社会为立足点，对2013年中国社会舆情、分类舆情等进行了深入系统的研究，并预测了2014年社会舆情走势。

经济类

产业蓝皮书
中国产业竞争力报告（2014）No.4
著(编)者：张其仔　2014年5月出版 / 估价：79.00元

长三角蓝皮书
2014年率先基本实现现代化的长三角
著(编)者：刘志彪　2014年6月出版 / 估价：120.00元

城市竞争力蓝皮书
中国城市竞争力报告No.12
著(编)者：倪鹏飞　2014年5月出版 / 定价：89.00元

城市蓝皮书
中国城市发展报告No.7
著(编)者：潘家华 魏后凯　2014年7月出版 / 估价：69.00元

城市群蓝皮书
中国城市群发展指数报告(2014)
著(编)者：刘士林 刘新静　2014年10月出版 / 估价：59.00元

城乡统筹蓝皮书
中国城乡统筹发展报告（2014）
著(编)者：程志强、潘晨光　2014年9月出版 / 估价：59.00元

城乡一体化蓝皮书
中国城乡一体化发展报告（2014）
著(编)者：汝信 付崇兰　2014年8月出版 / 估价：59.00元

城镇化蓝皮书
中国新型城镇化健康发展报告（2014）
著(编)者：张占斌　2014年5月出版 / 定价：79.00元

低碳发展蓝皮书
中国低碳发展报告（2014）
著(编)者：齐晔　2014年3月出版 / 定价：89.00元

低碳经济蓝皮书
中国低碳经济发展报告（2014）
著(编)者：薛进军 赵忠秀　2014年5月出版 / 估价：79.00元

东北蓝皮书
中国东北地区发展报告（2014）
著(编)者：鲍振东 曹晓峰　2014年8月出版 / 估价：79.00元

发展和改革蓝皮书
中国经济发展和体制改革报告No.7
著(编)者：邹东涛　2014年7月出版 / 估价：79.00元

工业化蓝皮书
中国工业化进程报告（2014）
著(编)者：黄群慧 吕铁 李晓华 等
2014年11月出版 / 估价：89.00元

国际城市蓝皮书
国际城市发展报告（2014）
著(编)者：屠启宇　2014年1月出版 / 估价：69.00元

国家创新蓝皮书
国家创新发展报告（2013~2014）
著(编)者：陈劲　2014年6月出版 / 估价：69.00元

国家竞争力蓝皮书
中国国家竞争力报告No.2
著(编)者：倪鹏飞　2014年10月出版 / 估价：98.00元

宏观经济蓝皮书
中国经济增长报告（2014）
著(编)者：张平 刘霞辉　2014年10月出版 / 估价：69.00元

减贫蓝皮书
中国减贫与社会发展报告
著(编)者：黄承伟　2014年7月出版 / 估价：69.00元

金融蓝皮书
中国金融发展报告（2014）
著(编)者：李扬 王国刚　2013年12月出版 / 定价：65.00元

经济蓝皮书
2014年中国经济形势分析与预测
著(编)者：李扬　2013年12月出版 / 定价：69.00元

经济蓝皮书春季号
2014年中国经济前景分析
著(编)者：李扬　2014年5月出版 / 定价：79.00元

经济信息绿皮书
中国与世界经济发展报告（2014）
著(编)者：杜平　2013年12月出版 / 定价：79.00元

就业蓝皮书
2014年中国大学生就业报告
著(编)者：麦可思研究院　2014年6月出版 / 估价：98.00元

流通蓝皮书
中国商业发展报告（2013~2014）
著(编)者：荆林波　2014年5月出版 / 定价：89.00元

民营经济蓝皮书
中国民营经济发展报告No.10（2013～2014）
著(编)者：黄孟复　2014年9月出版 / 估价：69.00元

民营企业蓝皮书
中国民营企业竞争力报告No.7（2014）
著(编)者：刘迎秋　2014年9月出版 / 估价：79.00元

农村绿皮书
中国农村经济形势分析与预测（2013~2014）
著(编)者：中国社会科学院农村发展研究所
　　　　国家统计局农村社会经济调查司 著
2014年4月出版 / 定价：69.00元

企业公民蓝皮书
中国企业公民报告No.4
著(编)者：邹东涛　2014年7月出版 / 估价：69.00元

企业社会责任蓝皮书
中国企业社会责任研究报告（2014）
著(编)者：黄群慧 彭华岗 钟宏武 等
2014年11月出版 / 估价：59.00元

气候变化绿皮书
应对气候变化报告（2014）
著(编)者：王伟光 郑国光　2014年11月出版 / 估价：79.00元

皮书系列 2014全品种 经济类·社会政法类

区域蓝皮书
中国区域经济发展报告（2013~2014）
著(编)者：梁昊光　　2014年4月出版 / 定价：79.00元

人口与劳动绿皮书
中国人口与劳动问题报告No.15
著(编)者：蔡昉　　2014年6月出版 / 估价：69.00元

生态经济（建设）绿皮书
中国经济（建设）发展报告（2013~2014）
著(编)者：黄浩涛　李周　　2014年10月出版 / 估价：69.00元

世界经济黄皮书
2014年世界经济形势分析与预测
著(编)者：王洛林　张宇燕　　2014年1月出版 / 定价：69.00元

西北蓝皮书
中国西北发展报告（2014）
著(编)者：张进海　陈冬红　段庆林
2013年12月出版 / 定价：69.00元

西部蓝皮书
中国西部发展报告（2014）
著(编)者：姚慧琴　徐璋勇　　2014年7月出版 / 估价：69.00元

新型城镇化蓝皮书
新型城镇化发展报告（2014）
著(编)者：沈体雁　李伟　宋敏　　2014年9月出版 / 估价：69.00元

新兴经济体蓝皮书
金砖国家发展报告（2014）
著(编)者：林跃勤　周文　　2014年9月出版 / 估价：79.00元

循环经济绿皮书
中国循环经济发展报告（2013~2014）
著(编)者：齐建国　　2014年12月出版 / 估价：69.00元

中部竞争力蓝皮书
中国中部经济社会竞争力报告（2014）
著(编)者：教育部人文社会科学重点研究基地
　　　　　南昌大学中国中部经济社会发展研究中心
2014年7月出版 / 估价：59.00元

中部蓝皮书
中国中部地区发展报告（2014）
著(编)者：朱有志　　2014年10月出版 / 估价：59.00元

中国科技蓝皮书
中国科技发展报告（2014）
著(编)者：陈劲　　2014年4月出版 / 定价：69.00元

中国省域竞争力蓝皮书
"十二五"中期中国省域经济综合竞争力发展报告
著(编)者：李建平　李闽榕　高燕京　　2014年3月出版 / 定价：198.00元

中三角蓝皮书
长江中游城市群发展报告（2013~2014）
著(编)者：秦尊文　　2014年6月出版 / 估价：69.00元

中小城市绿皮书
中国中小城市发展报告（2014）
著(编)者：中国城市经济学会中小城市经济发展委员会
　　　　　《中国中小城市发展报告》编纂委员会
2014年10月出版 / 估价：98.00元

中原蓝皮书
中原经济区发展报告（2014）
著(编)者：刘怀廉　　2014年6月出版 / 估价：68.00元

社会政法类

殡葬绿皮书
中国殡葬事业发展报告（2014）
著(编)者：朱勇　副主编 李伯森　　2014年9月出版 / 估价：59.00元

城市创新蓝皮书
中国城市创新报告（2014）
著(编)者：周天勇　旷建伟　　2014年7月出版 / 估价：69.00元

城市管理蓝皮书
中国城市管理报告2014
著(编)者：谭维克　刘林　　2014年7月出版 / 估价：98.00元

城市生活质量蓝皮书
中国城市生活质量指数报告（2014）
著(编)者：张平　　2014年7月出版 / 估价：59.00元

城市政府能力蓝皮书
中国城市政府公共服务能力评估报告（2014）
著(编)者：何艳玲　　2014年7月出版 / 估价：59.00元

创新蓝皮书
创新型国家建设报告（2013~2014）
著(编)者：詹正茂　　2014年5月出版 / 定价：69.00元

慈善蓝皮书
中国慈善发展报告（2014）
著(编)者：杨团　　2014年5月出版 / 定价：79.00元

法治蓝皮书
中国法治发展报告No.12（2014）
著(编)者：李林　田禾　　2014年2月出版 / 定价：98.00元

反腐倡廉蓝皮书
中国反腐倡廉建设报告No.3
著(编)者：李秋芳　　2014年1月出版 / 定价：79.00元

非传统安全蓝皮书
中国非传统安全研究报告（2014）
著(编)者：余潇枫　　2014年5月出版 / 估价：69.00元

社会政法类 — 皮书系列 2014全品种

妇女发展蓝皮书
福建省妇女发展报告（2014）
著(编)者：刘群英　2014年10月出版 / 估价:58.00元

妇女发展蓝皮书
中国妇女发展报告No.5
著(编)者：王金玲　高小贤　2014年5月出版 / 估价:65.00元

妇女教育蓝皮书
中国妇女教育发展报告No.3
著(编)者：张李玺　2014年10月出版 / 估价:69.00元

公共服务满意度蓝皮书
中国城市公共服务评价报告（2014）
著(编)者：胡伟　2014年11月出版 / 估价:69.00元

公共服务蓝皮书
中国城市基本公共服务力评价（2014）
著(编)者：侯惠勤　辛向阳　易定宏
2014年10月出版 / 估价:55.00元

公民科学素质蓝皮书
中国公民科学素质报告（2013~2014）
著(编)者：李群　许佳军　2014年3月出版 / 定价:79.00元

公益蓝皮书
中国公益发展报告（2014）
著(编)者：朱健刚　2014年5月出版 / 估价:78.00元

国际人才蓝皮书
中国国际移民报告（2014）
著(编)者：王辉耀　2014年1月出版 / 定价:79.00元

国际人才蓝皮书
中国海归创业发展报告（2014）No.2
著(编)者：王辉耀　路江涌　2014年10月出版 / 估价:69.00元

国际人才蓝皮书
中国留学发展报告（2014）No.3
著(编)者：王辉耀　2014年9月出版 / 估价:59.00元

国家安全蓝皮书
中国国家安全研究报告（2014）
著(编)者：刘慧　2014年5月出版 / 定价:98.00元

行政改革蓝皮书
中国行政体制改革报告（2013）No.3
著(编)者：魏礼群　2014年3月出版 / 定价:89.00元

华侨华人蓝皮书
华侨华人研究报告（2014）
著(编)者：丘进　2014年5月出版 / 估价:128.00元

环境竞争力绿皮书
中国省域环境竞争力发展报告（2014）
著(编)者：李建平　李闽榕　王金南
2014年12月出版 / 估价:148.00元

环境绿皮书
中国环境发展报告（2014）
著(编)者：刘鉴强　2014年5月出版 / 定价:79.00元

基本公共服务蓝皮书
中国省级政府基本公共服务发展报告（2014）
著(编)者：孙德超　2014年9月出版 / 估价:69.00元

基金会透明度蓝皮书
中国基金会透明度发展研究报告（2014）
著(编)者：基金会中心网　2014年7月出版 / 估价:79.00元

教师蓝皮书
中国中小学教师发展报告（2014）
著(编)者：曾晓东　2014年9月出版 / 估价:59.00元

教育蓝皮书
中国教育发展报告（2014）
著(编)者：杨东平　2014年5月出版 / 定价:79.00元

科普蓝皮书
中国科普基础设施发展报告（2014）
著(编)者：任福君　2014年6月出版 / 估价:79.00元

口腔健康蓝皮书
中国口腔健康发展报告（2014）
著(编)者：胡德渝　2014年12月出版 / 估价:59.00元

老龄蓝皮书
中国老龄事业发展报告（2014）
著(编)者：吴玉韶　2014年9月出版 / 估价:59.00元

连片特困区蓝皮书
中国连片特困区发展报告（2014）
著(编)者：丁建军　冷志明　游俊　2014年9月出版 / 估价:79.00元

民间组织蓝皮书
中国民间组织报告（2014）
著(编)者：黄晓勇　2014年8月出版 / 估价:69.00元

民调蓝皮书
中国民生调查报告（2014）
著(编)者：谢耕耘　2014年5月出版 / 定价:128.00元

民族发展蓝皮书
中国民族区域自治发展报告（2014）
著(编)者：郝时远　2014年6月出版 / 估价:98.00元

女性生活蓝皮书
中国女性生活状况报告No.8（2014）
著(编)者：韩湘景　2014年4月出版 / 定价:79.00元

汽车社会蓝皮书
中国汽车社会发展报告（2014）
著(编)者：王俊秀　2014年9月出版 / 估价:59.00元

皮书系列 2014全品种

社会政法类·行业报告类

青年蓝皮书
中国青年发展报告（2014）No.2
著(编)者：廉思　2014年4月出版 / 定价:59.00元

全球环境竞争力绿皮书
全球环境竞争力发展报告（2014）
著(编)者：李建平 李闽榕 王金南　2014年11月出版 / 估价:69.00元

青少年蓝皮书
中国未成年人新媒体运用报告（2014）
著(编)者：李文革 沈杰 季为民　2014年6月出版 / 估价:69.00元

区域人才蓝皮书
中国区域人才竞争力报告No.2
著(编)者：桂昭明 王辉耀　2014年6月出版 / 估价:69.00元

人才蓝皮书
中国人才发展报告（2014）
著(编)者：潘晨光　2014年10月出版 / 估价:79.00元

人权蓝皮书
中国人权事业发展报告No.4（2014）
著(编)者：李君如　2014年7月出版 / 估价:98.00元

世界人才蓝皮书
全球人才发展报告No.1
著(编)者：孙学玉 张冠梓　2014年9月出版 / 估价:69.00元

社会保障绿皮书
中国社会保障发展报告（2014）No.6
著(编)者：王延中　2014年9月出版 / 估价:69.00元

社会工作蓝皮书
中国社会工作发展报告（2013~2014）
著(编)者：王杰秀 邹文开　2014年8月出版 / 估价:59.00元

社会管理蓝皮书
中国社会管理创新报告No.3
著(编)者：连玉明　2014年9月出版 / 估价:79.00元

社会蓝皮书
2014年中国社会形势分析与预测
著(编)者：李培林 陈光金 张翼　2013年12月出版 / 定价:69.00元

社会体制蓝皮书
中国社会体制改革报告No.2（2014）
著(编)者：龚维斌　2014年4月出版 / 定价:79.00元

社会心态蓝皮书
2014年中国社会心态研究报告
著(编)者：王俊秀 杨宜音　2014年9月出版 / 估价:59.00元

生态城市绿皮书
中国生态城市建设发展报告（2014）
著(编)者：李景源 孙伟平 刘举科　2014年6月出版 / 估价:128.00元

生态文明绿皮书
中国省域生态文明建设评价报告（ECI 2014）
著(编)者：严耕　2014年9月出版 / 估价:98.00元

世界创新竞争力黄皮书
世界创新竞争力发展报告（2014）
著(编)者：李建平 李闽榕 赵新力　2014年11月出版 / 估价:128.00元

水与发展蓝皮书
中国水风险评估报告（2014）
著(编)者：苏杨　2014年9月出版 / 估价:69.00元

土地整治蓝皮书
中国土地整治发展报告No.1
著(编)者：国土资源部土地整治中心　2014年5月出版 / 定价:89.00元

危机管理蓝皮书
中国危机管理报告（2014）
著(编)者：文学国 范正青　2014年8月出版 / 估价:79.00元

小康蓝皮书
中国全面建设小康社会监测报告（2014）
著(编)者：潘璠　2014年11月出版 / 估价:59.00元

形象危机应对蓝皮书
形象危机应对研究报告（2014）
著(编)者：唐钧　2014年9月出版 / 估价:118.00元

行政改革蓝皮书
中国行政体制改革报告（2013）No.3
著(编)者：魏礼群　2014年3月出版 / 定价:89.00元

医疗卫生绿皮书
中国医疗卫生发展报告No.6（2013~2014）
著(编)者：申宝忠 韩玉珍　2014年4月出版 / 定价:75.00元

政治参与蓝皮书
中国政治参与报告（2014）
著(编)者：房宁　2014年7月出版 / 估价:58.00元

政治发展蓝皮书
中国政治发展报告（2014）
著(编)者：房宁 杨海蛟　2014年6月出版 / 估价:98.00元

宗教蓝皮书
中国宗教报告（2014）
著(编)者：金泽 邱永辉　2014年8月出版 / 估价:59.00元

社会组织蓝皮书
中国社会组织评估报告（2014）
著(编)者：徐家良　2014年9月出版 / 估价:69.00元

政府绩效评估蓝皮书
中国地方政府绩效评估报告（2014）
著(编)者：贠杰　2014年9月出版 / 估价:69.00元

行业报告类

皮书系列 2014全品种

保健蓝皮书
中国保健服务产业发展报告No.2
著(编)者:中国保健协会 中共中央党校
2014年7月出版 / 估价:198.00元

保健蓝皮书
中国保健食品产业发展报告No.2
著(编)者:中国保健协会
中国社会科学院食品药品产业发展与监管研究中心
2014年7月出版 / 估价:198.00元

保健蓝皮书
中国保健用品产业发展报告No.2
著(编)者:中国保健协会 2014年9月出版 / 估价:198.00元

保险蓝皮书
中国保险业竞争力报告(2014)
著(编)者:罗忠敏 2014年9月出版 / 估价:98.00元

餐饮产业蓝皮书
中国餐饮产业发展报告(2014)
著(编)者:中国烹饪协会 中国社会科学院财经战略研究院
2014年5月出版 / 估价:59.00元

测绘地理信息蓝皮书
中国地理信息产业发展报告(2014)
著(编)者:徐德明 2014年12月出版 / 估价:98.00元

茶业蓝皮书
中国茶产业发展报告(2014)
著(编)者:李闽榕 杨江帆 2014年9月出版 / 估价:79.00元

产权市场蓝皮书
中国产权市场发展报告(2014)
著(编)者:曹和平 2014年9月出版 / 估价:69.00元

产业安全蓝皮书
中国烟草产业安全报告(2014)
著(编)者:李孟刚 杜秀亭 2014年1月出版 / 定价:69.00元

产业安全蓝皮书
中国出版与传媒安全报告(2014)
著(编)者:北京交通大学中国产业安全研究中心
2014年9月出版 / 估价:59.00元

产业安全蓝皮书
中国医疗产业安全报告(2013~2014)
著(编)者:李孟刚 高献书 2014年1月出版 / 定价:59.00元

产业安全蓝皮书
中国文化产业安全蓝皮书(2014)
著(编)者:北京印刷学院文化产业安全研究院
2014年4月出版 / 定价:69.00元

产业安全蓝皮书
中国出版传媒产业安全报告(2014)
著(编)者:北京印刷学院文化产业安全研究院
2014年4月出版 / 定价:89.00元

典当业蓝皮书
中国典当行业发展报告(2013~2014)
著(编)者:黄育华 王力 张红地
2014年10月出版 / 估价:69.00元

电子商务蓝皮书
中国城市电子商务影响力报告(2014)
著(编)者:荆林波 2014年5月出版 / 估价:69.00元

电子政务蓝皮书
中国电子政务发展报告(2014)
著(编)者:洪毅 王长胜 2014年9月出版 / 估价:59.00元

杜仲产业绿皮书
中国杜仲橡胶资源与产业发展报告(2014)
著(编)者:杜红岩 胡文臻 俞瑞
2014年9月出版 / 估价:99.00元

房地产蓝皮书
中国房地产发展报告No.11(2014)
著(编)者:魏后凯 李景国 2014年5月出版 / 定价:79.00元

服务外包蓝皮书
中国服务外包产业发展报告(2014)
著(编)者:王晓红 李皓 2014年9月出版 / 估价:89.00元

高端消费蓝皮书
中国高端消费市场研究报告
著(编)者:依绍华 王雪峰 2014年9月出版 / 估价:69.00元

会展经济蓝皮书
中国会展经济发展报告(2014)
著(编)者:过聚荣 2014年9月出版 / 估价:65.00元

会展蓝皮书
中外会展业动态评估年度报告(2014)
著(编)者:张敏 2014年8月出版 / 估价:68.00元

基金会绿皮书
中国基金会发展独立研究报告(2014)
著(编)者:基金会中心网 2014年8月出版 / 估价:58.00元

交通运输蓝皮书
中国交通运输服务发展报告(2014)
著(编)者:林晓言 卜伟 武剑红
2014年10月出版 / 估价:69.00元

金融监管蓝皮书
中国金融监管报告(2014)
著(编)者:胡滨 2014年5月出版 / 定价:69.00元

金融蓝皮书
中国金融中心发展报告(2014)
著(编)者:中国社会科学院金融研究所
中国博士后特华科研工作站 王力 黄育华
2014年10月出版 / 估价:59.00元

皮书系列 2014全品种
行业报告类

金融蓝皮书
中国商业银行竞争力报告（2014）
著(编)者：王松奇　2014年5月出版 / 估价:79.00元

金融蓝皮书
中国金融发展报告（2014）
著(编)者：李扬　王国刚　2013年12月出版 / 定价:65.00元

金融蓝皮书
中国金融法治报告（2014）
著(编)者：胡滨　全先银　2014年9月出版 / 估价:65.00元

金融蓝皮书
中国金融产品与服务报告（2014）
著(编)者：殷剑峰　2014年6月出版 / 估价:59.00元

金融信息服务蓝皮书
金融信息服务业发展报告（2014）
著(编)者：鲁广锦　2014年11月出版 / 估价:69.00元

抗衰老医学蓝皮书
抗衰老医学发展报告（2014）
著(编)者：罗伯特·高德曼　罗纳德·科莱兹
尼尔·布什　朱敏　金大鹏　郭弋
2014年9月出版 / 估价:69.00元

客车蓝皮书
中国客车产业发展报告（2014）
著(编)者：姚蔚　2014年12月出版 / 估价:69.00元

科学传播蓝皮书
中国科学传播报告（2014）
著(编)者：詹正茂　2014年9月出版 / 估价:69.00元

流通蓝皮书
中国商业发展报告（2013~2014）
著(编)者：荆林波　2014年5月出版 / 定价:89.00元

旅游安全蓝皮书
中国旅游安全报告（2014）
著(编)者：郑向敏　谢朝武　2014年6月出版 / 估价:79.00元

旅游绿皮书
2013~2014年中国旅游发展分析与预测
著(编)者：宋瑞　2014年9月出版 / 定价:79.00元

旅游城市绿皮书
世界旅游城市发展报告（2013~2014）
著(编)者：张辉　2014年1月出版 / 估价:69.00元

贸易蓝皮书
中国贸易发展报告（2014）
著(编)者：荆林波　2014年5月出版 / 估价:49.00元

民营医院蓝皮书
中国民营医院发展报告（2014）
著(编)者：朱幼棣　2014年10月出版 / 估价:69.00元

闽商蓝皮书
闽商发展报告（2014）
著(编)者：李闽榕　王日根　2014年12月出版 / 估价:69.00元

能源蓝皮书
中国能源发展报告（2014）
著(编)者：崔民选　王军生　陈义和
2014年10月出版 / 估价:59.00元

农产品流通蓝皮书
中国农产品流通产业发展报告（2014）
著(编)者：贾敬敦　王炳南　张玉玺　张鹏毅　陈丽华
2014年9月出版 / 估价:89.00元

期货蓝皮书
中国期货市场发展报告（2014）
著(编)者：荆林波　2014年6月出版 / 估价:98.00元

企业蓝皮书
中国企业竞争力报告（2014）
著(编)者：金碚　2014年11月出版 / 估价:89.00元

汽车安全蓝皮书
中国汽车安全发展报告（2014）
著(编)者：中国汽车技术研究中心
2014年4月出版 / 估价:79.00元

汽车蓝皮书
中国汽车产业发展报告（2014）
著(编)者：国务院发展研究中心产业经济研究部
中国汽车工程学会　大众汽车集团（中国）
2014年7月出版 / 估价:79.00元

清洁能源蓝皮书
国际清洁能源发展报告（2014）
著(编)者：国际清洁能源论坛（澳门）
2014年9月出版 / 估价:89.00元

人力资源蓝皮书
中国人力资源发展报告（2014）
著(编)者：吴江　2014年9月出版 / 估价:69.00元

软件和信息服务业蓝皮书
中国软件和信息服务业发展报告（2014）
著(编)者：洪京一　工业和信息化部电子科学技术情报研究所
2014年6月出版 / 估价:98.00元

商会蓝皮书
中国商会发展报告 No.4（2014）
著(编)者：黄孟复　2014年9月出版 / 估价:59.00元

商品市场蓝皮书
中国商品市场发展报告（2014）
著(编)者：荆林波　2014年7月出版 / 估价:59.00元

上市公司蓝皮书
中国上市公司非财务信息披露报告（2014）
著(编)者：钟宏武　张旺　张蒽　等
2014年12月出版 / 估价:59.00元

行业报告类

皮书系列 2014全品种

食品药品蓝皮书
食品药品安全与监管政策研究报告（2014）
著(编)者:唐民皓　2014年7月出版 / 估价:69.00元

世界能源蓝皮书
世界能源发展报告（2014）
著(编)者:黄晓勇　2014年9月出版 / 估价:99.00元

私募市场蓝皮书
中国私募股权市场发展报告（2014）
著(编)者:曹和平　2014年9月出版 / 估价:69.00元

体育蓝皮书
中国体育产业发展报告（2014）
著(编)者:阮伟　钟秉枢　2014年9月出版 / 估价:69.00元

体育蓝皮书·公共体育服务
中国公共体育服务发展报告（2014）
著(编)者:戴健　2014年12月出版 / 估价:69.00元

投资蓝皮书
中国投资发展报告（2014）
著(编)者:杨庆蔚　2014年4月出版 / 定价:128.00元

投资蓝皮书
中国企业海外投资发展报告（2013~2014）
著(编)者:陈文晖　薛誉华　2014年9月出版 / 定价:69.00元

物联网蓝皮书
中国物联网发展报告（2014）
著(编)者:龚六堂　2014年9月出版 / 估价:59.00元

西部工业蓝皮书
中国西部工业发展报告（2014）
著(编)者:方行明　刘方健　姜凌等
2014年9月出版 / 估价:69.00元

西部金融蓝皮书
中国西部金融发展报告（2014）
著(编)者:李忠民　2014年10月出版 / 估价:69.00元

新能源汽车蓝皮书
中国新能源汽车产业发展报告（2014）
著(编)者:中国汽车技术研究中心
　　　　日产（中国）投资有限公司
　　　　东风汽车有限公司
2014年9月出版 / 估价:69.00元

信托蓝皮书
中国信托业研究报告（2014）
著(编)者:中建投信托研究中心　中国建设建投研究院
2014年9月出版 / 估价:59.00元

信托蓝皮书
中国信托投资报告（2014）
著(编)者:杨金龙　刘屹　2014年7月出版 / 估价:69.00元

信托市场蓝皮书
中国信托业市场报告（2013~2014）
著(编)者:李旸　2014年1月出版 / 定价:198.00元

信息化蓝皮书
中国信息化形势分析与预测（2014）
著(编)者:周宏仁　2014年7月出版 / 估价:98.00元

信用蓝皮书
中国信用发展报告（2014）
著(编)者:章政　田侃　2014年9月出版 / 估价:69.00元

休闲绿皮书
2014年中国休闲发展报告
著(编)者:刘德谦　唐兵　宋瑞
2014年6月出版 / 估价:59.00元

养老产业蓝皮书
中国养老产业发展报告（2013~2014年）
著(编)者:张车伟　2014年9月出版 / 估价:69.00元

移动互联网蓝皮书
中国移动互联网发展报告（2014）
著(编)者:官建文　2014年5月出版 / 估价:79.00元

医药蓝皮书
中国医药产业园战略发展报告（2013~2014）
著(编)者:裴长洪　房书亭　吴瀚心
2014年3月出版 / 定价:89.00元

医药蓝皮书
中国药品市场报告（2014）
著(编)者:程锦锥　朱恒鹏　2014年12月出版 / 估价:79.00元

中国林业竞争力蓝皮书
中国省域林业竞争力发展报告No.2（2014）
（上下册）
著(编)者:郑传芳　李闽榕　张春霞　张会儒
2014年8月出版 / 估价:139.00元

中国农业竞争力蓝皮书
中国省域农业竞争力发展报告No.2（2014）
著(编)者:郑传芳　宋洪远　李闽榕　张春霞
2014年7月出版 / 估价:128.00元

中国总部经济蓝皮书
中国总部经济发展报告（2013~2014）
著(编)者:赵弘　2014年5月出版 / 定价:79.00元

珠三角流通蓝皮书
珠三角商圈发展研究报告（2014）
著(编)者:王先庆　林至颖　2014年8月出版 / 估价:69.00元

住房绿皮书
中国住房发展报告（2013~2014）
著(编)者:倪鹏飞　2013年12月出版 / 定价:79.00元

资本市场蓝皮书
中国场外交易市场发展报告（2014）
著(编)者:高峦　2014年9月出版 / 估价:79.00元

资产管理蓝皮书
中国信托业发展报告（2014）
著(编)者：智信资产管理研究院　2014年7月出版 / 估价：69.00元

支付清算蓝皮书
中国支付清算发展报告（2014）
著(编)者：杨涛　2014年5月出版 / 定价：45.00元

文化传媒类

传媒蓝皮书
中国传媒产业发展报告（2014）
著(编)者：崔保国　2014年4月出版 / 定价：98.00元

传媒竞争力蓝皮书
中国传媒国际竞争力研究报告（2014）
著(编)者：李本乾　2014年9月出版 / 估价：69.00元

创意城市蓝皮书
武汉市文化创意产业发展报告（2014）
著(编)者：张京成　黄永林　2014年10月出版 / 估价：69.00元

电视蓝皮书
中国电视产业发展报告（2014）
著(编)者：卢斌　2014年9月出版 / 估价：79.00元

电影蓝皮书
中国电影出版发展报告（2014）
著(编)者：卢斌　2014年9月出版 / 估价：79.00元

动漫蓝皮书
中国动漫产业发展报告（2014）
著(编)者：卢斌　郑玉明　牛兴侦　2014年9月出版 / 估价：79.00元

广电蓝皮书
中国广播电影电视发展报告（2014）
著(编)者：庞井君　杨明品　李岚
2014年6月出版 / 估价：88.00元

广告主蓝皮书
中国广告主营销传播趋势报告N0.8
著(编)者：中国传媒大学广告主研究所
　　　　中国广告主营销传播创新研究课题组
　　　　黄升民　杜国清　邵华冬等
2014年5月出版 / 估价：98.00元

国际传播蓝皮书
中国国际传播发展报告（2014）
著(编)者：胡正荣　李继东　姬德强
2014年9月出版 / 估价：69.00元

纪录片蓝皮书
中国纪录片发展报告（2014）
著(编)者：何苏六　2014年10月出版 / 估价：89.00元

两岸文化蓝皮书
两岸文化产业合作发展报告（2014）
著(编)者：胡惠林　肖夏勇　2014年6月出版 / 估价：59.00元

媒介与女性蓝皮书
中国媒介与女性发展报告（2014）
著(编)者：刘利群　2014年8月出版 / 估价：69.00元

全球传媒蓝皮书
全球传媒产业发展报告（2014）
著(编)者：胡正荣　2014年12月出版 / 估价：79.00元

视听新媒体蓝皮书
中国视听新媒体发展报告（2014）
著(编)者：庞井君　2014年6月出版 / 估价：148.00元

文化创新蓝皮书
中国文化创新报告（2014）No.5
著(编)者：于平　傅才武　2014年4月出版 / 定价：79.00元

文化科技蓝皮书
文化科技融合与创意城市发展报告（2014）
著(编)者：李凤亮　于平　2014年7月出版 / 估价：79.00元

文化蓝皮书
中国文化产业发展报告（2014）
著(编)者：张晓明　王家新　章建刚
2014年4月出版 / 定价：79.00元

文化蓝皮书
中国文化产业供需协调增长测评报告（2014）
著(编)者：王亚楠　2014年2月出版 / 定价：79.00元

文化蓝皮书
中国城镇文化消费需求景气评价报告（2014）
著(编)者：王亚南　张晓明　祁述裕
2014年5月出版 / 估价：79.00元

文化蓝皮书
中国公共文化服务发展报告（2014）
著(编)者：于群　李国新　2014年10月出版 / 估价：98.00元

文化蓝皮书
中国文化消费需求景气评价报告（2014）
著(编)者：王亚南　2014年2月出版 / 估价：79.00元

文化蓝皮书
中国乡村文化消费需求景气评价报告（2014）
著(编)者：王亚南　2014年5月出版 / 估价：79.00元

文化蓝皮书
中国中心城市文化消费需求景气评价报告（2014）
著(编)者：王亚南　2014年9月出版 / 估价：79.00元

文化传媒类・地方发展类

皮书系列 2014全品种

文化蓝皮书
中国少数民族文化发展报告（2014）
著(编)者：武翠英 张晓明 张学进
2014年9月出版 / 估价：69.00元

文化建设蓝皮书
中国文化发展报告（2013）
著(编)者：江畅 孙伟平 戴茂堂
2014年4月出版 / 定价：138.00元

文化品牌蓝皮书
中国文化品牌发展报告（2014）
著(编)者：欧阳友权 2014年4月出版 / 定价：79.00元

文化软实力蓝皮书
中国文化软实力研究报告（2014）
著(编)者：张国祚 2014年7月出版 / 估价：79.00元

文化遗产蓝皮书
中国文化遗产事业发展报告（2014）
著(编)者：刘世锦 2014年9月出版 / 估价：79.00元

文学蓝皮书
中国文情报告（2013~2014）
著(编)者：白烨 2014年5月出版 / 估价：59.00元

新媒体蓝皮书
中国新媒体发展报告No.5（2014）
著(编)者：唐绪军 2014年6月出版 / 估价：69.00元

移动互联网蓝皮书
中国移动互联网发展报告（2014）
著(编)者：官建文 2014年6月出版 / 估价：79.00元

游戏蓝皮书
中国游戏产业发展报告（2014）
著(编)者：卢斌 2014年9月出版 / 估价：79.00元

舆情蓝皮书
中国社会舆情与危机管理报告（2014）
著(编)者：谢耘耕 2014年8月出版 / 估价：85.00元

粤港澳台文化蓝皮书
粤港澳台文化创意产业发展报告（2014）
著(编)者：丁未 2014年9月出版 / 估价：69.00元

地方发展类

安徽蓝皮书
安徽社会发展报告（2014）
著(编)者：程桦 2014年4月出版 / 定价：79.00元

安徽经济蓝皮书
皖江城市带承接产业转移示范区建设报告（2014）
著(编)者：丁海中 2014年4月出版 / 定价：69.00元

安徽社会建设蓝皮书
安徽社会建设分析报告（2014）
著(编)者：黄家海 王开玉 蔡宪 2014年9月出版 / 估价：69.00元

北京蓝皮书
北京公共服务发展报告（2013~2014）
著(编)者：施昌奎 2014年2月出版 / 定价：69.00元

北京蓝皮书
北京经济发展报告（2013~2014）
著(编)者：杨松 2014年4月出版 / 定价：79.00元

北京蓝皮书
北京社会发展报告（2013~2014）
著(编)者：缪青 2014年5月出版 / 定价：79.00元

北京蓝皮书
北京社会治理发展报告（2013~2014）
著(编)者：殷星辰 2014年4月出版 / 定价：79.00元

北京蓝皮书
中国社区发展报告（2013~2014）
著(编)者：于燕燕 2014年8月出版 / 估价：59.00元

北京蓝皮书
北京文化发展报告（2013~2014）
著(编)者：李建盛 2014年4月出版 / 定价：79.00元

北京旅游绿皮书
北京旅游发展报告（2014）
著(编)者：鲁勇 2014年7月出版 / 定价：98.00元

北京律师蓝皮书
北京律师发展报告No.2（2014）
著(编)者：王隽 周塞军 2014年9月出版 / 估价：79.00元

北京人才蓝皮书
北京人才发展报告（2014）
著(编)者：于淼 2014年10月出版 / 估价：89.00元

城乡一体化蓝皮书
中国城乡一体化发展报告·北京卷（2014）
著(编)者：张宝秀 黄序 2014年6月出版 / 估价：59.00元

创意城市蓝皮书
北京文化创意产业发展报告（2014）
著(编)者：张京成 王国华 2014年10月出版 / 估价：69.00元

23

皮书系列 2014全品种 — 地方发展类

创意城市蓝皮书
重庆创意产业发展报告（2014）
著(编)者：程宁宁　2014年4月出版 / 定价：89.00元

创意城市蓝皮书
青岛文化创意产业发展报告（2013~2014）
著(编)者：马达　2014年9月出版 / 估价：69.00元

创意城市蓝皮书
无锡文化创意产业发展报告（2014）
著(编)者：庄若江　张鸣年　2014年8月出版 / 估价：75.00元

服务业蓝皮书
广东现代服务业发展报告（2014）
著(编)者：祁明　程晓　2014年1月出版 / 估价：69.00元

甘肃蓝皮书
甘肃舆情分析与预测（2014）
著(编)者：陈双梅　郝树声　2014年1月出版 / 定价：69.00元

甘肃蓝皮书
甘肃县域经济综合竞争力报告（2014）
著(编)者：刘进军　柳民　曲玮　2014年9月出版 / 估价：69.00元

甘肃蓝皮书
甘肃县域社会发展评价报告（2014）
著(编)者：魏胜文　2014年9月出版 / 估价：69.00元

甘肃蓝皮书
甘肃经济发展分析与预测（2014）
著(编)者：朱智文　罗哲　2014年1月出版 / 定价：69.00元

甘肃蓝皮书
甘肃社会发展分析与预测（2014）
著(编)者：安文华　包晓霞　2014年1月出版 / 定价：69.00元

甘肃蓝皮书
甘肃文化发展分析与预测（2014）
著(编)者：王福生　周小华　2014年1月出版 / 定价：69.00元

广东蓝皮书
广东省电子商务发展报告（2014）
著(编)者：黄建明　祁明　2014年11月出版 / 估价：69.00元

广东蓝皮书
广东社会工作发展报告（2014）
著(编)者：罗观翠　2014年9月出版 / 估价：69.00元

广东外经贸蓝皮书
广东对外经济贸易发展研究报告（2014）
著(编)者：陈万灵　2014年9月出版 / 估价：65.00元

广西北部湾经济区蓝皮书
广西北部湾经济区开放开发报告（2014）
著(编)者：广西北部湾经济区规划建设管理委员会办公室　广西社会科学院　广西北部湾发展研究院
2014年7月出版 / 估价：69.00元

广州蓝皮书
2014年中国广州经济形势分析与预测
著(编)者：庾建设　郭志勇　沈奎　2014年6月出版 / 估价：69.00元

广州蓝皮书
2014年中国广州社会形势分析与预测
著(编)者：易佐永　杨秦　顾涧清　2014年5月出版 / 估价：65.00元

广州蓝皮书
广州城市国际化发展报告（2014）
著(编)者：朱名宏　2014年9月出版 / 估价：59.00元

广州蓝皮书
广州创新型城市发展报告（2014）
著(编)者：李江涛　2014年8月出版 / 估价：59.00元

广州蓝皮书
广州经济发展报告（2014）
著(编)者：李江涛　刘江华　2014年6月出版 / 估价：65.00元

广州蓝皮书
广州农村发展报告（2014）
著(编)者：李江涛　汤锦华　2014年8月出版 / 估价：59.00元

广州蓝皮书
广州青年发展报告（2014）
著(编)者：魏国华　张强　2014年9月出版 / 估价：65.00元

广州蓝皮书
广州汽车产业发展报告（2014）
著(编)者：李江涛　杨再高　2014年10月出版 / 估价：69.00元

广州蓝皮书
广州商贸业发展报告（2014）
著(编)者：陈家成　王旭东　荀振英
2014年7月出版 / 估价：69.00元

广州蓝皮书
广州文化创意产业发展报告（2014）
著(编)者：甘新　2014年10月出版 / 估价：59.00元

广州蓝皮书
中国广州城市建设发展报告（2014）
著(编)者：董皞　冼伟雄　李俊夫
2014年8月出版 / 估价：69.00元

广州蓝皮书
中国广州科技与信息化发展报告（2014）
著(编)者：庾建设　谢学宁　2014年8月出版 / 估价：59.00元

广州蓝皮书
中国广州文化创意产业发展报告（2014）
著(编)者：甘新　2014年10月出版 / 估价：59.00元

广州蓝皮书
中国广州文化发展报告（2014）
著(编)者：徐俊忠　汤应武　陆志强
2014年8月出版 / 估价：69.00元

地方发展类　皮书系列 2014全品种

贵州蓝皮书
贵州法治发展报告（2014）
著(编)者：吴大华　2014年3月出版　/　定价：69.00元

贵州蓝皮书
贵州人才发展报告（2014）
著(编)者：于杰　吴大华　2014年3月出版　/　定价：69.00元

贵州蓝皮书
贵州社会发展报告（2014）
著(编)者：王兴骥　2014年3月出版　/　定价：69.00元

贵州蓝皮书
贵州农村扶贫开发报告（2014）
著(编)者：王朝新　宋明　2014年9月出版　/　估价：69.00元

贵州蓝皮书
贵州文化产业发展报告（2014）
著(编)者：李建国　2014年9月出版　/　估价：69.00元

海淀蓝皮书
海淀区文化和科技融合发展报告（2014）
著(编)者：陈名杰　孟景伟　2014年5月出版　/　估价：75.00元

海峡经济区蓝皮书
海峡经济区发展报告（2014）
著(编)者：李闽榕　王秉安　谢明辉（台湾）
2014年10月出版　/　估价：78.00元

海峡西岸蓝皮书
海峡西岸经济区发展报告（2014）
著(编)者：福建省人民政府发展研究中心
2014年9月出版　/　估价：85.00元

杭州蓝皮书
杭州市妇女发展报告（2014）
著(编)者：魏颖　揭爱花　2014年9月出版　/　估价：69.00元

杭州都市圈蓝皮书
杭州都市圈发展报告（2014）
著(编)者：董祖德　沈翔　2014年5月出版　/　估价：89.00元

河北经济蓝皮书
河北省经济发展报告（2014）
著(编)者：马树强　金浩　张贵　2014年4月出版　/　定价：79.00元

河北蓝皮书
河北经济社会发展报告（2014）
著(编)者：周文夫　2014年1月出版　/　定价：69.00元

河南经济蓝皮书
2014年河南经济形势分析与预测
著(编)者：胡五岳　2014年3月出版　/　定价：69.00元

河南蓝皮书
2014年河南社会形势分析与预测
著(编)者：刘道兴　牛苏林　2014年1月出版　/　定价：69.00元

河南蓝皮书
河南城市发展报告（2014）
著(编)者：谷建全　王建国　2014年1月出版　/　定价：59.00元

河南蓝皮书
河南法治发展报告（2014）
著(编)者：丁同民　闫德民　2014年3月出版　/　定价：69.00元

河南蓝皮书
河南金融发展报告（2014）
著(编)者：喻新安　谷建全　2014年4月出版　/　定价：69.00元

河南蓝皮书
河南经济发展报告（2014）
著(编)者：喻新安　2013年12月出版　/　定价：69.00元

河南蓝皮书
河南文化发展报告（2014）
著(编)者：卫绍生　2014年1月出版　/　定价：69.00元

河南蓝皮书
河南工业发展报告（2014）
著(编)者：龚绍东　2014年1月出版　/　定价：69.00元

河南蓝皮书
河南商务发展报告（2014）
著(编)者：焦锦淼　穆荣国　2014年5月出版　/　定价：88.00元

黑龙江产业蓝皮书
黑龙江产业发展报告（2014）
著(编)者：于渤　2014年10月出版　/　估价：79.00元

黑龙江蓝皮书
黑龙江经济发展报告（2014）
著(编)者：张新颖　2014年1月出版　/　定价：69.00元

黑龙江蓝皮书
黑龙江社会发展报告（2014）
著(编)者：艾书琴　2014年1月出版　/　定价：69.00元

湖南城市蓝皮书
城市社会管理
著(编)者：罗海藩　2014年10月出版　/　估价：59.00元

湖南蓝皮书
2014年湖南产业发展报告
著(编)者：梁志峰　2014年4月出版　/　定价：128.00元

湖南蓝皮书
2014年湖南电子政务发展报告
著(编)者：梁志峰　2014年4月出版　/　定价：128.00元

湖南蓝皮书
2014年湖南法治发展报告
著(编)者：梁志峰　2014年9月出版　/　估价：79.00元

湖南蓝皮书
2014年湖南经济展望
著(编)者：梁志峰　2014年4月出版　/　定价：128.00元

皮书系列 2014全品种 — 地方发展类

湖南蓝皮书
2014年湖南两型社会发展报告
著(编)者:梁志峰　2014年4月出版 / 定价:128.00元

湖南蓝皮书
2014年湖南社会发展报告
著(编)者:梁志峰　2014年4月出版 / 定价:128.00元

湖南蓝皮书
2014年湖南县域经济社会发展报告
著(编)者:梁志峰　2014年4月出版 / 定价:128.00元

湖南县域绿皮书
湖南县域发展报告No.2
著(编)者:朱有志　袁准　周小毛　2014年7月出版 / 估价:69.00元

沪港蓝皮书
沪港发展报告（2014）
著(编)者:尤安山　2014年9月出版 / 估价:89.00元

吉林蓝皮书
2014年吉林经济社会形势分析与预测
著(编)者:马克　2014年1月出版 / 定价:79.00元

济源蓝皮书
济源经济社会发展报告（2014）
著(编)者:喻新安　2014年4月出版 / 定价:69.00元

江苏法治蓝皮书
江苏法治发展报告No.3（2014）
著(编)者:李力　龚廷泰　严海良　2014年8月出版 / 估价:88.00元

京津冀蓝皮书
京津冀发展报告（2014）
著(编)者:文魁　祝尔娟　2014年3月出版 / 定价:79.00元

经济特区蓝皮书
中国经济特区发展报告（2013）
著(编)者:陶一桃　2014年4月出版 / 定价:89.00元

辽宁蓝皮书
2014年辽宁经济社会形势分析与预测
著(编)者:曹晓峰　张晶　2014年1月出版 / 定价:79.00元

流通蓝皮书
湖南省商贸流通产业发展报告No.2
著(编)者:柳思维　2014年10月出版 / 定价:75.00元

内蒙古蓝皮书
内蒙古经济发展蓝皮书(2013~2014)
著(编)者:黄育华　2014年7月出版 / 估价:69.00元

内蒙古蓝皮书
内蒙古反腐倡廉建设报告No.1
著(编)者:张志华　无极　2013年12月出版 / 定价:69.00元

浦东新区蓝皮书
上海浦东经济发展报告（2014）
著(编)者:沈开艳　陆沪根　2014年1月出版 / 定价:59.00元

侨乡蓝皮书
中国侨乡发展报告（2014）
著(编)者:郑一省　2014年9月出版 / 估价:69.00元

青海蓝皮书
2014年青海经济社会形势分析与预测
著(编)者:赵宗福　2014年2月出版 / 定价:69.00元

人口与健康蓝皮书
深圳人口与健康发展报告（2014）
著(编)者:陆杰华　江捍平　2014年10月出版 / 估价:98.00元

山西蓝皮书
山西资源型经济转型发展报告（2014）
著(编)者:李志强　2014年5月出版 / 定价:98.00元

陕西蓝皮书
陕西经济发展报告（2014）
著(编)者:任宗哲　石英　裴成荣　2014年2月出版 / 定价:69.00元

陕西蓝皮书
陕西社会发展报告（2014）
著(编)者:任宗哲　石英　牛昉　2014年2月出版 / 定价:65.00元

陕西蓝皮书
陕西文化发展报告（2014）
著(编)者:任宗哲　石英　王长寿　2014年3月出版 / 定价:59.00元

上海蓝皮书
上海传媒发展报告（2014）
著(编)者:强荧　焦雨虹　2014年1月出版 / 定价:79.00元

上海蓝皮书
上海法治发展报告（2014）
著(编)者:叶青　2014年4月出版 / 定价:69.00元

上海蓝皮书
上海经济发展报告（2014）
著(编)者:沈开艳　2014年1月出版 / 定价:69.00元

上海蓝皮书
上海社会发展报告（2014）
著(编)者:卢汉龙　周海旺　2014年1月出版 / 定价:69.00元

上海蓝皮书
上海文化发展报告（2014）
著(编)者:蒯大申　2014年1月出版 / 定价:69.00元

上海蓝皮书
上海文学发展报告（2014）
著(编)者:陈圣来　2014年1月出版 / 定价:69.00元

上海蓝皮书
上海资源环境发展报告（2014）
著(编)者:周冯琦　汤庆合　任文伟　2014年1月出版 / 定价:69.00元

上海社会保障绿皮书
上海社会保障改革与发展报告（2013~2014）
著(编)者:汪泓　2014年9月出版 / 估价:65.00元

皮书系列
2014全品种

地方发展类·国别与地区类

上饶蓝皮书
上饶发展报告（2013~2014）
著(编)者：朱寅健　2014年3月出版 / 定价:128.00元

社会建设蓝皮书
2014年北京社会建设分析报告
著(编)者：宋贵伦　2014年9月出版 / 估价:69.00元

深圳蓝皮书
深圳经济发展报告（2014）
著(编)者：吴忠　2014年6月出版 / 估价:69.00元

深圳蓝皮书
深圳劳动关系发展报告（2014）
著(编)者：汤庭芬　2014年6月出版 / 估价:69.00元

深圳蓝皮书
深圳社会发展报告（2014）
著(编)者：吴忠　余智晟　2014年7月出版 / 估价:69.00元

四川蓝皮书
四川文化产业发展报告（2014）
著(编)者：侯水平　2014年2月出版 / 定价:69.00元

四川蓝皮书
四川企业社会责任研究报告（2014）
著(编)者：侯水平　盛毅　2014年4月出版 / 定价:79.00元

温州蓝皮书
2014年温州经济社会形势分析与预测
著(编)者：潘忠强　王春光　金浩　2014年4月出版 / 定价:69.00元

温州蓝皮书
浙江温州金融综合改革试验区发展报告（2013~2014）
著(编)者：钱水土　王去非　李义超
2014年9月出版 / 估价:69.00元

扬州蓝皮书
扬州经济社会发展报告（2014）
著(编)者：张爱军　2014年9月出版 / 估价:78.00元

义乌蓝皮书
浙江义乌市国际贸易综合改革试验区发展报告（2013~2014）
著(编)者：马淑琴　刘文革　周松强
2014年9月出版 / 估价:69.00元

云南蓝皮书
中国面向西南开放重要桥头堡建设发展报告（2014）
著(编)者：刘绍怀　2014年12月出版 / 估价:69.00元

长株潭城市群蓝皮书
长株潭城市群发展报告（2014）
著(编)者：张萍　2014年10月出版 / 估价:69.00元

郑州蓝皮书
2014年郑州文化发展报告
著(编)者：王哲　2014年7月出版 / 估价:69.00元

中国省会经济圈蓝皮书
合肥经济圈经济社会发展报告No.4(2013~2014)
著(编)者：董昭礼　2014年4月出版 / 估价:79.00元

国别与地区类

G20国家创新竞争力黄皮书
二十国集团（G20）国家创新竞争力发展报告（2014）
著(编)者：李建平　李闽榕　赵新力
2014年9月出版 / 估价:118.00元

阿拉伯黄皮书
阿拉伯发展报告（2013~2014）
著(编)者：马晓霖　2014年4月出版 / 定价:79.00元

澳门蓝皮书
澳门经济社会发展报告（2013~2014）
著(编)者：吴志良　郝雨凡　2014年4月出版 / 定价:79.00元

北部湾蓝皮书
泛北部湾合作发展报告（2014）
著(编)者：吕余生　2014年7月出版 / 定价:79.00元

大湄公河次区域蓝皮书
大湄公河次区域合作发展报告（2014）
著(编)者：刘稚　2014年8月出版 / 估价:79.00元

大洋洲蓝皮书
大洋洲发展报告（2014）
著(编)者：魏明海　喻常森　2014年7月出版 / 估价:69.00元

德国蓝皮书
德国发展报告（2014）
著(编)者：李乐曾　郑春荣等　2014年5月出版 / 估价:69.00元

东北亚黄皮书
东北亚地区政治与安全报告（2014）
著(编)者：黄凤志　刘雪莲　2014年6月出版 / 估价:69.00元

东盟黄皮书
东盟发展报告（2013）
著(编)者：崔晓麟　2014年5月出版 / 定价:75.00元

东南亚蓝皮书
东南亚地区发展报告（2013~2014）
著(编)者：王勤　2014年4月出版 / 定价:79.00元

皮书系列 2014全品种

国别与地区类

俄罗斯黄皮书
俄罗斯发展报告（2014）
著(编)者：李永全　2014年7月出版　/　估价：79.00元

非洲黄皮书
非洲发展报告No.15（2014）
著(编)者：张宏明　2014年7月出版　/　估价：79.00元

港澳珠三角蓝皮书
粤港澳区域合作与发展报告（2014）
著(编)者：梁庆寅　陈广汉　2014年6月出版　/　估价：59.00元

国际形势黄皮书
全球政治与安全报告（2014）
著(编)者：李慎明　张宇燕　2014年1月出版　/　定价：69.00元

韩国蓝皮书
韩国发展报告（2014）
著(编)者：牛林杰　刘宝全　2014年6月出版　/　估价：69.00元

加拿大蓝皮书
加拿大发展报告（2014）
著(编)者：仲伟合　2014年4月出版　/　定价：89.00元

柬埔寨蓝皮书
柬埔寨国情报告（2014）
著(编)者：毕世鸿　2014年6月出版　/　估价：79.00元

拉美黄皮书
拉丁美洲和加勒比发展报告（2013~2014）
著(编)者：吴白乙　2014年4月出版　/　定价：89.00元

老挝蓝皮书
老挝国情报告（2014）
著(编)者：卢光盛　方芸　吕星　2014年6月出版　/　估价：79.00元

美国蓝皮书
美国问题研究报告（2014）
著(编)者：黄平　倪峰　2014年5月出版　/　估价：79.00元

缅甸蓝皮书
缅甸国情报告（2014）
著(编)者：李晨阳　2014年9月出版　/　估价：79.00元

欧亚大陆桥发展蓝皮书
欧亚大陆桥发展报告（2014）
著(编)者：李忠民　2014年10月出版　/　估价：59.00元

欧洲蓝皮书
欧洲发展报告（2014）
著(编)者：周弘　2014年9月出版　/　估价：79.00元

葡语国家蓝皮书
巴西发展与中巴关系报告2014（中英文）
著(编)者：张曙光　David T. Ritchie
2014年8月出版　/　估价：69.00元

日本经济蓝皮书
日本经济与中日经贸关系研究报告（2014）
著(编)者：王洛林　张季风　2014年5月出版　/　定价：79.00元

日本蓝皮书
日本发展报告（2014）
著(编)者：李薇　2014年3月出版　/　定价：69.00元

上海合作组织黄皮书
上海合作组织发展报告（2014）
著(编)者：李进峰　吴宏伟　李伟　2014年9月出版　/　估价：98.00元

世界创新竞争力黄皮书
世界创新竞争力发展报告（2014）
著(编)者：李建平　2014年9月出版　/　估价：148.00元

世界能源黄皮书
世界能源分析与展望（2013~2014）
著(编)者：张宇燕　等　2014年9月出版　/　估价：69.00元

世界社会主义黄皮书
世界社会主义跟踪研究报告（2013~2014）
著(编)者：李慎明　2014年3月出版　/　定价：198.00元

泰国蓝皮书
泰国国情报告（2014）
著(编)者：邹春萌　2014年6月出版　/　估价：79.00元

亚太蓝皮书
亚太地区发展报告（2014）
著(编)者：李向阳　2014年1月出版　/　估价：59.00元

印度蓝皮书
印度国情报告（2012~2013）
著(编)者：吕昭义　2014年5月出版　/　估价：89.00元

印度洋地区蓝皮书
印度洋地区发展报告（2014）
著(编)者：汪戎　2014年3月出版　/　估价：79.00元

越南蓝皮书
越南国情报告（2014）
著(编)者：吕余生　2014年8月出版　/　估价：65.00元

中东黄皮书
中东发展报告No.15（2014）
著(编)者：杨光　2014年10月出版　/　估价：59.00元

中欧关系蓝皮书
中欧关系研究报告（2014）
著(编)者：周弘　2013年12月出版　/　定价：98.00元

中亚黄皮书
中亚国家发展报告（2014）
著(编)者：孙力　2014年9月出版　/　估价：79.00元

皮书大事记

☆ 2012年12月，《中国社会科学院皮书资助规定（试行）》由中国社会科学院科研局正式颁布实施。

☆ 2011年，部分重点皮书纳入院创新工程。

☆ 2011年8月，2011年皮书年会在安徽合肥举行，这是皮书年会首次由中国社会科学院主办。

☆ 2011年2月，"2011年全国皮书研讨会"在北京京西宾馆举行。王伟光院长（时任常务副院长）出席并讲话。本次会议标志着皮书及皮书研创出版从一个具体出版单位的出版产品和出版活动上升为由中国社会科学院牵头的国家哲学社会科学智库产品和创新活动。

☆ 2010年9月，"2010年中国经济社会形势报告会暨第十一次全国皮书工作研讨会"在福建福州举行，高全立副院长参加会议并做学术报告。

☆ 2010年9月，皮书学术委员会成立，由我院李扬副院长领衔，并由在各个学科领域有一定的学术影响力、了解皮书编创出版并持续关注皮书品牌的专家学者组成。皮书学术委员会的成立为进一步提高皮书这一品牌的学术质量、为学术界构建一个更大的学术出版与学术推广平台提供了专家支持。

☆ 2009年8月，"2009年中国经济社会形势分析与预测暨第十次皮书工作研讨会"在辽宁丹东举行。李扬副院长参加本次会议，本次会议颁发了首届优秀皮书奖，我院多部皮书获奖。

社会科学文献出版社
SOCIAL SCIENCES ACADEMIC PRESS (CHINA)

社会科学文献出版社成立于1985年，是直属于中国社会科学院的人文社会科学专业学术出版机构。

成立以来，特别是1998年实施第二次创业以来，依托于中国社会科学院丰厚的学术出版和专家学者两大资源，坚持"创社科经典，出传世文献"的出版理念和"权威、前沿、原创"的产品定位，社科文献立足内涵式发展道路，从战略层面推动学术出版的五大能力建设，逐步走上了学术产品的系列化、规模化、数字化、国际化、市场化经营道路。

先后策划出版了著名的图书品牌和学术品牌"皮书"系列、"列国志"、"社科文献精品译库"、"中国史话"、"全球化译丛"、"气候变化与人类发展译丛""近世中国"等一大批既有学术影响又有市场价值的系列图书。形成了较强的学术出版能力和资源整合能力，年发稿3.5亿字，年出版新书1200余种，承印发行中国社科院属期刊近70种。

2012年，《社会科学文献出版社学术著作出版规范》修订完成。同年10月，社会科学文献出版社参加了由新闻出版总署召开加强学术著作出版规范座谈会，并代表50多家出版社发起实施学术著作出版规范的倡议。2013年，社会科学文献出版社参与新闻出版总署学术著作规范国家标准的起草工作。

依托于雄厚的出版资源整合能力，社会科学文献出版社长期以来一直致力于从内容资源和数字平台两个方面实现传统出版的再造，并先后推出了皮书数据库、列国志数据库、中国田野调查数据库等一系列数字产品。

在国内原创著作、国外名家经典著作大量出版，数字出版突飞猛进的同时，社会科学文献出版社在学术出版国际化方面也取得了不俗的成绩。先后与荷兰博睿等十余家国际出版机构合作面向海外推出了《经济蓝皮书》《社会蓝皮书》等十余种皮书的英文版、俄文版、日文版等。

此外，社会科学文献出版社积极与中央和地方各类媒体合作，联合大型书店、学术书店、机场书店、网络书店、图书馆，逐步构建起了强大的学术图书的内容传播力和社会影响力，学术图书的媒体曝光率居全国之首，图书馆藏率居于全国出版机构前十位。

作为已经开启第三次创业梦想的人文社会科学学术出版机构，社会科学文献出版社结合社会需求、自身的条件以及行业发展，提出了新的创业目标：精心打造人文社会科学成果推广平台，发展成为一家集图书、期刊、声像电子和数字出版物为一体，面向海内外高端读者和客户，具备独特竞争力的人文社会科学内容资源供应商和海内外知名的专业学术出版机构。

中国皮书网

发布皮书研创资讯，传播皮书精彩内容
引领皮书出版潮流，打造皮书服务平台

栏目设置：

- □ 资讯：皮书动态、皮书观点、皮书数据、 皮书报道、皮书新书发布会、电子期刊
- □ 标准：皮书评价、皮书研究、皮书规范、皮书专家、编撰团队
- □ 服务：最新皮书、皮书书目、重点推荐、在线购书
- □ 链接：皮书数据库、皮书博客、皮书微博、出版社首页、在线书城
- □ 搜索：资讯、图书、研究动态
- □ 互动：皮书论坛

www.pishu.cn

中国皮书网依托皮书系列"权威、前沿、原创"的优质内容资源，通过文字、图片、音频、视频等多种元素，在皮书研创者、使用者之间搭建了一个成果展示、资源共享的互动平台。

自2005年12月正式上线以来，中国皮书网的IP访问量、PV浏览量与日俱增，受到海内外研究者、公务人员、商务人士以及专业读者的广泛关注。

2008年10月，中国皮书网获得"最具商业价值网站"称号。

2011年全国新闻出版网站年会上，中国皮书网被授予"2011最具商业价值网站"荣誉称号。

权威报告 热点资讯 海量资源

当代中国与世界发展的高端智库平台

皮书数据库 www.pishu.com.cn

皮书数据库是专业的人文社会科学综合学术资源总库,以大型连续性图书——皮书系列为基础,整合国内外相关资讯构建而成。包含七大子库,涵盖两百多个主题,囊括了近十几年间中国与世界经济社会发展报告,覆盖经济、社会、政治、文化、教育、国际问题等多个领域。

皮书数据库以篇章为基本单位,方便用户对皮书内容的阅读需求。用户可进行全文检索,也可对文献题目、内容提要、作者名称、作者单位、关键字等基本信息进行检索,还可对检索到的篇章再作二次筛选,进行在线阅读或下载阅读。智能多维度导航,可使用户根据自己熟知的分类标准进行分类导航筛选,使查找和检索更高效、便捷。

权威的研究报告,独特的调研数据,前沿的热点资讯,皮书数据库已发展成为国内最具影响力的关于中国与世界现实问题研究的成果库和资讯库。

皮书俱乐部会员服务指南

1. 谁能成为皮书俱乐部会员?
- 皮书作者自动成为皮书俱乐部会员;
- 购买皮书产品(纸质图书、电子书、皮书数据库充值卡)的个人用户。

2. 会员可享受的增值服务:
- 免费获赠该纸质图书的电子书;
- 免费获赠皮书数据库100元充值卡;
- 免费定期获赠皮书电子期刊;
- 优先参与各类皮书学术活动;
- 优先享受皮书产品的最新优惠。

阅读卡

3. 如何享受皮书俱乐部会员服务?

(1) 如何免费获得整本电子书?

购买纸质图书后,将购书信息特别是书后附赠的卡号和密码通过邮件形式发送到 pishu@188.com,我们将验证您的信息,通过验证并成功注册后即可获得该本皮书的电子书。

(2) 如何获赠皮书数据库100元充值卡?

第1步:刮开附赠卡的密码涂层(左下);

第2步:登录皮书数据库网站(www.pishu.com.cn),注册成为皮书数据库用户,注册时请提供您的真实信息,以便您获得皮书俱乐部会员服务;

第3步:注册成功后登录,点击进入"会员中心";

第4步:点击"在线充值",输入正确的卡号和密码即可使用。

皮书俱乐部会员可享受社会科学文献出版社其他相关免费增值服务
您有任何疑问,均可拨打服务电话:010~59367627 QQ:1924151860
欢迎登录社会科学文献出版社官网(www.ssap.com.cn)和中国皮书网(www.pishu.cn)了解更多信息